宋代經書注疏刊刻研究

張麗娟 著

北京大學出版社
PEKING UNIVERSITY PRESS

圖書在版編目(CIP)數據

宋代經書注疏刊刻研究 / 張麗娟著. —北京:北京大學出版社,2013.7
ISBN 978-7-301-22735-0

Ⅰ.①宋…　Ⅱ.①張…　Ⅲ.①經籍—研究—中國—宋代　Ⅳ.①Z126.274.4

中國版本圖書館CIP數據核字(2013)第142892號

北京市社會科學理論著作出版基金資助出版

書　　　名:宋代經書注疏刊刻研究
著作責任者:張麗娟　著
責任編輯:武　芳
標準書號:ISBN 978-7-301-22735-0/G·3639
出版發行:北京大學出版社
地　　　址:北京市海淀區成府路205號　100871
網　　　址:http://www.pup.cn　新浪官方微博:@北京大學出版社
電子信箱:dianjiwenhua@126.com
電　　　話:郵購部 62752015　發行部 62750672
　　　　　　編輯部 62756694　出版部 62754962
印　刷　者:北京大學印刷廠
發　行　者:北京大學出版社
經　銷　者:新華書店
　　　　　　650毫米×980毫米　16開本　30.5印張　431千字
　　　　　　2013年7月第1版　2017年6月第2次印刷
定　　　價:68.00圓

未經許可，不得以任何方式複製或抄襲本書之部分或全部內容。
版權所有，侵權必究
舉報電話:(010)62752024　電子信箱:fd@pup.pku.edu.cn

本書爲"教育部人文社會科學研究規劃基金項目"成果
（項目批准號：10YJA870033）

目　　錄

序　一 …………………………………………………………… 孫欽善
序　二 …………………………………………………………… 楊成凱
緒　論 ………………………………………………………………… 1
　第一節　宋以前儒家經典的傳播 ………………………………… 1
　　一、經數的擴展 ………………………………………………… 1
　　二、注疏的衍生 ………………………………………………… 5
　　三、從書於竹帛到雕版印刷 …………………………………… 6
　第二節　宋代雕版印刷事業的繁榮與經書注疏的刊刻 ……… 10
　　一、宋代雕版印刷事業的繁榮與經書注疏的刊刻 …………… 10
　　二、宋代刻經的經數 …………………………………………… 15
　　三、宋刻經書文本類型的演變 ………………………………… 20
　第三節　前人研究情況 ………………………………………… 23
　　一、清代以前 …………………………………………………… 23
　　二、清代學者的相關研究 ……………………………………… 25
　　三、近現代學者的相關研究成果 ……………………………… 35
　第四節　選題意義與研究思路 ………………………………… 37
　　一、選題意義 …………………………………………………… 37
　　二、研究思路 …………………………………………………… 39
第一章　單經注本 ………………………………………………… 42
　第一節　北宋國子監刻《九經》與南宋國子監重刻本 ……… 43
　　一、五代國子監刊刻《九經》 ………………………………… 43
　　二、北宋國子監重刻《九經》 ………………………………… 44

三、南宋國子監重刻《九經》……………………………………47
四、關於南宋國子監刻本《爾雅》………………………………49
五、國子監本經書的特點及影響…………………………………52

第二節　南宋撫州公使庫刻《九經》……………………………56
一、現存撫州本經書諸傳本………………………………………56
二、撫州本經書的刊刻……………………………………………63
三、撫州本經書的修補……………………………………………70
四、撫州本《禮記》原刻與補版之比較…………………………78

第三節　南宋興國軍學刻《六經》………………………………84
一、興國軍學刻《六經》傳本……………………………………84
二、興國軍學本《六經》的刊刻…………………………………90
三、從《春秋經傳集解》看興國軍學本的文獻價值……………93

第四節　蜀刻大字本經書…………………………………………97
一、蜀刻大字本經書的傳本………………………………………98
二、蜀刻大字本的特點與價值……………………………………103

第五節　其他單經注本……………………………………………110

第二章　經注附釋文本…………………………………………120

第一節　《經典釋文》的單刻與附入……………………………120
一、《經典釋文》與儒家經書……………………………………120
二、"興國于氏"刻本《九經》與"鶴林于氏"本
　　《春秋經傳集解》……………………………………………124

第二節　建安余仁仲萬卷堂刻《九經》…………………………132
一、今存余仁仲萬卷堂刻《九經》的傳本………………………133
二、余氏萬卷堂與《九經》的刊刻………………………………140
三、余仁仲《九經》的修訂與後印………………………………144
四、余仁仲本《九經》的校勘價值………………………………151
五、余仁仲本《九經》對後來版本的影響………………………156

第三節　廖瑩中世綵堂刊刻《九經》……………………………159
一、廖瑩中世綵堂與廖刻《九經》………………………………159

二、《九經總例》 …………………………………… 164
三、廖氏《九經》的翻刻本 …………………………… 170
四、廖刻《九經》與其他附釋文本的比較 …………… 175

第四節　蜀刻中字附釋文本及其他 ………………………… 185
一、蜀刻中字附釋文本 ………………………………… 185
二、其他經注附釋文本 ………………………………… 192

第三章　纂圖互注重言重意本 ……………………………… 197

第一節　宋刻纂圖互注重言重意本的傳本 ………………… 197
一、十一行"纂圖互注"本 …………………………… 198
二、十二行"纂圖互注"本 …………………………… 200
三、九行十七字巾箱本 ………………………………… 206
四、十行"監本纂圖"本 ……………………………… 208
五、十一行"京本" …………………………………… 212
六、十行"婺本" ……………………………………… 213

第二節　纂圖互注重言重意本經書的版刻與體例 ………… 217
一、版刻特點 …………………………………………… 218
二、體例特點 …………………………………………… 220
三、各系統版本間內容體例的差異 …………………… 223

第四章　單疏本 ……………………………………………… 228

第一節　宋刻單疏本的傳本 ………………………………… 229
一、《周易正義》 ……………………………………… 230
二、《尚書正義》 ……………………………………… 233
三、《毛詩正義》 ……………………………………… 235
四、《禮記正義》 ……………………………………… 237
五、《春秋公羊疏》 …………………………………… 239
六、《爾雅疏》 ………………………………………… 242
七、《周禮疏》 ………………………………………… 245
八、《儀禮疏》 ………………………………………… 246
九、《春秋穀梁疏》 …………………………………… 249

十、《春秋正義》……………………………………………… 252
　　十一、其他 …………………………………………………… 254
　第二節　宋代單疏本的刊刻 …………………………………… 255
　　一、北宋國子監校刻《五經正義》 …………………………… 255
　　二、北宋國子監校刻《七經疏義》 …………………………… 260
　　三、南宋初重刻單疏本 ……………………………………… 263
　第三節　單疏本與通行注疏合刻本卷次體例之比較 ………… 268
　　一、通行注疏本改易單疏本原本卷次 ……………………… 268
　　二、通行注疏本改易原本體例 ……………………………… 276
　　三、通行注疏本綴合失次 …………………………………… 282
　第四節　單疏本的校勘價值 …………………………………… 286
　　一、以《春秋公羊疏》爲例 …………………………………… 287
　　二、以《春秋穀梁疏》爲例 …………………………………… 289

第五章　越州刻八行注疏本 …………………………………… 296
　第一節　今存越州刻八行注疏本的傳本 ……………………… 296
　　一、《周易注疏》……………………………………………… 296
　　二、《尚書正義》……………………………………………… 301
　　三、《周禮疏》………………………………………………… 303
　　四、《禮記正義》……………………………………………… 305
　　五、《春秋左傳正義》………………………………………… 309
　　六、《論語注疏解經》………………………………………… 313
　　七、《孟子注疏解經》………………………………………… 315
　第二節　前人有關注疏合刻本起源及八行本刊刻時間的
　　　　　探討 ………………………………………………… 317
　第三節　越州刻八行注疏本的刊刻與修補 …………………… 324
　　一、高宗紹興後期刊刻《周易注疏》、《尚書正義》、《周禮疏》… 324
　　二、南宋紹熙三年刊刻《禮記正義》、《毛詩注疏》………… 328
　　三、南宋慶元六年刊刻《春秋左傳正義》…………………… 330
　　四、南宋嘉泰開禧間刻《論語注疏解經》、《孟子注疏解經》… 332

五、越州刻八行注疏本的修補後印 …………………… 334
　第四節　越州刻八行注疏本的體例特點與文獻價值 ……… 337
　　一、越州刻八行注疏本的體例特點 …………………… 337
　　二、越州刻八行注疏本的文獻價值 …………………… 347
第六章　建陽坊刻十行注疏本及其他宋刻注疏本 ………… 354
　第一節　南宋建陽坊刻十行注疏本 ………………………… 355
　　一、宋刻十行注疏本的傳本 …………………………… 355
　　二、前人對"十行本"的認識 …………………………… 361
　　三、宋刻十行本與元刻十行本版刻之比較 …………… 372
　　四、宋刻十行本與元刻十行本文字之比較 …………… 378
　　五、其他各經情況 ……………………………………… 385
　第二節　其他宋刻注疏本 …………………………………… 389
　　一、蜀刻本《論語注疏》 ……………………………… 389
　　二、宋魏縣尉宅刻本《附釋文尚書注疏》 …………… 393
第七章　白文本 ………………………………………………… 403
結語 ……………………………………………………………… 410
附錄　今存宋刻經書注疏版本簡目 …………………………… 415
主要參考文獻 …………………………………………………… 440
圖版目錄 ………………………………………………………… 462
後記 ……………………………………………………………… 469

序 一

孫欽善

經書流傳源遠流長，歷代解經之作層出不窮。就解經著作類型來看，亦不斷翻新，從漢魏之注解，到南北朝之音義、義疏，再到唐宋的新疏。各種解經之書，不僅有單獨流傳之作，如單注本、單疏本；還有像滾雪球一樣，層層疊加複合之作，如經注附釋文本、注疏合刻本等等。宋代是經學發展承前啓後的重要時期，也是經書刊刻繁榮昌盛的重要時期，産生了各種形式的整理、刊刻成果，流傳後世，影響久遠。關於宋代經書注疏的刊刻情況，前人雖然有所研究，但缺乏總體性的全面考察和論述。張麗娟博士本書以宋代經書注疏版本爲主，兼及其他，對宋代經書的各類刻本及刊刻源流作了全面研究，取得開創性成果，不僅有助於指引對傳世宋本經書的具體使用，也有利於經學、版本學、刻書史研究及古籍整理的參考，具有重要、切實的學術價值和意義。

作者在充分掌握前人研究成果的基礎上，廣泛進行開拓，獨立深入研究，多有創獲，主要成就有：第一、涉獵廣泛，内容全面，涵蓋了單經注本、經注附釋文本、纂圖互注重言重意本、單疏本、注疏合刻本，並兼及白文本。第二、掌握特點，分系統進行研究。如《緒論》第四節説："宋代經書注疏的刊刻，與其他文獻的刊刻相比，有不同的特點，即儒家經書常常作爲一個整體來出版發行。雖然有所謂六經、九經、十一經等不同的經數，但數種經典以同樣的面貌同時出版發行，却是經書注疏刊刻中一個常見的現象。如北宋時期有國子監刻五經正義、七經疏義、翻刻五代國子監《九經》，南宋時期有撫州公使庫刻六經三傳（後添至九經三傳），廖氏刻《九經》，余氏刻九經三傳等等，都有明確記載可以知道當時刻印的是一套叢書。由於是在相同時間、相同地點、相同的刻書者所刊刻的同一套書，這些版本之間就有相同的版本特點和内容特點，每一次刊刻的各經之間有相同的版式、行款、字體、刻工等等。對於没有牌記等明確證據的版本，也可以根據其版刻特點與内容特點，大致瞭解它們所處的版本系統。……因爲有這樣的特點，我們可以通過現存的版本實物瞭解今已不存的同一套書中其他各經的大概面貌，也可以通過版本風格特點將散存的零星版本劃分爲各成系統的版本。由此可以清楚地瞭解宋刻經書版本的全貌，也有助於對現存宋刻經書版本的深入認識。"所論至確，證實可行。第三、研究具體深入，翔實考察了各類刻本中具體版本的形制、刊刻時地，流傳、遞修、翻刻情況及版本間的相互關係等，對具體版本的文字優劣，以及使用和校勘價值作了精當的論斷。第四、參考前人成説而又有所超越，或補遺，或訂正，或質疑，不乏開創、廓清之見。第五、研究方法科學、完備，做到現存版本實物的實際考察與有關文獻記載相結合，版本形態考察與版本源流探究相結合，版本外在因素的考察與文本文字比勘相結合，從而確保了結論的可靠。

　　作者之所以取得如此突出的成果，並非偶然。首先，與作者古文獻學學養的扎實根柢有關。作者在本科、碩士、博士學習階段，均專攻古典文獻專業，取得全面、系統的以目録、版本、校勘、文字、音韻、訓詁等爲内涵的古文獻學知識、理論和有關技能。因此在研究版本時不囿於考察、鑒别外在形態，還能深入到版本的文字比勘與内容探索。而要深入到文字、内容，就必須掌握以文字、音韻、訓詁所謂"小學"爲根基的古文獻學，否則無法對複雜的異文做出正誤、優劣的準確判斷。清代考據家强調"以小學説經，以小學校經"，正説明了這樣一個道理。作者對此也深有體會，如本書《緒論》所説："在對今存版本研究中，除了對其外在形態、刊刻時地、傳本源流的考察，還注重各版本體例與文字之比較。對於重要版本，將通過部分文字内容的校勘，來考察各版本間的相互關係，判斷各版本的文字優劣。"其次，與作者長期從事古籍版本研究工作的機遇和實踐經驗有關。作者碩士畢業之後，即被分配到北京圖書館（今中國國家圖書館）善本部從事古籍善本的管理與研究工作，接觸到大量的古籍善本，包括珍稀的宋元古本，還曾與人合作爲《中國版本文化叢書》撰寫《宋本》一書。之後又轉到北京大學圖書館古籍部繼續從事善本工作，其間還曾先後應邀到香港大學馮平山圖書館和哈佛大學哈佛燕京圖書館進行中文古籍善本書志的撰寫工作，有機會接觸境外收藏或間接複製流傳的中國善本資料。在職攻讀博士寫作與本書同題的學位論文期間，又曾應邀到臺灣做訪問學者，專門查閱臺灣所藏的有關版本，並有機會閱覽臺灣所藏日本有關版本的影印、複印資料，收獲尤大。作者在本書《緒論》中說："本書研究的主體資料，即今存宋刻經書注疏的各種版本，大多集中於中國大陸、中國臺灣，以及日本的數個大型藏書機構，其中部分有影印本。除了儘量考察原本之外，對於難以企及的海外版本，將充分利用影印本、圖錄、書志等資料。"作者的上述經歷，不僅使她積累了研究古籍版本的豐富經驗，也爲她寫作本書搜集資料贏得可貴的機會。

中國古籍版本學研究，複雜而艱鉅。清代學者洪亮吉《北江詩話》卷三論"藏書有數等"，謂"得一書必推求本原，是正缺失，是謂考訂家"，"辨其板片，注其錯訛，是謂校讎家"，"搜採異本，上則補石室金匱之遺亡，下可備通人學士之流覽，是謂收藏家"，"第求精本，獨嗜宋刻，作者之旨縱未盡窺，而刻書之年月最所深悉，是謂賞鑒家"，"於舊家中落者，賤售其所藏，富室嗜書者，要求其善價，眼別其贋，心知古今，閩本蜀本，一不得欺，宋槧元槧，見而即識，是謂掠販家"。這裏雖論藏書，實際也說明版本學的複雜內涵和研究的不同側重。雖分數等，其實歸納起來治版本之學的內容不外兩方面：一是版本形態、刊刻時地、書品真僞的鑒定，一是文字正誤優劣的比勘和傳本系統源流的考察。本書的研究完整地兼顧了這兩個方面，充分顯示出作者的學術功力。值大著出版之際，謹致祝賀，並深信作者將繼續發揮自己的優勢，不斷取得新的成果。

2012年12月1日

序 二

楊成凱

《十三經》是中華民族傳統文化的基石，在歷代學者研究之下，經過從經到注到疏的歷程，到宋代形成一個完整的學術典籍系統：十三經注疏。十三經注疏系統有種種宋代編刻本流傳於世，後世遞相傳刻，溯其源無不以宋刻本爲宗。當今之時，我們研究十三經注疏，或是繼阮元而作，編纂新世紀的《十三經注疏校勘記》，整理出版新世紀的《十三經注疏》，一切工作都不能不首先從考察宋代刻本開始。張麗娟博士的《宋代經書注疏刊刻研究》（以下簡稱《研究》）應時而作，向這個方向邁出了重要一步。

《研究》對傳世宋刻經籍作了空前規模的考察，目前知其下落的104種宋刻經籍網羅無遺。對存世宋刻經籍印本做竭澤而漁的考察，這還是第一次。對於所考察的經籍，《研究》詳述各書刊刻經過，考證其發端緣起、所涉時地和有關人物，下及印版流傳脈絡和傳本收藏端緒，盡人事之可能，無不溯其源而竟其流。作者旁搜冥索，不遺餘力，即使沉湮不顯的殘本零卷，也不漫然置之。或比較全書，或彙集零殘，精誠所至，屢有創獲。如臺北"央圖"所藏宋刻《春秋經傳集解》多有配補，辨識爲難，一經作者考訂，版別釐然，各有所歸。蜀刻中字本經籍近年初見於世，拍賣會上驚鴻一瞥，倏然歸去。作者僅憑幾葉書影，仍作探賾索隱、鉤深致遠之推求。古往今來，治學之士一脈相承的追求真理鍥而不捨的精神，《研究》字裏行間表露無遺。有此堅苦卓絶的意志，自能取得苦心孤詣的成果。

作者不僅考察實物，而且博考文獻。得力於先後供職中國國家圖書館和北京大學圖書館，作者眼界開闊，見多識廣，充分掌握前人和時賢對宋刻經籍的有關記載，諸如書目書志、敘錄題跋，細至隨筆、雜記、款識、墨蹟，無論已刊未刊，細大不捐，無不兼收並蓄。進而揆之事理，證之實物，一一推勘。對於前人的記載，精到的論述予以深入闡發，失實的地方則多方辨證，務求愜心貴當而後已。作者考察範圍廣泛，探索深邃，碩果累累，在在令人一新耳目。

版本學的研究由外入內、由淺入深，第一要義是版本形制的辨認和鑑別，考察一求其確，二求其詳。通過認真觀察，《研究》對每一種版本都儘可能做出詳確的形制描述。引用文獻的記載，則儘可能覆檢核實。《研究》的一個重大的貢獻是對於版片修補演變的悉心考察。我們知道，雕版古書的印版每每多次刷印，即使是同一版本，不同印本的外觀和內容也會有差異。《研究》不停留在版本層面，而是進而比較同版不同印本的異同。特別是對諱字和刻工的考察，儘可能求其詳，孰爲原刊，孰爲修版，孰爲補版，一一明辨。偶有所疑必注明待考，前人記載不確的則予以糾正。我們看到，作者對宋撫州本《禮記》初印本與後印本做了許多精細的比勘和考訂，對原版與補版刻工的考辨尤爲精到，糾正前人諸多失誤，對補版的差異也有許多細緻的考察。對余仁仲刻《公》《穀》二傳的修版改字，也據現存各本做了細緻的校核。在十行注疏本宋刻與元刻的比較研究中，注意今存元刻十行本的不同印次，搜尋所及每多佳本，如北大藏《附釋音尚書注疏》元刻元印本，國圖藏《孝經注疏》元刻元印本，北大及臺北"央圖"藏《監本附音春秋穀梁注疏》的明代較早印本等。像這樣一些對不同印本所做的精細考辨，全書隨處可見，展現了版本學研究走向縱深的發展前景。

版本學的第二要義是文本的比勘和考校，從文本方面考察版本的嬗變，評價文獻的價值。在這方面不能不特別提到，前輩名家傅增湘先生以校書爲日課，對版本學做出的巨大貢獻。正是在版本學中內外兼修的功夫，幫助傅增湘先生對宋刻經籍有人所不及的真知卓見，得到《研究》的一再稱道。《研究》吸收前賢成功的經驗，對許多版本的文本都作了取樣校比，不僅有助於考察每一個版本的來龍去脈，而且對評估各個本子的文本價值提供了根據。以蜀刻大字本《孟子》的考察爲例，作者取樣卷一《孟子見梁惠王》、《王立於沼上》二章，校以元旴郡重刊廖氏本、越刻八行本、元刻明修十行本及阮元本，得異文三十九條。通過異文的分析，指出蜀刻大字本與廖本、《校勘記》所引宋本、《考文》古本異文多合，較通行本爲優；蜀刻大字本異文具有獨特性，與廖本、越刻八行本等無繼承關係，來源甚古。通過文本比勘與異文考察，分析了蜀刻大字本與其他早期版本之間的文本關係，肯定了蜀刻大字本重要而獨特的價值。

通過慎思明辨的分析，作者對宋刻經籍形式的考察和内容的研究，都取得了出色的成績。歸併出宋刻經籍的版本類型，勾畫出幾個較大的版本系列，對每一個類型、每一個系列，都儘可能根據現存的資料加以深入的研究，作出了清晰明確的描述和闡釋。

不能不指出，《研究》對宋元十行注疏本的研究感人至深。十行本的版本鑑定是版本學史上的著名難題，從清代中期學者就有激烈的爭論。二百年來中外學者反覆研究，多有貢獻。作者在前人研究的基礎上，彙集中外藏本，悉心考校，借助於少爲人知的國圖藏宋刻十行本《監本附音春秋穀梁注疏》與北大藏元刻較早印本及《中華再造善本》影印之元刻較晚印本等進行比勘，考察宋、元刻十行本之版刻與文字異同，並及元刻十行本後代修補過程中的改字，對十行本從宋到明的演變過程，從形制到内容，做出了精細的闡述，圓滿地解決了這個曠日持久的問題。

我們也不能不指出，宋刻《十三經》經、注、疏版刻紛繁，爲了抓住要領，理清脈絡，《研究》很好地使用了方法論中的系統觀念。我們看到，宋刻經籍從白文、經注、到音釋、到重言重意、到注疏，一副版片從初印、到修版、到補版，這是形制和内容的歷時的發展系統；幾種經籍匯爲一部叢刻發行，這是共時的結構系統。從發展方面看，各個階段有其深層的傳承因素和前進的推動因素；從結構方面看，各個組成部分有作爲系統的共性，也有作爲個體的特性。這些觀察和分析，幫助我們更好地辨識宋刻經籍的特點，既揭示各個本子之間的傳承關係，也彰顯不同本子各自的特點和相互的差異。我們看到《釋文》附在書後、附在段後、附在句後的演變，撫州本從《禮記釋文》的落款歸宗其他各本，興國軍本得以被學者確認，等等，都體現了系統觀念的作用。

更爲重要的是，從系統觀念出發，我們看到宋刻本蕃衍於後代，形成經籍版本宋元明清遞嬗長河。我們期待着在這個更大的經、注、疏系統中，開拓新的領域，進一步考察宋刻本的來龍和去脈，豐富和發展我們對《十三經》版本的認識，而《研究》對宋刻本的考察和論述也將得到進一步的驗證和充實。

讀張麗娟博士新作《宋代經書注疏刊刻研究》，深覺美不勝收，漫記所感。自愧淺學無文，未能表曝此作之精到於萬一，謹就教於大方之家。

2012 年 12 月 2 日

緒　論

今天通行的《十三經注疏》文本，是經過長期發展演變而成的。從經典產生初期，直至宋代，儒家經書經歷了由六經、五經到九經、十二經、十三經的擴充，經書文本也由經文正文逐漸衍生出注文、疏文、釋音，儒家經書的傳播方式也由簡帛、石刻、手抄而至雕版印刷。從宋代開始，隨著雕版印刷技術的普及，儒家經書文本逐漸規範統一，十三經作爲儒家經典核心的文本形式得到確立，經書文本也出現了附釋文本、注疏合刻本等多樣的形式。應該説宋代是儒家經典十三經文本確立並多樣化發展的時期，傳世衆多、品種多樣的宋刻儒家經書版本，是我們研究這一時期經典文本演變的寶貴資料。本書的研究範圍，就是十三部儒家經典的經、注、疏在宋代的刊刻情况。

第一節　宋以前儒家經典的傳播

一、經數的擴展

關於儒家經書經數的擴展，王國維有一段簡要的論述："儒家謂孔子删《詩》、《書》，定《禮》、《樂》，贊《周易》，修《春秋》，以經聖人手定，故謂之'經'。六經亦謂之六藝。漢初，《樂經》先亡，故又稱五經。古所謂經，皆不出此六者。其餘孔子之言，爲門人所記者，如《論語》、《孝經》，均不在六經數，二書漢人皆謂之'傳'。《爾雅》爲釋經之書，亦傳之一也。《孟子》則與《荀子》並在諸子之列。其後《周禮》、《禮記》以附於禮而稱經，《左傳》、《公羊》、《穀梁傳》，以附於《春秋》而稱經。唐以後，遂有九經之目。而《論語》、《孝經》、《爾雅》，則謂之三傳，蓋猶承漢人之舊。宋儒自《禮記》中別出《大學》、《中庸》，而《論語》、《孟子》，並稱四書，亦猶漢人呼《論語》、《孝經》爲傳之意。然漢人于石經未刊《論語》，唐石經中並刊《論語》、《孝經》、《爾雅》。宋人補刊蜀石經，並及《孟子》。宋元以後，又有十四經（兼《大戴禮》）、十三經之目。"①

（一）六經、五經、七經

先秦時期以《易》、《書》、《詩》、《禮》、《樂》、《春秋》爲"六經"，又稱"六藝"。《莊子·天運》記孔子問老聃曰："丘治《詩》、《書》、《禮》、《樂》、《易》、《春秋》六經，自以爲久矣，孰知其故矣。"老子回答説："夫六經，先王之陳跡也。"賈誼《新書·六術》云："外體六行，以與《書》、《詩》、《易》、《春秋》、《禮》、《樂》六者之術以爲大義，謂之六藝。"西漢前期六經中的樂經已經亡佚，因以《易》、《詩》、《書》、《禮》、《春秋》爲五經。②漢武帝建元五年，置五經博士。此外，漢代又有七經之稱，即以《論語》、《孝經》，連同《詩》、《書》、《禮》、《易》、《春秋》五經，合稱七經。③

（二）九經、十二經

唐代以《易》、《詩》、《書》並三禮、三傳合稱九經。唐徐堅《初學記》云："古者以《易》、《書》、《詩》、《禮》、《樂》、《春秋》爲六經。至秦焚書，《樂經》亡，今以《易》、《詩》、《書》、《禮》、《春秋》爲五

---

① 王國維《經學概論》，《經學研究論叢》第二輯，臺北聖環圖書公司，1994年，第1—10頁。按東漢熹平石經有《論語》。

② 一説樂本無經，參見周予同《群經概論》，收入《周予同經學史論著選集》，上海人民出版社，1983年。

③ 周予同《群經概論》："按《漢書·藝文志》六藝略分六藝爲九類，六經之後，附《論語》、《孝經》及小學。由上可知，漢武帝以後，《論語》、《孝經》逐漸升格。漢代以孝治天下，宣傳宗法封建思想，利用血緣作爲政治團結的工具，於是，貴族子弟先授《論語》、《孝經》，連同《詩》、《書》、《禮》、《易》、《春秋》五經，合稱七經。"

經。又《禮》有《周禮》、《儀禮》、《禮記》，曰三禮；《春秋》有《左氏》、《公羊》、《穀梁》三傳，與《易》、《書》、《詩》通數，亦謂之九經。"① 顧炎武《日知錄》云："自漢以來，儒者相傳，但言五經。而唐時立之學官，則云九經者，三禮、三傳分而習之，故爲九也。"② 唐開成二年，鄭覃等刻石經於國子監，即開成石經。所刻經數，雖稱九經，實兼刻《孝經》、《論語》、《爾雅》，共十二部經書，又附刻《五經文字》、《九經字樣》。③ 五代後唐時國子監首次以雕版印刷技術刊刻《九經》，沿唐石經之數，亦爲十二經。④

(三) 十三經

宋以前《孟子》始終列於子部，不入經。宋神宗熙寧間，遵王安石議，朝廷取士"各占治《詩》、《書》、《易》、《周禮》、《禮記》一經，兼以《論語》、《孟子》。每試四場，初大經，次兼經"。⑤《孟子》被官方正式納入經書之列，作爲科舉考試的內容之一。五代所刻《蜀石經》本無《孟子》，宣和中席旦補刻《孟子》入蜀石經，反映了從五代到北宋這一時期《孟子》地位的變化。⑥ 南宋孝宗時期，尤袤《遂初堂書目》將《孟子》列入經部，附於《論語》類，寧宗、理宗

---

① （唐）徐堅《初學記》卷二一，中華書局，1962年，第497頁。

② （清）顧炎武《日知錄》卷一八，影印文淵閣《四庫全書》本，第858册，第795頁。

③ 張國淦《歷代石經考》"唐石經考"："經數爲《周易》、《尚書》、《毛詩》、《周禮》、《儀禮》、《禮記》、《春秋左氏傳》、《公羊傳》、《穀梁傳》，曰九經。又《孝經》、《論語》、《爾雅》，曰十二經。又《五經文字》、《九經字樣》。"燕京大學國學研究所排印本，1930年。

④ （宋）王溥《五代會要》卷八記載，"後唐長興三年二月，中書門下奏：請依石經文字刻《九經》印板。"上海古籍出版社，1978年，第128頁。

⑤ （元）馬端臨《文獻通考》卷三一，商務印書館影印本，1936年，第1册，第293頁。

⑥ （宋）晁公武《郡齋讀書志》卷十著錄《石經孟子》十四卷，云："右皇朝席旦宣和中知成都，刊石置於成都學宮，云僞蜀時刻六經于石，而獨無《孟子》經，爲未備。"《郡齋讀書志校證》，孫猛校證，上海古籍出版社，1990年，第417頁。

時，陳振孫《直齋書録解題》將《孟子》與《論語》合爲"語孟類"，表明了《孟子》入經在目録學上的確立。①宋代有關"十三經"的記述，如趙希弁《郡齋讀書後志》將蜀石經逕稱爲"石室十三經"；②《九經三傳沿革例》中有"俗所謂汴本十三經"之稱；③周密《癸辛雜識》後集《賈廖刊書》記載廖瑩中有"手節《十三經注疏》"。④按趙希弁《讀書後志》成于理宗淳祐間，《九經三傳沿革例》的前身即廖瑩中《九經總例》，成書當在理宗景定至度宗咸淳間，這說明在南宋理宗時期或其前後，"十三經"作爲儒家經典著作的總名，已在社會上通行。

需要注意的是，歷代文獻在使用"五經"、"六經"、"九經"等概念時，其數有時並非確指。如熹平石經經數，史書有曰五經、有曰六經，實則《易》、《書》、《詩》、《禮》（《儀禮》）、《春秋》五經，並《公羊》、《論語》二傳，共七經。⑤唐開成石經號稱九經、後唐國子監刻本亦稱九經，實際包括《易》、《書》、《詩》、《周禮》、《儀禮》、《禮記》、《春秋左氏傳》、《公羊傳》、《穀梁傳》，並《孝經》、《論語》、《爾雅》共十二部經典。有時著述諸家又"隨所編刊，自立名號"⑥，如宋劉敞的《七經小傳》，其七經指的是《書》、《詩》、《周禮》、《儀禮》、《禮記》、《公羊》、《論語》；康熙時期的《御纂七經》，指的是《易》、《書》、《詩》、《春秋》、《周禮》、《儀禮》、《禮記》等。

---

① 參見董洪利《孟子研究》，江蘇古籍出版社，1997年，第210頁；杜澤遜《〈孟子〉入經和〈十三經〉彙刊》，載《文獻學研究的回顧與展望——第二屆中國文獻學學術研討會論文集》，臺北學生書局，2002年。

② 《郡齋讀書志校證》："石室十三經，蓋孟昶時所鐫。"第1087頁。

③ 《九經三傳沿革例》"音釋"，影印文淵閣《四庫全書》本，第183册，第569頁。

④ （宋）周密《癸辛雜識》後集，中華書局，1988年，第85頁。

⑤ 王國維《觀堂集林》卷二十"魏石經考一"云："以碑數與經文字數互校，漢石經經數，當爲《易》、《書》、《詩》、《禮》（《儀禮》）、《春秋》一經、並《公羊》、《論語》二傳。故漢時謂之五經，或謂六經。《隋志》謂之七經。除《論語》爲專經者所兼習，不特置博士外，其餘皆當時博士之所以教授也。"中華書局影印本，1984年，第958頁。

⑥ 屈守元《經學常談》，巴蜀書社，1992年，第51頁。

二、注疏的衍生

儒家經書傳至漢代，語言文字經歷了重大變化，漢人已經不易讀懂經書文句和內容，於是產生了對經書文義的注解之作，沿至魏晉。皮錫瑞《經學歷史》云："世傳十三經注，除《孝經》爲唐明皇御注外，漢人與魏晉人各居其半。鄭君箋《毛詩》，注《周禮》、《儀禮》、《禮記》，何休注《公羊傳》，趙岐注《孟子》，凡六經，皆漢人注。孔安國《尚書傳》，王肅僞作，王弼《易注》，何晏《論語集解》，凡三經，皆魏人注。杜預《左傳集解》，范甯《穀梁集解》，郭璞《爾雅注》，凡三經，皆晉人注。"① 這些經注從同時代諸多經注中脱穎而出，爲後世推重，與經文並行。從南北朝到唐宋時期，在諸經文本中，單純的經文白文文本已居末流，占主要地位的是經文與注文並行的經注本，今存敦煌經籍文獻中即以經注本爲主流。

從南北朝開始，不僅疏解經文、同時疏解注文的義疏之作開始興起。唐孔穎達等在前人義疏基礎上，撰《五經正義》，其後，又有賈公彥《周禮疏》、《儀禮疏》，徐彥《春秋公羊疏》、楊士勛《春秋穀梁疏》，宋代有邢昺《孝經正義》、《論語正義》、《爾雅疏》，題孫奭撰《孟子正義》，這些疏解經注之作成爲官方文本，爲科舉取士、士民閱讀所尊崇。最初這些義疏之作單獨行世，爲單疏本，從南宋開始有注疏合刻本，將經、注、疏文綴合在同一書中，方便讀者閱讀使用。

此外，魏晉南北朝時期，出現了大批音義之作，唐初陸德明《經典釋文》集其大成，對十三經中除《孟子》之外的十二經皆加釋音，兼及釋義和校勘，對人們閱讀理解經書極有益處。由於《經典釋文》各經音義相對獨立，故宋代刻本中常常將各經《釋文》附刻于各經書末，以便讀者查檢，如今存撫州本《春秋公羊經傳解詁》、興國軍學刻本《春秋經傳集解》等，皆附刻《釋文》。南宋初年又有版本將《經典釋文》內容分散附入經注本的相關文句之下，成爲附釋文經注本，較之將《釋文》

---

① 皮錫瑞《經學歷史》，中華書局，1959年，第163頁。

附刻全書之末的做法,更方便讀者閱讀利用。南宋後期,又有附釋文注疏合刻本問世,將經文、注文、疏文及《經典釋文》彙聚一書,最便於讀者學習、理解,遂成爲元、明、清乃至今日最爲流行的經書文本。

三、從書於竹帛到雕版印刷

儒家經書的傳播方式,與古代書史的進程一致。從先秦時期的簡牘帛書,到後代的手抄本,發展到五代時期的雕版印本,至宋代,雕版印刷成爲儒家經書傳播的主要方式。同時,從漢代開始,即有官方製作儒家經書的石刻本,成爲經書傳播、規範文本的一種重要形式。

(一) 簡帛文獻

儒家經典形成初期,是以簡牘帛書的形式流傳的。簡牘是竹木材料,帛是絲織品。《墨子·明鬼》説:"書之竹帛,傳遺後世子孫。"西晉武帝時期,汲郡人不準盜發戰國時魏王墓,得竹書數十車,其中就有《周易》。二十世紀,尤其是七十年代以後,我國出土了大量戰國秦漢簡帛書籍,儒家經書是其中重要的組成部分。如 1959 年甘肅武威磨嘴子六號墓出土竹木簡 500 餘枚,主要内容即《儀禮》甲、乙、丙三本,其中甲本包括《士相見》、《服傳》(單傳)、《特牲》、《少牢》、《有司》、《燕禮》、《泰射》七篇,乙本爲《服傳》(單傳)一篇,丙本爲《喪服》(單經)一篇,抄寫年代約爲西漢晚期。① 1973 年河北定縣八角廊四十號西漢中山懷王劉修墓出土竹簡《論語》,書于漢宣帝五鳳三年(前55)以前,所存篇幅不足今本的二分之一,而與今本異文多達七百多處。② 1973 年湖南長沙馬王堆三號墓出土帛書,有《周易》及與今本出入較大的《繫辭》等,一般認爲這些帛書的抄寫年代在秦末漢初。1977年安徽阜陽雙古堆 1 號漢墓出土竹簡,包括《詩經》170 餘片、《周易》

---

① 見甘肅省博物館、中國科學院考古研究所編《武威漢簡》,文物出版社,1964 年。

② 見河北省文物研究所、定州漢墓竹簡整理小組編《定州漢墓竹簡——論語》,文物出版社,1997 年。

近 600 片，其中《詩經》涉及《國風》65 首，《小雅》4 首，① 等等。

這些出土簡帛古籍是我們今天所能見到的儒家經書的最早版本，它們與今傳本之間在篇卷分合、篇章次序、文字異同等方面都有巨大差異，反映了儒家經典形成和早期流傳中的面貌。

(二) 手抄文獻

造紙術發明以後，紙作爲書寫材料逐漸取代了簡帛。人們用紙墨傳抄經典，較之簡帛更爲便捷實用。手抄文獻直至宋初，仍爲大衆傳播經書的主要手段。據許建平《敦煌經籍敘録》，敦煌所出五萬多卷南北朝至宋初珍貴文獻中，經籍寫卷有三百多件。所涉經籍包括《周易》、《尚書》、《毛詩》、《禮記》、《左傳》、《穀梁》、《論語》、《孝經》、《爾雅》諸經，多爲六朝及唐五代抄本。類型包括白文本、經注本、單疏本及相關音義之作，其中又以經注本數量最多。② (圖一)

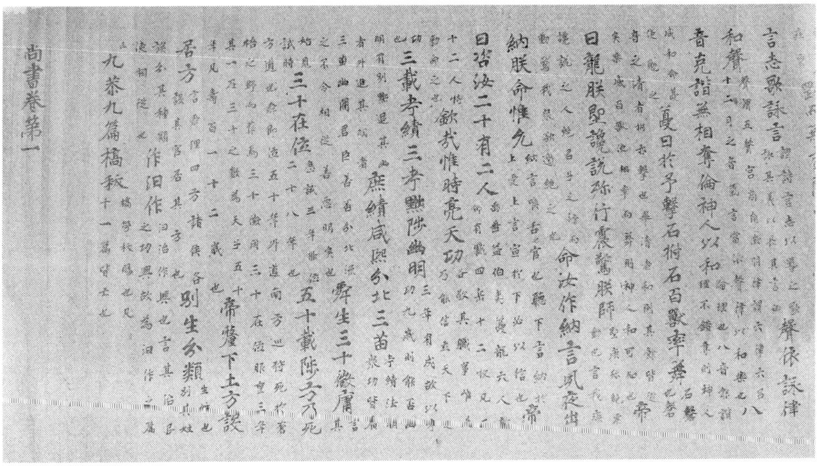

圖一　敦煌唐寫本《尚書》(《中國國家圖書館藏敦煌遺書精品選》)
　　　中國國家圖書館藏

---

①　見胡平生、韓自强《阜陽漢簡詩經研究》，上海古籍出版社，1988 年；韓自强《阜陽漢簡周易研究》，上海古籍出版社，2004 年。

②　許建平《敦煌經籍敘録》，中華書局，2006 年。

(三) 石刻文獻

無論是書於竹帛，或是書於紙張，在輾轉傳抄的過程中，儒家經書的篇卷文字多有混亂失次、魯魚亥豕、矛盾錯訛之處。從漢代起，就有官方組織人員進行儒家經典標準本的勘定和發佈工作，這就是石經的刻製。

後漢熹平年間，蔡邕等奏請正定六經文字，刻成石經，立於太學門前，供學者士子研讀，後世稱熹平石經。字體爲隸書一體，故又稱一字石經。所刻包括《易》、《書》、《詩》、《儀禮》、《春秋》、《公羊》、《論語》七部經典。魏正始中，立三體石經，以古文、小篆和隸書三種字體書寫刻石，後世稱正始石經、三字石經。所刻經書，包括《尚書》、《春秋》、《左傳》（莊公中葉止）。① 唐開成二年，鄭覃等刻石經於國子監，即開成石經。所刻包括《易》、《書》、《詩》、《周禮》、《儀禮》、《禮記》、《左傳》、《公羊》、《穀梁》，並《孝經》、《論語》、《爾雅》，共十二部經書，又附刻《五經文字》、《九經字樣》。後蜀孟昶廣政元年，蜀相毋昭裔等倡刻石經，稱蜀石經，又稱廣政石經、成都石經。所刻爲《易》、《書》、《詩》、《周禮》、《儀禮》、《禮記》、《左傳》（十七卷以前蜀鐫，十七卷後宋鐫）、《孝經》、《論語》、《爾雅》，宋皇祐間刻成《公羊》、《穀梁》，宣和間又增刻《孟子》。熹平、正始、開成等前代石經皆只刻經文正文，惟蜀石經兼刻注文。②（圖二）

石刻儒經經過官方校訂頒佈，具有規範文本的意義，且流傳久遠，備受重視，在經書傳播過程中發揮了重要作用。即使雕版印刷技術通行之後，統治者仍有石經的頒佈，如南宋高宗紹興間御書石經，包括《易》、《詩》、《書》、《春秋左氏傳》、《論語》、《孟子》及《禮記》五篇；清代乾隆間刻乾隆石經，內容包括十三經，此時刻製石經的目的主要不在於經典的傳播，而更具有政治上的象徵意義。

---

① 參見《觀堂集林》卷二十"魏石經考三"，中華書局影印本，1959年。
② 《歷代石經考》，1930年燕京大學國學研究所排印本。

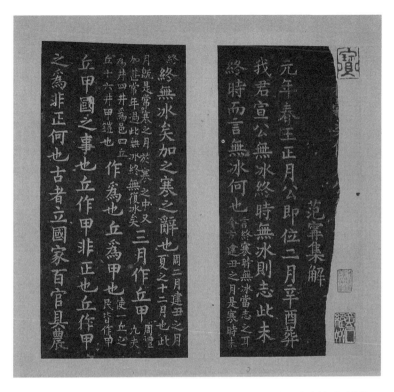

圖二　宋元拓本蜀石經《春秋穀梁傳》(《中國國家圖書館古籍珍品圖録》)
中國國家圖書館藏

(四) 雕版印刷

無論石刻手抄，都費時費力，難以普及。特别是内容龐大的諸經義疏，抄寫尤繁難，正如宋初邢昺所説："曩時儒生中能具書疏者，百無一二，縱得本而力不能繕寫。"① 直至雕版印刷技術出現後，儒家經書的傳播方進入迅猛發展的新階段。蘇軾《李氏山房藏書記》有云："余猶及見老儒先生自言其少時，欲求《史記》、《漢書》而不可得；幸而得之，皆手自書，日夜誦讀，惟恐不及。近歲市人轉相摹刻，諸子百家之書日傳萬紙，學者之于書，多且易致如此。"② 生動反映出雕版印刷技術對文化發

---

① 《宋會要輯稿》"職官"二八，中華書局影印本，1957年，第2972頁。
② 《東坡全集》卷三六，影印文淵閣《四庫全書》本，第1107册，第507頁。

展的巨大影響，所述雖就史、子而言，儒家經書的情況亦當如是。

我國雕版印刷技術究竟起源於何時，學術界歷來有不同的爭論，綜合現有雕版印刷實物與文獻記載，至晚在八世紀，中國已經開始應用雕版印刷技術。唐末五代時期，雕版印刷技術已經相當成熟，並形成了幾個早期的印刷中心。唐柳玭曾記載他在成都的見聞，云："旬休，閱書於重城之東南，其書多陰陽雜說、占夢相宅、九宮五緯之流，又有字書、小學，率雕板印紙，浸染不可盡曉。"① 早期的雕版印刷，正如柳玭所記載的，多用於刷印民間日用之陰陽占卜、小學字書，以及曆書和佛經。有鑒於此，五代後唐時宰相馮道、李愚等發起刊刻儒家經典，即五代國子監刊刻監本《九經》，此爲儒家經書雕版印本之始。儒家經典的傳播從個體的輾轉傳抄發展到批量製作，大大促進了經典的普及。

第二節　宋代雕版印刷事業的繁榮與經書注疏的刊刻

一、宋代雕版印刷事業的繁榮與經書注疏的刊刻

如上所述，我國的雕版印刷技術至唐末五代時期，已經相當成熟，並形成了幾個早期的印刷中心。宋代開國之初，就很重視利用雕版印刷這一已趨成熟的技術，來統一思想，傳播文化。太祖開寶四年（971），敕内官高品、張從信往益州雕大藏經版，即有名的北宋《開寶藏》。所雕大藏共計五千零四十八卷，十三萬餘版，北宋開國之初即有如此大手筆的雕版印刷活動，說明這一時期雕版印刷技術的迅猛發展，已遠遠超出人們的想像。

---

① 《愛日齋叢鈔》卷一引《柳氏家訓序》，影印文淵閣《四庫全書》本，第854冊，第616頁。

爲了統一思想，宣揚儒家文化，北宋朝廷在國子監設立專門的刻書機構，進行儒家經典、史書及醫書等的校勘整理與刊刻。到真宗時期，國子監的刻書已有相當的規模。景德二年（1005），真宗幸國子監，向祭酒邢昺詢及國子監書版情況，邢昺答道："國初印板止及四千，今僅至十萬，經史義疏悉備。"① 短短幾十年間，國子監的書版迅速擴充，朝廷由儒家經典、史書、醫書、小學書等，依次校勘付刻，有的版刻還經過多次校訂，成爲定本，士庶之家不必再苦於圖書傳寫之難了。

朝廷對圖書收藏與圖書刊刻的大力提倡，帶動了地方與民間雕版印刷的發展。到南宋時期，無論是從刊印圖書的種類、規模，刊印地域的擴展，刊印機構的廣泛等等方面，都有重大的發展，達到鼎盛的局面。

從刊印書籍的種類來說，南宋時期經、史、子、集各部類圖書都得到廣泛刊刻，特別是集部書，刻印數量激增。四川和杭州都刻有成系列的唐人詩文集，杭州的陳宅書籍鋪幾乎刻遍了唐代詩人的著作；尹家書籍鋪則以刻說部書聞名；本朝人文集和理學著作的刊刻也非常普遍。此外，今存宋版書中還有如棋譜《忘憂清樂集》，專門記載酒類釀製的著作《酒經》，通俗小說《大唐三藏取經詩話》等，内容題材相當廣泛。各部類書籍的廣泛刊刻，反映出雕版印刷技術的發展，不僅可以滿足上層階級文化教育、思想傳播等要求，亦可以照顧到更廣泛階層的文化需求。反映在儒家經書的刊刻上，就是出現了各種新的適應各階層的經書内容類型和版本形式。南宋時期儒家經典的刊刻，除了沿襲北宋時期的經注本、單疏本，還在經注本中散入釋音、附入各種插圖、加以句讀圈發、加入重言重意。又將經注與疏文合刻，或將經注疏與釋音合爲一書。這都是在雕版印刷技術發展提供的條件下，爲適應時代和社會的更廣泛需求而出現的經書版本的多樣化發展。

其次，從刊印規模上來講，兩宋期間刊印的佛教大藏經《開寶藏》、

---

① 《宋會要輯稿》"職官"二八，第2972頁。

《崇寧藏》、《毗盧藏》、《思溪藏》、《資福藏》、《磧砂藏》，道教典籍《萬壽道藏》，均規模宏大，各有五六千卷的規模。另外如一千卷的《册府元龜》、《太平御覽》、《文苑英華》，五百卷的《太平廣記》，三百餘卷的《資治通鑒》等等。這種大規模的刻書活動，表明兩宋時期雕版印刷技術的成熟和技術工人的大量聚集。不僅是官府刻書，私人和書坊亦可承擔大規模圖書的製作，如周必大在致仕以後，依靠私人力量刊刻完成《文苑英華》這部千卷巨帙；建陽余仁仲萬卷堂以一家書坊之力，刊刻規模達千卷的類書《畫一元龜》。無論官府、私人，無論以贏利爲目的的書坊，或是以宏揚佛法爲己任的寺廟，都可以承擔千卷以上的刻印書規模，這充分證明了宋代雕版印刷技術的繁榮和興盛。而宋代儒家經典的刊刻，也動輒以諸經彙刻的形式來進行，卷帙亦頗繁複。如宋初國子監刊刻《周易》、《尚書》、《毛詩》、《禮記》、《春秋左傳》等五經正義一百八十卷，《周禮》、《儀禮》、《公羊》、《穀梁》、《孝經》、《論語》、《爾雅》等七經疏義凡一百六十五卷。南宋建安書坊余仁仲刻《九經三傳》，廖氏世綵堂刻《九經》，前者是書坊刻書，後者屬私人刻書，都具有相當的規模。

從刻書地域上看，北宋刻書已形成了成都、眉山、杭州、福州、開封等中心地區，南宋除開封外，這些刻書中心地區依然興盛，而且帶動了附近地區刻書的發展，刻書地域非常廣泛。經書注疏的刊刻方面，開封、杭州、福建、四川等也是較爲集中的地區。如北宋開封刻經，有《九經三傳沿革例》所說的"京師大字舊本"、尤袤《遂初堂書目》所說的"京本《毛詩》"、魏了翁《六經正誤序》所說的"京師承平監本"、張淳《儀禮識誤》所說的"在京則有巾箱本"等等，既有國子監刻本，也有民間私人或書坊刻本。杭州地區刻經，如北宋國子監將《周禮疏》等七經義疏下杭州雕版，南宋國子監重刻北宋版諸經，南宋廖氏世綵堂刻《九經》等。《遂初堂書目》著錄有"杭本《易》"、"杭本《公羊傳》"、"杭本《穀梁傳》"，張淳《儀禮識誤》記載《儀禮》"在杭則有細字本"；《九經三傳沿革例》記載"紹興初監本、監中見行本"等等，皆爲杭州地區刻書。紹興地區有兩浙東路茶鹽司及紹興府刻八行注疏本諸經。福建地區刻經今存者有余仁仲萬卷堂本諸經,劉叔剛刻十行注疏本《毛詩》、《左傳》,傳世數量最多的各類附有纂圖、重言、重意等内容的經注本,大多出自福建建陽地區書坊所刻。《九經三傳沿革例》又列"建大字本(俗謂無比九經)",可能已無傳本。四川地區刻經,《九經三傳沿革例》列有"蜀大字舊本、蜀學重刊大字本、中字本、又中字有句讀附音本"及"蜀注疏",其中蜀大字本(或蜀學重刊大字本)、中字有句讀附音本及蜀注疏今有傳本存世。撫州公使庫刻有《九經三傳》,即《沿革例》所謂"撫州舊本",也即《遂初堂書目》所謂的"江西本《九經》",今有數種存世,刻書地即今江西撫州。興國軍學刻有《六經》,今存《春秋經傳集解》,其刻書地點當在興國軍治所即今湖北陽新縣。今有傳本的各地刻經還包括:江陰郡刻本《春秋經傳集解》,在今江蘇江陰;婺州市門巷唐宅刻《周禮》,在今浙江金華;婺州義烏酥溪蔣宅崇知齋刻本《禮記》,在今浙江義烏。此外,還有潭州本(《沿革例》所謂"潭州舊本"、《六經正誤》所謂"潭本"),在今湖南長沙;嚴州本(《景定嚴州續志》卷四"書籍"記載嚴州刻經史詩文方書凡八十種,首列《六經正文》;《儀禮識誤》有《儀禮》"嚴本"),在今浙江建德。

宋代雕版印刷事業的繁榮,還表現在出版機構的多樣化方面。北宋時期,中央政府的國子監、崇文院等官府機構刻書佔據重要地位,南宋則地方各級政府、官學、民間機構、私人、書坊等多種多樣的刻書單位蓬勃發展。官刻本一般不惜工本,紙墨精良,注重校勘品質;私家和書坊刻書則形式多樣,切於實用。在儒家經典的刊刻方面,官府刻書始終處於主流地位,諸如兩宋國子監刊刻經注本、單疏本,南宋撫州公使庫、興國軍學、江陰郡、紹興府、兩浙東路茶鹽司等刻經,都具有校勘精良、紙墨精美的特點。而私人與書坊刻書則更注重書籍的實用與普及,在内容、體例上多所變革。如建陽地區書坊刻經加入釋文、附入圖表、加以句讀,增入重言、重意、互注等内容,並將經、注、疏、釋文合刻成附釋文注疏本,形成多種形態的儒家經典版本,以適應更廣泛階層的文化需求。南宋民間刻經，除廖瑩中世綵堂、余仁仲萬卷堂刻《九經》外，今有傳本的還有建安王朋甫刻《尚書》（臺北"中央圖書館"藏，即今臺北"國家圖書館"，以下簡稱臺北"央圖"）、魏縣尉宅刻《附釋文尚書注疏》（臺北故宮藏）、建安宗氏刻《纂圖互注尚書》（日本京都市藏）、劉氏天香書院刻《監本纂圖重言重意互注論語》（北京大學藏）、鶴林于氏家塾棲雲閣刻《春秋經傳集解》（中國國家圖書館藏，以下簡稱國圖藏）、潛府劉氏家塾刻《春秋經傳集解》（臺北"央圖"藏）、婺州市門巷唐宅刻《周禮》（國圖藏）、婺州義烏酥溪蔣宅崇知齋刻《禮記》（國圖藏）、建安劉叔剛刻《附釋音毛詩注疏》、《附釋音春秋左傳注疏》（日本足利學校藏）等。還有更多的是附有纂圖、互注、重言、重意等內容，刻印較爲粗率的不知名號的書坊刻本。這些版本名目多樣，體例不斷創新，更多地適應了普通大衆的閱讀需要，發行量大，流傳下來的版本也比較多。（圖三）

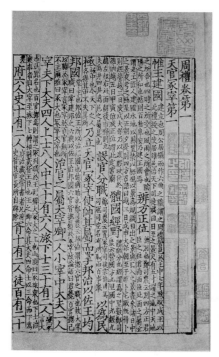 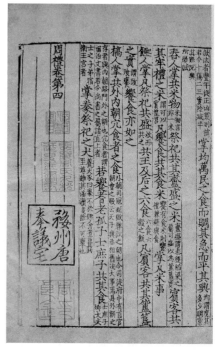

圖三　宋婺州市門巷唐宅刻本《周禮》（《中國國家圖書館古籍珍品圖錄》）
　　　中國國家圖書館藏

总之，經過唐五代時期的發展，我國雕版印刷技術從最初的萌芽階段逐步走向成熟。有宋一代，雕版印刷技術得到了充分廣泛的應用，印刷出版事業迅猛發展。無論是刻本書的數量、書籍刻印的種類、刻書地域的分佈、刻書的規模以及刻印的技術藝術水準，在宋代都達到了相當的高度，呈現繁榮發展的興盛局面。而宋代統治者崇文抑武的政策、文化教育的普及、科舉制度的發達及學術思想的勃興，形成社會各階層對各類圖籍的廣泛需求。在這樣繁榮發展的文化需求與繁榮發展的雕版印刷事業當中，儒家經書作爲統治階層的最高經典，作爲學校教授、士子研習用書，地位崇高，需求量巨大，得到從朝廷、地方到私人書坊的一致推重，成爲各級官府及民間刻書的首要內容。從中央政府的國子監，各州、府、軍、縣的地方官府、官學，到普通的書坊、私家，都在儒家經書的刊刻上投入很大的力量，形成了宋代儒家經書版本的多樣化發展。

二、宋代刻經的經數

儒家經書作爲封建統治階級的經典，從漢代的五經、七經，到唐代的九經、十二經，到宋代的十三經，有經數逐漸擴張的過程。而由於各經受重視程度和流行程度不同，在宋代經書刊刻中，有所謂"六經"、"九經"的概念，又與前代的"六經"、"九經"內涵有所不同。前人對此的認識多有模糊不清之處，對宋代歷次刻經的經數，多語焉不詳。如黃震《修撫州六經跋》中說撫州和興國軍皆有"六經官板"，這"六經"包括哪六種經典？《九經三傳沿革例》中說到世傳《九經》建安余氏本、興國于氏本及廖氏本，他們所刻《九經》是否實指九種？是否與唐石經、五代國子監本《九經》經數一致？宋代最有名的注疏合刻本八行本與十行本各刻了哪些經？等等，因爲文獻記載的闕如和傳本的零落，有的問題已很難判定，有的則可據文獻記載及現存傳本加以推斷。張政烺先生在《讀〈相台書塾刊正九經三傳沿革例〉》中，對宋廖氏世綵堂刻《九經》、元岳氏荆溪家塾刻《九經三傳》等的經數進行了考證，其論據充分，令人信服，此據張文而申論之。①

按宋初"九經"的概念，除泛指儒家經書外，具體經數尚沿襲五代國子監本"九經"的內涵，即今通行十三經中除《孟子》之外的其他十二部經典。北宋翻刻五代國子監經注本，號稱九經，實爲十二經。北宋新刻諸經正義單疏本，包括《五經正義》與《七經疏義》，亦爲十二經。北宋後期至南宋，"六經"、"九經"的概念頗爲盛行，除仍作泛指外，其具體指代與前代已有很大不同。如南宋毛居正作《六經正誤》六卷，每經一卷，卷一《周易》、卷二《尚書》、卷三《毛詩》、卷四《禮記》、卷五《周禮》、卷六《左傳》（附《公羊》、《穀梁》）。此書卷前魏了翁序中説："盡取六經三傳諸本，參以子史字書，選粹文集，研究異同。"②所謂"六經"、"六經三傳"，顯然即是指本書所收録的《易》、《詩》、《書》、《周禮》、《禮記》及《春秋》三傳而言。又南宋楊甲《六經圖》，收《易》、《詩》、《書》、《周禮》、《禮記》及《春秋》六經圖；南宋王應麟《六經天文編》，輯録《易》、《詩》、《書》、《周禮》、《禮記》、《春秋》六經中有關天文資料，其"六經"所指與《六經正誤》之"六經"同。南宋孫奕《九經直音》採用直音方式爲儒家經書注音，其"九經"包括《孝經》、《論語》、《孟子》、《毛詩》、《尚書》、《周易》、《禮記》、《周禮》、《左傳》共九部經典。此皆與前代"六經"、"九經"概念内涵頗有不同。

關於"六經"、"九經"概念的演變及宋代"六經"、"九經"的内涵，宋王應麟《玉海》卷四十二"總六經"中有一個概括的説明：

> 《記》之經解，指《詩》、《書》、《禮》、《樂》、《易》、《春秋》之教，未始正六經之名。《莊子·天運篇》始述老子之言，曰六經先王之陳跡，實昉乎此。太史公《滑稽傳》以《禮》、《樂》、《詩》、《書》、《易》、《春秋》爲六藝，而班史因之，又以五學配五常，而

---

① 張政烺《讀〈相台書塾刊正九經三傳沿革例〉》，《張政烺文史論集》，中華書局，2004年。

② 《六經正誤》卷前序，影印文淵閣《四庫全書》本，第183册，第457頁。

《論語》、《孝經》並記於《六藝略》中。自時厥後或曰五經，或曰六經，或曰七經。至唐貞觀中，谷那律淹貫群書，褚遂良稱爲九經庫。九經之名，又昉乎此。其後明經取士，以《禮記》、《春秋左傳》爲大經，《詩》、《周禮》、《儀禮》爲中經，《易》、《尚書》、春秋《公》、《穀》爲小經，所謂九經也。國朝方以三傳合爲一，又舍《儀禮》，而以《易》、《詩》、《書》、《周禮》、《禮記》、《春秋》爲六經，又以《孟子》升經，《論語》、《孝經》爲三小經，今所謂九經也。①

據王應麟此說，宋代的"六經"，指的是《易》、《詩》、《書》、《周禮》、《禮記》、《春秋左傳》；"九經"則爲"六經"加《論語》、《孝經》、《孟子》。較之唐五代及宋初通行的《九經》，增入《孟子》，而將《儀禮》與《爾雅》排除在外。《孟子》在宋以前一直被列爲子書，宋熙寧中與《論語》並列兼經，此後地位漸高，成爲經書之一種。《爾雅》實際上是一部訓詁書，在諸經中地位比較特殊，宋代刻經中常常不把《爾雅》包括在内。至於《儀禮》，張政烺先生指出：

> 自漢以來，儒者相傳但言《五經》，而唐時立之學官則云《九經》者，三禮、三傳分而習之，故爲九也（原注：參考顧炎武《日知錄》卷十八《十三經注疏》條）。宋興猶仍唐制，神宗用王安石之言，士各占治《易》、《書》、《詩》、《周禮》、《禮記》一經，兼《論語》、《孟子》，是時《儀禮》、《春秋》皆廢，不列學官。元祐初始復《春秋左傳》，而《儀禮》未復（原注：參考《宋史選舉志》及《日知錄》卷七《九經》條）。此後宋人謂六經爲《易》、《書》、《詩》、《周禮》、《禮記》、《春秋左氏傳》（原注：楊甲《六經圖》、黃唐《禮記正義跋》），而《春秋》與《三傳》分別言之則爲《六經三傳》（原注：魏了翁《六經正誤序》）。②

---

① 《玉海》，江蘇古籍出版社、上海書店影印本，1987年，第783頁。
② 《讀〈相台書塾刊正九經三傳沿革例〉》，《張政烺文史論集》，第185頁。

張文又引《朱子語類》卷八十四《論修禮書》云：

> 問：聞郡中近已開六經。曰：已開《詩》、《書》、《易》、《春秋》，惟二《禮》未暇及。……《周禮》自是一書，惟《禮記》尚有說話。《儀禮》禮之根本，而《禮記》乃其枝葉。《禮記》乃秦漢上下諸儒解釋《儀禮》之書，又有他說附益於其間。……《儀禮》舊與六經三傳並行，至王介甫始罷去。其後雖復《春秋》，而《儀禮》卒廢。今士人讀《禮記》而不讀《儀禮》，故不能見其本末。①

《儀禮》在宋代不爲人所重，從此段朱熹問答中可見一斑。又黃震《修撫州〈儀禮〉跋》云："《儀禮》爲禮經，漢儒所集《禮記》其傳爾。自《禮記》列六經，而《儀禮》世反罕讀，遂成天下難見之書。"②《文獻通考》記馬廷鸞《儀禮注疏序》曰："余生五十八年，未嘗讀《儀禮》之書。"③ 都可反映《儀禮》在宋代備受冷落的狀況，故宋代刊刻諸經多不及《儀禮》。

宋代經書刊刻的實際情況，與上述宋人有關"六經"、"九經"內容的記載是相符合的。如南宋兩浙東路茶鹽司在高宗紹興間刻《周易》、《尚書》、《周禮》三經注疏合刻本，孝宗紹熙間黃唐又主持刻成《毛詩》、《禮記》注疏合刻本。黃唐《禮記正義》跋說："本司舊刊《易》、《書》、《周禮》……紹熙辛亥仲冬，唐備員司庚，遂取《毛詩》、《禮記》疏義，如前三經編彙，精加讎正，用鋟諸木，庶廣前人之所未備。乃若《春秋》一經，顧力未暇，姑以貽同志云。"④ 至慶元六年沈作賓于紹興知府任中刻成《春秋左傳正義》，在後序中稱"諸經正義既刊於倉台，

---

① 原文見（宋）朱熹《朱子語類》，影印文淵閣《四庫全書》本，第701冊，第782頁。
② 《慈溪黃氏日抄分類》卷九二，《中華再造善本》影印元後至元三年刻本。
③ 《文獻通考》卷一百八十，商務印書館影印本，第2冊，第1550頁。
④ 《禮記正義》卷末跋，《中華再造善本》影印南宋兩浙東路茶鹽司刻本。

而此書復刊於郡治,合五爲六,炳乎相輝。"① 黃唐以六經缺《春秋左傳》,貽諸後人;沈作賓成就其志,"合五爲六"。這說明在他們的心目中,《易》、《詩》、《書》、《周禮》、《禮記》、《春秋左傳》是最被重視的六部經典。南宋紹興間興國軍學刻《五經》,嘉定中興國軍學教授聞人模又組織刊刻《春秋經傳集解》,其刊書跋語云:"本學五經舊版……歷時浸久,字畫漫滅,且欠《春秋》一經。"② 因前人所刻僅"五經",聞人模認爲尚缺《春秋》一經,遂補充刊刻《春秋經傳集解》,這與沈作賓的"合五爲六"如出一轍。

黃震《修撫州六經跋》中說:"舊板惟六經三傳,今用監本添刊《論語》、《孟子》、《孝經》,以足《九經》之數。"③ 所謂舊版"六經三傳",所指亦當爲《易》、《詩》、《書》、《周禮》、《禮記》、《春秋》(包括《左傳》、《公羊》、《穀梁》三傳)。而"九經"之名,則是補入《論語》、《孟子》、《孝經》三經,而足"九經"之數。這與《玉海》所云"又以《孟子》升經,《論語》、《孝經》爲三小經,今所謂九經也"④ 之語亦相合。又據張政烺先生考證,廖氏世綵堂刻《九經》包括《孝經》、《論語》、《孟子》、《毛詩》、《尚書》、《周易》、《禮記》、《周禮》、《春秋經傳集解》九種;元代岳氏刻《九經三傳》則在廖本基礎上增加了《公羊》、《穀梁》二種。⑤ 《九經三傳沿革例》有"建本十一經"之說,⑥ 又云:"《春秋》三傳於經互有發明,世所傳十一經蓋合三傳並稱。乾、淳間,毛居正嘗參校六經三傳,當時皆稱其精確,刊修未竟,中輟。廖氏刊《九經》,未暇及《公羊》、《穀梁》二傳,或者惜其闕焉。因取建余氏

---

① 張金吾《愛日精廬藏書志》卷五,《續修四庫全書》影印本,第925册,第279頁。
② 宋嘉定九年興國軍學刻本《春秋經傳集解》卷末跋。
③ 《慈溪黃氏日抄分類》卷九二,《中華再造善本》影印元後至元三年刻本。
④ 《玉海》卷四二,第783頁。
⑤ 《讀〈相台書塾刊正九經三傳沿革例〉》,《張政烺文史論集》,第183頁。
⑥ 《九經三傳沿革例》"音釋"云:"《左傳》本不可以言經,今從俗所謂汴本十三經、建本十一經稱之。"影印文淵閣《四庫全書》本,第183册,第569頁。

本，合諸本再加考訂，與《九經》並刊。"① 張政烺指出："廖氏所謂'建本《十一經》'，蓋即指余仁仲所刻。岳氏仿刻廖本《九經》，增以余氏《公》、《穀》二傳，是僅復'建本《十一經》'之舊。"② 則余仁仲所刻"九經"包括《易》、《書》、《詩》、《禮記》、《周禮》、《左傳》、《公羊》、《穀梁》、《孝經》、《論語》、《孟子》，共十一種。

由以上宋人記載和宋代刻經實踐來看，宋代最爲通行的經書，當爲《周易》、《尚書》、《毛詩》、《周禮》、《禮記》及《左傳》六經，宋代各次叢刻諸經，皆以此六經爲先。其次是《公羊》、《穀梁》及《論語》、《孝經》、《孟子》，有"六經三傳"、"九經"、"九經三傳"、"十一經"等稱。在歷次經書叢刻中，《爾雅》和《儀禮》多不被列入。從傳本情況看，諸經今存宋刻本（包括叢刻和單刻）較多的，也是《周易》、《尚書》、《毛詩》、《周禮》、《禮記》、《左傳》這六種經書，其中《左傳》宋本傳世最多，而《儀禮》今已無一宋本傳世。③

三、宋刻經書文本類型的演變

宋代以前，儒家經書的文本以經注本爲主流，兼有少量白文本，諸經疏義各自成書。以敦煌卷子中的儒家經書爲例，其中大多是經注本，格式爲經文大字、注文小字，白文本和單疏本數量都非常少。北宋時期，這一格局依然延續。北宋國子監翻刻五代國子監本《九經》，爲經注本；新刻五經正義、七經疏義，爲單疏本；此外亦有白文本的刊刻。到了南宋，隨著雕版印刷技術的迅猛發展和教育文化的廣泛需求，儒家經典的文本出現了許多新的變化，產生了豐富多樣的新品種。

（一）經注附釋文本

南宋前期，在傳統的經注本基礎上，出現了附入陸德明《釋文》的新版本。南宋官刻本中，仍然以單純的經注本爲主流，但在私人與

---

① 《九經三傳沿革例》，影印文淵閣《四庫全書》本，第183册，第576頁。
② 《讀〈相台書塾刊正九經三傳沿革例〉》，《張政烺文史論集》，第186頁。
③ 參見本書附録《今存宋刻經書注疏版本簡目》。

書坊刻書中,經注本附入《釋文》已成爲一種趨勢。今存鶴林于氏家塾棲雲閣刻《春秋經傳集解》,就是附入《釋文》的經注本。從書中避諱情況看,此本刻於南宋初期,其中陸德明《釋文》並非如今日所見的大多數南宋刻本一樣散置於逐句之下,而是分節總列于各段經注之後。這似乎反映了經書刻入釋文最初的形態,應當是現存較早的經注散入釋文本。此後的附釋文經注本,包括余仁仲萬卷堂本、廖氏世綵堂本以及附有纂圖互注、重言重意等内容的經注本,其釋文皆散附到逐句之下。這些版本也各有差別,有的沿襲陸德明《經典釋文》的文字内容,基本不加變動;有的則將《經典釋文》文字内容加以改造和簡化,删去一些釋義與釋音等内容;還有像廖氏世綵堂本中的《論語》與《孟子》,除附入陸德明《經典釋文》的釋音外,還加入了朱熹的釋音。

(二) 纂圖互注重言重意本

南宋中後期,在附釋文經注本基礎上,又出現了大批加入纂圖、重言、重意、互注、似句等内容的版本。這是爲迎合科舉考試需要,以建陽地區的書坊爲主,編輯出版的儒家經典的通俗版本。爲招徠買主,吸引眼球,書坊主人在書名上大做文章。所以有所謂點校、附音、重言、重意、互注、纂圖、京本、監本等名目。點校,表明其書經過句讀校勘。附音,表示其書附注音義。纂圖,表明其書配刻插圖。重言,即將本書中文字相同的詞句注出。重意,即將本書中意義相同的詞句注出。似句,即將本書中相似句子注出。互注,即引他經文句互爲注釋。京本,表示其所依據版本爲京師舊本。監本,表示其所依據版本爲國子監本,等等。這些名目,有的是便於讀者閱讀、理解、記憶經書而爲,有的是爲了標榜其版本可靠,目的都是爲招徠讀者,利於售賣。此類纂圖互注重言重意本,大多開本不大,有的還是巾箱小本,多爲密行小字,版面促狹。形式上並不固定,有的纂圖重言重意似句互注兼備,有的無互注、無纂圖,有的只有重言無重意等等,形式、内容上略有差異。(圖四)

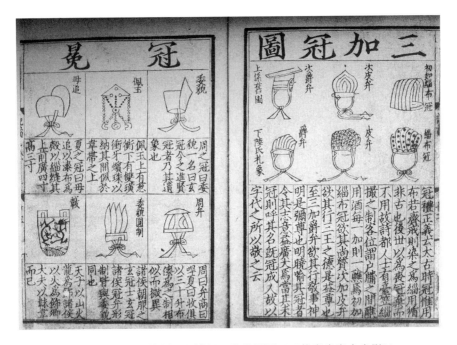

圖四　宋刻本《纂圖互注禮記》卷前插圖（《静嘉堂宋本書影》）
日本静嘉堂文庫藏

（三）注疏合刻本

南宋以前，諸經疏義皆各自成書，與經注別行，即單疏本。南宋初期，出現了將經文、注文與疏文合刻在一起的注疏合刻本。最早的注疏合刻本經書，始自南宋高宗紹興時期兩浙東路茶鹽司刊刻《易》、《書》、《周禮》。光宗紹熙間，又由黃唐主持於兩浙東路茶鹽司續刻《毛詩》、《禮記》。以後又有《春秋左傳正義》及《論語注疏解經》、《孟子注疏解經》的刊刻。這些版本都是將經、注、疏的內容合刻在一起，相關內容互相對照，方便讀者閱讀理解，成爲一種全新的經書文本。

（四）附釋文注疏合刻本

兩浙東路茶鹽司及紹興府刻注疏合刻本將經、注、疏合刻，但不附釋文。爲了適應讀者需求，南宋中期開始，建安書坊又出現了一種新的附有陸德明釋文的注疏合刻本，今存的有建安劉叔剛刻《附釋音毛詩注疏》、《附釋音春秋左傳注疏》，以及刻書者不詳的《監本附音春秋穀梁注疏》。這種文本將經文、注文、疏文、釋文合爲一書，較之不附釋音的注疏本，內容更爲全面，更便於讀者使用，因此頗受歡迎。這種附釋文注疏合刻本在元代又被翻刻行世，書板遞相修補，明代尚有刷印，傳本較多。此後通行的十三經版本，如明嘉靖李元陽刻《十三經注疏》、明萬曆北監刻《十三經注疏》、明末汲古閣刻《十三經注疏》、清乾隆武英殿刻《十三經注疏》、清阮元刻《十三經注疏》等，都是這一類型的版本。附釋文注疏合刻本遂成爲宋以後經書注疏版本的主流。

總起來看，我國經書注疏的主要文本類型，在宋代已大體齊備。這些文本類型中，有的在後代不再流行，甚至絕跡，有的則成爲後代通行的文本。如宋代大量的重言重意互注本，後代幾乎不再翻刻；單疏本和不附釋文的注疏合刻本，後代亦無翻刻流通；不附釋文的單經注本也非常稀見。宋代以後通行的經書文本，主要是附釋文注疏合刻本及附釋文經注本，溯其源頭，皆出自宋刻本。由此可見宋刻經書版本在整個經書版本系統中所具有的重要地位。

第三節　前人研究情況

一、清代以前

關於宋代經書注疏刊刻的情況，宋人著作中已有一些記述。如尤袤《遂初堂書目》中，就列舉了成都石刻《九經》、《論語》、《孟子》、《爾雅》，杭本《易》，舊監本《尚書》、京本《毛詩》，舊監本《禮記》、《儀禮》，舊監本《左傳》、杭本《公羊傳》、杭本《穀梁傳》、舊監本《論語》、舊監本《孟子》、舊監本《爾雅》、高麗本《尚書》、江西本《九經》等經書版本。王應麟《玉海》對北宋國子監歷次儒家經典的刊刻情況，更有翔實的記載。毛居正《六經正誤》取六經三傳諸本，參以子史字書，選粹文集，研究異同，校正國子監本之訛誤，留下了關於"紹興注疏本"、"興國軍本"、"建安余氏本"、"建本"、"潭本"等宋刻經書版本的資料。而魏了翁《六經正誤序》所指出的"本朝冑監經史多仍周舊,今故家往往有之,而與俗本無大相遠。南渡草創,則僅取版籍于江南諸州,與京師承平監本大相徑庭,與潭、撫、閩、蜀諸本互爲異同,而監本之誤爲甚"之論,① 亦常被後人引用。

在宋人關於宋刻經書版本的記述中,最爲全面深入的當屬廖瑩中《九經總例》。關於廖瑩中及其《九經總例》與《九經三傳沿革例》(簡稱《沿革例》)的關係,詳見本書第二章。總起來說,《九經總例》爲廖瑩中所作,其内容完整保存在《沿革例》中,爲"名亡實不亡"之書。② 《沿革例》的主體内容,即書本、字畫、注文、音釋、句讀、脱簡、考異七部分,反映的是廖瑩中有關宋刻經書版本、校勘方面的見解。在《書本》一篇中,廖氏列舉了他所搜羅到的經書版本二十三種,這是對宋代刊刻經書版本的最權威記載。其中有的版本今天還有零星傳本存世,像"撫州舊本"、"建安余仁仲"本、"越中舊本注疏"等,可以與廖氏記載相印證;有的今天已無傳本,僅憑廖氏記載才知其存在。廖氏對宋代經書各種版本特點的記述,爲我們透露了大量相關版本的信息。如《句讀》一節中說:"監蜀諸本皆無句讀,惟建本始仿館閣校書式,從旁加圈點,開卷了然,於學者爲便,然亦但句讀經文而已。惟蜀中字本、興國本並點注文,益爲周盡,而其間亦有於大義未爲的當者。"反映了宋刻經書版本中句讀的興起和各版本加以句讀的情形。《音釋》一節說到:"唐石本、晉銅版本、舊新監本、蜀諸本與他善本,並刊古注,若音釋則自爲一書,難檢尋而易差誤。建本、蜀中本則附音於注文之下,甚便翻閱,然龐雜重贅,適增眩瞀。"總結了宋刻經書版本中附入音釋的不同情況。此外,各節中提到了大量不同版本之間異文等情況,這都是研究宋刻經書版本的珍貴資料。今天在相關版本的鑒定中,廖氏的記述成爲極其重要的依據。如 2005 年中國嘉德拍賣公司春季拍賣會中,出現了一部宋刻《春秋經傳集解》殘本,爲毛氏汲古閣舊藏,

---

① 《六經正誤》卷前魏了翁序,影印文淵閣《四庫全書》本,第 183 册,第 457 頁。

② 張政烺《讀〈相台書塾刊正九經三傳沿革例〉》。下文張政烺說亦見此文。

據其版刻風格、紙張、字體及避諱字等看，當爲宋代四川地區刻本。此本與現存各種宋刻《春秋經傳集解》不同的特點是，它附有釋文，其經文、注文皆有句讀，又其字體風格似蜀刻，與廖氏所說的"蜀中字本""並點注文"、"附音於注文之下"的特徵正相符合，因而它被認爲是《沿革例》所記載的"蜀中字本"。長期以來，人們僅憑《沿革例》（實爲廖瑩中《九經總例》）的記述，方知有"蜀中字本"，不意數百年後其本重現於世，雖僅殘本驚鴻乍現，已足令人神往。正因爲有廖氏對"蜀中字本"特徵的記載，後人方可據今存的一册殘本，定其版本及價值。①

廖氏之後，有元初岳氏刊刻《九經三傳》，留下了《九經三傳沿革例》。長期以來岳氏皆被屬之爲岳珂，經張政烺先生考證，此岳氏乃元初人岳浚。岳氏刊《九經三傳》，其《九經》以廖氏《九經》爲底本，《公羊》、《穀梁》則以余仁仲本爲底本。並依廖氏例，在《九經三傳》刊刻過程中，留下了《沿革例》，說明其刊刻緣起與刊刻底本等情況。岳氏所刻《九經三傳》，今仍有數種存世，歷來爲學者所重，《沿革例》爲岳刻《九經三傳》的刊刻總例，尤其是因廖氏《總例》不存，《沿革例》成爲我們研究宋代及元初經書注疏刊刻情況的最重要資料之一。

明代有關宋刻經書注疏的版本，僅有少量書目中的零星記載，多語焉不詳。至於相關研究，更乏善可陳。至清代，隨着人們對古籍版本的逐漸重視，和清代考據學學術研究的需要，有關宋代經書注疏的刊刻與諸經版本的研究，獲得了深入廣泛的進展，留下了豐碩的研究成果。

二、清代學者的相關研究

清代學者關於宋刻經書版本的研究，是伴隨着經書校勘過程逐漸深入的，至《十三經注疏校勘記》達到高峰。同時，清代大批藏書目錄、題跋著作及著名學者文集、筆記著作中，包含大量有關宋刻經書版本的信息，反映出清代學者對經書版本演變源流的深入認識。

（一）經書校勘

在阮元《十三經注疏校勘記》之前或同時，清代學者在經書校勘方

---

① 詳見本書第二章第四節。

面已進行了大量工作，其中較多利用宋刻經書版本進行校勘的清代學者，有何焯、何煌、惠棟、盧文弨、顧廣圻等，阮元的《十三經注疏校勘記》就大量吸收了他們的校勘成果。如《周禮注疏校勘記序》引據各本中，有"惠校本周禮注疏"，錄諸人識語云："盧文弨曰：東吳惠士奇暨子棟以宋注疏本校疏，以余氏萬卷堂本校經注、音義，書於毛氏本。何焯云：康熙丙戌，見內府宋板元修注疏本，粗校一過。惠棟云：盧見曾嘗得宋槧余仁仲周禮經注，校閱一過。"今《中國古籍善本書目》著錄上海圖書館藏一部汲古閣本《周禮注疏》，有清吳昕過錄清何焯、惠士奇、惠棟校跋，其過錄所據當即阮氏所列經何焯、惠士奇、惠棟校閱之本。《春秋公羊傳注疏校勘記序》引據各本中，有"惠棟校本春秋公羊傳注疏二十八卷"，錄諸人識語云："何煌字仲友云：康熙丁酉，假同門李廣文秉成所買宋槧官本手校，再令張翼庭、倪穎仲各校一過。惠棟云：有曹通政寅所藏宋本《公羊》，合何氏所校宋槧官本、蜀大字本及元版注疏，並參以石經，用朱墨別異，癸酉冬月識。"今《中國古籍善本書目》著錄數部汲古閣本《春秋公羊注疏》，即分別有過錄何焯校跋（國圖藏本、常熟市圖書館藏本）、何煌校跋（國圖藏本）、惠棟校跋（國圖藏本、上圖藏本）。此外，《春秋穀梁傳注疏校勘記》利用了何煌所校余仁仲本、抄宋單疏殘本；《禮記注疏校勘記》利用了惠棟校宋本、盧文弨校本、段玉裁校本等；《孟子注疏校勘記》利用了何焯所校北宋蜀大字本、劉氏丹桂堂巾箱本、岳本、盱郡重刊廖氏本等。

清乾嘉學者中，注重以宋本校勘經書、並在校勘過程中形成經書版本方面獨到見解的，首推盧文弨、顧廣圻。盧文弨校經成果，見於《群書拾補》等書。《十三經注疏校勘記》中，《禮記》、《爾雅》引用書目皆列"盧文弨校本"；《儀禮》用盧文弨著《儀禮詳校》；《周易》用盧文弨傳校明錢孫保本等。今人汪紹楹極稱盧氏於經書注疏版本校勘研究的開創之功：

> 清阮元重刊宋本《十三經注疏》，雖云肇工於嘉慶二十年乙亥（公元一八一五），刊成於二十一年丙子（公元一八一六），實乃淵源于盧抱經文弨。文弨雖未創議重刊，而風氣之開，固自伊始。夫

注疏各本，所以易於牴牾舛謬者，以唐、宋人撰諸經義疏及《經典釋文》，本與經注別行。自南渡以後，會合《注》《疏》《釋文》爲一書。欲省兩讀，翻致兩傷。是以經、疏文字，迴互改易。卷帙分合，繁簡無定。使人意涽。試舉《書目答問》所舉"經部正經正注、合刻分刻"諸目，令初學閲之，已未有不茫然無措者。况復字句篇目，瑣瑣米鹽者哉。故文弨蓄志校勘者，蓋數十年。……於是有志遍校羣經，纂成一書。其分别"經注"、"義疏"、"釋文"各本之别行，亦始發於文弨。於《周易注疏輯正題辭》曰："蓋《正義》本自爲一書，後人始附于經注之下。"於《重雕經典釋文緣起》（乾隆五十六年）云："古來所傳經典，類非一本。陸氏所見，與賈、孔所見本不盡同。今取陸氏書附於注疏本中，非强彼以就此，即强此以就彼。欲省兩讀，翻致兩傷。"其後錢竹汀、段茂堂始大暢其論。①

顧廣圻被稱作清代校勘第一人，曾爲孫星衍、黃丕烈、張敦仁等校刻圖書。其中爲汪士鐘校刻單疏本《儀禮疏》，爲張敦仁校刻撫州本《禮記》並撰寫《撫本禮記鄭注考異》二卷，爲張敦仁校刻《儀禮注疏》等，又被阮元延請校勘《毛詩注疏》。他與當時著名藏書家黃丕烈等交好，寓目版本甚富，十分重視善本書在校勘中的重要作用，在經書版本鑒定、經書刊刻源流上具有超越時人的敏鋭眼光。如他通過從兄顧抱沖所藏的《禮記》與《禮記釋文》的版式、行字、刻工等的考察，首次確認了"撫州本"的傳存，② 並促成張敦仁重刻其本。關於注疏合刻本的起始時間，他認爲"北宋本必經注自經注，疏自疏，南宋初始有注疏。又其後始有附釋音注疏"。③ 不同意段玉裁等關於注疏合刻本起於北宋之説。他爲陳鱣賦經函詩云："南宋併注疏，越中出最早。後則蜀有之，

---

① 汪紹楹《阮氏重刻宋本十三經注疏考》，《文史》第三輯，中華書局，1963年。
② 詳見本書第一章第二節。
③ （清）黃丕烈《百宋一廛賦注》引顧廣圻語，《清人書目題跋叢刊》第 6 册《黃丕烈書目題跋》，中華書局影印本，1993 年，第 398 頁。

《沿革例》了了。今均無見者,款式詎可曉。唯建附釋音,三山別離造。黃唐跋《左傳》,其語足參考。流傳爲十行,一綫獨綿貌。胜國在南雍,修多元漸少。遞變閩監毛,每次加潦草。"① 以詩的形式對經書注疏的版本演變及各本優劣做了精到的總結,對經書版本源流的認識,達到了相當的高度。

清代校經集大成之作,非阮元《十三經注疏校勘記》莫屬。《校勘記》吸取了前輩學者何焯、何煌、惠棟等的校經成果,又彙集了同時代的碩學名儒,如段玉裁、顧廣圻、洪頤煊、臧庸等共襄其事,反映了這些學者在儒家經書版本校勘方面的研究成果,成爲儒經版本校勘方面的集大成之作,至今仍無可替代。阮元在《十三經注疏》校勘工作中,十分重視宋元舊本的校勘價值。他利用自身條件,搜集了儘可能多的版本,尤其是常人無法見到的宋刻經書版本,及前人利用宋刻本所作的校本,這些版本在《十三經注疏》校勘工作中發揮了重要作用。如《左傳》、《尚書》利用了宋越州刻八行注疏本;《周易》利用了錢遵王校單疏本;《周禮》利用了宋建陽書坊余仁仲本、惠棟等人校八行注疏本;《爾雅》、《儀禮》用宋刻單疏本;《儀禮》又用宋嚴州刻本;《穀梁》用何煌校余仁仲本、何煌校單疏本;《禮記》用惠棟校八行注疏本,等等。在諸經校勘記前均撰寫序文,説明該經流傳刊刻及引據各本的版本情况,其中論及經書版本源流者,如《禮記注疏校勘記序》論單疏本、八行注疏本及附釋文注疏本的演變源流、卷次異同,云:

> 案古人義疏,皆不附於經注而單行。猶古《春秋》三傳、《詩》毛傳不附於經而單行也。單行之疏,北宋皆有鐫本,今僅有存者。《儀禮》、《穀梁》、《爾雅》間存藏書家,而他經多亡。正義多附載經注之下,其始謂之兼義,其後直謂之某經注疏。其始本無釋文,其後又附以釋文,謂之附釋音某經注疏,最後又去附釋音三字。蓋皆紹興以後所爲,而北宋無此也。有在兼義之先爲之者,今所見吴

---

① (清)顧廣圻《思適齋集》卷二《陳仲魚孝廉索賦經函詩率成廿韻》,《續修四庫全書》第1491册,第28頁。

中藏本有《春秋》、《禮記》二種，《春秋》曰《春秋正義》卷第幾，《禮記》曰《禮記正義》卷第幾，皆不標爲某經注疏，其卷數則《春秋》三十六卷，《禮記》七十卷，皆與《唐志》正義卷數合。蓋以單行正義爲主，而以經注分置之，此紹興初年所爲，非如"兼義"、"注疏"之以經注爲主而以疏附之，既不用經注之卷數，又不用正義之卷數，《春秋》爲六十卷，《禮記》爲六十三卷，遂使唐人正義之卷次不可知。蓋古今之遷變如此。①

《校勘記》在各經引據書目中，依各本内容類型，將諸經版本區分爲單經本（或曰經本）、單注本（或曰經注本）、單疏本、注疏本，在儒家經書版本研究中具有重要的開創性意義。當然，《校勘記》出自衆手，參與諸儒有見識不同、意見相左的情况，如關於八行注疏合刻本起源問題，就有起于北宋、南北宋之間和起於南宋的不同看法。而《春秋公羊傳注疏校勘記序》不明附釋音注疏本卷次改易的情况，説："《郡齋讀書志》、《書録解題》並作三十卷，世所傳本乃止二十八卷，其參差之由亦無可考也。"② 與《禮記注疏校勘記序》所論"古今之遷變"，識見可謂相差遠矣。

（二）目録題跋

清代學者、藏書家十分重視宋元版本的收藏，在大量清代目録題跋著作中，記録了當時藏書家所見宋版經書的情况，其中有的宋版經書今日已經亡佚，借這些目録著録才能對其有大概的瞭解。清代記載宋刻經書版本較豐富的目録著作，如《天禄琳琅書目》及《天禄琳琅書目後編》、黄丕烈《百宋一廛賦注》及《百宋一廛書録》、陳鱣《經籍跋文》、張金吾《愛日精廬藏書志》、瞿鏞《鐵琴銅劍樓藏書目録》、楊紹和《楹書隅録》、陸心源《皕宋樓藏書志》及《儀顧堂題跋》、楊守敬《日本訪書志》等，都有大量相關宋刻經書版本的著録，爲我們提供了許多珍貴

---

① 《十三經注疏校勘記》，《續修四庫全書》影印清嘉慶文選樓刻本，第181册，第558頁。
② 《十三經注疏校勘記》，《續修四庫全書》第183册，第46頁。

資料，有的還表達了作者對宋刻經書版本源流的認識和見解。

于敏中等編《天祿琳琅書目》及彭元瑞等編《天祿琳琅書目後編》，著錄了清宮秘藏的大量珍善本書，其中有許多重要的經書版本，如《前編》著錄的余仁仲刻本《周禮》、相臺岳氏家塾刻《春秋經傳集解》、廖氏世綵堂刻《春秋經傳集解》、興國軍學刻《春秋左氏音義》、鄂州州學官書《春秋公羊經傳解詁》及數部附有纂圖重言重意內容的經注本；《後編》著錄之余仁仲刻本《禮記》，相臺岳氏刻《論語》、《孝經》、《孟子》等，皆詳著序跋、刊記、收藏印記等內容，提供了相關版本的珍貴資料。特別是前編著錄者，多重要版本，且原書已毀於火，許多版本今無傳本存世。如建安余仁仲刻九經，爲宋代刻經中的重要版本，南宋時即稱善本，而今有傳本的僅《禮記》、《左傳》、《公羊》、《穀梁》四種。《天祿琳琅書目》卷一著錄《周禮》，有余仁仲諸刊記，爲余仁仲刻《九經》之一，今已無傳本存世，憑藉《天祿琳琅書目》的著錄，方知其版本情況。廖氏世綵堂刻《九經》，因周密《癸辛雜識》等的記載和《九經三傳沿革例》的流傳，而成爲宋代最著名的經書版本之一，但廖刻《九經》在元代初年即成難得之本，至清代流傳者，僅知有《天祿琳琅書目》著錄的一種《春秋經傳集解》。據《天祿琳琅書目》記載，此本卷末有木記曰"世綵廖氏刻梓家塾"，"爲長方、橢圓、亞字諸式，具篆文、八分"，今廖氏刻經無一存世，《天祿琳琅書目》的記載爲我們瞭解廖刻《九經》面貌提供了直接的資料。

黃丕烈爲清代藏書大家，有佞宋之稱，所藏宋刻經書版本甚多。其中重要的有蜀大字本《周禮》、余仁仲本《春秋公羊經傳解詁》，單疏本《儀禮疏》、《爾雅疏》，嚴州本《儀禮》等。黃丕烈與顧廣圻交好，顧氏爲張敦仁校刻《儀禮注疏》，所據即黃丕烈士禮居所藏嚴州本《儀禮》與宋刻單疏《儀禮疏》。又阮元本《十三經注疏》中的《儀禮》、《爾雅》用單疏本爲底本，所據也是士禮居藏本。黃丕烈所藏經書版本及黃氏對經書版本的見解，見於《百宋一廛賦注》、《百宋一廛書錄》及後人所輯黃氏題跋中。

陳鱣《經籍跋文》收錄了關於經書版本題跋十九篇，其中有宋越刊八行注疏本《周易注疏》(《宋版周易注疏跋》)、《禮記正義》(《宋本禮記注疏跋》)、宋刻巾箱本《婺本點校重言重意互注尚書》(《宋本尚書孔傳跋》)、宋刻《監本纂圖重言重意互注點校毛詩》(《宋本毛詩跋》)、宋刻《纂圖互注周禮》(《宋本周禮注跋》)、撫州公使庫刻本《禮記》(《宋本禮記注跋》)、單疏抄本《春秋穀梁疏》(《宋本穀梁傳單行疏跋》)等重要的宋刻經書版本,記其刊版歲月、冊籍款式、收藏印記,莫不精審確鑿,令人如見原書。更加校正異同,列其勝於俗本之處,並時有關於經書版本體例演變的精彩之論。如《宋版周易注疏跋》云:"原本單疏,並無經注。正經注語,惟標起止,而疏列其下。注疏合刻起於南北宋之間。至於音義,舊皆不列本書。附刻音義,又在慶元以後,即《九經三傳沿革例》所謂建本有音釋注疏是也。"① 對經注、疏、音義合刻之演變做了一個簡明的概括。《宋本禮記注疏跋》云:"咸平二年三月己巳祭酒邢昺上新印《禮記疏》七十卷,是爲正義原書。南宋初與經注合併,尚從《正義》原分之卷。厥後附釋音本又改爲六十三卷,而原定卷次遂亂。"② 於注疏合刻過程中卷次的改變有清楚的認識。

張金吾《愛日精廬藏書志》除記載數種珍貴的宋刻經書版本,還著錄了多種抄校本,如臨金壇段氏校宋慶元本《春秋左傳正義》、臨何氏校宋余仁仲本《春秋公羊經傳解詁》、臨惠氏校宋余仁仲本《春秋穀梁傳》、抄本《春秋穀梁疏》單疏殘本、影寫宋刻單疏本《儀禮疏》等。其中過錄何煌、惠棟、段玉裁等相關跋語,爲我們瞭解這些學者有關經書版本校勘的觀點提供了寶貴資料。臨金壇段氏校宋慶元本《春秋左傳正義》一則中,還過錄了慶元六年沈作賓所作八行本《春秋左傳正義》後序,此序內容涉及我國最早的注疏合刻本即越州八行本的刊刻時地問題,至關重要,而今存唯一的一部八行本《春秋左傳正義》(國圖藏)中,此序已失。借《愛日精廬藏書志》的過錄,沈作賓序方得以保存。在單疏抄本《春秋穀梁疏》一則中,張金吾不僅詳列單疏本《春秋穀梁

---

① (清)陳鱣《經籍跋文》,《宋元版書目題跋輯刊》第3冊,北京圖書館出版社影印本,2003年,第193頁。

② 《經籍跋文》,《宋元版書目題跋輯刊》第3冊,第235頁。

疏》的異文，還對單疏本的體例進行了總結，發前人所未發："是書於傳注不錄全文，止標起訖。綜其體例，大要有三。或標某某至某某，或標某某云云，或竟標傳注全文一二句。注疏本欲歸一例，俱改作某某至某某。'釋曰'二字或有或無，傳注則一一標出，注疏本傳注二字大半刪去，而每段俱增'釋曰'冠之。非單疏本尚存，原書面目無從復識。"① 在影寫宋刻單疏本《儀禮疏》一則中，張金吾論述了單疏本的重要價值所在："疏與經注，北宋猶各自爲書，如《崇文總目》所載《周易正義》十四卷、《尚書正義》二十卷、《毛詩正義》四十卷、《周禮疏》五十卷、《儀禮疏》五十卷、《禮記正義》七十卷、《春秋正義》三十六卷、《穀梁疏》三十卷（今本十二卷，或經宋人合併歟）、② 《公羊疏》三十卷、《孝經正義》三卷、《論語正義》十卷、《爾雅正義》十卷，皆單疏本也。南宋合注疏爲一，而單疏本遂晦。夫合者所見之經注，未必鄭賈所見之經注也。其字其説，乃或齟齬不合，淺學者或且妄改疏文，以遷就經注，而鄭賈所守之經注遂致不可復識。即如《儀禮》，以疏分附經注，非是本與《要義》尚存，則五十卷之卷次且不可考，奚論其他？"③ 對注疏合刻的本質及單疏本在版本校勘中的重要作用，闡述至深。

　　瞿鏞《鐵琴銅劍樓藏書目錄》的特點是，在經書版本的著錄上，不僅對版本有詳盡的描述，更對重要版本進行校勘，撰成校勘記，附入各條之下。如《周易兼義》（著錄爲宋刊本，實爲元刻十行本）、《毛詩》（宋刊本）、《附釋音春秋左傳注疏》（著錄爲宋刊本，實爲元刻十行本）、《春秋公羊經傳解詁》（宋余仁仲刻本）等條下，皆附有校勘記。通過對這些版本的校勘，作者得出了許多相關版本的精闢見解。如《周易兼義》條指出："按阮氏《校勘記》、南昌府學重刊宋本皆據是書，方盛行

---

① 《愛日精廬藏書志》卷五《春秋穀梁疏》條，《續修四庫全書》影印本，第925冊，第281頁。
② 此蓋據《玉海》引《崇文總目》，作《穀梁疏》三十卷，或爲傳刻之誤。《文獻通考》引《崇文總目》及《宋史·藝文志》、《直齋書錄解題》等著錄《穀梁疏》皆作十二卷。
③ 《愛日精廬藏書志》卷四《儀禮疏》條，《續修四庫全書》影印本，第925冊，第272頁。

於世。顧以是本核之,頗多不同。其不同者,是本往往與家藏宋單注本、宋八行注疏本及《校勘記》所引岳本、錢本、宋本合,阮本多誤同閩、監、毛本。均是十行本,何以違異若此?蓋阮本多修版,其誤皆由明人臆改,是本修版較少,多可藉以是正。"① 瞿氏通過自藏的十行本與阮元本的比較,發現兩本之間的不同之處,指出這種不同源於同一刻本的不同修版印本之間的差異。

楊守敬《日本訪書志》著錄了作者光緒間作爲使館隨員在日本所得、所見珍稀版本。日本所傳古抄本、宋刻經書版本甚富,許多爲我國不傳之本。見於《日本訪書志》著錄的如單疏本《尚書正義》、八行注疏合刻本《尚書正義》、興國軍學刻本《春秋經傳集解》、余仁仲刻本《春秋穀梁傳》、影抄蜀大字本《爾雅》等,都是非常重要的宋刻經書版本,牽涉到經書版本研究中許多重要問題。如影抄蜀大字本《爾雅》,有"將仕郎守國子四門博士臣李鶚書"一行,森立之《經籍訪古志》認爲原本是北宋時翻刻五代國子監本,楊守敬則根據避諱字,將其定爲南宋孝宗時翻刻本。此本"李鶚書"一行文字堪稱僅存的五代國子監本實物遺存,是關涉我國最早的儒家經書雕版印本——五代國子監本的珍貴資料。又如關於經書注疏合刻本的起源問題,乾嘉學者有不同看法。段玉裁等認爲注疏合刻本起於北宋,或曰南北宋之間,或曰北宋之末;顧廣圻則認爲南宋初始有注疏合刻本。兩派意見相左,聚訟紛紜。其聚訟根源,實在于日本山井鼎等《七經孟子考文補遺》引《禮記正義》黃唐跋誤"紹熙辛亥"爲"紹興辛亥"所致。因乾嘉學者皆未見八行本《禮記正義》原本,所知者僅《七經孟子考文補遺》引用黃唐跋語,《考文》引用黃唐跋語中一個誤字,導致乾嘉學者在注疏合刻起始時間上的錯誤認識。楊守敬在跋八行本《尚書正義》中特意訂正了《七經孟子考文補遺》的錯誤:"黃唐跋是紹熙壬子,《七經孟子考文》於《禮記》後載此跋,誤'熙'爲'興'。

---

① (清)瞿鏞《鐵琴銅劍樓藏書目錄》卷一,《續修四庫全書》影印本,第926冊,第46頁。

阮氏《校勘記》遂謂合疏於注在南北宋之間，又爲山井鼎所誤。"① 乾嘉諸儒聚訟之議，遂得迎刃而解。另楊守敬爲黎庶昌刻《古逸叢書》，收録了數種重要的經書版本，包括上述《爾雅》及余仁仲本《春秋穀梁傳》等，有的還附有校記；八行注疏合刻本《尚書正義》及其他多種稀見版本如日本翻刻興國軍學本《春秋經傳集解》，被楊氏購回國內，對後人的經書版本研究皆可謂重要之舉。

（三）文集筆記

清代學者關於宋刻經書版本的認識，還散落在大量的文集、雜記及諸經序跋文字中。如關於宋刻經書不同版本之間注、疏、釋文之分合及卷次的改變，錢大昕曾發表了許多精闢見解，云："唐人五經正義，本與注別行，後儒欲省兩讀，並而爲一，雖便於初學，而卷弟多失其舊，不復見古書真面。"② "釋文與正義各自一書，宋初本皆單行，不相淆亂。南宋後乃有合正義於經注之本，又有合釋文與正義於經注之本，欲省學者兩讀。"③ "然即是可證北宋時，正義未嘗合於經注。即南渡初，尚有單行本，不盡合刻矣。紹興初所刻注疏，初未附入陸氏《釋文》，則今所傳附釋音之注疏，大約光、寧以後刊本耳。"④ 等等，對經書注疏的版本源流有深刻的認識。關於通行注疏合刻本牽合經注疏文文字、導致兩傷的情況，段玉裁指出："故校經之法，必以賈還賈，以孔還孔，以陸還陸，以杜還杜，以鄭還鄭，各得其底本，而後判其義理之是非，而後經之底本可定，而後經之義理可以徐定。不先正注、疏、釋文之底本，則多誣古人。不斷其立説之是非，則多誤今人。自宋人合正義、釋文於經注，而其字不相同者一切改之使同。使學而不思者，白首茫如，其自負能校經者，分別又無真

---

① 今國圖藏八行本《尚書正義》楊守敬手書跋語，跋作于光緒甲申（十年，1884），《中華再造善本》影印本。

② （清）錢大昕《潛研堂文集》卷二七《跋爾雅疏單行本》，《續修四庫全書》影印本，第1439册，第5頁。

③ （清）錢大昕《十駕齋養新録》卷二《正義刊本妄改》，《續修四庫全書》影印本，第1151册，第122頁。

④ 《十駕齋養新録》卷三《注疏舊本》，同上，第132頁。

見。故三合之注疏本,似便而易惑,久爲經之賊而莫之覺也。"① 此論爲後人所推崇,成爲經書校勘的基本原則。

(四) 日本學者的研究

還需要特別提出的是日本江户時代學者山井鼎、物觀所著《七經孟子考文補遺》。此書以足利學校所藏古寫本、宋刻《五經正義》本、足利學校刊行活字本及正德本(實即元刻明修十行本)等版本進行校勘,提供了大量珍貴版本和異文資料,享保十六年(1731)出版以後很快傳入中國,引起了清代學者的極大重視,成爲僅有的兩部收入《四庫全書》的外國人經學著作之一,對清代經書版本校勘研究有極大的促進。盧文弨《群書拾補》、阮元《十三經注疏校勘記》等都利用了《七經孟子考文補遺》的版本異文資料。此外,森立之《經籍訪古志》著録了大量日本所存經書注疏版本,特別是早期寫本和宋元版本,爲經書版本研究提供了豐富資料,在中日學界影響廣泛。

三、近現代學者的相關研究成果

近現代學者關於宋刻經書版本研究的成果,也大量散見於各種書目題跋著作中。如傅增湘《藏園群書題記》和《藏園群書經眼記》、昌彼得《增訂蟫庵群書題識》、李致忠《宋版書敘録》等,其中關於宋版經書傳世版本的記述和考證,不僅提供了珍貴的資料,還可以反映出作者對經書版本的總體認識。其中傅增湘先生不僅閲書無數,留下大量有關經書版本的題跋、經眼録,對宋刻經書注疏版本的認識亦超越前人,許多見解今天看來仍深具啓發意義。尤其關於"十行本"的認識,傅增湘先生通過經眼宋刻十行本與元刻十行本的比較,指出所謂"十行本"有宋刻、元刻之別,長期以來被認作宋刻本、阮元《十三經注疏》作爲刊刻底本的"十行本",實際上是元刻或元刻明修本。② "十行本"在我國影響深遠,宋刻十行本之説深入人心,直至今日影響尤在。傅增湘先生

---

① (清)段玉裁《經韻樓集》卷一二《與諸同志書論校書之難》,《續修四庫全書》影印本,第1435册,第189頁。

② 詳見本書第五章第一節"前人對'十行本'的認識"。

對"十行本"的卓見,令長期以來經書版本研究中的這一錯誤認識開始得到糾正。日本學者阿部隆一對日本及中國所藏宋元版書進行了詳盡的調查與研究,《中國訪書志》及《阿部隆一遺稿集》中的《宋元版所在目錄》、《日本國見在宋元版本志經部》、《北京南京上海觀書記》等皆其調查成果。尤其《日本國見在宋元版本志經部》使我們對難以寓目的日本所藏宋刻經書注疏版本有了全面瞭解,其中亦反映出作者對宋刻經書刊刻源流的深入認識。

同時,近現代學者在宋代經書注疏的研究方面,有了比較系統的論述。王國維所作《五代兩宋監本考》、《兩浙古刊本考》,通過對傳世版本實物的考察與文獻資料的鉤索,對五代兩宋時期國子監刻書及兩浙地區刻書情況,做了開創性的研究,而儒家經書的刊刻研究是其中最重要的部分。宿白先生在《唐宋時期的雕版印刷》中,運用《宋會要輯稿》等史料記載與現存版本資料,對兩宋時期國子監刻書做了深入探討,也是頗有啟發的研究成果。日本學者長澤規矩也在1937年出版的《書志學論考》中,收入了有關宋刻經書版本的多篇論文,集中討論了宋刻單疏本、越刊注疏本、元刻十行注疏本等相關問題,對宋代儒家經書版本的認識達到了相當的高度。其《正德十行本注疏非宋本考》,通過刻工的考察,及與真正的宋刊十行本相比較,首次系統論述了所謂"正德本"("十行本")並非宋本,而是元代的翻刻本。其觀點明確,論據充分,令"十行本"宋刻、元刻之論得到系統廓清。長澤規矩也先生還編有《十三經影譜》,將歷代重要的經書版本書影彙為一書,前附《十三經注疏版本略說》一文,對宋、金以來十三經版本進行了簡要系統的論述。此外,屈萬里先生有《十三經注疏板刻考略》一文,① 李致忠先生有《十三經注疏版刻略考》一文,② 較為系統地介紹了十三經注疏在歷代的刊刻情況。這些都是我們研究的基礎。

在現代學者的相關研究中,還應該提到兩篇文章,一為汪紹楹先生

---

① 《屈萬里先生全集》之《書傭論學集》,臺北聯經出版事業公司,1984年。
② 李致忠《十三經注疏版刻略考》,《文獻》2008年第4期。

《阮氏重刻宋本十三經注疏考》,一爲張政烺先生《讀〈相臺書塾刊正九經三傳沿革例〉》,堪稱我國經書版本研究的代表之作。汪文成於1949年,發表於1963年出版的《文史》第三輯。此文包括清人重刊《十三經注疏》緣起、重刊《十三經注疏》之準備工作、輯《校勘記》時之争議、修《校勘記》之得失、重刊十行本之經過與評價、宋十行本注疏之本質、十行本注疏宋刻元刻本辨、越刊八行本注疏考略、惠松崖校《禮記正義》據本考、宋蜀刊本注疏考略、宋建刻九行本注疏考略、各經單疏本考略、單疏板刻考、金刻本注疏考略、元刊本注疏考略、明刊單行注疏考略、明閩刻監刻汲古閣刻三注疏考略等内容,涉及經書版本的廣泛論題。其論十行本之優劣與刻版之年代,兼及八行注疏本、單疏本之存佚,下逮金、元、明諸刻沿革,並清代學者相關言論,資料廣博,討論深入,極具啟發意義。張文成於1943年,1991年發表於《中國與日本文化研究》第一集(後收入《張政烺文史論集》),此文解決了我國版本學特別是經書版本研究中的一個大問題,指出長期以來被歸屬於宋代岳珂的岳氏刻九經三傳,實爲元初岳浚所爲。此觀點在1960年出版的《中國版刻圖録》中已被引用,因而廣爲人知。張文同時還論述了《沿革例》與廖氏《九經總例》間的關係,廖氏世綵堂刻經,廖、岳所刻經數等問題,見解精闢,論證周詳。由於岳氏刻《九經三傳》及《九經三傳沿革例》在經書版本研究中的重要地位,此文亦成爲現代學者研究經書版本的一個極具意義的成果。

第四節 選題意義與研究思路

一、選題意義

儒家經書最早的刊刻在五代時期,進入宋代,隨著雕版印刷技術的繁榮發展,經書注疏的刊刻得到飛速發展,從北宋前期國子監刊刻《五經正義》、《七經疏義》,到南宋前期翻刻北宋國子監本、兩浙茶鹽司首次刊刻注疏合刻本、福建地區書坊刊刻附有釋文的注疏合刻本，以及各州府刊刻之經注本，私人及書坊刻附釋文經注本，各類附有纂圖、互注、重言、重意的通俗本等等，有宋一代儒家經書的刊刻，既使儒家經書文本逐漸規範統一，又出現多樣化的發展，留下了眾多品種多樣、版本珍稀的宋刻經書注疏版本。從六經、九經到十一經、十三經，從單經注本、單疏本到經注附釋文本、注疏合刻本，從而形成後代通行的《十三經注疏》版本，這個演變正是在宋代完成的。對宋代經書注疏刊刻的研究，正可以揭示儒家經典十三經文本演變中最重要的一段歷程。這是經學版本研究的核心內容，也是經學研究的一個重要組成部分。

從版本學和出版史的角度來看，宋代是我國雕版印刷技術輝煌發展的時期，儒家經典在宋代出現了數量眾多、品種多樣的印刷本，儒家經典的刊刻出版是宋代印刷出版史研究的一個重要內容。現在還留傳在世的宋刻經書版本，散存在中國大陸、中國臺灣及日本的大型圖書收藏機構，多爲孤本僅存，版本珍稀，每一部都是有重要文物價值和文獻價值的珍品。它們有的久藏秘府，不爲人知；有的著錄各異，歧見雜出；許多重要的經書版本還沒有得到充分的認識和利用。通過對這些版本進行系統的全面的研究，考察這些版本的刊刻、流傳情況，可以獲得在單一版本研究中不易獲得的更深入的認識，發掘其內在的版本價值與文獻價值，爲宋代出版史和版本學的研究提供借鑒。

從古籍整理的實際應用來看，宋版書的文獻價值和校勘價值是毋庸置疑的。清代阮元整理《十三經注疏校勘記》、刻印《十三經注疏》，就利用了許多珍貴的宋版書。但還是有許多宋版書當時沒有條件利用，今天新的古籍整理工作應該充分利用現存宋刻版本。應該說，在新的經典整理工作中，許多重要的版本尚未得到充分的重視。像《穀梁疏》單疏抄本和宋刻注疏本，前者阮元《校勘記》已有利用，但所用爲他人校本，校勘者並未見到原本；後者前人的校勘工作中還未被利用過。而這兩個版本分別是現存最早的《穀梁》單疏本和最早的注疏合刻本，可以爲《穀梁》校勘整理工作提供非常有價值的資料。若能在前人校勘工作基礎上，充分利用傳世宋刻版本，則儒家經書注疏的校勘整理工作，將會達到新的高度。本書將通過對宋刻經書版本的全面調查與研究，通過對重要版本局部內容的校勘比對，探討各版本文字優劣，發掘各本校勘價值，爲經書注疏的整理工作提供全面準確的版本信息，爲《十三經注疏》新的整理工作提供借鑒。

如上節所述，前人有關宋代經書刊刻源流的論述，多散見於書志、題跋著作之中，針對具體版本而發，缺乏總體全面的考察和論述。本書希望通過全面梳理今存宋刻經書版本，反映宋代經書刊刻的全貌；考辨其中的各種版本問題，揭示其與後代通行諸本的關係；通過現存版本的比勘，考其優劣，敘其源流，爲經典的校勘整理工作提供版本借鑒。這將有助於對傳世版本的使用，有助於對儒家經書傳刻源流的認識，也有助於經學、版本學、刻書史的研究。

二、研究思路

本書研究的基本思路，就是通過對現存宋刻經書注疏版本的全面考察，結合文獻記載和書目著錄，釐清現存宋刻經書版本的類型、源流、各版本的刊刻時地、體例演變，從而反映出宋代經書注疏刊刻的全貌，揭示經書文本在宋代由經注本、單疏本向經注附釋文本、纂圖互注重言重意本、注疏合刻本演變的歷程；通過各版本之間和各版本與今通行本之間的文本校勘，揭示其體例特點和文本差異，從而考察各版本的文獻價值，爲經書注疏新的校勘整理工作提供版本依據。

本書研究的範圍，限於傳統的十三經注疏。宋代經書注疏的刊刻，與其他文獻的刊刻相比，有不同的特點，即儒家經書常常作爲一個整體來出版發行。雖然有所謂六經、九經、十一經等不同的經數，但數種經典以同樣的面貌同時出版發行，却是經書注疏刊刻中一個常見的現象。如北宋時期有國子監刻五經正義、七經疏義、翻刻五代國子監《九經》，南宋時期有撫州公使庫刻六經三傳（後添至九經三傳），廖氏刻《九經》，余氏刻九經三傳等等，都有明確記載可以知道當時刻印的是一套叢書。由於是在相同時間、相同地點、相同的刻書者所刊刻的同一套書，這些版本之間就有相同的版本特點和內容特點，每一次刊刻的各經之間有相同的版式、行款、字體、刻工等等。對於沒有牌記等明確證據的版本，也可以根據其版刻特點與內容特點，大致瞭解它們所處的版本系統。

如題名爲"纂圖互注"的各本，今有傳本的包括《纂圖互注尚書》、《纂圖互注周禮》、《纂圖互注禮記》、《纂圖互注毛詩》、《纂圖互注春秋經傳集解》，它們都有共同的特點：均以"纂圖互注"某某經題名，卷前均有圖，行款分爲十一行和十二行兩個系統，均有句讀，有重言重意互注，其字體風格也大體一致，均爲典型的建陽地區刻本風格。另如蜀刻大字經注本，今存者有《周禮》、《禮記》、《春秋經傳集解》及《孟子》（僅存影印本），它們也有相同的特點，即行款均爲八行十六字，開版弘朗，字大如錢，字體風格一致，前人將它們歸爲一個系統，認爲它們可能就是《九經三傳沿革例》所説的蜀學大字本，等等。

因爲有這樣的特點，我們可以通過現存的版本實物瞭解今已不存的同一套書中其他各經的大概面貌，也可以通過版本風格特點將散存的零星版本劃分爲各成系統的版本。由此可以更清楚地瞭解宋刻經書版本的全貌，也有助於對現存宋刻經書版本的深入認識。基於此種考慮，本書根據宋代經書注疏版本的内容類型，分爲單經注本、經注附釋文本、纂圖互注重言重意本、單疏本、八行注疏合刻本、十行注疏合刻本、白文本等七章，各章下分述該類型的歷次重要刻書，述其傳本源流、刊刻情況，考其體例特點、文獻價值。將現存零散紛亂的版本統攝於各類型各系統版本中，既可以更全面地反映宋代儒家經書刊刻的面貌，系統考察宋代經書文本的演變歷程，也可以對同一類型、同一系統的版本進行綜合的分析，對它們的特點進行更深入的探討。一些無可歸屬的單刻本，在各類型下列"其他版本"統加敘述。

本書研究的主體資料，即今存宋刻經書注疏的各種版本，大多集中於中國内地、中國臺灣，以及日本的數個大型藏書機構，其中部分有影印本。除了儘量考察原本之外，對於難以企及的海外版本，將充分利用影印本、圖録、書志等資料。今已不存的宋代經書版本，有的有元明清時期的翻刻、影刻本，有的在明清藏書家書目著作中有著録，通過對這些資料的考察，也可對部分宋代經書版本有相當的認識。另外，宋代各類文獻資料，如《玉海》、《宋會要輯稿》、《直齋書錄解題》、《郡齋讀書志》及地方志資料、宋人文集等，其中有關宋代刊刻儒家經書的記載，都是本文的重要資料來源。

　　在對今存版本研究中，除了對其外在形態、刊刻時地、傳本源流的考察，還注重各版本體例與文字之比較。對於重要版本，將通過部分文字内容的校勘，來考察各版本間的相互關係，判斷各版本的文字優劣。鑒於阮元本《十三經注疏》在經書版本中的重要地位，其《十三經注疏校勘記》爲清代經書校勘集大成之作，故本書對各本的校勘工作，將主要以阮元本《十三經注疏》及《校勘記》爲參校依據。① 同時，注意今存版本與《十三經注疏校勘記》引據各本之間的關係，闡發其在以往經籍校勘中的作用，及今後經籍整理中可利用的價值。儘量做到將現存版本實物與文獻記載相結合，將外在版本考察與内在文本比勘相結合，以期獲得更準確、更深入的研究成果。

---

　　①　本書所引阮元本《十三經注疏》，用 2007 年臺北藝文印書館影印清嘉慶二十年南昌府學刻本。《十三經注疏校勘記》，用《續修四庫全書》影印清嘉慶文選樓刻本。特殊注明者除外。

第一章　單經注本

《十三經注疏校勘記》有"單注本"或"經注本"之説，指的是與單疏本、注疏本、白文本相區別的，有經文有注文的經書版本。從漢代開始，儒家經書在流傳過程中，逐漸衍生出注釋之作。六朝以後，爲大衆廣泛接受的經注本逐漸代替白文本，成爲儒家經書文本的主流。今存敦煌卷子中的儒家經書文本，絕大多數是經注本。唐石經爲白文本，但從卷端所題注者題名，可知其底本實爲經注本。五代國子監首次以雕版印刷技術印製儒家經書版本，以白文的唐開成石經爲底本，又在石經白文基礎上加入注文，仍成經注本。北宋時期國子監翻刻五代國子監本、南宋國子監又翻刻北宋本，其文本形式沿襲五代監本。此外，南宋有多個地方州郡刊刻經書，如蜀刻大字本、撫州本、興國軍學本、江陰郡本等，都是國子監系統的經注本。不過，從南宋初年開始，又出現了一種新形式的經注本，即將陸德明《經典釋文》中的文字，分散附入經注本相應文字之下，成爲附有釋文的經注本。有的附釋文經注本還附入了纂圖、重言、重意、互注等內容。這些版本在南宋中後期漸趨流行，尤以民間書坊刊刻爲多。为敘述方便，本書將不散入釋文的經注本與散入釋文的經注本區別開來，前者稱作"單經注本"，後者稱作"經注附釋文本"；又附入纂圖、重言、重意、互注等內容的經注附釋文本數量衆多，類型獨特，故單列"纂圖互注重言重意本"一章。

單經注本的刊刻南、北宋均有，而以北宋與南宋前期爲主，其中官刻本較多，校勘精審，是宋刻經書版本中品質精良的一部分，歷來爲學者所重。

第一節　北宋國子監刻《九經》與
　　　　南宋國子監重刻本

一、五代國子監刊刻《九經》

　　五代國子監刊刻《九經》，首次以雕版印刷技術傳播儒家經典，對後代影響深遠。北宋國子監翻刻五代監本，南宋國子監又翻刻北宋本，諸州郡縣官府、官學刊刻經注本，皆可溯源至五代國子監刻本。

　　唐末五代時期，我國雕版印刷技術已相當成熟，並形成了幾個早期的印刷中心，成都就是其中最突出的一個。但早期雕版印刷技術，多用於陰陽雜説、占夢相宅、九宮五緯、字書、小學、曆書、佛經等内容。五代後唐時馮道、李愚等有鑒於此，發起刊刻儒家經典。《册府元龜》卷六百八記載："先是，後唐宰相馮道、李愚重經學，因言漢時崇儒，有三字石經，唐朝亦於國學刊刻。今朝廷日不暇給，無能別有刊立。嘗見吴蜀之人鬻印板文字，色類絶多，終不及經典。如經典校定雕摹流行，深益於文教矣。乃奏聞。""長興三年四月敕，近以遍注石經，雕刻印板，委國學每經差專知業博士儒徒五六人勘讀並注，今更於朝官内別差五人充詳勘官，太子賓客馬縞、太常丞陳觀、祠部員外郎兼太常博士段顒、太常博士路航、屯田員外郎田敏等。朕以正經事大不同，諸書雖以委國學差官勘注，蓋緣文字極多，尚恐偶有差誤。馬縞已下皆是碩儒，各專經業，更令詳勘，貴必精研，兼宜委國子監於諸色選人中召能書人，謹楷寫出，旋付匠人雕刻。"①《五代會要》卷八記載："後唐長興三年二月，中書門下奏：請依石經文字刻《九經》印板。敕：令國子監集博士儒徒，將西京石經本，各以所業本經，句度抄寫注出，子細看讀，然後顧召能雕字匠人，各部隨帙刻印板，廣頒天下。"②

---

① 《册府元龜》，中華書局影印本，1960年，第7304頁。
② 《五代會要》卷八，第128頁。

五代國子監刊刻諸經印板，以唐石經文字爲本，選擇專精各經的儒士，校勘本文，加入注文，成經注本。又委官詳勘，並選善書者楷寫上板。所刻經數，與唐石經同，包括《周易》（王弼注）、《尚書》（孔安國傳）、《毛詩》（鄭玄箋）、《周禮》（鄭玄注）、《儀禮》（鄭玄注）、《禮記》（鄭玄注）、《春秋經傳集解》（杜預集解）、《春秋公羊經傳解詁》（何休注）、《春秋穀梁傳集解》（范甯注）、《孝經》（唐玄宗御注）、《論語》（何晏集解）、《爾雅》（郭璞注），共十二經，並附刻《五經文字》、《九經字樣》。負責書寫上板的官員主要爲李鶚及郭嶸。①

　　五代國子監刻本經書書板，被北宋國子監繼承下來，在北宋初年仍刷印頒佈。不過，到南宋時，五代監本經書已不多見。洪邁《容齋續筆》卷十四記載："予家有舊監本《周禮》，其末云：大周廣順三年癸丑五月，雕造九經書畢，前鄉貢三禮郭嶸書。列宰相李穀、范質、判監田敏等銜於後。……此書字畫端嚴有楷法，更無舛誤。"②王明清《揮麈錄》記載其家藏有李鶚書印本《五經》，後題長興二年；《直齋書錄解題》著錄五代開運丙午所刻《九經字樣》，此皆五代國子監諸經印本。

二、北宋國子監重刻《九經》

　　北宋沿襲五代舊例，以國子監作爲國家刻書印書機構，校勘群書，頒佈經典。起初國子監負責刻書印書的機構名"印書錢物所"，淳化五年判國子監李至奏"國子監舊有印書錢物所，名爲近俗，乞改爲國子監書庫官。始置書庫監官，以京朝官充，掌印經史群書，以備朝廷宣索賜予之用，及出鬻而收其直，以上於官。"③國子監書庫官負責圖書刻印與發行的工作，所刻書除供朝廷賞賜諸王輔臣、頒賜地方學校外，還可

---

　　① 《玉海》卷四三《唐石經後唐九經刻板》："周廣順三年（953）六月丁巳，十一經及《爾雅》、《五經文字》、《九經字樣》板成，判監田敏上之（原注：各二部，一百三十冊，四門博士李鶚書，惟《公羊》、前三禮郭嶸書）。"第810頁。又見王國維《五代兩宋監本考》卷上、《觀堂集林》卷二一《覆五代刊本爾雅跋》。

　　② （宋）洪邁《容齋隨筆·續筆》，上海古籍出版社，1978年，第387頁。

　　③ 《宋史》卷一六五，中華書局標點本，1977年，第3916頁。

以印賣出售及租賃書板。今存宋刻本《説文解字》後有雍熙三年（986）中書門下牒文，云："其書宜付史館，仍令國子監雕爲印版，依《九經》書例，許人納紙墨價錢收贖。"① 説明國子監所儲《九經》、《説文解字》等書板，是可供士民付錢刷印的。真宗大中祥符五年（1012）詔云："國學見印經書，降付諸路出賣。"② 國子監刊刻經書也可以由諸路代爲售賣。

　　五代國子監刊刻的《九經》經注本，書板至宋初仍被國子監收存，可供士民刷印，上引牒文"依《九經》書例，許人納紙墨價錢收贖"，所指即五代國子監所刻《九經》書板。但隨着日久歲深，五代所刻《九經》書版經重複刷印，漸有損壞，故自淳化初年即屢有校訂重刻經書之議。《玉海》載：

> （景德二年，1005）九月，國子監言：《尚書》、《孝經》、《論語》、《爾雅》四經字體訛缺，請以李鶚本別雕，命杜鎬、孫奭校勘。③

> （景德二年，1005）九月辛亥，命侍講學士邢昺與兩制詳定《尚書》、《論語》、《孝經》、《爾雅》文字。先是，國子監言：群經摹印歲深，字體誤缺，請重刻板。因命崇文檢詳杜鎬、諸王侍講孫奭詳校，至是畢，又詔昺與兩制詳定而刊正之。祥符七年（1014）九月，又並《易》、《詩》重刻板本，仍命陳彭年、馮元校定。自後《九經》及《釋文》有訛缺者，皆重校刻板。④

《續資治通鑒長編》卷九十七載：

> （天禧五年五月）辛丑，令國子監重刻經書印板，以本監言其歲久刓弊故也。⑤

---

① 《中華再造善本》影印宋刻元修本《説文解字》卷末牒文。
② 《宋會要輯稿》"職官"二八，第2972頁。
③ 《玉海》卷二七《景德國子監觀群書漆板》，第534頁。
④ 《玉海》卷四三《景德群書漆板刊正四經》，第814頁。
⑤ 《續資治通鑒長編》卷九七，上海古籍出版社影印本，1986年，第864頁。

《宋會要輯稿》載：

> （天禧五年，1021）七月，內殿承制兼管勾國子監劉崇超言：本監管經書六十六件印板，內《孝經》、《論語》、《爾雅》、《禮記》、《春秋》、《文選》、《初學記》、《六帖》、《韻對》、《爾雅釋文》等十件，年深訛闕，字體不全，有妨印造。昨禮部貢院取到《孝經》、《論語》、《爾雅》、《禮記》、《春秋》，皆李鶚所書舊本，乞差直講官重看榻本雕造。①

上述記載中提到的"李鶚本"、"李鶚所書舊本"，即五代國子監所刻《九經》，其書板爲北宋國子監繼承，經過較長時間的刷印，已經不堪使用，需重新刻板。故從景德至天禧間，國子監陸續將諸經校訂重刻，此即北宋國子監刻《九經》，其經數當與五代監本同，爲十二經。

作爲官方審定的儒家經典文本，北宋國子監本《九經》被廣泛頒賜諸王輔臣、各地學校等，並允許士民付錢刷印，成爲國家標準教科書文本。宋代文獻中多有頒賜及售賣國子監本《九經》的記載。如嘉祐八年（1063），"以國子監所印《九經》及《正義》、《孟子》、醫書賜夏國，從所乞也。"② 熙寧七年（1074），"詔國子監許賣《九經》、子、史諸書與高麗國使人。"③ 元祐八年（1093），"詔皇弟、諸郡王、國公出就外學，各賜《九經》及《孟子》、《荀》、《揚》各一部，令國子監印給。"④ 更多的是頒賜各地州縣學校、書院等《九經》的記載。

除國子監本外，北宋民間也有經書的刊刻。《續資治通鑒長編》卷二六六引呂陶《記聞》云："嘉祐、治平間，鬻書者爲監本字大難售，巾箱又字小有不便，遂別刻一本，不大不小，謂之中書《五

---

① 《宋會要輯稿》"職官"二八，第2972頁。
② 《續資治通鑒長編》卷一九八，第1834頁。
③ 《續資治通鑒長編》卷二五〇，第2349頁。
④ 《續資治通鑒長編》卷四八二，第4505頁。

經》，讀者競買。"① 巾箱小字本及中字本《五經》皆書坊所爲以牟利者，其類型當亦經注本。又張淳《儀禮識誤》自序云："此書初刊于周廣順之三年，復校於顯德之六年，本朝因之，所謂監本者也。而後在京則有巾箱本，在杭則有細字本。渡江以來，嚴人取巾箱本刻之。"② 汴京之巾箱本《儀禮》、杭州之小字本《儀禮》，亦北宋民間所刻經注本。

三、南宋國子監重刻《九經》

南宋初創時期，圖書嚴重匱乏，江南諸州郡或自發刊刻經籍。如葉夢得紹興元年（1131）知建康時，嘗求《周易》不可得，遂以軍賦餘縑六百萬付學官，使刊《六經》。③ 魏了翁《六經正誤序》云："本朝冑監經史，多仍周舊。今故家往往有之，而與俗本無大相遠。南渡草創，則僅取版籍於江南諸州，與京師承平監本大有逕庭，與潭、撫、閩、蜀諸本互爲異同，而監本之誤爲甚。"④ 北宋國子監書板在靖康之難中遭損毀劫掠，南渡初期國子監又無力大規模刊刻圖籍，而官民需求廣泛，遂有"取版籍於江南諸州"之舉，取諸州書板入國子監，以供應全國範圍的刷印需求。葉夢得建康刻《六經》書板或即在被取之列。

紹興九年，朝臣始有議請下諸郡取舊監本書籍，鏤板頒行。《建炎以來朝野雜記》載："監本書籍者，紹興末年所刊也。國家艱難以來，固未暇及。九年九月，張彥實待制爲尚書郎，始請下諸道州學，取舊監本書籍，鏤板頒行，從之。然所取諸事多殘缺。故冑監刊六經無《禮記》，三史無《漢》、《唐》。二十一年五月，輔臣復以爲言。上謂秦益公曰：監中其他闕書，亦令次第鏤板，雖重有所費，蓋不惜也。繇是經籍

---

① 《續資治通鑒長編》卷二六六，第 2512 頁。
② （宋）張淳《儀禮識誤》，影印文淵閣《四庫全書》本，第 103 册，第 5 頁。
③ （宋）葉夢得《紬書閣記》，《全宋文》第 147 册，上海辭書出版社、安徽教育出版社，2006 年，第 332 頁。
④ 《六經正誤》卷前魏了翁序，影印文淵閣《四庫全書》本，第 183 册，第 457 頁。

復全。"①《玉海》載:"紹興九年九月七日,詔下諸郡,索國子監元頒善本,校對鏤板。十五年閏十一月,博士王之望請群經義疏未有板者,令臨安府雕造。二十一年五月,詔令國子監訪尋五經三館舊監本刻板。上曰:其他闕書亦令次第鏤板,雖重有所費,亦不惜也。繇是經籍復全。"②張擴,字彥實,鄱陽人,崇寧五年(1106)進士,授國子監簿,紹興八年(1138)由知廣德軍入爲著作佐郎,九年五月爲祠部員外郎,著有《東窗集》,事見《咸淳臨安志》卷九十一、《南宋館閣錄》卷七等。張氏紹興九年刻書之議爲朝廷採納,紹興十五年王之望又請刻群經義疏,紹興二十一年詔刻監中闕書,國子監中"經籍復全"。

從高宗南渡至紹興二十一年以後,朝廷或取江南諸州郡書板入國子監,或由國子監主持刊刻舊監本圖籍,至紹興末年,國子監書籍方漸趨齊備,可敷士民刷印使用。單疏本既在翻刻之列,經注本更是國子監中不可或缺之書。

南宋國子監《九經》版本不止一種。《九經三傳沿革例》"書本"篇云:"《九經》本行於世多矣,率以見行監本爲宗,而不能無譌謬脱略之患。"小注云:"監中大小本凡三,歲久磨滅散落,未有能修補之者。"③又所列經書版本中,有"紹興初監本",有"監中見行本"。按"書本"一篇爲廖瑩中《九經總例》舊文,寫作時間大約在理宗景定元年(1260)至度宗咸淳末年(1274)十數年間,④當時監中《九經》版本有大小本共三種。"監中見行本"與"紹興初監本"並提,説明當時國子監行用經書版本,已非紹興初年書板。按嘉定十六年(1223),朝廷曾命國子監修訂監中經書書板,由毛居正充其任。魏了翁《六經正誤序》云:"嘉定十六年春,會朝廷命胄監刊正經籍,司成謂無以易誼父,馳書幣致之。盡取六經三傳諸本,參以子史字書,選粹文集,研究異同。凡字義音切,毫釐

---

① 《建炎以來朝野雜記》甲集卷四《監本書籍》條,《叢書集成新編》影印本,第29冊,第35頁。
② 《玉海》卷四三《景德群書漆板刊正四經》條,第814頁。
③ 《九經三傳沿革例》,影印文淵閣《四庫全書》本,第183冊,第560頁。
④ 見本書第二章第三節。

必校,儒官稱歎,莫有異詞。旬歲間,刊修者凡四經。猶以工人憚煩,詭竄墨本,以給有司,而版之誤字實未嘗改者什二三也。繼欲修《禮記》、《春秋》三傳,誼父以病目移告,其事中輟。"① 這次校訂的監本經書,或即《九經總例》所說的"監中見行本"。

四、關於南宋國子監刻本《爾雅》

森立之《經籍訪古志》卷二著録一部"舊板覆宋大字本,京都高階氏藏"的日本刻本《爾雅》,其卷末有"經凡一萬八百九言,注凡一萬七千六百二十八言"二行及"將仕郎守國子四門博士臣李鶚書"一行,森氏指出,此本所據底本當爲北宋覆刻五代國子監本,並解釋版中"桓"、"遘"、"慎"等字缺筆的原因,乃因底本"間有南宋孝宗時補刊"之故。② 其後,楊守敬於日本訪書之際,得到日本刻本《爾雅》的影抄本,視爲至寶,將其刻入《古逸叢書》中。楊氏《日本訪書志》著録作"影抄蜀大字本",認爲其底本當爲南宋孝宗時所刊,"爲翻蜀大字本,其不題'長興二年'者,蓋翻刻時去之。"③王國維在《五代兩宋監本考》中引用了《爾雅》卷末的這條資料,指出其底本爲"南渡後重翻五代監本,或翻北宋時遞翻之本"。④

森氏等將日本翻刻本《爾雅》的來源追溯到五代國子監本,具有十分重要的意義。因爲前此關於五代國子監刊刻《九經》的認識,皆來自於文獻的記載。日本翻刻本《爾雅》卷末的"將仕郎守國子四門博士臣李鶚書"題記,是現存文獻實物中,唯一的反映五代國子監經書版本面貌的實物資料。(圖五)

---

① 《六經正誤》卷前魏了翁序,影印文淵閣《四庫全書》本,第183册,第457頁。
② 《經籍訪古志》卷二,《日本藏漢籍善本書志書目集成》第1册,北京圖書館出版社影印本,2003年,第132頁。
③ 《日本訪書志》卷三,《日本藏漢籍善本書志書目集成》第9册,北京圖書館出版社影印本,2003年,第134頁。
④ 《五代兩宋監本考》,《宋元版書目題跋輯刊》第3册,第528頁。

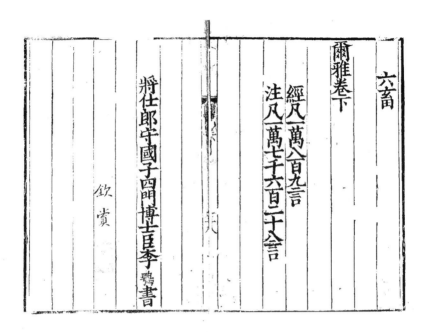

圖五　日本翻刻本《爾雅》卷末題記（《神宮文庫漢籍善本解題》）
日本神宮文庫藏

實際上，題有李鶚姓名的日本翻刻本《爾雅》的底本，即南宋翻刻五代或北宋國子監本《爾雅》，今仍有傳本存世，即今存臺北故宮博物院的宋刻本《爾雅》。此本半葉八行，行十六字，注小字雙行，行二十一字，白口，左右雙邊，版心上刻有大小字數，下有刻工姓名。因書口殘破嚴重，刻工姓名可辨者僅李何、魏奇、嚴智數人。此本避諱嚴格，玄、弦、朗、殷、匡、胤、恒、徵、樹、桓、瑗、購、遘、轂、慎等字皆缺末筆，避諱至孝宗之"慎"字，惇、廓等光宗以下宋諱不避。書中鈐有"毛晉私印"、"子晉"、"汲古主人"、"汲古閣"、"斧季"、"毛扆之印"等，原爲毛晉汲古閣舊藏，後入清宮。《故宮善本書目·天祿琳琅續外書目》有著錄，民國間《天祿琳琅叢書》影印即此本，1971 年臺北故宮博物院又有影印本。可惜的是，此本《爾雅》卷下的末二葉早已缺失，是後人根據別本抄配的，並沒有日本翻刻本卷末的經注字數和李鶚銜名。

日本翻刻本《爾雅》刻於南北朝時期，相當於我國的元代，傳世亦極稀。《古逸叢書》當時所據爲影抄本，其抄寫筆劃細瘦，已失原本字體風貌。按日本神宮文庫藏一部日本翻刻本《爾雅》,① 昭和四十八年古典研究會曾影印出版。以其與臺北故宮所藏南宋刻本《爾雅》相較,可以發現日本翻刻本非常忠實地覆刻了南宋刻本,不僅行款版式、避諱缺筆以及豐肥的筆畫字體,完全相類,甚至某些字的書寫習慣、筆畫間的細微轉折等等,皆一一相同。如卷一首葉首行"上"字的第二筆短橫,兩本皆寫作一右角偏上的三角形形狀。二行、三行的四個"釋"字,首筆一撇不似一般的寫法覆蓋于"米"上,而止於中間豎畫的右側。此類之例甚多,顯然兩本有覆刻的關係。神宮文庫藏日本刻本《爾雅》的底本,應該就是臺北故宮所藏的這部宋本《爾雅》;而臺北故宮藏《爾雅》卷末所殘缺的兩葉,也應該與日本刻本的卷末兩葉一致,即同樣應當有"經凡一萬八百九言,注凡一萬七千六百二十八言"二行及"將仕郎守國子四門博士臣李鶚書"一行。(圖六)

 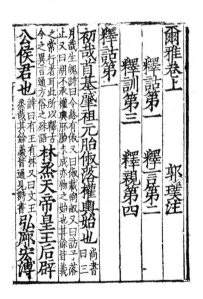

圖六　宋刻本《爾雅》與日本翻刻本之比較(《大觀——宋版圖書特展》、《神宮文庫漢籍善本解題》):左爲宋刻本,臺北故宮博物院藏;右爲日本翻刻本,日本神宮文庫藏

---

① 《長澤規矩也著作集》第十卷《神宮文庫藏舊刊本爾雅解題》,東京汲古書院,1982年,第7頁。《神宮文庫漢籍善本解題》卷前有其書影。

臺北故宮所藏《爾雅》，一般認爲即南宋國子監刻本。① 昌彼得《增訂蟫庵群書題識》指出："南渡之初，嘗盡覆刻北宋舊監本諸書，蓋北宋監版爲金人破汴京時擄掠以去，故有重刻之舉。惟其時內府物力維艱，國子監未自刻書，據魏了翁云，乃令臨安府及其他州郡雕造，取其版置國子監耳。其事雖經始於紹興年間，第就今存世監刻諸經單疏本亦多避諱至孝宗止，時代與此刻正合。"並舉此本刻工魏奇嘗於紹熙間刻兩浙東路茶鹽司本《禮記正義》及南宋浙刻《玉篇》，爲南宋初期浙江地區名匠；又此本雖多佳胜，但亦多有訛脱，與魏了翁及《九經三傳沿革例》所云監本多誤相合。故云"此帙即南宋浙版歸監中印本，誠無疑義"。②

《九經三傳沿革例》（實爲廖瑩中《九經總例》舊文）云"監中大小本凡三"，有"紹興初監本"，有"監中見行本"，臺北故宫所藏此本《爾雅》是否其中之一呢？按此宋刻《爾雅》中的刻工魏奇、嚴智，都曾參加寧宗慶元六年（1200）紹興府刻《春秋左傳正義》的刊刻，魏奇還參加了光宗紹熙二年（1191）兩浙東路茶鹽司本《禮記正義》的刊刻，《爾雅》的刊刻時間當不會距離太遠。此本避諱至孝宗"慎"字，其版心上部刻有本版總字數，此種版刻形式較晚出，③ 恐非所謂"紹興初監本"。推測其刊刻時間應在孝宗後期，更可能是《沿革例》所說的"監中見行本"。廖氏撰《九經總例》時，距此本之刻已八九十年，正所謂"歲久磨滅散落"。此本版刻形式與所存卷末李鶚銜名，透露其底本源自五代監本的信息，後人可藉此瞭解五代國子監本及北宋翻刻五代國子監本經書的面貌，彌足珍貴。

五、國子監本經書的特點及影響

臺北故宫所藏宋本《爾雅》，因爲有日本翻刻本卷末的李鶚名銜，

---

① 見《故宫善本書目·天禄琳琅録外書目》、《"國立故宫博物院"善本舊籍總目》、《增訂蟫庵群書題識》相關著録。
② 昌彼得《增訂蟫庵群書題識》，臺灣商務印書館，1997年，第46頁。
③ 如兩浙東路茶鹽司刻八行本諸經原刻葉版心不刻字數，宋代修補葉版心刻本版總字數。

可以確定其底本爲五代監本或北宋國子監翻刻本，它大致可以反映國子監經注本的版刻風貌。從版式上看，南宋監本《爾雅》採取八行、行十六字的行款，這應當是自五代國子監刻本以來相沿下來的版式。王國維曾指出：

> （《爾雅》）其書每半葉八行，行大十六字，小二十一字，與唐人卷子本大小行款一一相近，竊意此乃五代南北宋監中經注本舊式。他經行款固不免稍有出入，然大體當與之同（原注：如北宋刊諸經疏，雖每行字數各經不同，然皆半葉十五行）。如吳中黃氏所藏《周禮》秋官二卷、昭文張氏所藏《禮記》殘卷、内府所藏《孟子章句》十四卷，皆與李鶚本《爾雅》同一行款，疑亦宋時監本、若翻監中之本。又後來公私刊本，若建大字本、興國軍本、盱江廖氏及相臺岳氏本，凡八行十七字之本，殆皆淵源於此。①

王國維提到的"吳中黃氏所藏《周禮》"，即黃丕烈舊藏、今藏日本靜嘉堂文庫的《周禮》秋官二卷；"内府所藏《孟子章句》"，即《四部叢刊》據内府所藏宋刻本影印之《孟子》。皆八行十六字蜀刻大字本。②天祿琳琅舊藏一部《禮記》大字本，今分藏于中國國家圖書館和遼寧省圖書館，行款也是八行十六字。除了王氏所列數刻之外，日本靜嘉堂文庫藏一部宋刻宋元明遞修本《春秋經傳集解》，亦八行十六字，刻工皆南宋初年杭州地區良工。③這些版本，以及興國軍學本、廖氏世綵堂本，及後來的相臺岳氏本等經書版本，都沿襲了監本半葉八行的款式。

從記載上看，五代國子監本在各經卷末有刊刻時間與書寫人銜名，此外可能還列有監造校勘諸官銜名。如王明清《揮塵錄》云："明清家

---

① 《五代兩宋監本考》，《宋元版書目題跋輯刊》第 3 冊，第 528 頁。
② 唯"昭文張氏所藏《禮記》殘卷"，檢張金吾《愛日精廬藏書志》，僅見《續志》卷一著錄一部《禮記》殘本，作"宋蜀大字本"，存八卷，"半葉十行，行大字十六字，小字二十一字，慎字缺筆"，其半葉十行之行款與王氏所云有異。
③ 阿部隆一《阿部隆一遺稿集》第一卷，東京汲古書院，1993 年，第 321 頁。

有鍔書《五經》印本存焉,後題長興二年也。"① 洪邁《容齋續筆》記載:"予家有舊監本《周禮》,其末云:大周廣順三年五月雕造《九經》書畢,前鄉貢三禮郭嶔書。列宰相李穀、范質,判監田敏等銜於後。"② 二人所見之本皆於書末記刊刻時間,正是五代監本。《爾雅》卷末則刪去了刊刻時間,而保留了書寫人名銜(這很可能也反映了北宋國子監本的面貌)。另外,《爾雅》卷末刻有經注字數"經凡一萬八百九言,注凡一萬七千六百二十八言";興國軍學本《春秋經傳集解》卷末刻有"經凡一十九萬八千三百四十八言,注凡一十四萬六千七百八十八言";静嘉堂文庫藏《春秋經傳集解》各卷末刻有本卷經注字數;包括撫州本諸經書、江陰郡刻本《春秋經傳集解》,甚至附有釋文的余仁仲本諸經等,或在各卷末刻本卷經注字數,或在書末刻全書經注總字數,此當沿襲五代以來國子監本舊式。

五代和北宋國子監本經書皆開本寬展,字大悅目,所費紙墨自然不菲。上文所引呂陶《記聞》中記載的小字巾箱本經書及中字本《五經》,都是因爲監本經書字大價高而在民間出現的較低價格的經書版本。南宋國子監本經書,據《九經三傳沿革例》的記載,"監中大小本凡三",已經有了小字本。臺北故宮所藏《爾雅》版框高24釐米,寬17釐米,開本闊大;半葉八行,每行大字十六字,大字端嚴,自屬大字本。至於監中小字本的情況,則已不知其詳。

五代及兩宋國子監經注本在經書版本系統中,佔據非常重要的地位,對後代版本有深遠影響。自五代國子監本首次刊刻經注本,到北宋翻刻五代國子監本,過去紛繁傳抄、衆本紛紜的局面被完全改變,監本經書成爲國家標準教科書文本,頒賜各地學校、書院,發各路代售,許士民納錢摹印。其後各地民間經書版本漸出,底本皆沿襲國子監本。南宋各地州縣官府、學校所刻經注本等,亦莫不源自監本。可以説國子監本經書是經書版本系統的最初源頭,其重要性自是不言而喻。南宋經書

---

① 《揮塵錄餘話》卷二,中華書局,1961年,第310頁。"鍔"當爲"鶚"字之誤。

② 《容齋隨筆·續筆》,第387頁。

刊刻時往往以監本爲標榜，如興國軍學本《春秋經傳集解》聞人模跋稱"乃按監本及參諸路本而校勘"；黃震《修撫州六經跋》稱修補撫州本六經書板時"用國子監本參對整之"，又"用監本添刊《論語》、《孟子》、《孝經》"。至於南宋諸種書坊所刻經書版本，冠以"監本"云云者，如《監本纂圖重言重意互注點校尚書》、《監本纂圖重言重意互注點校毛詩》、《監本纂圖春秋經傳集解》、《監本纂圖重言重意互注禮記》、《監本纂圖重言重意互注論語》等，都是附有音釋、重言、重意、互注等附加内容的帖括之本，借監本名目而吸引顧客購買，可見國子監本的號召力。

宋人文獻中對監本經書亦有詰責之詞，如晁公武認爲國子監所摹長興板本多有差誤，魏了翁説胄監經史與俗本無大相遠、監本之誤爲甚等等，從臺北故宫本《爾雅》的情况看，確有不少文字訛誤。周祖謨《爾雅校箋》以此本爲底本，彙校諸本，校出此本多處訛誤，多爲因字形而訛。① 如卷上首葉注文"詩曰有王有林"，《爾雅校箋》云："王，《詩·小雅·賓之初筵》作'壬'，當據正。"② 此因形似而訛，《古逸叢書》本已加校改。卷中第六葉"白蓋謂之苦"注"白茅苦也也，今江東呼爲蓋"，《爾雅校箋》云："'苦'字當作'苦'。'也'字亦重，當删去一'也'字。"③ 此"苦"字亦因形近而訛，"也"字位置正當換葉換行處，因寫手疏誤而造成衍文。卷中第七葉注"《國語》曰玦之以金銑者"，《爾雅校箋》云："'玦'，宋刻小字本及邢昺疏均作'珧'，與《國語·晉語》合，當據正。"④ 卷下第四葉注"《廣雅》云女术也"，《爾雅校箋》云："'术'，《廣雅·釋草》作'木'，宋刻十行本不誤。"⑤ "珧"誤爲"玦"，"木"誤爲"术"，此皆因字形相近而形成的明顯誤字。

因爲南宋監本經書有許多這樣的文字訛誤，嘉定十六年（1223）朝

---

① 周祖謨《爾雅校箋》，江蘇教育出版社，1984年。
② 《爾雅校箋》，第179頁。
③ 《爾雅校箋》，第244頁。
④ 《爾雅校箋》，第246頁。
⑤ 《爾雅校箋》，第317頁。

廷曾命國子監加以刊正，由毛居正任其事，"旬歲間，刊修者凡四經。"① 毛居正的刊正成果留下了《六經正誤》一書。該書包括對監本《周易》、《尚書》、《毛詩》、《禮記》、《周禮》、《左傳》（附《公羊》、《穀梁》）各經的校正，保存了監本及其他多種宋刻經書版本的異文。其中所指監本之誤，除異體字外，亦多因字形相近而致。

第二節　南宋撫州公使庫刻《九經》

南宋黃震有《修撫州六經跋》一文，作于度宗咸淳九年（1273），文云："《六經》官板，舊惟江西撫州、興國軍稱善本。己未虜騎偷渡，興國板已毀於火，獨撫州板尚存。咸淳七年某叨恩假守，取而讀之，漫滅已甚，因用國子監本參對整之。凡換新板再刊者一百一十二，計字五萬六千一十八；因舊板整刊者九百六十二，計字一十一萬五千七百五十二。舊本雖善，中更修繕，任事者不盡心，字反因之而多訛，今爲正其訛七百六十九字。又舊板惟六經三傳，今用監本添刊《論語》、《孟子》、《孝經》，以足《九經》之數。任其事者友人將仕郎餘姚高夢璞。咸淳九年二月。"② 據黃氏此跋，撫州先曾刻"六經三傳"，到咸淳九年，又由黃震主持刻印了《論語》、《孟子》與《孝經》，總成《九經》，實爲九經三傳。此即《九經三傳沿革例》中提到的"撫州舊本"。今撫州本經書仍有數種存世，皆珍稀罕見之本，分藏於中國內地、中國臺灣、日本等數個藏書機構，具有非常重要的版本文獻價值。

一、現存撫州本經書諸傳本

據現有資料，撫州本經書今有傳本存世者，僅《周易》、《禮記》、《左傳》、《公羊》四經，其中《周易》和《左傳》僅有殘本存世。具體

---

① 《六經正誤》卷前魏了翁序，影印文淵閣《四庫全書》本，第183冊，第457頁。
② 《慈溪黃氏日抄分類》卷九二，《中華再造善本》影印元後至元三年刻本。

情況如下:

1.《周易》九卷,魏王弼、晉韓康伯注;《略例》一卷,魏王弼撰,唐邢璹注。宋淳熙撫州公使庫刻遞修本。存世僅一部,卷七以下殘缺,配補清影宋抄本。藏中國國家圖書館。(圖七)

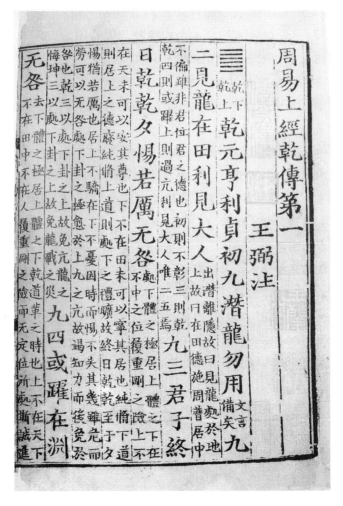

圖七　宋淳熙撫州公使庫刻遞修本《周易》(《文明的守望——
　　　古籍保護的歷史與探索》)　中國國家圖書館藏

十行十六字，小字雙行二十四字，白口，四周雙邊，卷末記本卷經注字數。此本爲修補後印本，曾經多次補版，版心標明補版年份，包括"壬申重刊"、"壬戌刊"、"開禧乙丑換"、"癸丑重刊"字樣。避諱至孝宗"慎"字（修版葉有避諱光宗"敦"字，如卷二第十葉數個"敦"字皆缺末筆，據版心可知此葉爲壬申重刊）。鈐有"玉蘭堂"、"華氏明伯"、"華復初印"、"季振宜讀書"等藏印。玉蘭堂爲明代正德、嘉靖間文人、藏書家文徵明之收藏印；華復初字明伯，爲明後期藏書家；季振宜爲清初藏書大家。此本流傳有緒，惟季氏之後不顯，至民國間始有《四部叢刊》影印本，方廣爲人知。張元濟《涵芬樓燼餘書錄》著錄。

2.《禮記》二十卷《釋文》四卷，漢鄭玄注。宋淳熙四年（1177）撫州公使庫刻本。存世兩部，一爲全本，藏中國國家圖書館；一爲殘本，存卷三～五，一六～二十，藏臺北"央圖"；另東京大學東洋文化研究所藏有《禮記釋文》四卷。（圖八）

十行十六字，小字雙行二十四字，白口，四周雙邊。避諱至"慎"字。國圖藏本爲初印本，未經修版，有清顧廣圻跋。鈐有"顧印汝修"、"徐健庵"、"乾學"、"顧印廣圻"、"思適齋"、"汪士鐘曾讀"、"以增之印"、"四經四史之齋"等印。《禮記釋文》與《禮記》分別流傳，有淳熙四年撫州公使庫刻書銜名。嘉慶中顧廣圻助張敦仁影刻此本《禮記》，並有《撫本禮記鄭注考異》之作，影響頗巨。有《古逸叢書三編》、《中華再造善本》影印本。

臺北"央圖"藏本爲修補後印本，補刻葉版心鐫有"癸丑重刊"、"丁巳刊"、"壬戌刊"、"開禧乙丑換"、"壬申"、"癸酉刊"、"甲申重刊"、"辛卯換"、"壬寅刊"、"戊申刊"等補版年代，曾爲蔣汝藻密韻樓舊藏，王國維爲蔣氏撰《傳書堂藏善本書志》有著錄。

東京大學東洋文化研究所藏《禮記釋文》，也是經過修補的後印本，補版葉版心鐫有"壬戌刊"、"開禧乙丑換"、"壬申"、"甲申"、"辛卯刊"、"壬寅刊"、"戊申刊"、"淳祐壬寅"等修補年。鈐"東宮書府"、

"雙鑒樓"、"傅沅叔藏書記"等藏印，有曹元忠跋，爲傅增湘舊藏。①

圖八　宋淳熙四年撫州公使庫刻本《禮記》(《中國國家圖書館古籍珍品圖錄》)
　　　中國國家圖書館藏

---

①　東京大學東洋文化研究所藏本情況，見傅增湘《藏園群書經眼錄》第 1 册，中華書局，1983 年，第 103 頁；《阿部隆一遺稿集》第一卷，第 302 頁。

3.《春秋經傳集解》三十卷,晉杜預撰。宋淳熙間撫州公使庫刻遞修本。此本已無全本存世,僅清宮天祿琳琅舊藏本孤帙僅存,而分藏兩處:臺北故宮博物院存卷三~一六,一八,二十~二四,共二十卷;中國國家圖書館存卷一、二、一九,共三卷。兩者相合,尚缺七卷。(圖九)

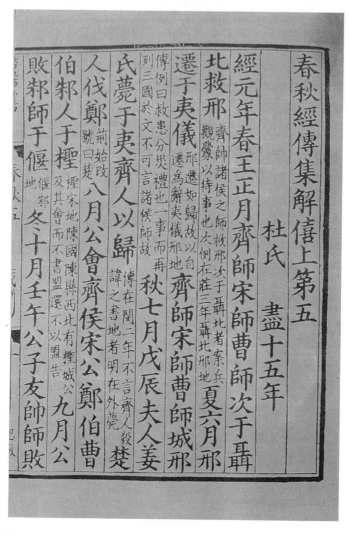

圖九　宋淳熙間撫州公使庫刻遞修本《春秋經傳集解》(《"國立故宮博物院"宋本圖錄》)
　　　臺北故宮博物院藏

此本十行十六字，小字雙行二十三至二十四字，白口，四周雙邊。避諱至孝宗"慎"字，亦補刻後印本，補刻葉有避光宗諱"敦"字者。補刻葉版心鐫"癸丑重刊"、"癸酉刀"、"癸酉刊"、"壬戌刊"、"壬戌刀"字樣。藏印有"白拙居士"、"淵之私印"及"乾隆御覽之寶"、"天禄琳琅"、"天禄繼鑒"等。此本爲清宮天禄琳琅舊藏，《天禄琳琅書目後編》卷三著録，稱："按是本乃真宋監版，希世之珍。其證有四：不附入音義，一也；自序後連卷一，不另篇，二也；闕筆極謹嚴，如桓二年'珽'字，諸書從未見避，三也；明傳刻監本誤字，一一無譌，四也。"①編纂諸臣不識其爲撫州本，而認爲是宋代國子監刻本。此本深藏內府，清亡後殘冊散出宮外，今國圖藏本即當時從宮中散出之殘卷。

4.《春秋公羊經傳解詁》十二卷《釋文》一卷，漢何休撰。宋淳熙間撫州公使庫刻紹熙四年重修本。今存世僅一部，藏中國國家圖書館。（圖十）

此本十行十六字，小字二十三至二十四字，白口，四周雙邊。避諱至孝宗諱"慎"字。亦經修補，補版葉版心惟"癸丑重刊"字樣，說明它只經過了癸丑年一次修補。藏印有"毛晉之印"、"汲古閣"、"陳氏明卿"、"孫朝讓印"、"楝亭曹氏藏書"、"涵芬樓"等，曾爲明末汲古閣毛氏、清曹寅楝亭所藏。阮元《十三經注疏校勘記》之《公羊》引據書目中，有"惠棟校本《春秋公羊傳注疏》"一目，記惠棟云："有曹通政寅所藏宋本《公羊》。"②惠棟所校的曹寅藏宋本《公羊》，應即此本，唯當時不識其爲撫州本。曹氏《楝亭書目》著録一部宋本《春秋公羊傳》，一函六冊，當即此本。此本有《古逸叢書三編》及《中華再造善本》影印本。

---

① 《天禄琳琅書目後編》卷三，《清人書目題跋叢刊》第10冊，中華書局影印本，1995年，第257頁。
② 《十三經注疏校勘記》，《續修四庫全書》第183冊，第47頁。

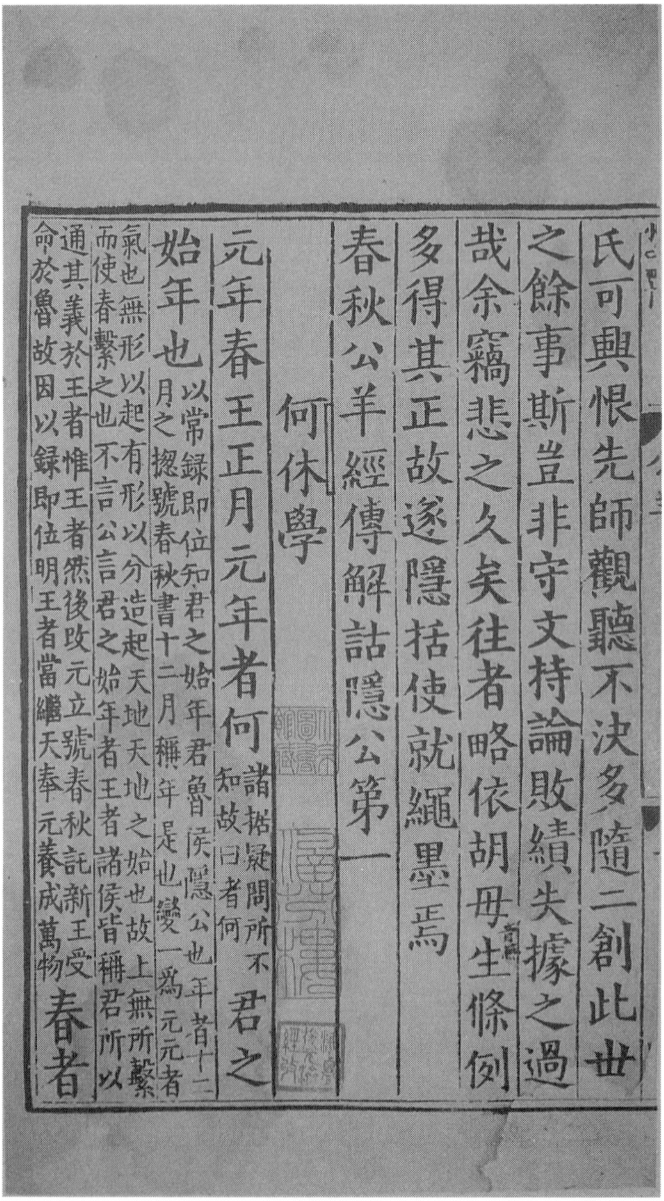

氏可與恨先師觀聽不決多隨二創此世之餘事斯豈非守文持論敗績失據之過哉余竊悲之久矣往者略依胡毋生條例多得其正故遂隱括使就繩墨焉

春秋公羊經傳解詁隱公第一

何休學

元年春王正月元年者何諸據疑問所不知故曰者何君之始年也以常錄即位知君之始年君魯侯隱公也年者十二月之摠號春秋書十二月稱年是也變一爲元元者氣也無形以起有形以分造起天地天地之始也故上無所繫而使春繫之也不言公言君之始年者王者諸侯皆稱君所以通其義於王者惟王者然後改元立號春秋託新王受命於魯故因以錄即位明王者當繼天奉元養成萬物春者

圖十　宋淳熙間撫州公使庫刻重修本《春秋公羊經傳解詁》

（《第一批國家珍貴古籍名録圖録》）

中國國家圖書館藏

二、撫州本經書的刊刻

上述撫州本經書傳本中,《周易》、《左傳》、《公羊》並無刊書識語或牌記,故清代藏書諸家皆不知其爲撫州本。唯今存中國國家圖書館的撫州本《禮記釋文》中,有撫州公使庫官員銜名,爲判斷撫州本經書的最直接依據(圖十一)。其文云:

> 撫州公使庫
> 新刊注禮記二十卷并釋文四卷
> 福州鄉貢進士陳寅校正
> 修職郎司户參軍權教授趙善璙
> 修職郎司理參軍權推官余駒
> 從事郎軍事判官逄維翰
> 從政郎充州學教授張淏
> 朝奉郎權通判軍州事吳子康
> 奉議郎權發遣撫州軍州事趙燁
> 淳熙四年二月　日

需要說明的是,今存國圖的撫州本《禮記》與《禮記釋文》長期相離,分別傳藏,撫州公使庫官員銜名一葉綴於《禮記釋文》中流傳。乾隆中,顧廣圻從兄顧之逵小讀書堆得此本《禮記》,不知其爲何本,有以國子監本稱之者。後來顧之逵又續得一部《禮記釋文》,其行款版式、刻工姓名等皆與前此入藏的《禮記》相同,而《禮記釋文》中恰保存了南宋淳熙四年撫州公使庫的官員銜名,方知其爲撫州本。此中經過,見顧廣圻《書撫州公使庫禮記釋文後(庚辰)》:

> 南宋槧本《禮記》鄭氏注六冊,明嘉靖時上海顧從德汝修所藏,後百餘年入昆山徐健庵司寇傳是樓,兩家皆有圖記。乾隆年間予從兄抱沖收得之,其于宋屬何刻,未有明文也。有借校者臆斷爲毛誼父所謂舊監本,而同時相傳皆沿彼稱矣。抱沖續又收得單行

《釋文》兩種，一《禮記》，一《左傳》，亦皆南宋槧本。《禮記釋文》即此也，與《禮記》板式行字以至工匠記數罔不相同，而名銜年月在焉。予於是始定《禮記》之即淳熙四年撫州公使庫刻也。①

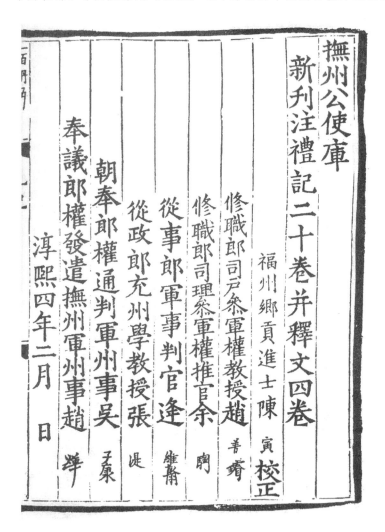

圖十一　宋淳熙四年撫州公使庫刻本《禮記》刊書銜名（《中華再造善本》影印本）中國國家圖書館藏

① 《思適齋集》卷一四，《續修四庫全書》影印本，第 1491 冊，第 107 頁。

又國圖藏撫州本《禮記》卷末顧廣圻手跋：

> 此撫州公使庫刻本《禮記》，是南宋淳熙四年官書，於今日爲最古矣。末有名銜一紙，裝匠誤分入《釋文》首，不知者輒認以爲舊監本，非也。（圖十二）

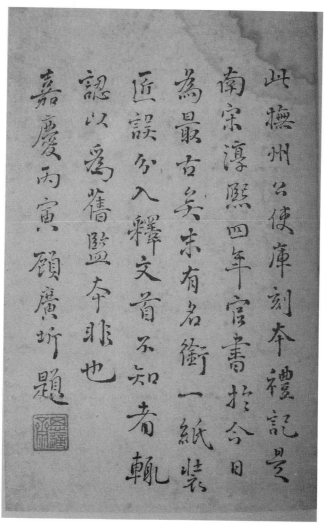

圖十二　宋淳熙四年撫州公使庫刻本《禮記》顧廣圻跋（《中國國家圖書館古籍珍品圖錄》）　中國國家圖書館藏

顧之逵先後入藏的撫州本《禮記》與《禮記釋文》，在其身後又離散兩處。《禮記》歸楊氏海源閣，《禮記釋文》歸瞿氏鐵琴銅劍樓。① 所幸延津劍合，今皆歸中國國家圖書館所有。1991 年中華書局《古逸叢書三編》影印撫州本《禮記》時，未同時影印《禮記釋文》。近《中華再造善本》影印本已將撫州本《禮記》與《禮記釋文》收入，但未將其作爲一書處理，撫州官員銜名可見于《中華再造善本》影印之《禮記釋文》中。

傳世的其他三種撫州本經書，不似《禮記》這樣有明確的刊刻時地、刊刻人員的記載，故清代藏書諸家皆不識其即撫州本。直至清末民國間諸本漸出，通過各本之間版式行款、字體刀法的相似、刻工姓名的重合，方定其版刻時地。如《春秋經傳集解》長期深藏內府，被認爲是宋國子監本，清亡後有殘冊流出，傅增湘得二冊於冷攤上，定其爲撫州本。傅氏《宋撫州本春秋經傳集解殘卷跋》云："考《天禄後目》以爲此乃真宋監本，……余以此二卷勘之，與其説咸合，然定爲監本則非也。以余觀之，乃撫州本耳。撫本傳世諸經有《公羊》何注，今藏涵芬樓，《禮記》鄭注，藏海源閣，余皆獲見原書，其版式、行格無一不同。余別藏《禮記釋文》殘卷，不獨行款同，其版心標某年重刊亦同，刀法猶酷肖。刊工中相同者，有吳中、嚴思敬、高安國、伯言四人，則審爲撫州開版，固毫無疑義矣。"②

今存撫州本經書各傳本，在内容類型、行款版式、字體風格上均非常統一。從内容上看，撫州本經書沿襲了五代北宋以來國子監本的内容特點，它屬於單經注本，《釋文》未分散入經注之下，而是完整附刻於各經之末。由於《釋文》附刻於各經之後，相對較獨立，在流傳過程中，就有《釋文》與各經相離的情況。今存撫州本中，《春秋經傳集解》與《周易》的《釋文》没有流傳下來；《禮記釋文》雖然流傳至今，但

---

① 《楹書隅錄》卷一《宋本禮記》，《清人書目題跋叢刊》第 3 册，中華書局，1990 年，第 405 頁；《鐵琴銅劍樓藏書目録》卷四《禮記釋文》，《清人書目題跋叢刊》第 3 册，第 59 頁。
② 傅增湘《藏園群書題記》卷一，上海古籍出版社，1989 年，第 25 頁。

很長時間裏是與《禮記》分別傳藏的；只有《春秋公羊經傳解詁》與末附《釋文》一卷，是兩者相儷完整流傳至今的。

從版式特點和字體風格看，撫州本經書各傳本行款皆十行十六字，小字雙行二十四字，白口，四周雙邊，版式疏朗，字大悦目。一般版心上端刻有本葉字數，版心下端有刻工姓名。補刻之葉還在版心標明干支年份。每卷後有本卷的經注字數，書末還鎸有本書總的經注字數。如：《禮記》卷一末刻"經五千七百二十二字，注八千三百二十七字"，卷二末刻"經五千四百二十二字，注五千三百二十字"等，卷二十末則除了刻有本卷經注字數"經五千三百三十二字，注二千九百八十一字"外，又刻有全書經注字數："凡二十萬一千九百九十二字。經九萬七千七百五十九字，注一十萬四千二百三十三字"。其他《周易》、《左傳》、《公羊》卷末亦皆如是。

更重要的是，各本版心下的刻工姓名，相互之間有大量重合，説明諸經爲同時同地所刻。今存各本中，《禮記》原刻刻工有：余寳、江翌、江翊、周辛、李杲、王才、蔡正、陳文、余安、陳昇、陳祥、余中、余俊、余英、劉元、余定、許其、吳羔、鄭才、俞先、鄧成、周俊、蕭韶、余仁、張太、黄珍、李高、陳中、周昂、李三、高文顯、南昌嚴誠、潘憲、高安國、余文、余堅、吳山、崇仁鄒郁、江國昌、王全、吳昌、阮昇、葉中、陳才、陳辛、官元、余彦、朱諒、陳光、劉永、高安道、周新、吳明、吳立、劉振、吳生、弓顯、管彦、吳昌；《公羊》原刻刻工有：陳忻、吳生、鄭才、李杲、余安、高文顯、潘憲、吳山、曾百、劉永、余英、徐文、陳文、余卞、葉中、陳英、陳祥、蔡伯升、管彦、王全、曾栢、余寳、周達、高安國、黄珍、高安道、朱諒；《周易》原刻刻工有：余仁、朱諒、余堅、吳生、曾栢、黎友直、安國、巴川鄒郁、鄒通、朱京；《春秋經傳集解》原刻刻工有：鄧成、周昂、鄭才、潘憲、吳羔、王才、王全、余仁、余定、阮升、蔡正、吳崇、吳山、徐文、朱諒、余中、李杲、葉中、陳才、蕭韶、嚴誠、沉干、江昱、聶居、俞先、余美、陳祥、高安國、高安富、劉永、余英、吳仲、吳生、陳文、陳昇、陳英、陳忻、吳明、余實、黃珍、蔡伯升、嚴方。①

這些刻工中，朱諒、高安國、吳生參加了全部四種經書的刊刻工作；余仁、余實、李杲、潘憲、吳山、劉永、余英、陳文、葉中、陳祥、王全等參加了其中三種經書的刊刻；參加兩部書刊刻的人數就更多了。通常如果兩部書的刻工僅有個別重合，還不足以説明問題，因爲刻工的工作壽命可以有多年，也會有地域遷徙，但如果一定數量的同一批刻工，同時參加了幾部書的刊刻，那麼這幾部書刊刻的時地應相隔不遠。現存的這四種撫州本經書，刻工重合的概率如此之大，加上它們具有完全相同的版刻面貌，避諱皆至孝宗的"慎"字（有避諱"敦"字者，皆爲補版葉），結合黃震《修撫州六經跋》的記載，可以判斷它們是同時同地的同一批刻書，即黃震所説撫州先刻的"舊板""六經三傳"。《禮記》刻于南宋孝宗淳熙四年，其他各經刊刻時間當亦在此前後。

這批撫州本原刻刻工中，許多工人又參加了撫州本經書的一次或多次補版工作，如高安國除參加四經的原刻工作外，還參加了《春秋經傳集解》的癸丑、壬戌補刻，《禮記》的癸丑、開禧乙丑補刻等。從《禮記》原刻的淳熙四年（1177）到開禧乙丑（元年，1205），中間相隔28年之久。黎友直除參加《周易》原刻外，還參加了《春秋經傳集解》的癸丑、壬戌、癸酉補刻工作。癸酉爲嘉定六年（1213），此時距《周易》原刻時的約淳熙四年，已過去36年。其他如曾栢、高安道、高安富等原刻刻工，也都曾參加癸丑或壬戌補刻，前後工作時間相隔十幾年、二十多年。這些刻工在長達數十年的時間裏，同時參加了撫州本經書的刊刻、修補工作，説明他們居住和職業上的穩定性。而其中的高安國、高安富、高安道，很可能是同一家族中的兄弟，從事相同的工作。有的刻工還在姓名前署上自己的籍貫，如"南昌嚴誠"、"崇仁鄒郁"、"巴川鄒郁"。南昌即今江西南昌，崇仁今屬江西撫州。鄒郁既署崇仁，又署巴

---

① 《春秋經傳集解》刻工名引自阿部隆一《中國訪書志》，日本汲古書院，1983年，第203頁。朱諒，阿部隆一原著録作朱涼；蕭韶，阿部隆一原著録作蕭韶。筆者曾于臺北故宮博物院查閲原本，當作朱諒、蕭韶。

川，按《[嘉靖]撫州府志》："郡西稍北曰崇仁縣，其山鎮曰羅山，其望曰沸湖、巴山、芙蓉、華蓋，其經流曰西寧、巴水。"① 崇仁境內有巴水，鄒郁既爲崇仁縣人，"巴川"之署或由此而來。可知這些刻工應該絕大部分出自江西乃至撫州本地。

宋代于諸道監帥司及諸州軍縣皆設公使庫，以供應來往官員膳宿費用，允許其經營收利。故宋代公使庫富資財，也進行刻書活動。今存宋版書中，就有多種公使庫刻本，如紹興二至三年兩浙東路茶鹽司公使庫刻《資治通鑑》與《資治通鑑考異》，淳熙三年舒州公使庫刻《大易粹言》，淳熙七年蘇詡筠州公使庫刻《詩集傳》等。《禮記釋文》銜名題"撫州公使庫新刊注禮記二十卷并釋文四卷"，說明撫州本經書是由撫州公使庫出資刊刻的，主持者當即銜名中最高職位的"奉議郎權發遣撫州軍州事趙燁"。按趙燁（1138—1185），字景明，號拙齋，開封人，居於閩。乾道二年進士，官至江東提刑。淳熙十二年卒，年四十八。事見蔡戡《定齋集》卷十五《朝奉郎提點江南東路刑獄趙公墓誌銘》。他是呂祖謙門人，呂祖謙曾爲作《撫州新作浮橋記》，稱"淳熙二年秋七月，甚雨淫潦，漂航斷筏，無一存者，吾友趙景明適爲此州，復新之。"② 知趙燁淳熙二年即爲撫州守。張栻《南軒集》卷十《撫州重立唐魯郡顏公祠記》、朱熹《晦庵集》卷七十八《拙齋記》亦皆爲趙燁而作。蔡戡撰《墓誌銘》稱趙燁"端靖簡默，內剛而外和，與人交淡而久，見義必爲，介然有守，……尤以教化爲先。至臨川日，未遑他務，首葺顏魯公祠，使人知所敬嚮。"③ 刊修儒家經書自然亦教化之先務。趙燁知撫州約始於淳熙二年，《禮記》等刊刻在淳熙四年前後，在撫州本經書的刊刻中，趙燁應當是起重要作用的人物。

黃震《修撫州六經跋》說撫州先曾刻"六經三傳"，到咸淳九年，又由黃震主持刻印了《論語》、《孟子》與《孝經》，總成《九經》。今黃震主持刻印的《論語》、《孟子》與《孝經》三經皆已失傳；先刻之

---

① 《（嘉靖）撫州府志》卷三，臺北成文出版社《中國方志叢書》影印本。
② 《東萊集》卷六，影印文淵閣《四庫全書》本，第1150冊，第51頁。
③ 《定齋集》卷一五，影印文淵閣《四庫全書》本，第1157冊，第723頁。

"六經三傳"中,《周易》、《禮記》、《左傳》、《公羊》四經有傳本存世;今無傳本的,還應包括《毛詩》、《尚書》、《周禮》、《穀梁》四種。

三、撫州本經書的修補

從今存傳本情況看,撫州先刻之"六經三傳"刻成後,曾經過多次修補。在各次補版過程中,除了整頓舊版外,對毁壞嚴重的舊版,皆重刻新版替換。每次新刻書板,皆於版心鑴刻紀年,並刻有修補刻工的姓名。今存撫州本各傳本中,只有中國國家圖書館所藏《禮記》版心無任何補版紀年,爲未經修補的初印本;其他各本皆經修補,其修補程度又各有不同。以下是各本補版紀年及參與該年補版刻工的情況:

今存國圖的撫州本《春秋公羊經傳解詁》,版心只見"癸丑重刊"字樣,該年補版刻工包括:余元、李大亨、范從、高定、劉彥明、吳茂、陳浩、黎友直、虞大全、江坦、劉昌、吳申、高寧、吳仲、翁定、劉昌、弓顯、張友、高安富、高安國。

今分藏國圖與臺北故宫博物院的撫州本《春秋經傳集解》,版心有"癸丑重刊"、"壬戌刊"、"癸酉刀"等字樣,説明其經過癸丑、壬戌、癸酉三次修補。癸丑補版刻工包括:李大亨、吳申、高安、虞大全、吳卯、劉果、劉彥明、張友、余元、吳茂、高安國、高安富、吳仲、江坦、范從、陳浩、翁允、高寧、余才、高定、黎友直;壬戌補版刻工包括劉明、余章、翁定、思敬、劉元、周賢、虞大全、友直、占焕、余祐、高安道、高安國、吳仲、祝士正;癸酉補版刻工包括:志海、高榮、余茂、余焕、永之、伯亨、永宗、安全、黎友直、李三、思文、占奐、思明、范從、黎明、高定、伯言。①

今藏國圖的撫州本《周易》,版心有"壬申重刊"、"壬戌刊"、"開禧乙丑换"、"癸丑重刊"等字樣,知其經過癸丑、壬戌、開禧乙丑、壬申四次修補。其中壬申補版刻工包括:嚴思明、李子章、嚴卓、劉安

---

① 此據阿部隆一《中國訪書志》,筆者亦于臺北故宫博物院目驗原本。

全、黎友直、高榮、嚴思敬。壬戌補版刻工包括：劉明、高寧、高安國、嚴卓、駱仲、嚴思敬、余章、劉元、虞大全、高安道、黎友直、施贊。開禧乙丑年刻工爲施贊。癸丑補版刻工爲：葉文、弓顯、黎友直、吳申、虞大全、曾栢、高安富。

臺北"央圖"藏撫州本《禮記》補版次數最多，計"癸丑"、"壬戌"、"開禧乙丑"、"壬申"、"癸酉"、"甲申"、"辛卯"、"壬寅"、"戊申"、"丁巳"，共十個年份。其中癸丑年刻工爲：高安國、高寧、陳浩、張友、余元、李大亨、劉彦明、曾栢。壬戌刻工爲：安道、祝士正、士正、大全、余章、劉元。開禧乙丑年刻工爲：高安國、施光遠。壬申刻工爲：伯言、友直。癸酉刻工爲：安全。甲申刻工爲：于子才刀、虞太、胡仁、志海、周日新、章文、占大全、大全、占光、詹才、吕全、劉宗、劉仁、劉海。辛卯刻工爲：周日新、周文憲、莘里、張思賢。壬寅刻工爲：張思賢、思賢、張文、余枏。戊申刻工爲：高明遠、鄭華。丁巳年刻工爲：蔡仲、友。①

東京大學東洋文化研究所所藏撫州本《禮記釋文》，有壬戌、開禧乙丑、壬申、甲申、辛卯、壬寅、戊申等補版年。此外，還出現了"淳祐壬寅"的紀年。其中壬戌刻工：吳仲、元。開禧乙丑刻工：高安國、嚴思敬、思明、施贊。壬申刻工：朱生、伯言、卓、明。戊申刻工：周鼎。②

上述撫州本經書各本中出現的補版年份共計十個：癸丑、壬戌、開禧乙丑、壬申、癸酉、甲申、辛卯、壬寅、戊申、丁巳。其中"開禧乙丑"有明確年號爲開禧元年（1205）。又據傅增湘記載，今東京大學東洋文化研究所藏《禮記釋文》版心有"淳祐壬寅"補版年，③則壬寅爲淳祐二年（1242）。除此之外，其他各個紀年皆僅知干支，而不詳其年號。在撫州本補版年份上，前人有不同的著録。臺北"央

---

① 此據阿部隆一《中國訪書志》，筆者又核過臺北"央圖"本複製件。
② 此據《阿部隆一遺稿集》第一卷，第302頁。阿部隆一原文中作"淳祐□□"，據《藏園群書經眼録》，當爲淳祐壬寅。
③ 傅增湘《藏園群書經眼録》，第103頁。

圖"藏本《禮記》補刻年號最多，這個問題最爲突出。王國維爲蔣氏作《傳書堂藏善本書志》及日本阿部隆一《中國訪書志》皆著録此本，趙萬里《芸盦群書題記》著録今國圖藏本時亦及此本。其中王、趙對補版干支年份的推算相同，阿部隆一則有不同的推算意見。如"癸丑"年，王、趙定爲理宗寶祐元年（1253），阿部隆一定爲光宗紹熙四年（1193）。"丁巳"年，王、趙定爲理宗寶祐五年（1257）①，阿部隆一定爲寧宗慶元三年（1197）等。② 臺北"央圖"編《"國家圖書館"善本書志初稿》皆從阿部隆一之説。③ 實際上，王、趙之説與阿部隆一之説各有正誤。

從今存撫州本經書刻工來看，不僅各經原刻與原刻之間多有刻工重合，各經原刻與修補版之間，修補版與修補版之間，乃至同一經書的原刻與某次修補版、甚至與多個年次的修補版之間，都有刻工重合的現象。即是説，同一名刻工，既參加了某經原刻，又參加了某經的某次或某幾次修補。一個刻工的工作生涯，或可持續三十、四十年乃至五十年，但超過六十年的可能性極小。以刻工工作壽命爲限，將今存撫州各本原版和各次補版刻工加以繫聯，應該可以確定大部分補刻干支紀年的準確時間。

首先，刻工劉元，既參加了《禮記》淳熙四年（1177）的原刻工作，又參加了《禮記》、《周易》和《左傳》壬戌年的補刻工作。按照刻工工作年限的推測，"壬戌"年只能是淳熙四年以後的第一個壬戌年，即寧宗嘉泰二年（1202）。刻工黎友直，既參加了《周易》的原刻，又參加了《周易》的壬申補刻、壬戌補刻及《左傳》的癸酉年補刻，則

---

① 趙萬里文云"癸丑刊、丁丑刊者，寶祐元年及五年也"。《禮記》補版年中無"丁丑"，趙文所云"丁丑"當爲"丁巳"之誤。
② 三位前輩觀點分別見王國維《傳書堂藏善本書志》，《王國維先生全集續編》第 7 册，臺北大通書局影印本，1976 年，第 2655 頁；趙萬里《芸盦群書題記》，《國立北平圖書館館刊》第八卷第三號，第 42 頁；《中國訪書志》，第 393 頁。
③ 《"國家圖書館"善本書志初稿》經部，臺北市"國家圖書館"，1996 年，第 112 頁。

"壬申"、"癸酉"補刻年,就只能是寧宗嘉定五年(1212)與嘉定六年(1213)。刻工志海參加了《禮記》的壬申補刻和甲申補刻,同時參加了《左傳》的癸酉補刻。"壬申"和"癸酉"既已明確爲嘉定五年與嘉定六年,則"甲申"就可以確定爲嘉定十七年(1224)。又刻工周日新參加了《禮記》的甲申補刻和辛卯補刻,"甲申"既爲嘉定十七年,"辛卯"則當爲理宗紹定四年(1231)無疑。以上年份推算還可舉其他刻工爲例,證據比較明確,王、趙二先生與阿部隆一的推算意見也是一致的。

關於"癸丑"年,王、趙二先生定爲理宗寶祐元年(1253),阿部隆一定爲較早的光宗紹熙四年(1193)。從刻工繫聯來看,刻工高安國參加了《禮記》等經的原刻,又參加了《公羊》和《禮記》的癸丑年補刻。原刻既在淳熙四年(1177)前後,高安國不可能在七十六年後的寶祐元年還進行書板補刻工作,故此"癸丑"只能是淳熙四年之後的第一個癸丑年,即光宗紹熙四年(1193)。從臺北"央圖"本《禮記》的版面情況看,標有"癸丑重刊"的版葉,如卷十七第四葉、第十至十二葉等,版面漫漶,多斷版及殘缺筆劃,較"戊申"、"丁巳"補版葉的清晰版面,明顯不同,顯然是經過多次印刷的早期補版葉。(圖十三)今存《公羊》只出現了"癸丑重刊"一個紀年,而《禮記》、《周易》、《春秋經傳集解》既有"癸丑"紀年,又有其他多個紀年,這説明"癸丑"年補版應當是撫州本經書最早的一次大規模修補。故"癸丑"年之推算當以阿部隆一的紹熙四年之説爲是。

關於"壬寅"年,王、趙定爲淳祐二年(1242),阿部隆一定爲淳熙九年(1182)。實際上,據傅增湘先生的記述,今藏東京大學東洋文化研究所的撫州本《禮記釋文》版心有"淳祐壬寅"年號,爲理宗淳祐二年。此本爲傅氏舊藏,所記當可憑信。再從刻工看,張思賢曾參加《禮記》的辛卯補刻和壬寅補刻,"辛卯"既如上述爲理宗紹定四年(1231),"壬寅"爲理宗淳祐二年(1242),在辛卯之後十一年。張思賢在紹定四年參加補刻工作的十一年後,進行又一次補刻工作,時間上頗爲合理。阿部隆一將"壬寅"定爲淳熙九年(1182),在紹定四年之前

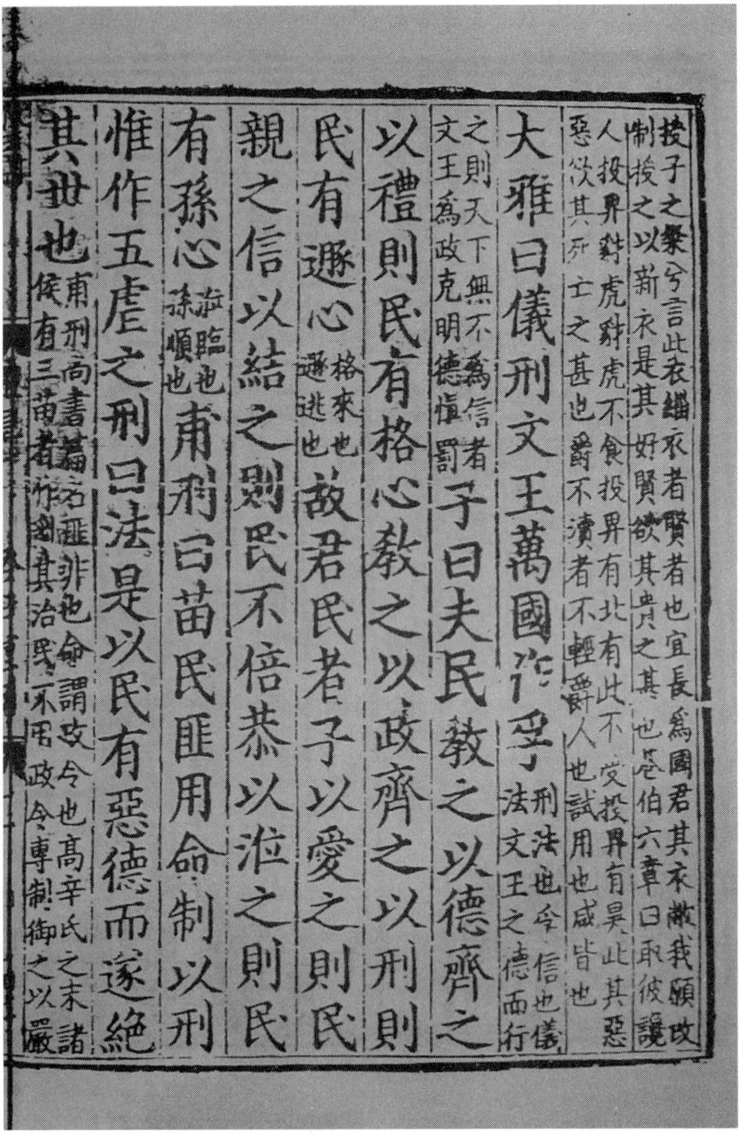
授子之粲兮言此衣緇衣者賢者也宜長爲國君其衣敝我願改制授之以新衣是其好賢欲其貴之甚也巷伯六章曰取彼譖
人投畀豺虎豺虎不食投畀有北有北不受投畀有昊此其惡惡欲其死亡之甚也爵不瀆者不輕爵人也試用也咸皆也
大雅曰儀刑文王萬國作孚刑法也孚信也儀法文王之德而行
之則天下無不爲信者文王爲政克明德慎罰子曰夫民教之以德齊之
以禮則民有格心教之以政齊之以刑則
民有遯心格來也遯逃也故君民者子以愛之則民
親之信以結之則民不倍恭以涖之則民
有孫心涖臨也孫順也甫刑曰苗民匪用命制以刑
惟作五虐之刑曰法是以民有惡德而遂絕
其世也甫刑尚書篇名匪非也命謂政令也高辛氏之末諸侯有三苗者作亂其治民不用政令專制御之以嚴

圖十三　撫州本《禮記》卷十七第十二葉（版心鐫“癸丑重刊”，複製件）

臺北“央圖”藏

四十九年。同一刻工相隔四十九年時間還從事刻書工作，這種可能性恐怕較小。又如上文所述，從《公羊》只有"癸丑"一次修補的情況看，癸丑年，即光宗紹熙四年（1193），應當是撫州本經書最早的一次大規模修補，此時距原刻時間已有十六年，原刻書板有可能因多次刷印而致損害，方有修補之必要。而淳熙九年距《禮記》原刻時間僅相差五年，原刻書板不至在這麼短時間内就有嚴重損害，以至需要重刻。且從版面新舊程度上看，"壬寅"補版葉版刻清晰，不似早期補版，故此"壬寅"當以王、趙淳祐二年之說為是。

"戊申"年，王、趙定為淳祐八年（1248），阿部隆一定為淳熙十五年（1188）。按"戊申"年補版刻工中，未見與其他年份相同的姓名，無法根據刻工判斷時間。不過，從版面新舊情況看，臺北"央圖"本《禮記》中標有"戊申"年號的修補葉，如卷十七第十七葉，字跡清晰，刀法盡顯，較"癸丑"、"壬戌"等修補葉的版面漫漶明顯不同，其刊刻時間顯然較晚。（圖十四）阿部隆一定《禮記》的"戊申"補版年為淳熙十五年，在"癸丑"、"壬戌"之前，與版面新舊的實際情況不符。且若撫州本經書在淳熙十五年曾經修補過，那麼今存《公羊》印刷於紹熙四年癸丑之後，今存《周易》印刷於嘉定五年壬申之後，都較淳熙十五年為晚，按理說這兩本中也應有"戊申"修補年號，而實際情況並非如是。從這些情況看，"戊申"年為淳熙十五年之說蓋誤，當從王、趙說，為理宗淳祐八年（1248）。

"丁巳"補版年，僅見於臺北"央圖"藏本《禮記》，王、趙定為理宗寶祐五年（1257），阿部隆一定為寧宗慶元三年（1197）。慶元三年在紹熙四年癸丑與嘉泰二年壬戌之間，若為此年補版，其版面新舊程度應與"癸丑"、"壬戌"補版葉相近。而從"央圖"本版面實際情況看，如標有"丁巳刊"的卷三第十葉，字跡清晰，刀口銳利，其版面新舊程度與"戊申"補版葉相近，而與"癸丑"、"壬戌"的版面漫漶明顯不同。（圖十五）又今存其他各本皆無"丁巳"補版年，也可說明"丁巳"時間較晚。因此，王、趙將"丁巳"年定為寶祐五年的看法，更近於是。

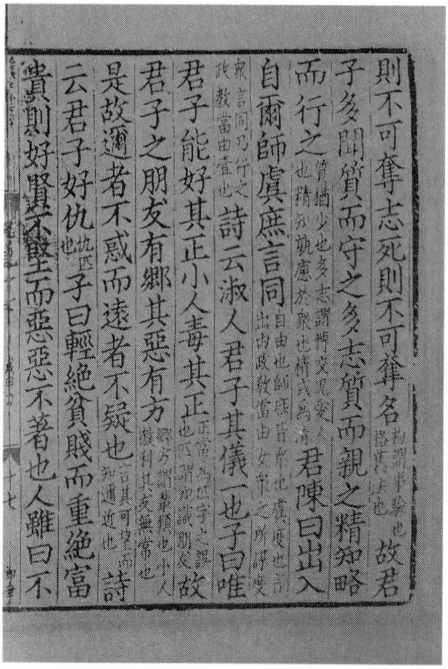

圖十四　撫州本《禮記》卷十七第十七葉
　　　（版心鐫"戊申刊"，複製件）
　　　臺北"央圖"藏

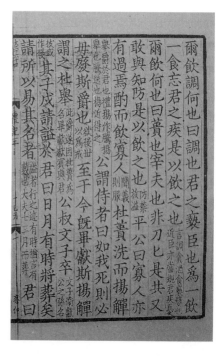

圖十五　撫州本《禮記》卷三第十葉
　　　（版心鐫"丁巳刊"，複製件）
　　　臺北"央圖"藏

通過以上刻工的系聯及版面新舊程度的分析，我們可以基本判明撫州本經書的各次補版時間。撫州公使庫在孝宗淳熙四年（1177）前後刊刻"六經三傳"，之後又在光宗紹熙四年癸丑（1193）、寧宗嘉泰二年壬戌（1202）、開禧元年乙丑（1205）、嘉定五年壬申（1212）、嘉定六年癸酉（1213）、嘉定十七年甲申（1224）、理宗紹定四年辛卯（1231）、淳祐二年壬寅（1242）、淳祐八年戊申（1248）、寶祐五年丁巳（1257），前後不下十次，統一進行了各經書板的修補工作。就是說，在原刻書板刻成十六年後，第一次進行修補；以後漸次刷印，壞版日益出現，每隔十幾年甚至每隔幾年，就又進行一次修整書板的工作。至咸淳九年（1273），黄震知撫州的時候，書板續有新的損壞，黄震遂委託友人將仕郎餘姚高夢璞，又一次進行書板修整的工作。此次修整，除將損壞嚴重的重刻新版，殘損較輕的因舊板修補，計"換新板再刊者一百一十二，計字五萬六千一十八；因舊板整刊者九百六十二，計字一十一萬五千七百五十二"外，還因舊本屢經修繕，文字多訛，又"爲正其訛七百六十九字"。同時又新刻了《孝經》、《論語》、《孟子》三經，以足九經之數。

現存撫州本各經傳本，印刷時間各不相同，由今存各本的補版年號，亦可推斷現存各傳本大概的刷印時間。國圖藏本《禮記》與《禮記釋文》中無修補年號，版面清晰，它應當是未經修補的初印本，印刷時間當在首次大規模補版的紹熙四年之前。其次，《春秋公羊經傳解詁》只有"癸丑"一次修補，它的印刷時間當在紹熙四年之後不久。《春秋經傳集解》至少經過了紹熙四年、嘉泰二年、嘉定六年的修補（因此本殘破，又有缺卷，或有其他修補年號，今已不詳），刷印時間當在嘉定六年之後。《周易》經過了紹熙四年、嘉泰二年、開禧元年、嘉定五年四次修補，刷印時間應當在嘉定五年之後不久。今藏臺北"央圖"的《禮記》和今藏東京大學東洋文化研究所的《禮記釋文》，是今存撫州本中印刷最晚的版本。《禮記》修補紀年多達十個，最晚紀年爲寶祐五年丁巳（1257）；《禮記釋文》因篇幅較小，修補年號較《禮記》爲少，但其中有淳祐二年壬寅（1242）年號，兩者印刷時間相去不遠。經過多達十次以上的修補整治，此本《禮記》的原版葉已經保存很少，大多爲補版葉。現藏臺北"央圖"的撫州本《禮記》共殘存八卷，據王國維統計，除少量缺葉外，八卷一百三十六葉中，"惟八葉爲淳熙四年原刊，餘皆宋時補板。"①

四、撫州本《禮記》原刻與補版之比較

撫州本《禮記》很幸運地有兩個不同印本流傳下來，一是今藏國圖的初印本，一是今藏臺北"央圖"的經過十餘次補版的後印本，這給後人提供了將原刻初印本與修補後印本進行比較的條件。王國維爲蔣氏密韻樓所作《傳書堂藏善本書志》中，曾列舉蔣藏《禮記》與張敦仁覆撫州本《禮記》的文字異同：

> 宋撫州刊本……計存八卷一百三十六葉。中惟八葉爲淳熙四年原刊，餘皆宋時補板。其署壬戌刊者，嘉泰二年也。署開禧乙丑換者，開禧元年也。署壬申、癸酉、甲申刊者，嘉定五年、六年及十七年。署辛卯刊者，紹定四年。壬寅、戊申刊者，淳祐二年及八年。癸丑、丁巳刊者，寶祐元年及五年也。淳熙舊板至是更換殆盡，故與陽城張氏所刊淳熙本校，頗有異同。如張本卷三"使子貢問之"，此本"子貢"改"子路"，與岳倦翁所舉興國及建諸本同。卷五"犧牲母牝"，此本"牝"上有"用"字，與毛居正所舉建本同。卷十九"慎靜而寬"，此本"寬"上剜增"尚"字，與岳倦翁所舉興國本、建大字本、余仁仲本同。又卷十六"詩云予懷明德"，此本"云"作"曰"，與余家所藏宋刊纂圖互注本及嘉靖刊本同（原注：以上三條二本亦與此本同）。又卷三注"他志謂利心"，"利"此本剜改作"私"。又注"謂高四尺所"，此本無"所"字。卷四注"並四十九"，此本"九"作"六"。"丁亥萬用入學"，此本"用"作"舞"。卷十六注"此顯也"，此本"顯"作"頌"。卷十七注"讀如禾氾移之移"，此本"禾"作"水"。"此皆相爲昏禮"，此

---

① 《傳書堂藏善本書志》，《王國維先生全集續編》第 7 册，第 2655 頁。

本"相"下有"與"字。"言此緇衣者",此本"緇衣"上有"衣"字。卷十九注"此兼上十五儒",此本"十"上有"有"字,並與宋刊纂圖本及嘉靖重刊宋建大字本合。蓋宋世補刊淳熙本時,又據各本校改也。至卷十八經"有賓後至者",此本與各本皆同,張本"賓"作"先",而校記不出此條,蓋張本寫刊之誤,非出淳熙原本也。此本爲文淵閣舊藏,雖淳熙原板所存無多,而後來修板校改之字反藉此本而存,亦可云秘笈矣。①

蔣氏密韻樓所藏撫州本《禮記》,即今臺北"央圖"藏本,如上所述是經過多次修補的後印本;張敦仁覆刻本《禮記》,底本爲今存國圖的撫州本《禮記》,是未經修補的初印本。兩本的異文,反映了撫州本《禮記》初印本與修補後印本之間的文字差異。

筆者以"央圖"藏本《禮記》複製件與國圖藏本比對,可見國圖藏本版面清晰,紙潔墨瑩,初印精湛;而"央圖"藏本經多次補版,原版葉和較早補版葉皆字跡漫漶,碩果僅存的數葉原版,亦多經局部修整。如卷三第三葉"央圖"藏本爲淳熙原版,刻工爲"蕭韶",與國圖藏本同版。但該葉版面上部大約兩排的文字,"央圖"本乃經重刻,與國圖藏本有異。此蓋因書板上部小面積損壞,而下部大面積尚可利用,故不刻新板,僅就原板修整之。在多次修補過程中,或因刻工偶誤,或因有意校改,遂形成兩印本之間的文字差異。

刻工偶誤的例子,如國圖本卷四第九葉注"則所云古者謂殷時","央圖"本"云"誤爲"去"。第十三葉注"周禮鄉師之屬","央圖"本"周"誤爲"同","鄉"誤爲"卿"。第十六葉注"力政城道之役也","央圖"本"城"誤爲"成"。同葉經文"六十不親學","央圖"本"親"誤爲"視"。此數例蓋皆因形近或音同,補版時形成訛誤。

有意改動的例子,如上引王國維所列異文中,有卷四第二葉注"盈上四等之數並四十九","央圖"本"九"作"六"。按阮元本此作"九",《校勘記》云:"閩、監、毛本同,衛氏《集説》同。惠棟校宋本

---

① 《傳書堂藏善本書志》,《王國維先生全集續編》,第 7 册,第 2655 頁。

'九'作'六',岳本同,嘉靖本同,《考文》引古本、足利本同。岳本《禮記考證》云:案盈上四等之數,謂添上公侯伯子四等數也。上既云方五百里者四,四百里者六,三百里者十一,二百里者二十五,綜四、六、十一、二十五計之,共應四十六,並小國一百六十四,是爲一州二百一十國,則非四十九明矣。諸本'六'作'九',非。"①國圖藏初印本作"九","央圖"藏後印本作"六",此當即後印修補時所作的文字校正。

此外還有王國維書志中未曾指出的改字之例。如國圖本卷四第一葉注"田肥墝有五等","央圖"本"墝"作"墽"。按阮元本此處作"墝",《校勘記》云:"《釋文》出'肥墽',云本又作'墝',《考文》引古本作'墽'。"②知別本有作"墽"字者,"央圖"本據別本改。又同卷第三葉注"雖其致仕猶可即而謀焉","央圖"本"其"作"有"。按阮元本此處作"有",《校勘記》云:"閩、監、毛本同,嘉靖本同,衛氏《集説》同。惠棟校宋本'有'作'其',宋監本、岳本同。按依正義作'其'。"③各本有作"其"者,有作"有"者,"央圖"本改"其"爲"有",亦爲有意改字。

從版面看,"央圖"本與國圖本之間的這些異文處,可見明顯的剜改痕跡。最明顯的如王國維所指出的卷十九第七葉"慎静而寬","央圖"本作"慎静而尚寬"。察"央圖"本此葉與國圖本版刻相同,爲淳熙原版,唯經局部修補,下半葉第三行"慎静而寬"處,將本行"慎"以下六字"静而寬强毅以"原版剜去,補入"静而尚寬强毅以"七字,較原刻增加一"尚"字。因增入一字,此處行字遂成擁擠,且剜補的"静而尚寬强毅以"七字字體與原版明顯有異。按此處文字,元刻十行注疏本等皆作"慎静而尚寬",有"尚"字,惟宋兩浙東路茶鹽司刻八行注疏本作"慎静而寬"。撫州本初刻無"尚"字,後印本據別本增入"尚"字,這是明確的後印本有意改字的例證。(圖十六)

---

① 《十三經注疏校勘記》,《續修四庫全書》第182册,第3頁。
② 《十三經注疏校勘記》,《續修四庫全書》第182册,第2頁。
③ 《十三經注疏校勘記》,《續修四庫全書》第182册,第4頁。

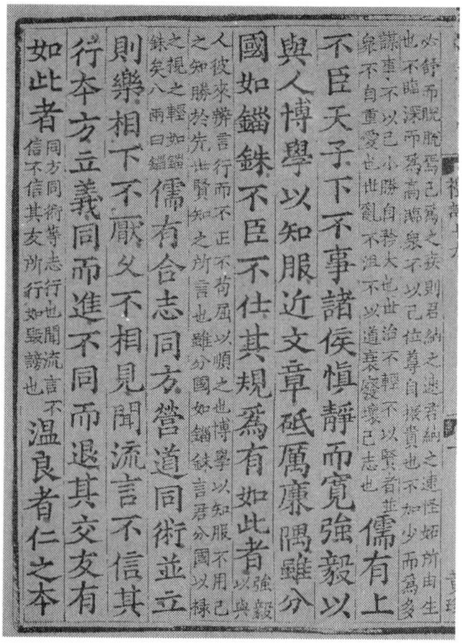
必舒而脫脫焉己爲之疾則君納之速君納之速怪妬所由生也不臨深而爲高臨衆不以己位尊自振貴也不加少而爲多
謀事不以己小勝自矜大也世治不輕不以賢者並衆不自重愛也世亂不沮不以道衰廢壞己志也儒有上
不臣天子下不事諸侯慎靜而寬強毅以
與人博學以知服近文章砥厲廉隅雖分
國如錙銖不臣不仕其規爲有如此者強毅以與
人彼來辨言行而不正不苟屈以順之也博學以知服不用己之知勝於先世賢知之所言也雖分國如錙銖言君分國以祿
之視之輕如錙銖矣八兩曰錙儒有合志同方營道同術並立
則樂相下不厭久不相見聞流言不信其
行本方立義同而進不同而退其交友有
如此者同方同術等志行也聞流言不信不信其友所行如毀謗也温良者仁之本

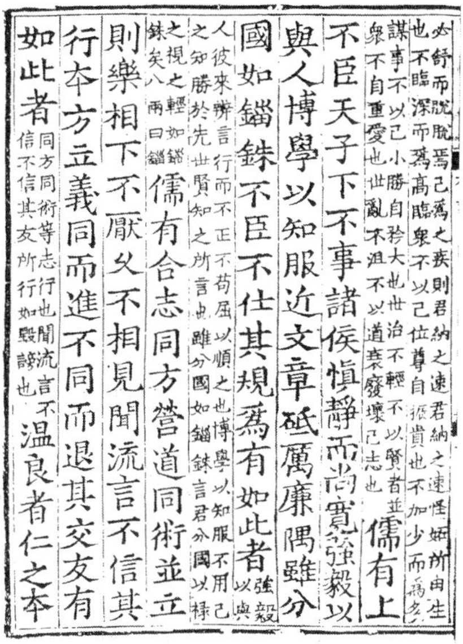
必舒而脫脫焉己爲之疾則君納之速君納之速怪妬所由生也不臨深而爲高臨衆不以己位尊自振貴也不加少而爲多
謀事不以己小勝自矜大也世治不輕不以賢者並衆不自重愛也世亂不沮不以道衰廢壞己志也儒有上
不臣天子下不事諸侯慎靜而尚寬強毅以
與人博學以知服近文章砥厲廉隅雖分
國如錙銖不臣不仕其規爲有如此者強毅以與
人彼來辨言行而不正不苟屈以順之也博學以知服不用己之知勝於先世賢知之所言也雖分國如錙銖言君分國以祿
之視之輕如錙銖矣八兩曰錙儒有合志同方營道同術並立
則樂相下不厭久不相見聞流言不信其
行本方立義同而進不同而退其交友有
如此者同方同術等志行也聞流言不信不信其友所行如毀謗也温良者仁之本

圖十六　撫州本《禮記》卷十九第七葉下之比較

左爲中國國家圖書館藏本（《中華再造善本》影印本），

右爲臺北“央圖”藏本（複製件），“央圖”藏本第三行增入“尚”字

關於撫州本經書的修補，還有一條重要材料，即日本所存舊刻《春秋經傳集解》附嘉定六年江公亮跋，見《古文舊書考》卷二：

> 臨川舊有版行五經三傳，比他郡者爲精好，歲久浸底磨滅，幾不可讀。公亮來守是邦，一見爲之慨然。雖承凋弊之餘，獨念聖經有此善本，豈可使之至是。故於倥傯不暇給之中，首治斯事，選庠序生員，重加校讎，撙節用度，銖積寸累，以供其費。蓋閱歲始辦，凡更新七百七十版，爲字三十八萬五千有奇，剔墁七百三十八版，爲字四萬九千有奇。總用錢百萬有奇。自是更永其傳，俾學者覽觀，無亥豕魯魚之謬，殆非小補。嘉定六禩閏月上澣三衢江公亮謹記。①

① 島田翰《古文舊書考》，《日本藏漢籍善本書志書目集成》第3册，國家圖書館出版社，2003年，第297頁。

阿部隆一先生認爲此跋爲撫州本修補跋，① 其説甚是。按江公亮字元弼，衢州開化人。嘉泰四年知句容縣，劉宰《漫塘文集》卷十九《政説贈句容江大夫》、卷二十四《書衢州江氏小山祖墓記碑陰》皆爲其所作。檢《［嘉靖］撫州府志》卷八官師，正有江公亮，以朝散郎知撫州，與趙與夏等"俱嘉定初年任"。② 今存撫州本《周易》有壬申（嘉定五年，1212）修補年號，《春秋經傳集解》有癸酉（嘉定六年，1213）修補年號，《禮記》則並有壬申及癸酉修補年號，可知江公亮在嘉定五年至六年間主持了撫州本經書的修整補版工作，包括替換新版及修整舊版，並撰跋記其事，附刻於《春秋經傳集解》之後。惟江跋"五經三傳"，與黄震跋"六經三傳"之説不合，或爲轉寫之誤。

據黄震《修撫州六經跋》，咸淳九年黄震委託友人高夢璞主持進行了撫州本的書板修補和《論語》等三經的新刻工作，但今存撫州本中，皆未見咸淳補版年號。各本中印刷時間最晚的臺北"央圖"藏本《禮記》，最晚的補版紀年是寶祐五年丁巳（1257），下距咸淳九年僅十六年。如上所述，臺北"央圖"藏本《禮記》的文字與初印本文字有不少異文，是據別本校改的，這應當是在補版後印過程中進行的文字校正。聯繫到黄震所説的"舊本雖善，中更修繕，任事者不盡心，字反因之而多訛，今爲正其訛七百六十九字"，"央圖"所藏此本《禮記》很可能就是經過黄震、高夢璞修整勘正過的印本。

在 2008 年公佈的第一批國家珍貴古籍名錄中，國圖藏撫州本《禮記》附《禮記釋文》，名列第 00263 號，著録作"宋淳熙四年（1177）撫州公使庫刻咸淳九年（1273）高夢炎重修本"。③ 按國圖藏撫州本《禮記》，如上文所述，並無補版年號，其版面初印精湛，清代以來一直被認爲是未經修補的初印本。《楹書隅録》説"此本乃淳熙四年原刻初

---

① 《阿部隆一遺稿集》第一卷，第 327 頁。
② 《（嘉靖）撫州府志》卷八，臺北成文出版社影印明嘉靖三十三年刊本。
③ 《第一批國家珍貴古籍名録圖録》第 2 册，國家圖書館出版社，2008 年，第 13 頁。

印，猶在黃氏修補前百年，可寶也"；① 傅增湘説此本"爲撫州原刊，無補版，初印精善，紙厚韌，墨色濃郁，行間眉端墨書爲宋人手蹟，至可寶也"；②《中國版刻圖録》説"此書初印精湛，無一補版，在撫本中，當推甲選"。③ 第一批國家珍貴古籍名録將此本定爲"咸淳九年高夢炎重修本"，或緣黃震《修撫州六經跋》咸淳九年修整舊板、"任其事者友人將仕郎餘姚高夢璞"之説。④ 從本文所述撫州本各經原刻與補版情況看，臺北"央圖"藏撫州本《禮記》或有可能爲咸淳九年重修本；而國圖藏撫州本《禮記》爲原刻初印，定爲咸淳九年重修本，與實際情況完全不符。

今存撫州本經書四種，其中《周易》、《禮記》、《公羊》已有影印本，而分藏海峽兩岸的《左傳》殘本迄今尚無影印本。撫州本出自官刻，校刻精審，在宋代即稱善本。阮元《十三經注疏校勘記》之《公羊》利用的惠棟校楝亭曹氏本、《禮記》利用的段玉裁校國子監本，實即撫州本異文。從《校勘記》所校異文來看，撫州本《公羊》多與鄂州官本合，《禮記》多與越州刻八行本合。此皆官刻善本，較坊刻系統之余仁仲本、十行注疏本多勝處。關於撫州本的校勘價值，前人多有闡發，此不贅述。《校勘記》所用撫州本《公羊》爲惠棟校本，多所漏略；《周易》與《左傳》則阮元等未見其書，更無從利用。在新的經書注疏校勘整理工作中，撫州本值得更加充分的重視和利用。

---

① 《楹書隅録》卷一，《清人書目題跋叢刊》第 3 册，第 405 頁。
② 《藏園群書經眼録》第 1 册，第 52 頁。
③ 《中國版刻圖録》第 1 册，文物出版社，1960 年，第 31 頁。
④ 檢《慈溪黃氏日抄分類》之《中華再造善本》影印元後至元三年刻本及影印文淵閣《四庫全書》本、北大藏明刻本、清乾隆汪氏刻本，《修撫州六經跋》此句皆作"任其事者友人將仕郎餘姚高夢璞"，而非"高夢炎"。

第三節　南宋興國軍學刻《六經》

　　宋嘉定中毛居正取六經三傳諸本及子史字書等勘正國子監經籍，留下了《六經正誤》一書，其《易》、《書》、《詩》、《周禮》、《禮記》、《左傳》六經皆使用了興國軍本進行校勘。黄震《修撫州六經跋》也曾提到興國軍刻《六經》："《六經》官板，舊惟江西撫州、興國軍稱善本。己未虜騎偷渡，興國板已毁於火，獨撫州板尚存。"興國軍，北宋太平興國三年改永興軍置，宋隸江南西路，治所在今湖北陽新縣。興國軍本《六經》與撫州本並稱，是當時爲人所重的善本。今傳世者僅《春秋經傳集解》一經，從中可見興國軍本《六經》的面貌。

一、興國軍學刻《六經》傳本

　　據黄震跋，興國軍本經書書板在宋代即毁於戰火，因而流傳甚稀，在宋代恐亦不多見。《九經三傳沿革例》主體內容出自南宋末年廖瑩中，廖氏爲刻《九經》，廣搜衆本，所得經書版本二十多種，而不及興國軍本（有興國于氏本，與興國軍本不同，見本書第二章第一節）。明清諸家藏書目中，亦罕見關於興國軍本的記載。惟《天禄琳琅書目》卷一著錄有《春秋左氏音義》二函八册，云：

> 唐陸德明著，五卷。後附宋聞人模《經傳識異》。按此即德明《經典釋文》之一《左氏釋文》，元六卷，今合卷五、六爲一。宋嘉定時興國學刊本。興國軍隸江南西路，亦江西諸郡書版也。卷末結銜五人，爲知軍、通判、教授、判官。又有教授聞人模跋，載本學補刊《春秋》、更新《五經》之由。蓋當時刻《春秋》而附以陸氏《音義》，今獨存《音義》耳。按德明《釋文》本分五經三傳，並及《孝經》、《論語》、《爾雅》、《老》、《莊》，各自

成編，無嫌單行也。①

天禄琳琅所藏的這一部《春秋左氏音義》，有嘉定時興國軍學官員銜名，它應當就是黃震跋中提到的"興國軍"本。可惜此本深藏内府，外人無由得見，而嘉慶中一場大火，又將此本連同其他天禄琳琅多種珍稀版本毁於一旦。雖然《天禄琳琅書目》於此本《春秋左氏音義》跋文及銜名有所記述，但很可惜未録跋語、銜名原文，後人終難瞭解其究竟。

幸運的是，興國軍刊刻諸經中的一種，即《春秋經傳集解》，在東瀛日本有傳本保留下來，在日本南北朝時期，還出現了此本的翻刻本。清末楊守敬於日本訪書期間，得見宋刻原本，並購得一部日本翻刻本。《日本訪書志》卷一著録其所見宋刻本：

> 《春秋經傳集解》三十卷。宋槧本。宋嘉定丙子興國軍教授聞人模校刊。末有《經傳識異》數十事，又有校刊諸人官銜及聞人模跋。每半葉八行，行十七字，不附釋音。藏楓山官庫，蓋即毛居正《六經正誤》所稱興國本。余以《正誤》所引十三條對校，一一相合。②

又著録翻刻本云：

> 《春秋經傳集解》三十卷。覆宋本。右日本古時覆宋刻《左傳集解》，不附釋音，每半葉八行，行十七字。森立之《訪古志》載此書，云是依蜀大字本重刊者，與李鶚本《爾雅》同種。其刻當在應永以前。然則此本雖非宋刻，而覆板時亦在宋代，故傳本亦絶希也。唯立之云是覆北宋蜀本，余親質之，則以字體類《爾雅》，又以不附釋音故。余覆校之，慎字缺筆，知其決非北宋本。其後借得楓山官庫所藏興國本，行款匡廓字體皆與此本同，略校數册，文字亦無異，乃知此本即覆興國本，特所據祖本失載《考異》、聞跋耳（原注：森立之未見楓山官庫本，故不知此本原於興國）。余乃影摹

---

① 《天禄琳琅書目》，《清人書目題跋叢刊》第10册，第16頁。
② 《日本訪書志》，《日本藏漢籍善本書志書目集成》第9册，第71頁。

刻補於此本後，使後之讀者得所指名。①

楊守敬所見這部宋興國軍學刻本《春秋經傳集解》，完整保存了卷末校勘官員銜名及興國軍學教授聞人模刊書跋語，由此國人始知興國軍學刻本經書有傳本存世。此本今藏日本宮內廳書陵部，包括《春秋經傳集解》三十卷及附刻《經傳識異》一卷，雖然其卷三、四、二十、二一、二六～二八爲抄配，但首尾俱全，《經傳識異》一卷及卷末銜名、聞人模跋語完整保存。（圖十七）

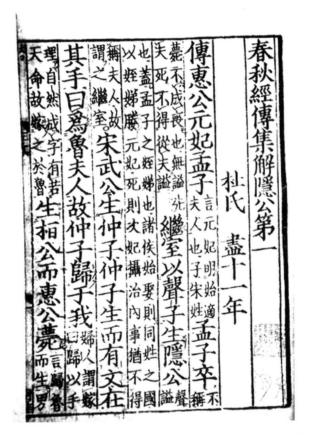

圖十七　南宋嘉定九年興國軍學刻《春秋經傳集解》（複製件）
　　　　日本宮內廳書陵部藏

---

① 《日本訪書志》，第75頁。

此本半葉八行,行十七字,小字雙行同,白口,左右雙邊。版心上刻字數,下有刻工。構、慎等字缺筆避諱。據阿部隆一的調查,此本原刻刻工包括:王純、胡桂、高儔、張政、陳正、陳金、鄧壽、潘金、余份、劉全等。補版刻工包括:王采、彥章、彥璋、吳甫、吳彥、吳仁、蔡祥、秀中、占中、詹中、張友、張進、余成、劉永等。爲金澤文庫舊藏,鈐有"枝山"、"允明"、"文炳珍藏子孫永保"、"左伯侯毛利高標字培松藏書畫之印"、"秘閣圖書之章"及"金澤文庫"印等。①

另外,日本尊經閣文庫藏有興國軍學刻本《春秋左氏音義》五卷(圖十八),與宫内廳藏本版式字體完全一致,刻工同樣有王純、余份、

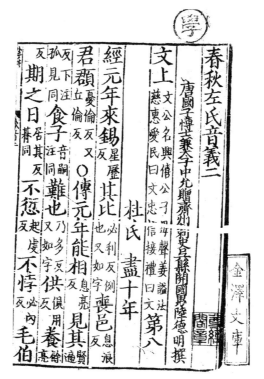

圖十八　南宋嘉定九年興國軍學本《春秋經傳集解》附刻之《春秋左氏音義》
(《金澤文庫本圖錄》)　日本尊經閣文庫藏

---

① 見《阿部隆一遺稿集》第一卷,第325頁。又日本關靖編《金澤文庫本圖錄》圖版第九,日本幽學社,1935—1936年。

劉永等，且同樣鈐有金澤文庫墨印，兩者當原即一本。宋刻諸經經注本於書末附刻《釋文》，所附《釋文》首尾完整，在流傳過程中易與原本失散，單獨流傳。撫州本中的《禮記釋文》與《禮記》長期離散即其例，此興國軍本《春秋經傳集解》與《春秋左氏音義》分散兩處，情況亦類似。將尊經閣文庫所藏《春秋左傳音義》五卷與宮內省圖書寮所藏《春秋經傳集解》三十卷、《經傳識異》一卷相合，方見興國軍學所刻《春秋經傳集解》一書全貌。

實際上，興國軍學刻本《春秋經傳集解》在我國曾經也有傳本。今靜嘉堂文庫藏一部興國軍學刻《春秋經傳集解》殘本，存卷十，一五～二十，二三～三十，共十五卷，爲陸心源皕宋樓舊藏。[①] 此本鈐有"毛晉之印"、"毛氏子晉"、"汪士鐘印"等印，說明其曾經明末毛晉汲古閣、清汪士鐘藝芸書舍等名家收藏。汪士鐘《藝芸書舍宋元本書目》著錄有《左傳集解》"大字本"，存卷八～十，一五～二十，二二～三十，共十八卷，即此本。[②] 而在汪士鐘之前，此殘存十八卷本還曾爲黃丕烈所藏。《百宋一廛書錄》著錄一部《春秋經傳集解》：

> 大字《春秋經傳集解》三十卷，存者十八卷，與小字本合之，止少第十四卷耳。每欲援百衲《史記》之例，聚各本匯裝，惜岳刻附釋文，未能與小字、大字兩本不附釋文者合之也。昭二十年傳杜注"皆死而賜謚"句，兩本並同，知此本之佳。舊爲毛氏所藏，楮瑩墨凝，絕無點汙。雖不全，亦至寶也。後序末有'經凡一十九萬八千三百四十八言，注凡一十四萬六千七百八十八言'，分兩行刻。不曰字而曰言，蓋從古也。[③]

其存卷情況、卷末字數及毛氏舊藏等情況，正與此本相合，說明此本亦

---

① 參見《阿部隆一遺稿集》第一卷，第 325 頁；《靜嘉堂文庫宋元版圖錄》，東京汲古書院，1992 年，第 22—23 頁。

② 《藝芸書舍宋元本書目》，《中國著名藏書家書目匯刊》（明清卷）第 29 冊，商務印書館影印本，2005 年，第 11 頁。

③ 《百宋一廛書錄》，《宋元版書目題跋輯刊》第 3 冊，第 10 頁。所云"小字本"，即今藏中國國家圖書館的殘存二十三卷宋刻小字本《春秋經傳集解》，以汪士鐘所記十八卷卷次與國圖藏二十三卷本卷次相合，恰缺卷第十四。

曾爲黃丕烈百宋一廛中物。汪士鐘之後，陸心源皕宋樓得此十八卷殘本中的十五卷，即今静嘉堂文庫所藏本。黃、汪、陸皆僅得殘本，興國軍學銜名與跋已失，故無由得知其即興國軍本。陸氏《皕宋樓藏書志》卷八將此本著録作"宋刊建大字本"，① 乃據版刻風格而誤定。

今中國國家圖書館亦藏一部興國軍學刻《春秋經傳集解》殘本，存卷二二，鈐有"汪士鐘印"，正是《藝芸書舍宋元本書目》著録之殘卷，與陸心源所得、今藏静嘉堂文庫的十五卷殘卷同出一本。此一卷殘册由藝芸書舍散出，輾轉流傳，1936年周叔弢以200元購得。② 藝芸書舍原本所藏興國軍本《春秋經傳集解》十八卷，今静嘉堂文庫存十五卷，國圖存一卷，尚有卷八、九兩卷不知蹤跡，或已毀失矣。（圖十九）

圖十九　南宋嘉定九年興國軍學刻《春秋經傳集解》殘卷
左爲中國國家圖書館藏本（《中國版刻圖録》），
右爲日本静嘉堂文庫藏本（《静嘉堂宋本書影》），
兩本右下角皆鈐"汪士鐘印"、"三十五峰園主人"印

---

① 《皕宋樓藏書志》，《清人書目題跋叢刊》第1册，中華書局影印本，1990年，第88頁。

② 李國慶《弢翁藏書年譜》，黃山書社，2000年，第99頁。

《天禄琳琅書目》著録之興國軍學刊本《春秋左氏音義》,其藏印有"毛晉之印"、"汲古主人"、"毛氏子晉"、"昆山徐乾學健庵藏書"等,與静嘉堂文庫、國圖所藏殘卷皆爲毛晉舊藏,原本亦當同爲一本。這種《釋文》與原本離散單行的情況,與上述日本傳本如出一轍。不過此本不如日本傳本幸運,《春秋左氏音義》既散出單行,聞人模《經傳識異》及卷末結銜、聞人模跋,這些可以判明版本的證據,皆隨《春秋左氏音義》而去。而《春秋經傳集解》正文三十卷,亦復殘缺,黄丕烈、汪士鐘所藏爲十八卷,陸心源得到其中的十五卷,加上後來歸國圖的一卷,今存世者僅十六卷,且又分藏於中日兩國。因是殘本,又無任何版本依據,如黄丕烈、汪士鐘、陸心源這樣的藏書名家,雖得到了興國軍學刻本《春秋經傳集解》殘卷,亦無法料到這就是《修撫州六經跋》和《六經正誤》中曾提到的興國軍本。直到清末民初以後,日本傳本逐漸爲人所知,通過版本風格與刻工比較,方能斷其版刻。

二、興國軍學本《六經》的刊刻

日本宫内廳所藏興國軍本《春秋經傳集解》卷末《經傳識異》後有銜名並跋語,爲判斷此本版本的有力依據,且透露了興國軍本諸經的刊刻情況。銜名云:

> 從事郎興國軍判官沈景淵
> 迪功郎興國軍軍學教授聞人模
> 朝奉郎通判興國軍兼管內勸農營田事鄭緝
> 宣教郎前權發遣興國軍兼管內勸農營田事趙師夏
> 奉議郎權發遣興國軍兼管內勸農營田事葉凱

嘉定九年興國軍學教授聞人模刊書跋語云:

> 本學《五經》舊版,乃僉樞鄭公仲熊分教之日所刊,實紹興壬申歲也。歷時浸久,字畫漫滅,且缺《春秋》一經。嘉定甲戌夏,

有孫緝來貳郡,嘗商略及此,但爲費浩瀚,未易遽就。越明年,司直趙公師夏易符是邦,模因有請,慨然領略,即相與捐金出粟。模亦撙節廩士之餘,督工鋟木。書將成,奏院葉公凱下車觀此,且惜五經舊板之不稱。模於是併請於守貳,復得工費,更帥主學糧幕掾沈景淵同計置而更新之。乃按監本及參諸路本而校勘其一二舛誤,並考諸家字説而訂正其偏旁點畫,粗得大概,庶或有補於觀者云。嘉定丙子年正月望日聞人模敬書。(圖二十)

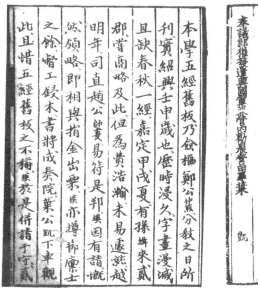
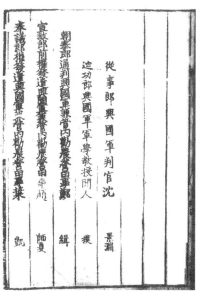

圖二十　宋嘉定九年興國軍學刻《春秋經傳集解》卷末銜名及聞人模跋(複製件) 日本宮内廳書陵部藏

　　從此跋可知,興國軍學原刻有《五經》書板,爲紹興二十二年(1152)鄭仲熊任職興國軍學時所刻。按鄭仲熊,字行可,衢州西安人,紹興二年進士,《(嘉慶)西安縣誌》卷二十九有其小傳。據《建炎以來系年要録》,紹興二十三年,鄭仲熊由左奉議郎臨安府府學教授任爲國子監主簿,歷官至端明殿學士、簽書樞密院事、兼權參知政事,紹興二十五年六月罷，提舉江州太平興國宮。① 從聞人跋可知，在紹興二十三年任臨安府學教授之前，鄭仲熊曾任職于興國軍學，並在任中主持刻印了《五經》書板。聞人跋雖未言具體經名，從其"缺《春秋》一經"看，《五經》當爲《周易》、《尚書》、《毛詩》、《周禮》、《禮記》。毛居正《六經正誤》之六經（包括《周易》、《尚書》、《毛詩》、《周禮》、《禮記》、《春秋左傳》）皆引用興國軍本，也可證鄭刻"五經"之目。

紹興二十二年所刻《五經》書板，至嘉定間已歷六十餘年，多有損壞。嘉定七年（1214），仲熊之孫鄭緝通判興國軍，與興國軍學教授聞人模商議新刻《春秋經傳集解》事。聞人模又先後獲得趙師夏、葉凱等地方官員的支持，遂修補《五經》舊板，刊刻《春秋》新板，寧宗嘉定九年（1216）完成其事。

儘管興國軍學刻經籍多已不存，我們仍可從僅存的《春秋經傳集解》一經及《六經正誤》所引各經異文中窺其端緒。從内容類型上看，興國軍學刻本仍然沿襲了五代北宋以來的單經注本系統，與撫州本内容一致，大字經文，小字注文，各經末附刻陸德明《釋文》。興國軍學本《春秋經傳集解》與《春秋左氏音義》合刻一本的情況，上文已有説明。宋毛居正《六經正誤》中，于《易》、《詩》、《禮記》等的《釋文》部分，亦皆引用了興國軍本的異文，説明除《春秋經傳集解》外，興國軍本的其他各經也都在書末附刻了陸德明《釋文》。

從現存《春秋經傳集解》看，興國軍學刻本經書的行款爲八行、行十七字，注小字雙行，白口，左右雙邊，沿襲了五代兩宋監本經書的行款格式。各卷末雖未標明本卷經注字數，但卷三十末刻有全書經注總字數："經凡一十九萬八千三百四十八言，注凡一十四萬六千七百八十八言。"此亦爲監本舊式。

興國軍學本《春秋經傳集解》與其他宋刻經注本不同之處，即卷末附有《經傳識異》。聞人模跋曰："書將成，奏院葉公凱下車觀此，且惜

---

① 參見《建炎以來繫年要錄》卷一六四、一六八，《叢書集成新編》影印本，臺北新文豐出版公司，1985。

五經舊板之不稱。……乃按監本及參諸路本而校勘其一二舛誤,並考諸家字説而訂正其偏旁點畫,粗得大概。"説明了《經傳識異》撰寫之由。《經傳識異》實際是聞人模校勘各本後所得之校勘記,共三十餘條,其小注云:"諸已見陸氏《釋文》及今本與《釋文》不同者不著。"所錄異文,如隱公八年注"'諸同盟稱名者',一作'諸侯同盟'";僖公三年注"'於播五穀','播'下一有'種'字";僖公二十三年"'懷與安','與'一作'其'";僖公二十七年"'責無禮也','責'下一無'無'字";僖公三十年"'不缺秦焉取之',一作'若不缺秦將焉取之'",等等,都是可資參考的重要異文資料。從聞人跋透露的信息看,似乎不僅《春秋》一經,並紹興間刻《五經》舊版亦皆加校勘,撰寫"經傳識異"之類文字。

三、從《春秋經傳集解》看興國軍學本的文獻價值

興國軍學本作爲官刻善本,當時與撫州本並稱,爲世所重。毛居正校勘國子監本經書,興國軍本即重要的參校版本。《六經正誤》在《易》、《書》、《詩》、《周禮》、《禮記》、《左傳》諸經中都引用有興國軍本的異文。如:卷一《周易正誤》履卦:"六三注'志存於五','五'作'王',誤。《正義》云:'以六三之微,而欲行九五之事',是解注文'志存於五'也。紹興注疏本、興國軍本皆誤作'王',唯建安余氏本作'五'。"卷二《尚書正誤》"舜典":"'敷奏以言'注'使各陳進治理之言',正義云:'各使自陳進其治化之言。'監本作'治禮之言',誤。興國軍本作'治理'。"卷二《尚書正誤》"多方":"'惟典神天'注'惟可以主神天之祀任天下','下'作'王',誤。興國本作'天下'。"卷四《禮記正誤》"曲禮"下釋文:"'於滁'注'養牲宮也',潭本作'宮',建本亦作'宮',唯興國軍本作'養牲官',未詳孰是。"卷四《禮記正誤》"月令"釋文:"章識,申志反','申'作'由',誤。潭、建、興國本並作'申'。""鎡錤,下音基','基'作'其',誤。興國、建本皆作'基'。"卷五《周禮正誤》地官司門注:"'視占不與衆同','占'當作'瞻'。興國本作'瞻'。"卷六《春秋左氏正誤》文公八年注:

"'大夫出竟，有可以安社稷利國家者，專之可也'，欠'也'字。注疏本有'也'字，建本同。興國本無'也'字。"卷六《春秋左氏正誤》成公元年注："'茅戎戎別種也'，作'戎別也'。欠'種'字，誤。注疏及臨川本皆作'別也'。興國本'戎別種也'。建本'茅戎別種也'。《釋文》：'別種，音章勇反。'無'種'字者誤也。"① 等等。

北京大學圖書館藏有楊守敬從日本帶回的室町時期翻刻興國軍學本《春秋經傳集解》，有吳慈培手書跋，指出其本胜處，亦可反映宋興國軍學刻本《春秋經傳集解》的文獻校勘價值：

> 此本佳處，星吾先生所稱昭二十年注之外，如僖十年傳"君其圖之"下補杜注"乏祀爲無主祭也"（原注：阮氏《校勘記》盧抱經云爲疑謂）一句；襄二十七年傳"夫能致死"下補"與宋致死"一句；昭三年傳"寡君願事君"，"寡君"下補"使嬰曰寡人"五字；定元年傳注"使三國代宋受役也"，下補"邾小邾"一句。而尤以昭三年一條，可爲叫絕。蓋"寡君使嬰曰"，是晏嬰之語，"寡人願事君"云云，是嬰致齊侯之語。若如岳本，則没嬰致辭之節文。且始稱寡君，下文又稱寡人，晏平仲有如此乖謬辭令，左丘明有如此乖謬文字，豈不可歎？此五字斷爲岳本脱所不當脱也。餘如成六年傳注"前年從晉盟"，岳本誤"從"爲"楚"，殿本知"楚"字之非，而不知是"從"字，因改作"與"。昭十六年經"葬晉昭公"，岳本脱"晉"字，是使魯之昭公代晉之昭公死也。宣九年傳注"言周微也"，岳本誤"微"爲"徵"。夫傳明言王使來徵聘，注必解之曰"周徵"，杜氏詞費，何至於此。此數者雖單文隻義，亦有功古人不淺。②

筆者選取《春秋經傳集解》卷九文公十一年至十五年文字，以日本

---

① 《六經正誤》，影印文淵閣《四庫全書》本，第 183 冊。又以 1969 年臺灣大通書局影印清康熙刻《通志堂經解》本核。

② 北京大學圖書館藏日本翻刻興國軍學本《春秋經傳集解》吳慈培手書跋語。

宮內廳所藏興國軍本《春秋經傳集解》複製件與阮元本（在卷十九下）相校，並參校撫州本《春秋經傳集解》、余仁仲本《春秋經傳集解》、越刻八行本《春秋左傳正義》、元刻明修十行注疏本《附釋音春秋左傳注疏》，① 所得異文，與諸本互有異同，多可補正阮本，或可與阮元《校勘記》相證。如：

文十一年經"會晉郤缺于承筐"（阮元本，下同），《校勘記》云："石經、宋本、岳本'筐'作'匡'，傳文同。即襄三十年傳'會郤成子于承匡之歲也'是也。"② 今按：興國軍本、撫州本、越刻八行本皆作"匡"，余仁仲本、元刻明修十行本同阮本作"筐"。

文十二年傳"主人三辭賓客曰"，《校勘記》云："石經、宋本、淳熙本、岳本、足利本'客'作'苔'，是也。"今按：興國軍本、撫州本、越刻八行本、余仁仲本"客"皆作"苔"，元刻明修十行本作"客"。

文十二年傳"范無恤御戎"注"代步昭"，《校勘記》云："宋本、淳熙本、岳本、足利本'昭'作'招'，《釋文》亦作'招'，是也。"今按：興國軍本、撫州本、越刻八行本皆作"招"，余仁仲本、元刻明修十行本同阮本作"昭"。

文十二年傳"穿曰我不知謀"注"僖三十二年"，《校勘記》云："宋本、淳熙本、岳本、纂圖本、足利本'二'作'三'，案當作'三'。"今按：興國軍本、撫州本、越刻八行本、余仁仲本"二"皆作"三"，惟元刻明修十行本同阮本作"二"。

文十二年傳"秦以勝歸"注"短兵未至爭而兩退"，《校勘記》云："宋本、岳本、足利本'至'作'致'。"今按：興國軍本、撫州本、越刻八行本皆作"致"，余仁仲本、元刻明修十行本同阮本作"至"。

---

① 阮元本，用臺北藝文印書館影印清嘉慶南昌府學刻《十三經注疏》本；撫州本，臺北故宮博物院藏，筆者于臺北故宮博物院校閱原本；余仁仲本，臺北"央圖"藏，據複製件；越刻八行本《春秋左傳正義》，國圖藏，用《中華再造善本》影印本；元刻明修十行本，用《中華再造善本》影印北京市文物局藏《十三經注疏》本。

② 以下引《十三經注疏校勘記》，《續修四庫全書》影印清嘉慶文選樓刻本，第182冊，第407—413頁。

文十四年傳"懲不敬也"注"欲使怠慢者戒",《校勘記》云:"宋本、淳熙本、岳本、足利本'者'下有'自'字,是也。"今按:興國軍本、撫州本、越刻八行本皆有"自"字,余仁仲本、元刻明修十行本同阮本無"自"字。

文十五年經"齊人侵我西鄙",《校勘記》云:"石經、宋本、淳熙本、岳本、足利本'齊人'上有'秋'字。"今按:興國軍本、撫州本、越刻八行本、余仁仲本皆有"秋"字。惟元刻明修十行本同阮本無"秋"字。

文十五年傳"曰弱不可以怠",《校勘記》未出校。今按:興國軍本、撫州本、越刻八行本、余仁仲本、元刻明修十行本"弱"前皆有"君"字,此蓋阮本脫字。

文十五年傳"晉侯宋公衛侯蔡侯鄭伯",《校勘記》云:"石經、宋本、淳熙本、岳本、纂圖本、足利本'蔡侯'下有'陳侯'二字。"今按:興國軍本、撫州本、越刻八行本皆有"陳侯"二字,余仁仲本、元刻明修十行本同阮本無二字。

以上諸例,興國軍本皆與撫州本、越刻八行本等諸善本合,或可與阮元《校勘記》相參證,或可正阮本之誤。

還有部分異文,興國軍本與諸本互有異同,可資參考。如:

文十一年經"夏叔仲彭生",《校勘記》云:"《釋文》作'叔彭生,叔又作㪋,本或作叔仲彭生,仲衍字'。石經、宋本無'仲'字。案《漢書·五行志》、《水經》陰溝水注並引作'夏叔彭生'。"今按:興國軍本、余仁仲本、元刻明修十行本同阮本有"仲"字,撫州本、越刻八行本無"仲"字。

文十二年傳"且請絕叔姬而無絕昏"注"不書大歸未笄而卒",《校勘記》云:"閩本、監本、毛本'大'作'來',宋本、岳本'笄'作'歸',不誤。"今按:興國軍本、余仁仲本、元刻明修十行本同阮本作"不書大歸未笄而卒",撫州本、越刻八行本作"不書大歸未歸而卒",諸本"大"字同。

文十二年傳"書叔姬言非女也"注"女未笄而卒不書",《校勘記》出校云："'女未嫁而卒不書'，宋本、岳本'嫁'作'笄'，是也。"說明《校勘記》底本作"嫁"，阮元本已改"嫁"爲"笄"。今按：興國軍本、余仁仲本、元刻明修十行本皆作"嫁"，撫州本、越刻八行本作"笄"。

文十三年傳"乃使魏壽餘"下注"帑壽餘子"，《校勘記》云："足利本'子'上有'妻'字，非。"今按：撫州本、越刻八行本、余仁仲本、元刻明修十行本皆同阮本，惟興國軍本"子"上有"妻"字。

文十四年傳"廬戢黎及叔麇誘之"，《校勘記》云："岳本、足利本'黎'作'棃'，注同。案石經此處缺，下十六年傳作'使廬戢棃侵庸'，則此處亦當作'棃'也。"今按：撫州本、越刻八行本、余仁仲本、元刻明修十行本皆同阮本作"黎"，惟興國軍本作"棃"。

從上列文公十一年至十五年異文來看，興國軍本文字多數與撫州本、越刻八行本等官刻系統善本文字相合，也有部分異文不同於撫州本、越刻八行本，反與余仁仲本、元刻明修十行注疏本、阮本合，同時亦有與諸本皆不相同的異文。興國軍本《春秋經傳集解》聞人模跋稱"按監本及參諸路本而校勘其一二舛誤"，曾經參校諸本訂正文字，故與各本有合有不合。

第四節　蜀刻大字本經書

四川地區是雕版印刷術較早興起的地區，這有現存早期印刷品實物和衆多文獻記載可證。所以北宋開國之初，太祖將雕刻第一部漢文大藏經的盛業安排在四川，這就是有名的《開寶藏》。南宋四川地區有名的刻書還有眉山七史、蜀刻唐人集等。南宋末年，元兵南下，四川地區遭遇浩劫，書籍書板毀於戰火，故今存蜀本的數量遠不如浙本與建本。從今存傳本看，四川地區刻本大多開版弘朗，紙墨精良，字大悦目，可與浙本媲美。宋代四川地區所刻經書版本，見於《九經三傳沿革例》記載者，有"蜀大字舊本"、"蜀學重刊大字本"、"中字本"、"中字有句讀附音本"及"蜀注疏"本數種。其中"蜀注疏"爲注疏合刻本，"中字有句讀附音本"爲經注附釋文本，而"蜀大字舊本"、"蜀學重刊大字本"、"中字本"當爲單經注本。由於缺乏詳細記載，這些版本的情況我們所知甚少，僅能根據流傳下來的有限版本加以研究。今存世有數種南宋蜀刻大字本經書，一般認爲即《九經三傳沿革例》所説的"蜀學重刊大字本"。

一、蜀刻大字本經書的傳本

《中國版刻圖録》録上海圖書館藏《春秋經傳集解》殘本二卷，指出："此本疑即《九經三傳沿革例》著録之蜀學大字本。存卷九至卷十，凡二卷。蜀大字本群經，傳世尚有黃氏士禮居舊藏《周禮·秋官》二卷，《天禄琳琅》舊藏《禮記》殘卷，及《四部叢刊》影印之《孟子》，餘經俱佚。字大如錢，墨光似漆，蜀本之最精者。"① 此數種宋版經書皆爲單經注本，行款版式統一，字體刀法一致，爲典型的蜀刻大字本。具體如下：

1.《周禮》十二卷，漢鄭玄注，南宋蜀刻本。存卷九、十共二卷，藏日本静嘉堂文庫。此本八行十六字，小字雙行二十一字，白口，左右雙邊。避諱至宋孝宗"慎"字。版心下有刻工：加程换、王廳、子言、子林、老廳。鈐有蒙古文官印及"黃丕烈印"、"汪士鐘印"等。② 此本紙墨晶瑩，字大如錢，黃丕烈得自友人倚樹吟軒楊氏，定爲蜀大字本，極爲珍視，《百宋一廛賦》中所謂"周禮一官"者即此本。後爲汪士鐘所得，輾轉歸陸心源皕宋樓，《皕宋樓藏書志》卷六著録。今歸日本静嘉堂。（圖二一）

---

① 北京圖書館編《中國版刻圖録》第 1 册，文物出版社，1960 年，第 45 頁。
② 參見静嘉堂文庫編《静嘉堂文庫宋元版圖録》解題篇，汲古書院，1992 年，第 4 頁；《阿部隆一遺稿集》第 1 卷，第 294 頁。

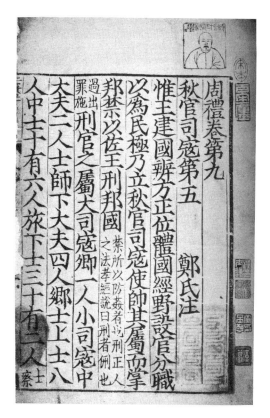

圖二一　南宋蜀刻大字本《周禮》(《静嘉堂宋本書影》)
日本静嘉堂文庫藏

此本爲天壤間僅存之孤本，雖僅殘存兩卷，但因刻印精良，版本獨特，一直爲世所重。黄丕烈爲作跋云："此殘鱗片甲，獨見蜀本規模，胜似後來諸宋刻。（原注：余所見有纂圖互注本，有點校京本，有余氏萬卷堂本，有殘岳本。）"① 黄氏《士禮居叢書》本《周禮》即取蜀大字本爲主要校本之一。阮元《十三經注疏校勘記》之《周禮》引據書目中，有"錢孫保所藏宋本周禮注十二卷"，云："宋槧小字本，附載音義。春官、夏官、冬官余仁仲本，天地二官别一宋本。秋官以俗本抄

---

①《蕘圃藏書題識》卷一，《清人書目題跋叢刊》第 6 册，中華書局影印本，1993 年，第 16 頁。

補,非佳者。臧庸據宋刻大字本秋官二卷校補。"① 所謂"宋刻大字本秋官二卷",即此蜀大字本殘卷。

2.《禮記》二十卷,漢鄭玄注,南宋蜀刻本。卷一~五藏遼寧省圖書館,卷六~二十藏中國國家圖書館。此本八行十六字,小字雙行二十一字,白口,左右雙邊。鈐有"天禄繼鑒"、"乾隆御覽之寶"等印,爲清宫天禄琳琅舊藏本,《天禄琳琅書目後編》卷二著録。(圖二二)

圖二二　南宋蜀刻大字本《禮記》(《第一批國家珍貴古籍名録圖録》)
　　　　遼寧省圖書館藏

---

① 《十三經注疏校勘記》,《續修四庫全書》第181册,第98頁。

此本卷二十末有二行："經凡九萬八千一百七十一言/注凡一十萬九千三百七十八言。"孝宗諱"慎"字缺筆，而卷八第37葉下"惇行孝弟"之"惇"、卷一五首葉"溫柔敦厚"之"敦"皆不避諱。刻工有：王木、蘇三、趙壽、趙福、張長、王召、張召、王良、祖七、德成、袁永、鄭伯和、鄭和、伯和、王玘、朱順、張正、祖万、王子和、祖八等。

3.《春秋經傳集解》三十卷，晉杜預撰，南宋蜀刻本。存卷九、十共二卷，藏上海圖書館。八行十六字，注文雙行二十一字，白口，左右雙邊。無刻工。（圖二三）

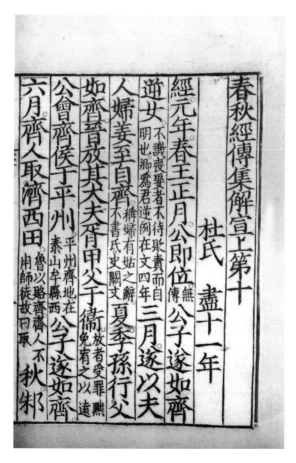

圖二三　南宋蜀刻大字本《春秋經傳集解》（《上海圖書館藏宋本圖錄》）
上海圖書館藏

《上海圖書館藏宋本圖録》著録此本云："此本仿顔真卿《麻姑仙壇記》書體,大氣磅礴,寫刻精工,避諱至慎字,當爲孝宗時四川官刻本,置於今存各類蜀刻本,允推白眉。"① 此本無藏書印記,亦未見前代諸家藏書目録著録。

4.《孟子》十四卷,漢趙岐注,南宋蜀刻本。八行十六字,注文雙行二十一字,白口,左右雙邊。卷末無字數。此本爲清内府舊藏,民國間《續古逸叢書》及《四部叢刊》曾據以影印,原本今不見諸家著録,不知飄墮何所。版心下多刻"關西",惟卷六第13—14頁刻"王朋",卷十三第5頁刻單字"民",當皆刻工名。"慎"字缺筆避諱,"敦"不避。卷二、卷六前可見"至正二十五年二月"戳記,當爲元代藏書之記録。(圖二四)

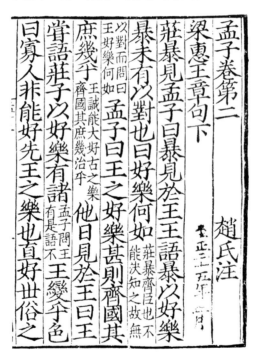

圖二四　南宋蜀刻大字本《孟子》卷二首葉,有至正二十五年戳記
（《續古逸叢書》影印本）　原本今存佚不詳

---

① 上海圖書館編《上海圖書館藏宋本圖録》,上海古籍出版社,2010年,第272頁。

關於此本，王國維有跋云："內府藏宋刊大字本《孟子章句》十四卷，每葉十六行，行大十六字，小廿一字，與日本覆宋大字本《爾雅注》行款正同。《爾雅》後有李鶚書款一行，其源出於五代監本。此本避諱至孝宗，諱'慎'字止，而字體作瘦金書，當亦南渡後所翻北宋末監本也。考《孟子》刊本始于祥符，《玉海》四十三：祥符四年十月校《孟子》，七年正月上新印《孟子》及《音義》。然音義本每卷首行皆著章數，而此本無之。又文字頗與音義互異，則此本非出祥符本也。而行款乃與五代、北宋監本同，頗疑徽宗時監中別有刊本（席益補刻成都石經《孟子》，亦在此時）。此本字作宣和體，殆從彼本出也。版心有'關西'字，不知地名抑刊書人名。卷首有蕉林圖書印，乃真定梁相國清標舊藏，乾隆中入內府。桂未谷《晚學集・與龔禮部麗正書》云：當四庫書館初開，真定梁氏獻《孟子趙注章旨》及宋槧《説文解字》，官府以《孟子》、《説文》非遺書，不爲上。有識者或抄其章旨，流布世間，《説文》則仍歸梁氏。今觀此帙，則當時雖未著録，實已進御矣。惜四庫例不録單注本，遂令此書顯而復晦。"①

二、蜀刻大字本的特點與價值

上述四種蜀刻大字本有共同的版刻面貌：行款皆爲八行十六字，注文雙行二十一字，白口，左右雙邊。紙墨精好，字大如錢，字體風格一致，具有典型的蜀刻風格。撇捺筆劃長而鋭利，故王國維稱《孟子》"字體作瘦金書"。傅增湘於靜嘉堂觀《周禮》殘本後曾記："此本字體古勁，近柳誠懸，與蜀大字本蘇文忠、蘇文定、秦淮海諸集極相近，黃氏定爲蜀大字本，洵然。"② 以上圖中四本出現的相同字來比較，如"上"字第三筆向上挑，"以"字中間連筆等，寫法極其相似。從避諱字看，各本避諱皆謹，避至孝宗"慎"字而"敦"字未見避諱，當刻于孝宗時期。四經僅《禮記》刻工較多，《周禮》多單字刻

---

① 王國維《觀堂題跋選録（經史部分）》，載《文獻》第九輯，1981年。
② 《藏園群書經眼録》，第1册，第44頁。

工，雖未見相同刻工，但高度一致的刊刻風格及避諱至"慎"字的情況，說明其刊刻時地一致，定爲南宋孝宗時期四川地區刻本，當得其是。

蜀刻大字本爲單經注本，行款沿襲了國子監本舊式，較多保存了古本面貌，因而具有重要的版本校勘價值。如《周禮》雖僅存兩卷殘本，而頗爲黃丕烈所重，認爲其較其他諸宋刻如纂圖互注本、點校京本、余氏萬卷堂等爲胜。阮元刻《周禮注疏校勘記》，於《秋官》部分即大量引用了蜀刻大字本的異文，陸心源《儀顧堂續跋》亦指出蜀刻大字本《周禮》胜於嘉靖本異文多處。① 今以《孟子》爲例，略見蜀刻大字本文字淵源有自、不同俗本之處。

今存《孟子》較早版本，宋刻《八經》之《孟子》爲白文本；宋刻八行本及元刻十行本《孟子注疏解經》爲注疏合刻本；元代覆刻廖氏本及相臺岳本皆附釋文本。蜀刻大字本《孟子》是我們今天所能看到的唯一一部單經注本《孟子》，雖然原本今不知所在，通過《續古逸叢書》及《四部叢刊》影印本，我們可以看到《孟子》單經注本的面貌，彌足珍貴。阮元《孟子注疏校勘記序》云："吳中舊有北宋蜀大字本、宋劉氏丹桂堂巾箱本、相州岳氏本、盱郡重刊廖瑩中世綵堂本，皆經注善本也，賴吳寬、毛扆、何焯、何煌、朱奐、余蕭客先後傳校，迄休寧戴震授曲阜孔繼涵、安丘韓岱雲鋟版，於是經注譌可正，闕可補。"其中"北宋蜀大字本"，引據目錄下小字注云："章丘李氏所藏，今據何焯校本。"② 所引異文與此本有合有不合，或因輾轉傳校之故。二十世紀三十年代，孟森曾作《宋槧大字本孟子校記》，比勘蜀刻大字本與阮本異同，指出："……舊時何氏校記，所謂北宋蜀大字本、宋劉氏丹桂堂巾箱本、岳珂相臺書塾本、廖瑩中世綵堂本，皆從傳校爲據，並未得其原書，而以孔、韓所刊行者爲善本。……今此書既出，乃有真宋本面目。持校阮氏舊校，凡據孔、韓及二何校語、日本《考文》所改定者，什九

---

① （清）陸心源《儀顧堂續跋》，《清人書目題跋叢刊》第 2 册，中華書局影印本，1990 年，第 223 頁。

② 《十三經注疏校勘記》，《續修四庫全書》第 183 册，第 469－470 頁。

相同，可以不復標識。而阮校所未及者，異同正自不少，一一記出。又有並不同各善本，反同通行之注疏本者，亦爲標明。惟亦有顯係此本之訛奪者，並爲指出，要其訛奪亦正非小誤。"①

筆者今選取蜀刻大字本卷一"孟子見梁惠王"、"王立於沼上"二章，與阮元本相校，參考阮元《校勘記》及孟校異文，並與元旴郡重刊廖氏本《孟子》（簡稱廖本）、越刻八行本《孟子注疏解經》、元刻明修十行本《孟子注疏解經》等比勘，② 得異文三十九條，大致可分爲如下幾種情況：

1. 蜀本與廖本、越刻八行本合，而與元刻明修十行本及阮元本不同者，共十三條：

"王曰叟不遠千里而來"下注"長老之稱"（阮元本，下同），《校勘記》云："閩、監、毛三本同，廖本、孔本、韓本、考文古本下有'也'字。"③ 今按：蜀本、廖本、越刻八行本皆有"也"字，與《考文》古本合。元刻明修十行本同阮本。

"王尊禮之"，《校勘記》云："閩、監、毛三本同，廖本、孔本、韓本、《考文》古本上有'故'字。"今按：蜀本、廖本、越刻八行本皆有"故"字，與《考文》古本合。元刻明修十行本同阮本。

"王曰何以利吾國"下注"則國危矣"，《校勘記》云："閩、監、毛三本同，廖本、孔本、韓本、《考文》古本'危'下有'亡'字。"今按：蜀本、廖本、越刻八行本皆有"亡"字，與《考文》古本合。元刻明修十行本同阮本。

"萬乘之國弒其君者"下注"是以千乘取其萬乘者也"，《校勘記》云："閩、監、毛三本同，宋本、廖本、孔本、韓本、《考文》古本無

---

① 孟森《宋槧大字本孟子校記》，《國立北平圖書館館刊》第9卷第4、5號連載，1935年。
② 阮元本用臺北藝文印書館影印南昌府學刻《十三經注疏》本；元旴郡重刊廖氏本用1932年故宮博物院《天禄琳琅叢書》影印本，原本今藏臺北故宮；越刻八行本用1986年臺北故宮博物院影印本，原本今藏臺北故宮；元刻明修十行本用《中華再造善本》影印《十三經注疏》本，原本今藏北京市文物局。
③ 以下引《十三經注疏校勘記》，見《續修四庫全書》第183冊，第471—472頁。

"其"字、"者"字。岳本無'者'字。"今按：蜀本、廖本無"其"字、"者"字，同《考文》古本。越刻八行本有"其"字，無"者"字，與蜀本有同有異。元刻明修十行本同阮本。

"萬取千焉"下注"亦多故不爲不多矣"，《校勘記》云："閩、監、毛三本同，廖本、孔本、韓本、《考文》古本'故'作'矣'。按作'故'是。"今按：蜀本、廖本、越刻八行本皆作"矣"，與《考文》古本合。"矣"字爲句，不誤。元刻明修十行本同阮本。

"未有仁而遺其親"下注"而遺棄其親也"，《校勘記》云："閩、監、毛三本同，廖本、孔本、韓本、《考文》古本無'也'字。"今按：蜀本、廖本、越刻八行本皆無"也"字，與《考文》古本合。元刻明修十行本同阮本。

"無行義而忽後其君長"，《校勘記》僅出"而忽後其君長"，云："閩、監、毛三本同，宋本、廖本、孔本、韓本、《考文》古本'長'作'者'。"今按：蜀本、廖本、越刻八行本皆無"無"字，"長"作"者"，《校勘記》未出"無"字異文。元刻明修十行本同阮本。

"孟子見梁惠王王立於沼上"下注"乃顧視禽獸之衆多"，《校勘記》云："閩、監、毛三本同，宋本、孔本、韓本、《考文》古本無'乃'字。"今按：蜀本、廖本、越刻八行本皆無"乃"字，與《考文》古本合。元刻明修十行本同阮本。

"其心以爲娛樂"，《校勘記》云："閩、監、毛三本同，宋本、廖本、孔本、韓本、《考文》古本無'其'字。"今按：蜀本、廖本、越刻八行本皆無"其"字，與《考文》古本合。元刻明修十行本同阮本。

"詩云經始靈臺"下注"言文王始初經營規度此臺"，《校勘記》未出校。今按：蜀本、廖本、越刻八行本無"初"字。元刻明修十行本同阮本有"初"字。

"詩云經始靈臺"下注"而不與之相期日限自來成之"，《校勘記》云："閩、監、毛三本同，宋本無'而'、'之'、'相'三字，'日'作'曰'。廖本無'相'、'限'二字，下有'也'字。孔本下有'也'字。

韓本、《考文》古本無'而'、'相'、'限'三字，下有'也'字。"今按，蜀本、廖本、越刻八行本此句皆作"不與期日自來成之也"，無"而"、"之"、"相"、"限"四字，多"也"字。元刻明修十行本同阮本。《校勘記》未見原本，所云各本異文有誤。

"經始勿亟"下注"衆民自來赴"，《校勘記》未出校。今按：蜀本、廖本"赴"作"趣之"。越刻八行本"赴"作"趨之"，與蜀本、廖本較近。元刻明修十行本同阮本。

"文王以民力爲臺"下注"孟子謂王誦此詩"，《校勘記》云："閩本同，廖本、孔本、韓本、監、毛本'謂'作'爲'，是也。"今按：蜀本、廖本、越刻八行本皆作"爲"。元刻明修十行本同阮本。

2. 蜀本與廖本合，越刻八行本與元刻明修十行本、阮本合者，共二十一條。舉其要者如：

"王曰叟不遠千里而來"下注"不遠千里之路而來此"，《校勘記》云："閩、監、毛三本同，宋本、孔本、韓本、《考文》古本'此'上有'至'字。"今按：蜀本、廖本同《考文》古本有"至"字，越刻八行本、元刻明修十行本同阮本無"至"字。

"孟子對曰王何必曰利"下注"故曰王何以利爲名乎"，《校勘記》云："閩、監、毛三本同，孔本、韓本、《考文》古本'何'下有'必'字。足利本'王何'作'可必'。"今按：蜀本、廖本同《考文》古本有"必"字，越刻八行本、元刻明修十行本同阮本無"必"字。

"亦有仁義之道"，《校勘記》云："閩、監、毛三本同，宋本'亦'下有'惟'字。廖本、岳本下有'者'字。孔本、韓本、《考文》古本作'亦惟有仁義之道者'。"今按：阮校未云廖本"亦"下有"惟"字，實際上蜀本、廖本皆作"亦惟有仁義之道者"，與《考文》古本同。越刻八行本、元刻明修十行本同阮本。

"萬乘之國弒其君者"下注"千乘諸侯也"，《校勘記》未出校。今按：蜀本、廖本"千乘"下有"兵車千乘謂"五字，即"千乘，兵車千乘，謂諸侯也"，與上文"萬乘，兵車萬乘，謂天子也"相對。越刻八行本、元刻明修十行本、阮本皆脫五字。（圖二五）

圖二五　蜀刻大字本《孟子》卷一首葉（《續古逸叢書》影印本），
右半葉末行"亦將有可以爲寡人興利除害也"；
左半葉第七行"千乘，兵車千乘，謂諸侯也"。原本今存佚不詳

"千乘之國弒其君者"下注"亦以避萬乘稱"，《校勘記》未出校。今按：蜀本、廖本"稱"下有"國"字。越刻八行本、元刻明修十行本同阮本。

"王亦曰仁義而已矣"下注"重歎其禍也"，《校勘記》云："閩、監、毛三本同，宋本、孔本、韓本、《考文》古本作'重嗟歎其禍'。音義出'重嗟'，則亦有'嗟'字。"今按：蜀本、廖本同宋本、《考文》古本，作"重嗟歎其禍"。越刻八行本、元刻明修十行本同阮本。

"王在靈囿"下注"言文王在囿中"，《校勘記》云："閩、監、毛三本同，岳本、廖本、孔本、韓本、《考文》古本'囿'上有'此'字。"今按：蜀本、廖本"囿"前有"此"字，與《考文》古本同。越刻八行本、元刻明修十行本同阮本。

"古之人與民偕樂"下注"與民同樂"，《校勘記》云："閩、監、毛三本同，廖本作'與民共同其樂'。宋本、孔本、韓本作'與民共同其

所樂'。《考文》古本作'與民同其所樂'。"今按：阮校云"廖本作'與民共同其樂'"誤。蜀本、廖本皆作"與民共同其所樂"。越刻八行本、元刻明修十行本同阮本。

"故能得其樂"，《校勘記》云："閩、監、毛三本同，廖本、孔本、韓本、《考文》古本作'故能樂之'。"今按：蜀本、廖本作"故能樂之"，同《考文》古本。越刻八行本、元刻明修十行本同阮本。

"湯誓曰"下注"湯臨士衆誓"，《校勘記》云："閩、監、毛三本同，廖本、孔本、韓本作'湯臨士衆而誓之'，《考文》古本下有'之'字。"今按：蜀本、廖本皆作"湯臨士衆而誓之"。越刻八行本、元刻明修十行本同阮本。

3. 其他情況五條：

蜀本與廖本、越刻八行本及元刻明修十行本、阮本皆不同者：

"王曰叟不遠千里而來"下注"亦將有以爲寡人興利除害者乎"，《校勘記》云："閩、監、毛三本同，宋本、孔本'有'下有'可'字，無'者'字。廖本無'者'字。韓本、足利本'有'下有'可'字。《考文》古本'有'下有'可'字，'者乎'作'也'。"今按：越刻八行本、元刻明修十行本同阮本。廖本作"亦將有可以爲寡人興利除害乎"，《校勘記》僅據校本，故所云廖本異文不完整。蜀本作"亦將有可以爲寡人興利除害也"，與廖本、越刻八行本各有異同，而與《考文》古本合。（圖二五）

"王在靈囿"下注"牝鹿也"，《校勘記》云："閩、監、毛三本同。廖本、孔本、韓本'牝'作'牸'。'牸'與'牝'義同。《考文》古本'牝'作'牸'，'牸'即'牸'之譌也。俗刊之書多此誤字。"今按：越刻八行本、元刻明修十行本同阮本作"牝"，廖本作"牸"，蜀本則作"牸"，與廖本、越刻八行本、阮本皆不同，而與《考文》古本合。

"湯誓曰"下注"我與女俱往亡之"，《校勘記》未出校。廖本、越刻八行本、元刻明修十行本皆同阮本，蜀本"女"作"汝"。

蜀本與越刻八行本同，廖本與元刻明修十行本、阮本同者：

"千乘之國弑其君者"下注"大國之卿食采邑"，《校勘記》未出校。蜀本、越刻八行本"采"作"菜"。廖本、元刻明修十行本同阮本作

"采"。

蜀本與越刻八行本、元刻明修十行本同，與廖本不同者：

"古之人與民偕樂"下注"言古賢之君"，《校勘記》云："閩、監、毛三本同，廖本、孔本、韓本、足利本'賢之'作'之賢'。"今按：蜀本、越刻八行本、元刻明修十行本皆同阮本作"賢之"，廖本作"之賢"。

以上所列《孟子》卷一"孟子見梁惠王"、"王立於沼上"二章異文，第一、第二兩類占絕大多數，即蜀本與廖本相合，與《校勘記》所引宋本、《考文》古本亦絕大多數相合，與越刻八行本有合有不合。①這兩類異文，多數以蜀本異文爲胜，有的很明顯爲元刻明修十行本、阮本之誤。第二類與第三類的情況，表明蜀刻大字本異文的獨特性，它與廖本、越刻八行本、元刻明修十行本並無版本繼承關係。其中，蜀本"亦將有可以爲寡人興利除害也"，與廖本、越刻八行本各有異同，而與《考文》古本合；"牝鹿也"蜀本作"䴠"，與廖本、越刻八行本、阮本皆不同，而與《考文》古本合；包括第一、第二類異文，絕大多數與《考文》古本合，這都說明蜀本文字的淵源甚古。前人言蜀刻本版本多獨特之處，此蜀刻大字本《孟子》也證明了這一點。

第五節　其他單經注本

前文所述兩宋監本、撫州本、興國軍本、蜀本之外，宋代還有其他一些地方官府或私人曾刻行單經注本經書。見於記載的，如葉夢得《紬書閣記》云："建康承平時號文物都會，紹興初余爲守，當大兵之

---

① 需要說明的是，今存越刻八行本諸經中，《易》、《書》、《周禮》、《禮記》、《左傳》八行本與十行本之間差別較大，題名、分卷皆異，有不同的文本來源，越刻八行本多與經注善本同。但《論語》與《孟子》八行本與十行本之關係，與他經有異。八行本與十行本《論語》、《孟子》皆題"注疏解經"，分卷相同，異文相合處亦多，兩者或有相同文本來源。本文所列三十九條異文中，八行本與十行本合，而與蜀本、廖本不合者占半數以上，說明《孟子注疏解經》八行本與十行本之間關係較密，或有一定淵源關係。

後，……嘗求《周易》無從得。於是凜然懼俎豆之將墜，勉營理學校，延集諸生，得軍賦餘縉六百萬以授學官，使刊《六經》。"① 《景定建康志》卷三十三《文籍志》亦有相似記載："紹興初葉夢得爲守，嘗求《周易》，無從得，蓋當大兵之後，舊書無復存者。夢得乃捐軍賦餘縉六百萬，以授學官，使刊六經。後七年，夢得復至，詢漢唐史尚未有，又捐公厨羨錢二百萬，徧售經史諸書，爲重屋以藏，名之曰紬書閣，而著其籍於有司。後閣毀於火，籍與書皆不可見。"② 葉夢得（1077—1148），字少蘊，吳縣人。北宋紹聖（1097）四年進士，紹興元年（1131）任江南東路安撫大使兼知建康府，次年罷，紹興八年再任，《宋史》卷四四五有傳。紹興元年葉夢得首度知建康，正當南渡之初百廢待興，經籍闕略，尋《周易》而不可得，遂以軍賦餘錢付建康府學刊刻"六經"。建康即今南京。這是在紹興九年張彥實請下諸道州學刊刻監本書籍之前，地方官府自發進行的經書刊刻工作。《景定建康志》同卷還記載了當時所存建康鋟梓之書書板的情況，其中並不見"六經"書板。建康府學所刻"六經"書板，是否在紹興九年前後被征入國子監貯存，亦或隨紬書閣火焚毀，或因其他原因遺失，今已難知其詳。今存宋刻諸經單注本中，是否仍有當年建康府學所刻"六經"傳本，亦不得而知了。

此外，《九經三傳沿革例》曾提到當時搜集到的九經版本中，有所謂的"潭州舊本"；《六經正誤》序中將"潭、撫、閩、蜀"諸本並提，並以"潭本"爲參校本。兩者所指當爲一本。宋代潭州屬荊湖南路，治所在今湖南長沙。所謂"潭州舊本"，當與"撫州舊本"類似，是南宋前期潭州官府所刻經書版本。四川地區刻經注本，《九經三傳沿革例》列舉了"蜀大字舊本、蜀學重刊大字本、中字本、又中字有句讀附音本"，除末種"中字有句讀附音本"外，前三種應當都是不附釋音的單經注本。上節所述蜀刻大字本諸經，即有可能是其中的"蜀大字舊本"

---

① 《全宋文》，第 147 册，第 332 頁。
② （宋）馬光祖等撰《景定建康志》，《宋元方志叢刊》影印本，中華書局，1990 年，第 2 册，第 1884 頁。

或"蜀學重刊大字本",其版本面貌據現存各經可見一斑。此外,《九經三傳沿革例》又有"婺州舊本"、"建大字本"、"俞韶卿家本";《遂初堂書目》有"杭本《易》"、"杭本《公羊傳》"、"杭本《穀梁傳》";《景定建康志》有"婺本注"《毛詩》、《周禮》,"建本《左傳》"、"建本注"《孟子》;《儀禮識誤》記《儀禮》"在京則有巾箱本,在杭則有細字本",南渡後有"嚴本",① 並乾道間曾逮溫州刻本等等。這些經書版本中多數應爲單經注本。

從以上記載可以看到,宋代經書刊刻的實際情況,較之今天我們所能看到的傳世版本,遠爲豐富和複雜。兩宋監本、撫州本、興國軍本、蜀刻大字本只是單經注本中有代表性的幾種刻本,因有文獻記載和傳本存世,尚可窺其面貌。而其他大量的宋刻經籍版本,後人已無從知曉。今存傳世單經注本中,還有一些零散版本,它們或許是某地所刻成套經書中的一種,也可能只是一經單刻。各經傳世不多的單經注本,都有重要的版本與文獻價值。今簡述如下:

1.《周易》九卷《周易略例》一卷,魏王弼、晉韓康伯注,《周易略例》魏王弼撰,唐邢璹注。宋刻本。藏中國國家圖書館。十二行二十四字,小字雙行同,白口,左右雙邊。鈐"貞元"、"伯雅"、"天禄繼鑒"等印。刻工有劉昭、周彥、濮宣、章中、宋等。"媾"、"慎"等字缺筆避諱。字體爲方整的歐體字,刻印精美。

此本爲清宮天禄琳琅舊藏本,《天禄琳琅書目後編》著録,云:"是書不載鐫板年月,於孝宗以上諱俱闕筆,乃淳熙乾道年刊。字畫圓勻,槧法净密,宋本中之佳者。明王世貞家藏。貞元、伯雅皆其家印。"②

2.《尚書》十二卷,題漢孔安國傳,宋刻本。北京大學圖書館藏。十行二十字,白口,左右雙邊。刻工有吕丙、王奇、石椿等。缺筆至

---

① 清黄丕烈藏一部宋刻《儀禮》,有嘉慶二十年影刻本。其本半葉十四行,行二十四至二十五字,小字雙行三十二字左右,白口,左右雙邊。其刻工有方通、楊思、徐宗等,與宋淳熙二年嚴陵郡庠刻本《通鑒紀事本末》刻工相同,前人定其爲嚴州本者當得其實。

② 《天禄琳琅書目後編》,中華書局影印本,第243頁。

"慎"字,眉端有墨筆批語,有"木犀軒藏書"等印。爲宋刻《尚書》僅存的一部單經注本。(圖二六)

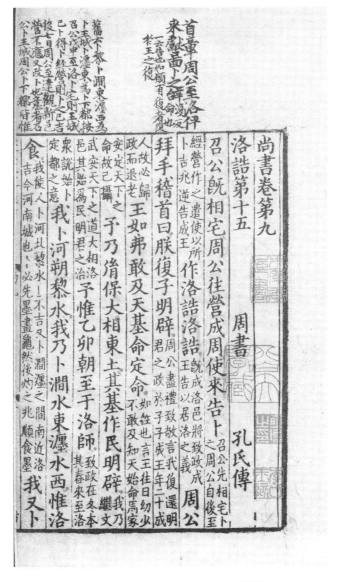

圖二六　宋刻本《尚書》　北京大學圖書館藏

3.《周禮》十二卷，漢鄭玄注，宋婺州市門巷唐宅刻本。今存兩部，一全一殘，均藏國圖。十三行二十六字，小字雙行三十五字，白口，左右雙邊。卷末間有經注字數。刻工有王琛、沈亨、高三、卓宥、丁珪、包正、吳亮、李文。避諱至孝宗"慎"字。

國圖所藏全本鈐有"周良金印"、"毘陵周氏九松迂叟藏書記"、"汪喜孫印"、"四經四史之齋"、"周暹"等藏書印，爲楊氏海源閣著名的四經四史之一，《楹書隅録》卷一著録。今有《中華再造善本》影印本。另一殘本，僅存前六卷，鈐有"周櫟園藏書印"、"商丘宋犖收藏善本"、"臣筠"、"寒雲秘笈珍藏之印"等，有楊守敬、李盛鐸跋，《寶禮堂宋本書録》經部著録。

《中國版刻圖録》著録海源閣舊藏本云："楊氏四經四史之齋舊藏宋本四經之一。宋諱缺筆至桓、完字。刻工沈亨、余竑又刻《廣韻》。《廣韻》缺筆至構字、昚字，因推知此書當是南宋初期刻本。卷三後有'婺州市門巷唐宅刊'牌記，卷四、卷十二後有'婺州唐奉議宅'牌記。《九經三傳沿革例》所謂婺州舊本，疑即此本。唐奉議疑即唐仲友，仲友以校刻《荀子》等書遭朱熹彈劾得名。"①《景定建康志》中有"婺本注"《毛詩》、《周禮》，今存宋刻單經注本中，明確爲婺州刻者兩本，一即此本，一爲宋婺州義烏酥溪蔣氏崇知齋刻本《禮記》，兩者皆私家所刻，而行款風格兩不相同。《九經三傳沿革例》所言"婺州舊本"是否其中一種，或另有別本，尚待新的資料證明。

4.《禮記》二十卷，漢鄭玄注，宋婺州義烏酥溪蔣宅崇知齋刻本。存五卷（一～五），藏中國國家圖書館。十行二十字，小字雙行二十八九字，白口，四周雙邊。各卷後有經注字數，卷一後有"婺州義烏酥溪蔣宅崇知齋刊"牌記。今有《中華再造善本》影印本。

---

① 《中國版刻圖録》第 1 册，第 22 頁。所云"宋諱缺筆至桓、完字"，按此本卷七第 6 頁下小字"慎"缺筆避諱。

此本刻工包括蔣（卷一）、李煥（卷二）、劉（卷三）、宋（卷四、五），小字巾箱本，歐體清秀。避諱不甚嚴格，孝宗"慎"字有避有不避。"敦"、"廓"皆不避諱。藏印有"毛晉"、"毛氏子晉"、"汪士鐘印"、"閬源真賞"、"鐵琴銅劍樓"等。《鐵琴銅劍樓藏書目錄》卷四著録此本，認為其"當是光、寧以前刻本也。其經字之足以訂正通行本者，略與唐石經、撫州、相臺二本同。注之足以正注疏本者更夥"。①

5.《禮記》二十卷，漢鄭玄注，宋刻遞修本。清黃丕烈、韓應陛、張爾耆跋。存九卷（五～八，一一～一五），藏中國國家圖書館。十行十六至十八字，小字雙行二十七至二十九字，白口，左右雙邊。

《中國版刻圖録》云："宋諱缺筆至桓字，不避南宋諱。卷中補版有全葉覆刻者，有一葉中僅剜刻數行者。原刻字跡粗肥，補版則字字如新硎，一望即可辨識。刻工孫勉、王受、牛實、毛諒、徐高、宋俅、董昕、陳錫、梁濟、陳彥等，皆南宋初年杭州地區名匠。紙背有張康二字朱記，疑是宋時造紙人姓名。黃氏士禮居舊藏，《百宋一廛賦》著録。"②藏印有"長州顧仁效水東館收藏圖籍私印"、"汪士鐘讀書"、"德均審定"、"甲子丙寅韓德均錢潤文夫婦兩度攜書避難記"等。

6.《春秋經傳集解》三十卷，晉杜預撰，宋紹興間江陰郡刻遞修本。今存兩部，一部全本，藏日本陽明文庫（卷一、二配日本南北朝刊本）；一部殘存卷一七、二五～二八、三十凡六卷，藏臺北故宮博物院。十行十六至十九字，注小字雙行二十五至二十六字，白口，左右雙邊。各卷末有經注字數。（圖二七）

---

① 《鐵琴銅劍樓藏書目録》卷四，中華書局影印本，第57頁。
② 《中國版刻圖録》第1冊，第9頁。

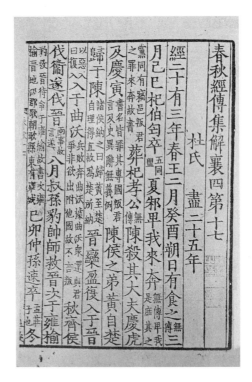

圖二七　宋紹興間江陰郡刻遞修本《春秋經傳集解》
（《"國立故宮博物院"宋本圖錄》）　臺北故宮博物院藏

據阿部隆一著録，陽明文庫本版心多破損，刻工可識者有：裘舉、裘與、金文、惠瑨、惠中、惠道、吳佐、項思中、黃康、周旻、周旼、徐浩、徐友、徐益、卓允、卓顯、陳榮、陳宗、陳彥、沈源、沈澄、沈忻、沈汴、沈彬、杜俊、湯榮、潘亨、李懋、陸靖、六靖、陸榮、郎春、劉智等。其中多爲修補刻工。有的版心鐫有"乾道辛卯重換"、"直學王錫校正重換"、"直學葛熙靖監修"等修補年代與校者姓名。"覯"字缺筆，"慎"字只在修版葉間有缺筆，光宗惇以下不避諱。卷末有淳熙十三年江陰郡守趙不違跋，云："紹興初江陰被旨閱借秘閣正本，依其字樣大小，嘗刊是書。更歲浸久，點畫漫欠，中間雖稍葺治，旋復磨滅。不違到官之明年，郡事稍暇，迺屬僚友與夫里居之彥互相參考，分帙校讎，重鋟諸梓。自春徂秋，始以迄事告，斯亦難矣。後之人苟知其難，不待其□壞而亟修之，□□□縱□□，炳然常新，有補于窮經學古之工，亦爲政之首務云。時歲在淳熙丙午重陽郡守趙不違書。"①

阿部隆一指出："此本原刻字體爲中字，端直嚴整，類似北宋刊本《御注孝經》和《姓解》的字體，保留有北宋遺風。不違跋中有'閱借秘閣正本依其字樣大小'句，秘閣正本恐即北宋監本，雖非覆刻，文本當爲北宋監本之體系。"②

7.《春秋經傳集解》三十卷，晉杜預撰，南宋刻元明遞修本。藏日本静嘉堂文庫。八行十六字，小字雙行約二十四字，白口，左右雙邊。卷末有經注字數。（圖二八）

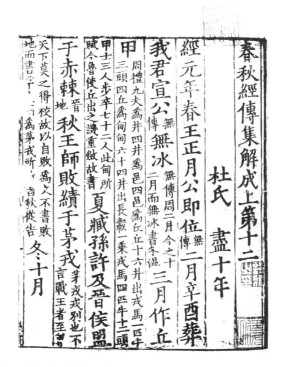

圖二八　南宋刻元明遞修本《春秋經傳集解》（《静嘉堂文庫宋元版圖録》）
　　　　日本静嘉堂文庫藏

---

① 轉引自《阿部隆一遺稿集》第一卷，第 320 頁。
② 《阿部隆一遺稿集》第一卷，第 321 頁。

據阿部隆一著錄，此本原刻刻工有：王榮、王珍、牛實、阮于、吳震、雇淵、黃宇、朱琰、徐正、徐杲、章楷、章樹、張由、陳明、陳明仲、陳文、丁圭、潘俊、包正、毛諫、毛諒、余永、余集、李昇、李昱、李碩、林俊。宋修刻工有：王恭、王璀、應拱、夏義、吳益、吳亮、吳椿、高異、周成、徐文、章明、章宥、宋琚、沈定、陳壽、丁之才、余敏、姚臻、呂信。原刻葉避諱至"慎"字。

阿部隆一指出：此本"原刻葉少，多爲元修，其次爲宋修、明初修版。原刻字大如錢，版面漫漶而筆意渾厚、字體方嚴，保留北宋遺風，爲紹興初期江浙字體。宋修字體幾近于原刻的覆刻，而不免筆風纖弱之象。元修字體圓潤，偏離了原刻的筆意。……從缺筆及刻工名看，此本當爲南宋孝宗初期刊刻，恐爲江浙地區公使庫本"。①

8.《春秋經傳集解》三十卷，晉杜預撰。宋刻巾箱本。僅存卷一～一三，一九～二四，二七～三十，凡二十三卷，藏中國國家圖書館。十四行二十三字，小字雙行同，白口，四周單邊。小字精美。刻工有：秦孟、陳浩、犹通、王琦、周庠、陳達、周常、楊謹、吳邵、孟倚、俞忠、余青。此本避諱謹嚴，卷二第13葉"構急"、"構會"，卷二十二第11葉"欲構"等處，"構"字皆缺筆避諱。"慎"、"敦"字皆不避諱。知其當刻于高宗紹興時。

此本曾經黃丕烈、汪士鐘及鐵琴銅劍樓收藏。藏印有"彥先"、"顧仁效印"、"馮彥淵讀書記"、"士禮居藏"、"汪士鐘印"、"三十五峰園主人"、"鐵琴銅劍樓"等。黃丕烈《百宋一廛書錄》著錄云："小字本《春秋經傳集解》三十卷，存者二十三卷。就其存者，卷中昭二十年傳'衛侯賜北宮喜諡曰貞子，賜析朱鉏諡曰成子，而以齊氏之墓予之'。杜注云：'皆死而賜諡及墓田，傳終言之'，較各本'皆未死而賜諡'，少一'未'字。向見何校《困學紀聞》云：宋本《左傳》有作'皆死而賜諡者'，當即此本。每葉二十八行，每行二十四字，板刻狹小，字畫精工，惜遭前人點抹，朱筆縱橫，殊不耐觀。然迭經名家收藏，如顧印仁

---

① 《阿部隆一遺稿集》第一卷，第322頁。

效、馮彥淵讀書記,圖章具存,前人亦知寶惜矣。"①

9.《爾雅》三卷《音釋》三卷,晉郭璞注,宋刻本。藏中國國家圖書館。十行二十字,小字雙行三十字,白口,左右雙邊。卷末有經注字數。《音釋》附於各卷之末,與陸德明《釋文》不同,多爲直音,當宋人所爲。避諱至"遘"字。刻工有施章、江政、江通、洪先、洪茂、方成、施立等。鈐有"汪士鐘印"、"閬源真賞"、"顧千里經眼記"、"鐵琴銅劍樓"等印,清顧廣圻跋。

《中國版刻圖錄》云:"宋諱缺筆至遘字。卷中無一補版。刻工江政、洪先、洪茂、施章、方成等皆紹興間杭州地區良工。別有日本覆宋刻本,與此本實係一版。惟彼本多補葉,補葉刻工題陳忠重開,陳真重刀,與《陶淵明集》、明州本《文選》、《白氏六帖》版式相似,刻工姓名亦多互見,因疑此書當是南宋初年明州刻本,杭州與明州相距不遠,宋時兩地刻工可互相支援。《四部叢刊》印本,即據此帙影印。"②

10.《御注孝經》一卷,唐玄宗李隆基注,北宋刻本。藏日本宮内廳書陵部。十五行二十三至二十五字,小字雙行字數不等,白口,左右雙邊。卷端題"孝經序",序後直接"開宗明義章第一",卷末題"御注孝經一卷",末附"孝經音略"三行。炫、敬、竟、恒、通等字缺筆。有"修竹蔭"、"狩谷望之"等印。此本避真宗后劉氏父諱"通"字,前人定爲北宋天聖、明道間刻本,爲今存宋刻經書注疏版本中唯一的北宋本。有日本影印本。

---

① 《百宋一廛書錄》,《宋元版書目題跋輯刊》第3冊,第9頁。
② 《中國版刻圖錄》第1冊,第21頁。

第二章　經注附釋文本

先秦經典正文及漢人舊注中的文字，經歷時代演變，後人在理解上發生困難，遂有音義之作。唐陸德明採集魏晉以來二百多家經師音訓，考辨異同，撰《經典釋文》三十卷，按各書經文、注文順序，摘經注文字中難字，注音釋義，兼及異文，集六朝音注之大成，成爲後人理解、研讀經典的重要參考工具書。由於《經典釋文》的撰作特點及其對經典研讀的重要作用，在儒家經書刊刻流傳過程中，就出現了將《經典釋文》的內容與所釋經典合併在一起的經書文本。南宋時期所刻多種經注本，如撫州公使庫刻本、興國軍學刻本諸經，都附刻了本經《釋文》。這種在書末附刻釋文的做法，使讀者在經典閱讀過程中可以翻到書末，隨時查閱《釋文》音義，幫助理解經注文字。但經注附於全書之末，翻查對照仍嫌不便，於是從南宋初年開始，出現了將《釋文》文字拆散，按次序插入所釋經注文字之下的附釋文本。這樣《釋文》內容與被釋經注文字聚于一處，讀者閱讀經典遇到疑難，不需翻檢書葉，更不需翻檢他書，一葉之內即冰釋而解，極爲便利。附釋文經注本出現之後，即廣受歡迎，坊間更在此基礎上，出版大量附有纂圖、句讀、互注、重言、重意等內容的經注本。

第一節　《經典釋文》的單刻與附入

一、《經典釋文》與儒家經書

《經典釋文》包括《周易》一卷，古文《尚書》二卷，《毛詩》三卷,《周禮》二卷,《儀禮》一卷,《禮記》四卷,《春秋左氏傳》六卷,《公羊》、《穀梁》、《孝經》、《論語》、《老子》各一卷,《莊子》三卷,《爾雅》二卷,並《序錄》一卷。除《老子》、《莊子》而外,涵蓋了十三經中《孟子》之外的十二部經書。其撰作特點是,以專書爲單位,按專書正文內容次序,摘字爲音。每部經書之內,按照經文、注文的次序,依次摘取經典中被釋字,加以注音釋義,兼及異文、誤字之辨析。爲避混淆,一般摘取被釋字相連的二三字爲出文,以便於讀者與經典原文對照參核。如此,《經典釋文》的每一部分即成爲一部專書辭典,對儒家經書經文及注文的研讀有極大裨益。

《玉海》卷四十三"開寶校釋文"條記:

> 周顯德中(原注:二年二月),詔刻《序錄》、《易》、《書》、《周禮》、《儀禮》四經釋文,皆田敏、尹拙、聶崇義校勘。自是相繼校勘《禮記》、"三傳"、《毛詩》音,並拙等校勘。建隆三年,判監崔頌等上新校《禮記釋文》。開寶五年,判監陳鄂與姜融等四人校《孝經》、《論語》、《爾雅》釋文,上之。二月,李昉、知制誥李穆、扈蒙校定《尚書釋文》(原注:德明《釋文》用古文《尚書》,命判監周惟簡與陳鄂重修定,詔並刻板頒行)。咸平二年十月十六日,直講孫奭請摹印《古文尚書音義》,與新定《釋文》並行,從之。是書周顯德六年田敏等校勘,郭忠恕覆定古文,並書刻板。景德二年二月甲辰,命孫奭、杜鎬校定《莊子釋文》。《爾雅音義》一卷,釋智騫所撰,吳鉉駁其舛誤。天聖四年五月戊戌,國子監請摹印德明《音義》二卷頒行。先是,景德二年四月丁酉,吳鉉言國學板本《爾雅釋文》多誤,命杜鎬、孫奭詳定。[1]

由《玉海》此段記載看,《經典釋文》最早的雕版印刷,始自後周顯德二年(955),北宋初年漸次完成。按五代國子監首次刊印《九經》,

---

[1] 《玉海》卷四三,第812頁。

始後唐長興（930—933）年間，後周廣順三年（953）刊畢。① 國子監雕版《九經》刊板完成後，與《九經》關係密切、需求廣泛的《經典釋文》，也繼《九經》之後，被納入國子監校勘雕印之列。但《經典釋文》並非全書整體刻行，而是各經《釋文》分別校勘刻印，因此刻成時間不一。據今人虞萬里《〈經典釋文〉單刊單行考略》所論，北宋時期《釋文》皆分校單刻，單刊本早於今存之三十卷合刻本。僅以宋代本朝人目錄觀之，如《崇文總目》有《尚書釋文》一卷；《秘書省續編到四庫闕書目》有《釋文序錄》一卷，《莊子音義》三卷；《通志藝文略》有《釋文敘錄》一卷，《周易釋音》一卷，《春秋音義》六卷，《公羊音》一卷，《穀梁音》一卷，《孝經釋文》一卷；《直齋書錄解題》有《周易釋文》一卷，《尚書釋文》一卷，《毛詩釋文》二卷，《周禮釋文》二卷，《古禮釋文》一卷，《禮記釋文》四卷，《三傳釋文》八卷，《論語釋文》一卷，《莊子音義》三卷，《爾雅釋文》一卷等等。② 由於《經典釋文》分釋專書的特點，故自問世以來，即常分作單行。

《玉海》卷四三《景德校諸子》條有"校定《莊子》，並以《釋文》三卷鏤板"；③《宋會要輯稿》"崇儒四"記咸平六年選官校勘《道德經》，"並《釋文》一卷送國子監刊板"。④《莊子釋文》與《老子釋文》各隨《莊子》、《老子》一同刻板頒行，而前此的各經《釋文》陸續刊刻完成後，是否也可能隨各經一同印行呢？史無明文，無從臆斷。從實用角度看，各經《釋文》隨各經正文發行，較之《釋文》全本或各經單行，都更便於發揮其功用。上章所述南宋淳熙年間撫州公使庫所刻《禮記》，書末附刻《禮記釋文》四卷；《春秋公羊經傳解詁》，書末附刻《春秋公羊釋文》一卷；南宋嘉定年間興國軍學所刻《春秋經傳集解》，書末附刻《春秋左氏音義》五卷。南宋嘉定中毛居正校訂國子監本經

---

① 洪邁《容齋隨筆‧續筆》卷十四記載："予家有舊監本《周禮》，其末云大周廣順三年癸丑五月雕造九經書畢。"《容齋隨筆》，第387頁。
② 虞萬里《榆枋齋學術論集》，江蘇古籍出版社，2001年，第732頁。
③ 《玉海》卷四三，第815頁。
④ 《宋會要輯稿》崇儒四，中華書局影印本，1957年，第2231頁。

書，留下了《六經正誤》一書，包括對監本《周易》、《尚書》、《毛詩》、《禮記》、《周禮》、《左傳》（附《公羊》、《穀梁》）各經的校正，其中也包括對各經《釋文》的校正，這似乎可說明當時國子監本經書亦附刻《釋文》。這種在書末附刻《釋文》的體例，很可能承襲自北宋。從內容性質來説，《經典釋文》是最宜隨經注正文共行的。

《經典釋文》自問世以來，即成爲研讀經書的重要參考工具。敦煌唐寫本中，即有《周易釋文》、《尚書釋文》、《禮記釋文》等殘卷。此外，還有在經書寫卷文字旁及紙背後標注《釋文》音之例。如斯5705號《毛詩詁訓傳》，一般認爲是六朝或初唐以前寫本，其經文及注文旁有數處標注音注。王重民指出此卷"經文及傳箋旁每有讀者所加音義，校以《釋文》輒合。知原卷雖與陸氏同時代，而讀者則在陸氏後，於以知陸氏《釋文》在當時影響之鉅"。① 潘重規《巴黎倫敦所藏敦煌詩經卷子題記》録此卷音切："文側加音切者：猗，於宜反；漆，音七；沮，七餘反；鱣，張連反；鮋，音條；鱨，音嘗；鰋，音偃；鯉，音里；糝，素感反；鮎，乃謙反；鉻，音洛。凡十一音。……所注音切，與《釋文》大同，惟《釋文》七餘作七余；音嘗作音常。余餘、嘗常，字極相近。蓋所音注，即讀者取之《釋文》。"② 這是讀者在研讀經卷過程中，遇有疑難文字，遂檢《釋文》音切，標注在經注文字旁。又伯3729並4904號《春秋經傳集解》，卷背有音義十六條，伯2540號《春秋經傳集解》，卷背有注音二十條，多與《經典釋文》同，③ 這也是讀者據《釋文》等音注録於經卷紙背相應位置，以便於對經典文字的閱讀理解。這種在儒家經書文本上標注《釋文》音的做法，説明一般讀者在閱讀經典過程中，需要借助《經典釋文》對經注的注音釋義，來理解原文。出於直觀方便的目的，遂將《釋文》音注移録到相應經注文字的位

---

① 王重民原編、黄永武新編《敦煌古籍敘録新編》，臺北：新文豐出版公司，1986年，第2册，第280頁。

② 潘重規《敦煌詩經卷子研究論文集》，香港：新亞研究所，1960年，第165頁。

③ 許建平《敦煌經籍敘録》，中華書局，2006年，第243、254頁。

置。南宋以後儒家經典文本中散入《釋文》的做法，正是迎合了讀者的這種需求。所以潘重規指出"唐時經傳與釋文別行，讀者兩讀不便，音注字旁，此即宋人注疏釋文合刻本之先河也"。①

像撫州本和興國軍學本在各經末附刻《釋文》的辦法，較另檢它書當然是方便不少，但閱讀時前後翻檢，仍嫌不便。為適應讀者對經典音義與經典原文對照閱讀的需求，南宋時期出現了將《釋文》散入經注之下的經書文本，很快流行，成為後世重要的經書文本類型。《九經三傳沿革例》說："唐石本、晉銅版本、舊新監本、蜀諸本與他善本，並刊古注，若音釋則自為一書，難檢尋而易差誤。建本、蜀中本則附音於注文之下，甚便翻閱。"② 説明了附音釋經典文本出現的緣由。所說的"建本"，當為余仁仲萬卷堂所刻經注附釋文本《九經》；"蜀中本"，即蜀地所刻"中字有句讀附音本"。此外，《沿革例》還提到了一種特殊的附釋音本，即興國于氏本《九經》，其"音義不列于文下，率隔數頁，始一聚見"，與其他經注附釋音本的體例不同。今國圖所藏南宋初年鶴林于氏棲雲閣刻本《春秋經傳集解》，體例與《沿革例》所述"興國于氏"本相合，它應當是現存較早的經注附釋文本的實物。

二、"興國于氏"刻本《九經》與"鶴林于氏"本《春秋經傳集解》

《九經三傳沿革例》中將建安余氏、興國于氏並提，指出："世所傳《九經》，自監、蜀、京、杭而下，有建安余氏、興國于氏二本，皆分句讀，稱為善本。"《書本》云："前輩謂興國于氏本及建安余氏本為最善，逮詳考之，亦彼善於此爾。又于本音義不列于本文下，率隔數頁，始一聚見，不便尋索。且經之與注，遺脱滋多。"《句讀》云："監蜀諸本皆無句讀，惟建本始仿館閣校書式，從旁加圈點，開卷瞭然，于學者為便，然亦但句讀經文而已。惟蜀中字本、興國本並點注文，益為周盡，

---

① 潘重規《敦煌詩經卷子研究論文集》，第 165 頁。
② 《九經三傳沿革例》，影印文淵閣《四庫全書》本，第 183 册，第 563 頁。

而其間亦有于大義未爲的當者。"《脫簡》云："諸經惟《記》、《禮》獨多見之。《玉藻》、《樂記》、《雜記》、《喪大記》，注疏可考，興國本依注疏更定，亦覺辭意聯屬。今則不敢仿之，第以所更定者，繫於各篇之後，庶幾備盡。"等等。根據以上記載，興國于氏本是與建安余氏本齊名的宋代《九經》版本，它的特點是有句讀標點，且其句讀不僅標點經文，還一併標點注文。它還附有音義，它所附的音義不是完全分散在原文之下，而是"率隔數頁，始一聚見"。於《儀禮》、《禮記》等經的脫文，興國于氏本還根據注疏文字加以更定。

興國于氏刻本《九經》是《九經三傳沿革例》所列參校本中重要的一種，在《注文》、《句讀》、《脫簡》、《考異》諸節中，時有關於興國于氏本（又稱"興國本"）異文的記述，如：

《注文》："諸本於經正文，尚多脫誤"下小字注云："如《易·說卦》'物不可以終動，動必止之'，諸本無'動必'二字，惟蜀本、興國本有之，已添入。"

《考異》："（《毛詩》）《巧言》'昊天大幠'，蜀本、越本、興國本皆作'泰'，余仁仲本及建大字本作'大'，《釋文》：大音泰，徐勅佐反。此亦以《釋文》爲據也，今亦從《釋文》。"

又："《記·曲禮》'二名不偏諱'，'偏'合作'徧'。疏曰：'不徧諱者，謂兩字作名，不一一諱之也。'案舊杭本柳文載子厚除監察御史，以祖名察躬辭，奉勅二名不遍諱，不合辭。據此作'遍'字，是舊禮作'徧'字明矣。若謂二字不獨諱一字亦通，但與鄭康成所注舊文意不合，可見傳寫之誤。然仍習日久，不敢如蜀大字本、興國本輕於改也。"

又："《檀弓》孔子過泰山側，問婦人之哭於墓者，實使子貢，而興國及建諸本皆作子路。考之疏，亦不明言何人。及考石本、舊監本、蜀大字本、越本注疏本，皆作子貢，未知孰是。以《家語》證之，則子貢也。"

又："《喪服小記》'除殤之喪，其祭也必玄'注：'殤無變文不縞'。諸本多作'縞'，惟興國本及《釋文》作'縓'。及考之疏，則曰'除殤之喪，即從襌服，是文不繁縟也'。今從疏及《釋文》。"

又："《曾子問》'夏后氏三年之喪，既殯而致事，殷人既葬而致事'。而注中'周卒哭而致事'一句，獨興國本大書而爲經文，曰'周人卒哭而致事'，視注復添一'人'字。以三代之禮並言之，未爲非也。及考舊監本注，'周'字乃作'則'字，如此則是第言夏殷，而不及周人。今皆從舊，不敢改也。"

又："《儒行》'慎静而尚寬，强毅以與人'。監本及諸本有無'尚'字者，建大字、興國本、余仁仲本則有'尚'字。及考疏，則曰'既慎而静，所尚寬緩也'。今從之。"

又："（《左傳》）哀十六年石乞曰：'此事也，克則爲卿，不克則烹。'諸本多無'也'字，蜀大本、興國本、建大字本有'也'字，今從之。"

元陳澔《禮記集説》卷前"凡例"有云："校讎經文：蜀大字本、宋舊監本、興國于氏本、盱郡重刊廖氏本、建本注疏、南康經傳通解。"説明陳澔撰寫《禮記集説》時曾使用過興國于氏本《禮記》，這是除《九經三傳沿革例》外僅見的有關興國于氏本經書的記述。除此之外，興國于氏刻本《九經》既乏文獻記述，亦不見於歷代藏書家的著録，後人難知其詳。清末楊守敬從日本訪見興國軍學刻本《春秋經傳集解》時，很自然地將興國軍學刻本《春秋經傳集解》與《九經三傳沿革例》中所説的"興國本"聯繫起來。但《九經三傳沿革例》中描述的興國于氏本種種特徵，與興國軍學刻本《春秋經傳集解》又頗有差異，故楊氏認爲興國于氏本可能是據興國軍學本重刻的。關於兩者的關係，《日本訪書志》有云：

> 按岳氏《九經三傳沿革例》稱，興國本爲于氏所刊，此本並無于氏之名。又稱于氏本每數葉後附釋音，此本無釋音。又稱于氏本有圈點句讀，並點注文，此本無句讀，則非于氏本無疑。蓋興國舊板始于紹興鄭仲熊，只有五經，聞人重刊《左傳》，並修他板，亦只五經（原注：詳見聞人跋）。至于氏始增刻九經，其五經經注文字雖仍舊本，而增刻釋文、句讀。故同爲興國本，而實非一本也（原注：大抵南宋之初，諸道所刊經傳，尚不附釋音，至南宋末，則無不附釋音者）。岳氏既稱前輩以興國于氏本爲最善，而又議于

氏經注有遺脱，余嘗通校此本，則經注並無遺脱。或于氏重刊此書，失於檢照而有遺脱耶？（原注：于氏增釋音、句讀，已非以原書覆板，重寫時保無改其行款，故有遺脱之弊。）①

雖同稱"興國本"，但興國軍學本的實際情況與《沿革例》所述"興國于氏"本的特點頗不符合。首先，興國軍學本《春秋經傳集解》中，有興國軍學教授聞人模跋語及興國軍學官員銜名，是爲興國軍學刻本的明確根據，而書中並無"于氏"之名。其次，根據《九經三傳沿革例》的記述，興國于氏本有釋音、有句讀，而興國軍學本《春秋經傳集解》是不附釋音的單經注本，亦無句讀。此外，《九經三傳沿革例》稱于氏本"經之與注，遺脱滋多"，而楊氏通校興國軍學本之後，亦未見經注遺脱的情況。故楊氏判定在日本所見的興國軍學本並非《沿革例》所説的興國于氏本。但他還是囿於"興國本"之説，推測于氏本是根據興國軍學本增釋音、句讀而成，把興國軍學本與《沿革例》中的"興國于氏"本拉上了關係。

民國初年，袁克文從廠肆得一册宋刊宋印《春秋經傳集解》殘本，内容爲卷第二十六。此册卷末有"鶴林于氏家塾棲雲之閣鋟梓"木記，其句讀、釋音情況與《九經三傳沿革例》所述"興國于氏"本完全符合。李盛鐸審定並跋云：

> 右《春秋經傳集解》第二十六卷，末有"鶴林于氏家塾棲雲之閣鋟梓"木記二行，開板宏朗，真宋槧之精者。寒雲得之廠肆，屬爲審定。鐸按此即岳氏《九經三傳沿革例》所稱興國于氏本也。《沿革例》稱于氏本有圈點句讀，並點注文，此本經注皆有圈點，爲它本所無。又稱于氏本每數葉後附釋音，此本正如此，與它本逐句附釋音者不同，皆可爲此書確證。至向來以興國軍教授聞人模所刊書爲興國本，與《沿革例》所舉興國于氏本不合，不能混合爲一也。至經注異同，未及細校，偶檢昭二十七年工尹麇，各本有誤作

① 《日本訪書志》卷一，《日本藏漢籍善本書志書目集成》第 9 册，第 71—73 頁。

"土尹"者，即此已見此刻之佳。岳氏謂前輩以興國于氏本爲最善，洵不虛已。乙卯重九日德化李盛鐸識。①

袁克文《寒雲手寫所藏宋本提要二十九種》之《春秋經傳集解》云：

> 《春秋經傳集解》殘本一卷，即岳氏《九經三傳沿革例》所稱興國于氏本，從不見於他家著錄，他種宋刊亦無此體例者。刊刻之精，楮墨之佳，猶餘事也。②

按今中國國家圖書館藏宋鶴林于氏家塾棲雲閣刻元修本《春秋經傳集解》三十卷，存二十九卷（缺卷十）。（圖二九）半葉十行，行十六、十七字，注文小字雙行，行三十二字，白口，左右雙邊。序、卷一、卷二四、卷二六後有"鶴林于氏家塾棲雲之閣鋟梓"長形牌記。避諱：完、貞、玄、殷、敬、弦、桓、構等。藏印有"孫承澤印"、"謙牧堂藏書記"等。此本清人藏書目錄中鮮見記載，關於它和《沿革例》"興國于氏"本的關係更無人提及。清末民初，此書散分各處，輾轉坊肆，其中就包括袁克文所得的一卷殘本。各家所藏陸續爲一代藏書大家周叔弢收得，匯成一本，後捐贈國圖。③ 所謂"鶴林于氏家塾棲雲之閣"，從名目上看，似爲私家刻本。當然，南宋時期所謂家塾刻本，也不完全是私刻。有的以盈利爲目的的書坊刻書，也以家塾爲名，如曾經刊刻《史記》、《漢書》的黃善夫家塾，有的學者就認爲它是書坊刻書。④ "鶴林"本爲佛家語，佛于娑羅樹間入滅時，林色發白，如白鶴之群棲，故云鶴林。又各地多有佛家寺院名鶴林者。但"鶴林于氏"之名，究竟何指，尚難論斷。

---

① 此跋作於1915年，見《弢翁藏書年譜》書末附書影。
② 袁克文《寒雲手寫所藏宋本提要二十九種》，《國家圖書館藏古籍題跋叢刊》，北京圖書館出版社，2002年，第26冊，第228頁。
③ 關於此書輾轉流散而終歸璧合的過程，詳見李致忠《宋版書敘錄》，書目文獻出版社，1994年，第166頁。
④ 張秀民《中國印刷史》，上海人民出版社，1989年，第91頁。

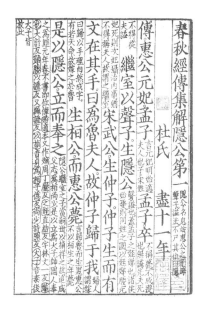
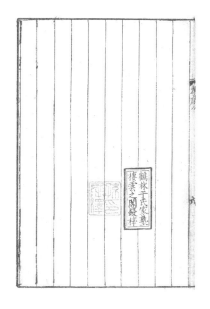

圖二九　宋鶴林于氏家塾棲雲閣刻元修本《春秋經傳集解》
（《中國國家圖書館古籍珍品圖録》）　中國國家圖書館藏

李盛鐸、袁克文等將鶴林于氏家塾本《春秋經傳集解》與《沿革例》"興國于氏"本聯繫起來，確爲有識，袁克文所云"他種宋刊亦無此體例者"，最中肯綮。從今存宋刻附釋文本經書版本（包括附釋文注疏合刻本）的實際情況看，各本在《釋文》與經注文字的綴合方面，其體例是基本一致的，稍有差異者，亦僅個別文字的差別或文字內容的簡化，各本將《釋文》附入經注逐句之下的位置是完全一致的。而于氏刻本《春秋經傳集解》與其他現存附釋文本的附入體例完全不同，它不是將《釋文》逐句散入經注之下，而是將《釋文》逐段散入整段經注之下，形成《釋文》"率隔數頁，始一聚見"的局面。如本章第三節"《左傳》各本附釋文比較表"（附表一）所列哀公二年《釋文》十八則，余仁仲本、研易樓本、龍山書院本、《四部叢刊》影印宋本、包括十行注疏本中，這十八則釋文被分散入十八處經注文句下，其位置完全一致。岳本有删略，但《釋文》附入位置與各本一致。包括表中未列的其他各種宋刻經注附釋文本、重言重意本，其《釋文》散入的位置都是一致的。而在鶴林于氏本中,這十八則釋文分五處散入各段經注文下,的確是相隔數頁才見。這種附《釋文》體例獨此一家,與其他經注附釋文本散入《釋文》體例完全不同。此外,鶴林于氏本《春秋經傳集解》對全書經文、注文皆加句讀圈點,破音字並加圈發,與《沿革例》所說的"惟建本始仿館閣校書式,從旁加圈點,開卷瞭然,於學者爲便,然亦但句讀經文而已。惟蜀中字本、興國本並點注文"亦完全相符合。故此"鶴林于氏"很可能即《沿革例》之"興國于氏"。

鶴林于氏本《春秋經傳集解》除《釋文》"率隔數頁,始一聚見"的獨特體例外,在對《釋文》内容的吸收方面,與今存其他宋刻附釋文本也有很大不同。如附表一"《左傳》各本附釋文比較表"所列,余仁仲本等的釋文,除簡化出字、删除部分釋義内容外,基本保留了《釋文》各條釋音。而鶴林于氏本則删略了《釋文》中許多字的釋音。如"秋八月甲戌"下,《經典釋文》原文"於鐵,天結反。皆陳,直覲反",余仁仲本等作"鐵,天結反。陳,直覲反",鶴林于氏本作"皆陳,直覲反",删略了"鐵"字釋音。"秋八月齊人"以下釋文中,鶴林于氏本又删除了"謀協以故兆"、"詢可也"、"斬艾"、"作雒"、"絞縊"、"以戮"等條釋音。出字方面,余仁仲本等僅出一字,如"陳,直覲反",鶴林于氏本則保留了《釋文》的多字出字,作"皆陳,直覲反"。研易樓本、龍山書院本、《四部叢刊》影印宋本、十行注疏本與余仁仲本《釋文》在散入位置、文字内容等方面基本相同,它們之間有明顯的淵源關係。而鶴林于氏本則是另外一個系統,它與余仁仲本等並無沿襲關係,是由不同的編輯者遵循不同的編輯體例完成的另外一種獨特的附釋文文本。這一點還可以"癸巳叔孫州仇"下一條釋音爲證。此條釋音《經典釋文》原文作"以要,一遥反",鶴林于氏本亦出"以要,一遥反"。而余仁仲本以下(岳本未出此音)出此條釋文,皆作"要,以遥反",改反切上字"一"作"以"。按"一"字《廣韻》屬喻四,"以"屬影母,作爲反切上字本不可通。宋代影母字演變爲零聲母,實際語音中"一"與"以"的聲母讀音相同,可以作爲反切上字互相代替。余仁仲本將"要"字音切由"一遥反"改爲"以遥反",反映了宋代實際語音的變化。研易樓本、龍山書院本、《四部叢刊》影印宋本、十行注疏本等此條釋音皆同余仁仲本改"一遙切"作"以遙切",惟鶴林于氏本還保留《經典釋文》的"一遙切"。這一例證非常清楚地表明,余仁仲本等經注附釋文本、包括後來的十行注疏本,其附釋文文本具有共同的來源,它們之間有沿襲關係。而鶴林于氏本則與以余仁仲本爲代表的附釋文本屬於不同的系統。

正如上引楊守敬所説:"大抵南宋之初,諸道所刊經傳,尚不附釋音,至南宋末,則無不附釋音者。"五代、北宋以來的經書版本,以國子監本爲代表,大抵以單經注本爲主,經文大字,注文小字。爲了讀書學習的方便,或將陸德明《經典釋文》的該經釋文附於全書之末。而南宋以後的私刻、坊刻本經書,則多爲散入釋文的版本,即將《釋文》內容打散,逐句附入經注原文之下,這樣讀者閱讀起來一目了然,更加方便。現存宋刻經書版本中以此類經注附釋文本數量最多。這種文本的演變,説明隨著宋代文化教育的普及與發展,經學版本也積極地適應和改變,出現了新的樣式,以適應更廣泛的讀者需求。從五代、北宋至南宋初期的以單經注本爲主流,發展到南宋後期的經注附釋文本盛行於世,其中有一個逐漸演變定型的階段。從現存版本看,鶴林于氏刻本《春秋經傳集解》正反應了這個演變中的過渡形態,它應該就是經注附釋文本較早甚或最早的源頭。

傅增湘先生曾指出:鶴林于氏刻本《春秋經傳集解》"字仿顔平原,疏古有致,桓、敬、殷、弘、匡皆缺末筆,慎字不缺,當是高宗時刊本"。[1] 以筆者所見,此本卷二第十二葉、十二葉桓公十六年注"讒構取國"、傳"構急子","構"字皆缺筆避諱。而卷五第八葉、第九葉僖公五年傳"不慎"、"用慎"及注文、釋文中多次出現"慎"字皆不缺筆。又卷十二成公二年傳"明德慎罰"、"慎罰務去之"、"非慎之也",卷三十哀公十六年傳"伐慎"、注"慎縣"等多處,"慎"字皆不避諱。另卷九文公十八年傳"渾敦"等,"敦"字亦不避諱。傅增湘定爲高宗

---

[1] 《藏園群書經眼錄》第1冊,第68頁。

時刊本當得其是。按現存宋刻附釋文本經書版本，多爲南宋中後期所刻，較早的如余仁仲本，其《春秋公羊經傳解詁》刻于光宗紹熙二年（1191），其他各經避諱至孝宗"慎"字，或刻于孝宗時期。余仁仲本的附釋文文本，究竟是余氏首創，還是有所依據，今無明確證據，難以論斷。不過今存其他宋刻附釋文本的文本，多沿襲自余仁仲本或余仁仲本所據之本，這一點上文所舉各本釋文比較可證。可以推測，南宋初年隨著雕版印刷事業的逐漸發展，爲了適應讀者對經書文本與《經典釋文》相結合的需求，出現了將《經典釋文》散入經書文本中的嘗試。高宗時期刊刻的鶴林于氏本《九經》就是這種嘗試中的一種，而余仁仲本《九經》，或余仁仲所依據的更早的一種附釋文本《九經》，則是另外一種嘗試。其結果正如我們所看到的，鶴林于氏本的附釋文體例未被後代刻書者繼承，可謂前無古人，後無來者；余仁仲本或余仁仲所據之本的附釋文體例，則被後代沿襲，成爲附釋文本經書的標準文本，包括後代通行的十行注疏本及明清十三經注疏本、阮元本等，其附釋文文本皆沿自此一系統。從這一角度看，南宋初年刊刻的鶴林于氏本《春秋經傳集解》獨特的附釋文體例，反映了經書版本由單經注本向經注附釋文本演變中的形態，體現出早期經注附釋文本的特點，在經書版本發展過程中，具有極爲獨特而重要的地位。

第二節　建安余仁仲萬卷堂刻《九經》

《九經三傳沿革例》列舉宋代經書版本二十多種，其中特別提到的除"興國于氏"本外，還有"建安余氏"本："世所傳《九經》，自監、蜀、京、杭而下，有建安余氏、興國于氏二本，皆分句讀，稱爲善本。""廖氏刊《九經》，未暇及《公羊》、《穀梁》二傳，或者惜其闕焉。因取建余氏本，合諸本再加考訂，與《九經》並刊。"[①] 此"建安余氏"刻

[①] 《九經三傳沿革例》，影印文淵閣《四庫全書》本，第183冊，第560、576頁。前段文字爲沿襲宋廖瑩中《九經總例》的內容，詳見下節。

本《九經》，即南宋建安余仁仲萬卷堂所刻《九經》，在當時已稱善本。廖瑩中世綵堂刊刻《九經》時，即以爲重要的參校本。元初岳氏刊刻《九經三傳》時，其中的《公羊》、《穀梁》，因廖氏未刻，而取余氏刻本爲底本。可見余氏刻本諸經在宋元時期是非常有名的經書版本。

一、今存余仁仲萬卷堂刻《九經》的傳本

余仁仲萬卷堂刻《九經》版本，今存者包括《禮記》、《左傳》、《公羊》、《穀梁》四種，分述如下：

1. 《禮記》二十卷

漢鄭玄注，唐陸德明音義。南宋余仁仲萬卷堂刻本。此本國圖存兩部，一部全，有周叔弢跋；一部存十一卷（卷十～二十）。上海圖書館藏兩部，一部缺卷一至三，以宋刻《纂圖互注禮記》本配補；一部存九卷（卷一～九）。十一行十九字，小字雙行二十七字，細黑口，左右雙邊。缺筆至孝宗"慎"字。各卷末有經、注、音義字數並鐫有"余氏刊于萬卷堂"、"余仁仲刊于家塾"、"仁仲比校訖"等字樣。

《天禄琳琅書目後編》卷二著錄《禮記》二函十六册，云："每卷有余氏刊於萬卷堂，或余仁仲刊於家塾，或仁仲比校訖。《九經三傳沿革例》云，《九經》本自監、蜀、京、杭而外，有建余氏本，分句讀，世稱善本，仁仲即其人也。"① 又錄其本藏印，包括"桃花塢人家"、"毛晉"、"傳是樓"、"徐炯收藏書畫"、"徐仲子"等。檢今國圖所藏存十一卷本，與《天禄琳琅書目後編》所記一一吻合，並有"天禄琳琅"、"天禄繼鑒"等印。而上海圖書館所藏殘存九卷本亦有"桃花塢人家"、"傳是樓"、"天禄繼鑒"等印，證明其與國圖藏本原爲一本，即《天禄琳琅書目後編》著錄之《禮記》。②

國圖藏周叔弢跋本，有"張雋之印"、"桂坡安國賞鑒"、"金氏元

---

① 《天禄琳琅書目後編》，《清人書目題跋叢刊》第 10 册，中華書局影印本，第 253 頁。

② 上海圖書館藏本書影見《第二批國家珍貴古籍名錄圖錄》02573 號，國家圖書館出版社，2010 年。

玉"、"臣潤庠奉敕審定内府經籍金石書畫"、"元飫陸氏藏書"等印。此本民國間散出,爲上海來青閣所得,民國二十六年來青閣曾以此本影印,影印本各卷後附楊彭齡(壽祺)作"禮記鄭注余本岳本對校劄記",並附王君復、王蒼虬、王欣夫跋,於其本胜處多所指出。此本後爲周叔弢所得,周氏跋云:"余氏所刊《禮記》,《天禄琳琅》亦著録一部,爲汲古閣舊藏,有宋本、甲印,今不知流落何所。此書舊裝精雅,無明以後收藏印記,或亦久貢天府,儲爲副本,晚近頒賜臣工,始歸陸氏。"今《中華再造善本》亦影印此本。(圖三十)

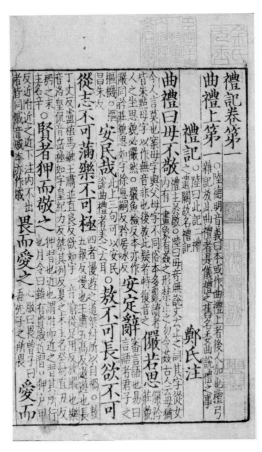

圖三十　南宋余仁仲萬卷堂刻本《禮記》(周叔弢跋本,《第一批國家珍貴古籍名録圖録》)　中國國家圖書館藏

2.《春秋經傳集解》三十卷

晉杜預注，唐陸德明音義。南宋余仁仲萬卷堂刻本。此本已無全本存世，僅臺北"央圖"藏卷八、九、一二、一三、一六、二九凡六卷。① 十一行十九字，小字雙行二十七字，細黑口，左右雙邊。各卷後有經傳、注、音義字數。卷八末有"余仁仲刊于家塾"，卷九末"余氏刊于萬卷堂"，卷十六末"仁仲比校訖"各一行刊記。"覯"、"慎"字闕筆避諱。

余仁仲刻《春秋經傳集解》，諸家書目少有著錄，明末清初藏書家錢謙益《絳雲樓題跋》中有"宋版左傳"，云："宋建安余仁仲校刊《左傳》，故少保嚴文靖公所藏。其少子中翰道普見贈者。脱落圖説，並隱公至閔公五卷，昭公二十一卷至二十四卷，却以建安江氏本補足，紙墨差殊。每一繙閲，輒摩挲歎息。今年賈人以殘闕本五冊來售，恰是原本失去者。卷尾老僧印記，亦復宛然。此書藏文靖家可六十年，其歸於我亦二十年矣。其脱落在未歸文靖之前，不知又幾何年也。"② 此跋作於崇禎四年（1631）。嚴文靖公即嚴訥（1511—1584），嘉靖進士。此後諸家書目著錄中皆未見余仁仲本《春秋經傳集解》之蹤跡，阮元校勘《十三經注疏》，亦未提及此本。嚴訥、錢謙益遞藏本或即燬於絳雲樓一炬，今臺北"央圖"所藏余仁仲刻本《春秋經傳集解》殘六卷，是與其他三種宋版《春秋經傳集解》配補在一起的，這是今日僅存的余仁仲刻《春秋經傳集解》傳本，彌足珍貴。（圖三一）

3.《春秋公羊經傳解詁》十二卷

漢何休注，唐陸德明音義。宋紹熙二年余仁仲萬卷堂刻本。此本今存兩部，一藏中國國家圖書館，一藏臺北故宮博物院。十一行十九字，小字雙行二十七字，細黑口，左右雙邊。桓、慎等字缺筆避諱。各卷末鐫經傳、注、音義字數，及"余氏刊于萬卷堂"、"余仁仲刊于家塾"、

---

① 《中國訪書志》，第401頁。
② （清）錢謙益《初學集》卷八五，《四部叢刊初編》影印本。

"仁仲比校訖"等刊記。何休序末有紹熙二年余仁仲刊書識語。臺北故宮本卷十二末鐫有"余仁仲刊于家塾"、"癸丑仲秋重校"刊記（國圖藏本此葉抄配）。

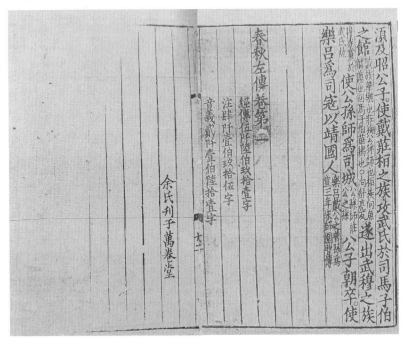

圖三一　南宋余仁仲萬卷堂刻本《春秋經傳集解》卷九末葉（卷次經剜改，複製件）臺北"央圖"藏

國圖藏本鈐"虛中印"、"季振宜印"、"季振宜讀書"、"乾學"、"徐健庵"、"汪喜孫孟慈氏"、"寒雲鑒賞之珍"等印。汪喜孫爲嘉慶舉人，其問禮堂富藏書，道光四年汪氏問禮堂曾影刻此本行世。民國間袁克文得此本，書末有袁克文、李盛鐸跋。《寶禮堂宋本書錄》經部著錄，有《中華再造善本》影印本。

臺北故宮藏本鈐"季振宜印"、"文登于氏小謨觴館藏本"、"蕘夫"、"士禮居"、"閬源真賞"、"汪士鐘印"、"鐵琴銅劍樓"等藏印，亦迭經名家遞藏。卷末有清黃丕烈跋，《鐵琴銅劍樓藏書目錄》著錄，《四部叢刊》影印即此本。（圖三二）

圖三二　余仁仲本《春秋公羊經傳解詁》卷末刊記
（《大觀——宋版圖書特展》）　臺北故宮博物院藏

4.《春秋穀梁傳》十二卷

晉范甯集解，唐陸德明音義。南宋余仁仲萬卷堂刻本。此本亦已無全本存世，僅臺北故宮博物院藏有殘本，存卷七～一二共六卷。①（圖三三）十一行十八至十九字，注二十七字，細黑口，左右雙邊。"慎"字缺筆避諱。各卷後有經傳、注、音義字數，及"仁仲比校訖"或"仁仲刊于家塾"刊記。卷十二末鐫"國學進士余仁仲校正，國學進士劉子庚同校，國學進士陳幾同校，國學進士張甫同校，奉議郎簽書武安軍節度判官廳公事陳應行參校"數行，並"余氏萬卷堂藏書記"刊記。

---

① 《鐵琴銅劍樓藏書目錄》卷五及《中國訪書志》第708頁著錄，《四部叢刊》本卷七至十二即據此本影印。

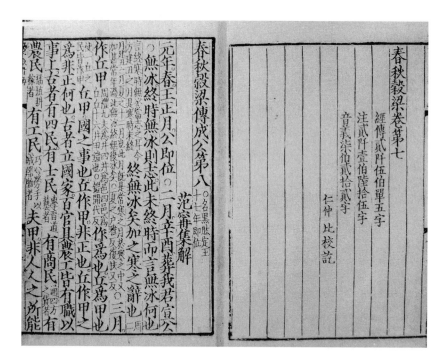

圖三三　南宋余仁仲萬卷堂刻本《春秋穀梁傳》（複製件）
臺北故宮博物院藏

　　此本鈐"虛中印"、"閬源真賞"、"汪士鐘印"、"鐵琴銅劍樓"等印。此"虛中印"與國圖藏余仁仲本《春秋公羊經傳解詁》藏印相同，蓋原爲同一家藏書。清代時此本已無全本流傳。《愛日精廬藏書志》卷五著錄一部《春秋穀梁傳》，謂"臨惠氏校宋余仁仲本"，錄書中題識："……獨惜余氏本宣公以前、抄本文公以上俱缺，無從取正耳。康熙丁酉初夏何仲子記。""建安余氏萬卷堂本集解校注（宣公元年起）。"① 何仲子即何煌，他所見余仁仲本《春秋穀梁傳》，自卷七宣公元年起，至卷十二止，已缺宣公以前內容，與今臺北故宮藏本存卷相同，其所見余本《春秋穀梁傳》當即今存殘本。汪士鐘《藝芸書舍宋元本書目》中著錄宋版"《公羊經傳解詁》，存七至十二卷；《穀梁經傳解詁》十二卷"，

---

① 《愛日精廬藏書志》，《續修四庫全書》影印本，第 925 冊，第 280 頁。

疑將《公羊》與《穀梁》存卷混淆（汪藏余仁仲本《公羊》見上文，即今臺北故宮藏本，並不殘缺）。後此殘本爲鐵琴銅劍樓所得，《四部叢刊》本《春秋穀梁傳》卷七至十二，即借鐵琴銅劍樓藏本影印。

余仁仲刻《春秋穀梁傳》在我國只有殘存六卷本一脈孤傳，但在東瀛日本，却曾有一部全本流傳至近代，爲金澤文庫舊藏，後歸阿波國文庫，即《經籍訪古志》卷二著錄之本。（圖三四）楊守敬日本訪書期間，得到這部宋刻本的影抄本，將其刻入《古逸叢書》中。阿波國文庫爲阿波藩主蜂須賀家所有，其藏書主要搜集於第十代藩主重喜（1738—1807）至十三代藩主齊裕（1821—1868）期間，藏書於二十世紀初歸入德島縣立光慶圖書館，戰後因一場大火燬損殆盡。① 余仁仲刻《春秋穀

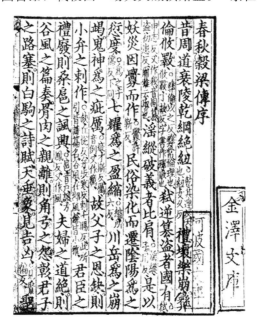

圖三四　金澤文庫舊藏南宋余仁仲萬卷堂刻本《春秋穀梁傳》
（《金澤文庫本圖録》），今已不存

---

① 見日本德島縣立圖書館網頁。關於余仁仲本《春秋穀梁傳》傳本源流，參見筆者《南宋建安余仁仲刻〈春秋穀梁傳〉考》一文，《版本目録學研究》第一輯，國家圖書館出版社，2009年。

梁傳》原本亦遭焚燬，令人惋惜，幸有《古逸叢書》本覆刻存真，可窺見余刻《春秋穀梁傳》全本面貌。二十世紀三十年代出版的《金澤文庫本圖錄》亦著錄了余刻原本，並收錄了該書的兩幅書影。《四部叢刊》影印《春秋穀梁傳》，後六卷借用當時藏在瞿氏鐵琴銅劍樓的余仁仲刻本原本作爲底本，前六卷則取《古逸叢書》本爲底本。

除以上四經外，余仁仲刻本《周禮》在清代亦有流傳，見於著錄。如《天禄琳琅書目》卷一著錄《周禮》二函十二册，云："此書每卷後，或載'余仁仲比校'，或'余氏刊于萬卷堂'，或'余仁仲刊于家塾'，所謂建余氏也。句讀處亦與所言相合。又卷末各詳記經注音義字數，點畫完好，紙色極佳。"① 天禄琳琅所藏此本《周禮》，與上述余仁仲本四經特點相合，當亦余仁仲萬卷堂刻本。陳鱣《經籍跋文》之《宋本周禮注跋》一條云："又見錢孫保舊藏宋本《周禮注》，《春官》、《夏官》、《冬官》余仁仲本，天地二《官》別一宋本，《秋官》以俗本抄補。"② 阮元《周禮注疏校勘記序》引據各本書目也著錄了錢孫保所藏此部殘本《周禮注》，另有惠校本《周禮注疏》，乃惠棟父子據余氏萬卷堂本校經注，其中詳記余仁仲本《周禮》各卷末經注字數與刊記。③ 可知清代流傳的余本《周禮》尚不止一部，惜今已不見蹤跡。

二、余氏萬卷堂與《九經》的刊刻

從今存余氏刻本諸經看，各本具有統一的行款版式、字體風格，皆爲半葉十一行，行十八至十九字，小字雙行二十七字，細黑口，左右雙邊。諸本字體風格一致，皆爲典型的建本字體。諸經在各卷末皆標經、注、音義字數，並有"余氏刊于萬卷堂"、"余仁仲刊于家塾"、"仁仲比校訖"等刊記，刊記風格一致。各本遇宋諱缺筆，避至"慎"字。從體例看，諸本內容皆分爲經、注、音義三部分，其中經文（包括傳文）大字，注文以雙行小字接于經傳文下，陸德明《釋文》則以雙行小字接於

---

① 《天禄琳琅書目》，中華書局影印本，第12頁。
② 《經籍跋文》，《宋元版書目題跋輯刊》第3册，第219頁。
③ 《十三經注疏校勘記》，《續修四庫全書》第181册，第98頁。

注文下。注文與音義之間以小圓圈相隔，音義字不加標識。經傳文有句讀、圈發，注文、音義則無句讀和圈發。這與《九經三傳沿革例》所述的"皆分句讀"、"惟建本始仿館閣校書式，從旁加圈點，開卷瞭然，於學者爲便，然亦但句讀經文而已"完全符合。

總起來看，余氏萬卷堂所刻諸經，是以相同體例、相同版式風格所刊刻的一套經書版本，各經的刊刻時間應相去不遠。上述今存余刻《九經》版本中，唯一有明確年款的是《春秋公羊經傳解詁》。此本卷前何休序後有余仁仲刻書識語，作于宋光宗紹熙二年（1191），云：

《公羊》、《穀梁》二書，書肆苦無善本，謹以家藏監本及江浙諸處官本參校，頗加釐正。惟是陸氏釋音字，或與正文字不同。如此序"釀嘲"，陸氏"釀"作"讓"。隱元年"嫡子"作"適"，"歸含"作"唅"，"召公"作"邵"。桓四年"曰蒐"作"廋"。若此者衆，皆不敢以臆見更定，姑兩存之，以俟知者。紹熙辛亥孟冬朔日建安余仁仲敬書。（圖三五）

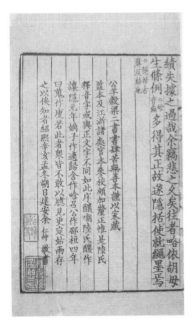

圖三五　宋余仁仲萬卷堂刻本《春秋公羊經傳解詁》刊書識語

（《中國國家圖書館古籍珍品圖錄》）　中國國家圖書館藏

此識語乃爲《公羊》、《穀梁》二經作。一般來說，《九經三傳》之中，以《公羊》、《穀梁》地位較末，各家刊刻較少，故余仁仲識語中說"《公羊》、《穀梁》二書，書肆苦無善本"。余氏刻《九經》，自當首刻《詩》、《書》、《易》等各經，《公羊》《穀梁》的刊刻不會放在其他各經之前，因此可以推測其他各經的刊刻時間，似乎不會晚於紹熙二年。從今存各本避諱情況看，諸本皆避諱至孝宗"慎"字，於光宗諱"惇"、"敦"字不避，似乎可以説明余仁仲本《九經》主要刊刻時間在南宋孝宗時期。

按建安余氏是建陽地區刻書世家，自宋至元、明綿衍不絕，① 其中"萬卷堂"主人余仁仲應該算最早也最有名的一位。除《九經》諸本外，余氏萬卷堂刻書尚有《畫一元龜》存世（今存各殘本分別藏於日本東急紀念文庫、東洋文庫、宮內廳書陵部、臺北故宮博物院等處）。②《畫一元龜》是一部規模浩大的類書，編者、卷數皆不詳，今僅殘存部分內容，後世亦無翻刻傳抄。今存本包括《內編秘府圖書畫一元龜》甲、乙，《太學新編畫一元龜》丙，《類編群書畫一元龜》丁，共四部，其中甲部存有卷一百，乙部存有卷九十，丙部存有卷九九，丁部存有卷六六，説明原書各部規模應當在百卷以上，則此書卷帙浩博可以想見。此本《畫一元龜》書中鐫有"仁仲校正訖"、"國學進士余仁仲校正"等識語，與今存余仁仲刻《九經》諸本的用語頗爲相似。書中"敦"字缺筆避諱，爲避宋光宗趙惇諱，它的刊刻時間應當在刊刻《九經》的同時或稍後。此外，今存宋建安萬卷堂刻本《王狀元集百家注分類東坡先生詩》、宋建安余氏刻本《重修事物紀原集》，前者有"建安萬卷堂刻梓於家塾"牌記，避諱至"敦"字；後者有"此書係求到京本，將出處逐一比校，使無差謬，重新寫作大板雕開，並無一字誤落，旹慶元丁巳（1197）之歲建安余氏刊"木記。③ 此二本雖無余仁仲名號，但從時間

---

① 參見肖東發《建陽余氏刻書考略》，收入《歷代刻書概況》，印刷工業出版社，1991年。
② 見吳哲夫《宋版畫一元龜》，《故宮文物月刊》第4卷第10期，1987年。
③ 皆日本靜嘉堂文庫藏，見《靜嘉堂文庫宋元版圖錄》解題第63、47頁。

吻合、刊記情況及版刻風格看，它們也很可能是余仁仲萬卷堂所刻。

《四庫全書》有輯自《永樂大典》的宋黃倫著《尚書精義》五十卷，卷前有序，署"淳熙庚子臘月朔旦建安余氏萬卷堂謹書"，序中有云："釋褐黃公以是應舉，嘗取古今傳注及文集語錄，研精而剪截之……余得之，不敢以私，敬鋟木，與天下共之。所載諸儒姓氏，混以今古，余不暇次其先後，觀者自能辨之。"① "淳熙庚子"，即孝宗淳熙七年（1180），比余仁仲刻《公羊》、《穀梁》之光宗紹熙二年（1191）早十一年。從所署"建安余氏萬卷堂"及時間吻合上看，頗疑此余氏萬卷堂即余仁仲萬卷堂。

關於余仁仲和萬卷堂的情況，我們僅能從以上有限的傳世版本和文獻記載中得其大概。從時間上看，上述諸本的刊刻，時間集中在孝宗淳熙與光宗紹熙年間（1174—1194），且所刊圖書頗具規模，說明淳熙、紹熙年間，應該是余仁仲萬卷堂刊書的鼎盛時期。余仁仲自署國學進士，協助他進行《春秋穀梁傳》校勘的劉子庚、陳幾、張甫都是國學進士，參校人員還包括奉議郎簽書武安軍節度判官廳公事陳應行。雖然"國學進士"之稱究竟何指尚有疑問，但可以想見余仁仲是一位具有相當知識水準的書坊主人，他的周圍團結著一批讀書人，協助他進行所刊書籍的校勘工作。他所主持的萬卷堂是一個頗具規模的刻書坊，類似《九經》及多達數百卷的《盡一元龜》這樣大規模的刊刻，必須具有足夠的經濟實力，並能集中相當數量的刻字工人，才可辦到。較之一般的建安書坊刻書，余仁仲萬卷堂刻書尤其注重校勘品質，傳世余仁仲萬卷堂刻書中經常出現的"仁仲校正訖"、"國學進士余仁仲校正"等字樣並非虛張聲勢，余氏在刻書過程中，於校勘方面確實下了功夫，因而版本精良，當時即具較高聲譽。

關於余仁仲刻經之經數，《九經三傳沿革例》稱其刻《九經》，又云："《春秋》三傳，於經互有發明，世所傳十一經，蓋合三傳並稱。" "《左傳》本不可以言經，今從俗所謂汴本十三經、建本十一經稱之。"

---

① 《尚書精義》，影印文淵閣《四庫全書》本。

岳氏以廖氏刻本《九經》爲底本刊刻經書時，以廖本無《公羊》和《穀梁》，遂取余氏刻《公羊》、《穀梁》爲底本。故余氏所刻《九經》，包括九經三傳，即《易》、《詩》、《書》、《周禮》、《禮記》、《左傳》、《公羊》、《穀梁》、《論語》、《孟子》、《孝經》共十一部經典。

三、余仁仲本《九經》的修訂與後印

從傳世版本看，余仁仲刻本經書有初印本與重修本之間的差異。在各書刻成印行後，余仁仲等又陸續發現書中有文字訛誤之處，於是在原版基礎上重加修版，因此在同一書的不同印本之間，形成了一些文字差異。

今存余氏刻《春秋公羊經傳解詁》的兩個傳本，就是兩個不同時間的印本。兩本皆鈐季振宜諸印，說明清初時這兩個印本均歸季振宜收藏。其後，一本歸徐乾學、汪氏問禮堂遞藏，民國間爲袁克文購得，今歸中國國家圖書館；另一本則歷經黃丕烈士禮居、汪士鐘藝芸書舍、瞿氏鐵琴銅劍樓遞藏，後爲沈氏研易樓收得，今歸臺北故宮博物院。

這兩部存世的余刻《春秋公羊經傳解詁》，作爲極少的幾部宋刻《公羊》傳本之一，歷來爲學界所重。清道光四年，揚州汪氏問禮堂將所藏余仁仲本《春秋公羊經傳解詁》影刻問世，余仁仲《公羊》始得廣泛爲學者所用，影響頗廣。汪氏影刻底本即今國圖藏本。民國間，涵芬樓又借瞿氏鐵琴銅劍樓藏《春秋公羊經傳解詁》影印，收入《四部叢刊》，此本即是另外一部傳世的余仁仲本《春秋公羊經傳解詁》，即今臺北故宮博物院藏本。

按常理，汪氏影刻底本《公羊》與鐵琴銅劍樓所藏《公羊》均爲余仁仲刻本，兩者是相同版刻，文字內容應完全一致。但瞿氏曾以所藏本與道光間汪氏翻刻本相校勘，發現有大量文字差異，其校記見於《鐵琴銅劍樓藏書目錄》，云："揚州問禮堂汪氏近有翻本，款式相同，惟一經傳刻，不無訛脫，其句讀圈法失去大半，斯固無關宏旨，而訛字未經訂正，且復轉據他本，多所刊改，是正固多，沿訛亦不少。"瞿氏將兩本之間的差異歸於汪氏問禮堂在翻刻時出現的誤刻或有意而爲之的改動。但細觀瞿氏校記，瞿本與汪氏翻刻本之間的有些差異，很難用翻刻訛脱或有意改動來解釋。如卷二桓公二年注文"宋始以不義取之，不應得，故正之，謂之郜鼎"，汪本脱"不應得故正之"六字；卷六文公十六年傳文"然則曷爲不言公無疾不視朔"，汪本此下多出"有無疾不視朔"六字。前者脱去六字，後者誤增六字，差別如此之大，不似翻刻時偶然發生的差誤。今以汪刻所據底本、現藏中國國家圖書館的余仁仲本《春秋公羊經傳解詁》（據《中華再造善本》影印本，以下簡稱國圖本）與瞿氏鐵琴銅劍樓舊藏、現藏臺北故宫博物院的余仁仲本《春秋公羊經傳解詁》（據臺北故宫博物院1990年影印本，以下簡稱臺北故宫本）兩相比勘，始知汪氏翻刻本與瞿氏藏本之間的文字差異，少量來自於汪氏誤刻，大部分則出於余刻兩個印本之間原本就有的差異。

如上述桓公二年注文"宋始以不義取之，不應得，故正之，謂之郜鼎"，在兩本的卷二第三葉下第一行。此行自經文"謂之郜鼎"以下包括注文，臺北故宫本版刻與國圖本明顯有異。國圖本此處文字作"宋始以不義取之，謂之郜鼎"，而臺北故宫本則作"宋始以不義取之，不應得，故正之，謂之郜鼎"，增入了國圖本脱漏的"不應得故正之"六字。除第一行外，本葉他行版刻，兩本相同。從版面上看，國圖本第一行行字疏密正常，臺北故宫本因增入六字，此行不得不文字緊密擁擠。很明顯，因初刻本此處脱漏六字，重校時發現訛誤，遂於此處剜去舊板，重新刻板，補入六字。

卷六文公十六年傳文"然則曷爲不言公無疾不視朔"，在兩本的卷六第十五葉上第五行。國圖本作"然則曷爲不言公無疾不視朔有無疾不視朔"，臺北故宫本删去了國圖本衍文"有無疾不視朔"六字。臺北故宫本爲修正衍文，同時保持版面整齊美觀，在進行此處修訂時，修版者將第四行至第六行一同進行了剜版重刻，把三行文字重新排版，使得後印本的此處文字疏密不致過於失衡。（圖三六）從圖片來看，臺北故宫本此三行版框上部水平不齊，顯示此處剜刻修版痕跡。

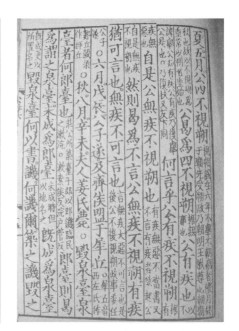

圖三六　南宋余仁仲本《春秋公羊經傳解詁》卷六第十五葉上半葉之比較
左爲中國國家圖書館藏本（《中華再造善本》影印本），右爲臺北故宮博物院藏本
　（臺北故宮博物院影印本）。臺北故宮本第四至第六行經剜版重刻

兩本其他的文字異同還有，如：

卷一第六葉，隱公元年"所見異辭"節釋文"説文大也"，國圖本作"説文式也"，臺北故宮本將"式"字剜改爲"大"字。

卷一第十一葉，隱公四年經"吾將老焉"及注"將老焉者"，國圖本作"吾將死焉"及"將死焉者"，臺北故宮本將二"死"字剜改爲"老"字。

卷一第十四葉，隱公六年"隱公獲焉"注"爲鄭所獲"，國圖本作"爲鄭所壤"，蓋涉上文"時與鄭人戰於狐壤"而誤刻。臺北故宮本剜改"壤"字爲"獲"字。

卷一第十六葉，隱公八年"辛亥宿男卒"注"宿本小國"，國圖本作"宿卒小國"，蓋涉上文而誤。臺北故宮本剜改"卒"字爲"本"字。

卷三第九葉，莊公九年"曷爲不與公復仇"，國圖本"仇"下衍

"辭"字。臺北故宮本刪去"辭"字。

卷三第二十葉,莊公二十五年"以朱絲營社"下釋文"營社,一傾反",國圖本"一"誤作"二",臺北故宮本剜改爲"一"。

卷四第二葉上,閔公元年"齊無仲孫"釋文"子女子音汝",國圖本脱此五字,臺北故宮本增入。

卷五第二葉,僖公元年"桓公召而縊殺之"注"疾夫人淫泆二叔",國圖本"二"誤作"三",臺北故宮本剜改。

卷五第九葉,僖公八年"先王命也"注"衛王命會諸侯諸侯當北面受之",國圖本"命"誤作"者",臺北故宮本剜改。

卷五第十葉,僖公九年"爲襄公諱也"注"使若非背殯也",國圖本"背"誤作"皆",臺北故宮本剜改。

卷五第十四葉,僖公十四年"曷爲不言徐莒脅之"釋文"並注臣爲同",國圖本"注"誤作"遂",臺北故宮本剜改。

卷五第十九葉,僖公二十一年"爲襄公諱也"注"宋幾亡其國",國圖本"宋"誤作"未"。"爲公子目夷諱也"注"有解圍存國免主之功",國圖本"有"誤作"子"。二字臺北故宮本皆剜改。

卷五第二十二葉,僖公二十六年"曷爲重師"注"據泓之戰不重師",國圖本"泓"作"弘",臺北故宮本剜改。

卷六第八葉,文公九年"何以書記異也"注"四方叛德",國圖本"德"誤作"得",臺北故宮本剜改。

卷六第九葉,文公九年"葬曹共公"下釋文"共音恭",國圖本缺,臺北故宮本補入。

卷七第四葉,宣公六年"使諸大夫皆内朝"注"雖有富貴者以齒",國圖本作"雖富貴者以齒",臺北故宮本增"有"字。"有人荷畚"下釋文"荷,胡可反,又音河",國圖本"河"誤作"同",臺北故宮本剜改。

卷七第五葉,宣公六年"遂刎頸而死"注"明約儉之衛也",國圖本"明"誤作"用",臺北故宮本剜改。

卷七第十四葉,宣公十五年"平者在下也"注"等不物貶",國圖本"物"作"勿",臺北故宫本剜改。

卷十第十五葉,昭公二十五年"君無多辱焉"注"故云爾",國圖本誤"云"爲"亡",臺北故宫本剜改爲"云"字。

總結以上兩本之間的文字差異,一般是國圖本有誤字或脱文、衍文,而臺北故宫本改正了誤字,增入脱文,删去衍文。改正的方法,字數不變者原字剷除,填入新字;有增删文字者,視增删字數多少,剜去前後文字若干,重新補入新的文字。臺北故宫本通過剜版補刻,修訂了初印本中的訛誤,從文字内容上來説,後印本勝於初印本。汪氏問禮堂刻《春秋公羊經傳解詁》底本爲國圖本,翻刻過程中有誤刻,但基本忠實於底本原貌。鐵琴銅劍樓藏本即臺北故宫本,是經過校訂修版的後印本。因此,《鐵琴銅劍樓藏書目録》以汪氏刻本與自藏宋本比較,當然會發現許多文字差異。

臺北故宫本卷十二末葉,有"余仁仲刊于家塾"一行,隔行又有"癸丑仲秋重校"一行。這一葉國圖本原缺抄配,所以關於"癸丑仲秋重校"這一行究竟代表何意,前人有不同的理解。日本學者阿部隆一《中國訪書志》就指出:"一般認爲,此本卷前校書跋所署的紹熙辛亥二年顯示了此本的刊刻時間,但卷十二末的'癸丑仲秋重校'刊記,是意味著此本爲紹熙四年經過重校而刊刻的,還是紹熙二年刊刻,紹熙四年在重校基礎上進行修版的,這一點尚不明確。此本爲稍稍後印之本,北京圖書館本屬早印。可惜的是,因缺末葉,原本是否有此癸丑校記,已無從確定。從版面上看似乎未見有修版的痕跡,俟後再考。"① 而袁克文在國圖本的卷十二末的抄配葉上寫有跋語云:"此葉所據决非出自余氏原本,又不若卷六補葉之舊,因依瞿氏校勘記爲改定之。兹取瞿校與此本細參,而瞿本煩多增改,且尾有重校訖一行,是必爲重修本,此則初印本也。"袁氏意識到此本與瞿氏藏本之間的文字差異,源於兩本之初印與重修的差别,實爲有識之論。通過上述兩本比勘,可知兩部余刻《公羊》確爲不同時間的印本,臺北故宫本卷十二末的"癸丑仲秋重校",當即重校修

---

① 《中國訪書志》,第 708 頁。

版時增刻的一行刊記。這一點，余仁仲本《春秋穀梁傳》亦可爲佐證。

如前文所述，余仁仲刻本《春秋穀梁傳》今已無全本存世，僅臺北故宮博物院藏有殘本，存卷七～一二共六卷。而日本曾有一部全本流傳至近代，今有《古逸叢書》影刻本。以影刻本與臺北故宮藏宋刻原本比較，可以發現影刻本毫髮畢肖，忠實再現了原本的神韻。因此，雖然余刻原本已無全本存世，我們仍可根據《古逸叢書》本窺見余刻《春秋穀梁傳》全本的面貌。楊守敬在《古逸叢書》本附跋中指出：

> 此本首尾完具，無一字損失，以何氏校本照之，有應有不應。當由何氏所見爲初印本，此又仁仲覆校重訂者。故於何氏所稱脫誤之處，皆挖補擠入。然則此爲余氏定本，何氏所見猶未善也。

楊守敬未曾見到今存臺北故宮的《春秋穀梁傳》六卷殘本，他憑藉《十三經注疏校勘記》所引用的何煌校六卷殘本中的異文，敏銳察覺到兩本間文字差異，源自初印與後印的不同。我們以《古逸叢書》本《春秋穀梁傳》與今藏臺北故宮的宋余仁仲刻《春秋穀梁傳》殘本（據《四部叢刊》影印本）相校，可以發現，兩者的差異與余刻《公羊》的兩個印本間的差異如出一轍，如：

卷七第七葉下宣公十二年注文"靈公之惡"，《古逸叢書》本《春秋穀梁傳》末附楊守敬《考異》云："何校'惡'作'罪'，非余本。"檢臺北故宮藏余仁仲刻本《春秋穀梁傳》，此處"惡"正作"罪"，何校無誤。蓋因何煌所見爲初印本，後印本改"罪"爲"惡"，因而與何校余仁仲本有異。

卷七第九葉上宣公十六年注文"是故貴其器"，《考異》云："何校余本'貴'作'善'，不相應。"檢臺北故宮本，此處"貴"正作"善"。

卷八第六葉成公七年注文"國無賢君"，《考異》云："何校余本'君'誤'若'，不相應。"檢臺北故宮本，此處"君"正作"若"。

卷八第三葉上成公二年注文"蓋言高傒處父亢禮敵公"，《考異》云："何校余本脫'高傒'二字，不相應。按此行字密，當是何所見本爲初印，此爲余氏覆校挖補擠入也。"所見甚是。檢臺北故宮本此處作"蓋言處父亢禮敵公"，正缺"高俣"二字，其本此處版面文字排列疏密正常。初印本既有脱文，後印本遂剜版重刻，補入"高俣"二字，因此後印本此處版面較爲擁擠。

卷九第十五葉下襄公二十九年注文"傳所言解時但有言燕者"，《考異》云："各本'言'、'燕'二字接連，此獨空一字，疑'北'字之脱。何校本無空格，'言'下有'有'字，不相應。按'言'、'燕'接連似是。"檢臺北故宮藏本，此處作"傳所言解時但有言有燕者"，"言"下正多出一"有"字，與何校合。觀《古逸叢書》本，"言"、"燕"之間空一格。此蓋因初印本"言"、"燕"之間衍出一"有"字，重校後發現此處訛誤，遂將"有"字挖去，因而在書版上形成一個空格，並非如《考異》所云脱去某字。

兩本之間還有其他文字差異多處，從這些差異看，兩本的關係與《春秋公羊經傳解詁》情況相同，是較早印本與修版後印本之間的關係。今臺北故宮博物院所藏的余仁仲刻《春秋穀梁傳》殘本，是未經校訂的較早印本；而《古逸叢書》的底本阿波國文庫所藏余仁仲刻本，則是經過校訂修版的後印本。

《古逸叢書》本與臺北故宮藏本《春秋穀梁傳》還有一個最明顯的差異，即卷十二末一葉。此葉有余仁仲等校正人銜名五行，和隸書"余氏萬卷堂藏書記"牌記，兩本一致。但《古逸叢書》本在隸書牌記之下，多出了"癸丑仲秋重校訖"七字，臺北故宮本《春秋穀梁傳》無此七字。（圖三七）結合《春秋公羊經傳解詁》卷末的"癸丑仲秋重校"字樣，我們可以確認余仁仲確實在"癸丑"（紹熙四年）這一年對《公羊》、《穀梁》（或許還有其他諸經）進行了詳細的校勘，修訂了初印本中的訛誤之處，"癸丑仲秋重校訖"就是此次修訂時增刻的一條刊記。由此可見余仁仲刊刻《九經》，具有認真負責的態度，經過仔細的文字校勘，較之普通坊刻的粗疏，大有分別，因此當時即被稱爲善本。

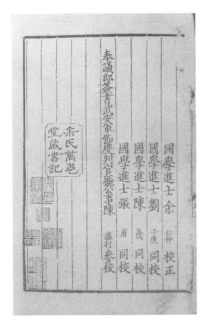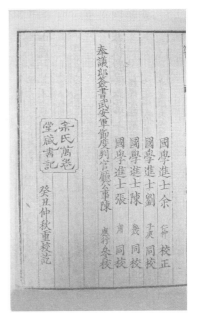

圖三七　臺北故宮藏余仁仲本《春秋穀梁傳》卷末（左，複製件）與《古逸叢書》影刻本（右）之比較

四、余仁仲本《九經》的校勘價值

余仁仲刻《九經》是通行并被認爲較好的版本，因此南宋廖氏刊刻《九經》、元初岳氏刊刻《九經三傳》，皆取余仁仲本作爲重要的參校本乃至底本。到清代的時候，余刻諸經已有多種失傳，流傳下來的本子屈指可數。藏書家能得到余刻《九經》之一部，即可傲視同儕。清代著名的藏書家黃丕烈在得到余氏刻《春秋公羊經傳解詁》後，寫下一篇跋文，其中提到：

> 余所見殘本《穀梁》在周香嚴家，即萬卷堂余仁仲校刻者也。此外有《周禮》，亦缺《秋官》，藏顧抱沖所。今秋得此《春秋公羊傳解詁》十二卷，完善無缺，實爲至寶。得之價白金一百二十兩。不特書估居奇，亦余之愛書，有以致此。初，是書出鎮江蔣春農家，書估以賤直購之，攜至吾郡，疊爲有識者稱讚，故索價竟至不

减。余務在必得，惜書而不惜錢物，書魔故智，有如是者。①

黄丕烈爲獲得余仁仲本《春秋公羊經傳解詁》，不惜花費高價，自稱書魔，由此可見余仁仲刻諸經版本在藏書家心目中的地位。

正如楊守敬所説："自宋以來所傳經注本，不必與《釋文》合。而合刊注疏者，往往改《釋文》以就之，至毛本則割裁尤甚。此本後有仁仲自記，不以《釋文》改定本，亦不以定本改《釋文》，猶有漢唐經師家法。"② 余氏刻本爲人所重，不僅因它流傳稀少，還因爲它時代較早，未經擅改，更多保存了古經注的舊貌；而且經過仔細的校勘，無俗間坊刻粗製濫造之病，其文字内容有胜於他本之處。

以《穀梁》來説，宋代的刊刻本來就不多（余仁仲跋語云"《公羊》、《穀梁》二書，書肆苦無善本"），流傳下來的更是稀若星鳳。今存宋刻《穀梁》，除余仁仲刻本外，僅一部附釋音注疏合刻本傳世。余仁仲本是惟一傳存的《穀梁》經注本，其價值不言而喻。清阮元校勘《十三經注疏》，廣搜異本，而于《春秋穀梁傳》所得僅何煌校本。《春秋穀梁傳注疏校勘記序》云："康熙間長洲何煌者，焯之弟。其所據宋槧經注殘本、宋單疏殘本，並希世之珍。雖殘編斷簡，亦足寶貴。"其中提到的何煌所據"宋槧經注殘本"，即余仁仲本。《校勘記》引據各本目録中，有明確説明："宋槧殘本：余仁仲萬卷堂藏本，兼載釋文。宣公以前缺。自宣公以後分卷與石經合。今據何煌校本。"③ 這個宣公以前殘缺的本子，正是今存於臺北故宫博物院的余仁仲本《春秋穀梁傳》。《春秋穀梁傳注疏校勘記》于宣公以後的内容，大量使用了何煌校余仁仲本。以下爲卷十二（阮本卷數，當余仁仲本之卷七）中的幾例：

卷十二宣公二年注"止以病不知嘗藥"（臺北藝文印書館影印阮元

---

① 黄丕烈《蕘圃藏書題識》卷一，《清人書目題跋叢刊》之《黄丕烈書目題跋》，中華書局影印本，第18頁。
② 《古逸叢書》本《春秋穀梁傳》卷末楊守敬跋。
③ 《十三經注疏校勘記》，《續修四庫全書》第183册，第146頁。

本，下同），《校勘記》云："'上以病不知嘗藥'，閩、監、毛本'上'作'止'，是也。何校本'病'上有'父'。"①《校勘記》底本爲"上"字，阮元本已改"上"爲"止"。余仁仲本此在卷七第二葉下，正作"止以父病不知嘗藥"。

卷十二宣公七年傳"來盟前定也"，《校勘記》云："閩、監、毛本同，石經、余本'盟'下有'者'字。"余仁仲本此在卷七第四葉上，正作"來盟者前定也"。

卷十二宣公九年傳"公孫寧、儀行父亦通其家"，《校勘記》云："閩、監、毛本同，石經、余本'通'下有'于'字。"余仁仲本此在卷七第五葉下，正作"公孫寧、儀行父亦通于其家"。

卷十二宣公十一年注"二人與昏淫"，《校勘記》云："閩、監、毛本同，余本'與'下有'君'字。"余仁仲本此在卷七第七葉上，正作"二人與君昏淫"。

卷十二宣公十五年注"又受田十五畝"，《校勘記》云："閩、監、毛本同，余本無'五'字，是也。莊廿八年疏引作'又受田十畝'。"余仁仲本此在卷七第八葉下，無"五"字。

卷十二宣公十八年傳"正寢也"，《校勘記》云："閩、監、毛本同，石經、余本上有'路寢'二字，疏標起訖同。"余仁仲本此在卷七第十葉上，作"路寢正寢也"。

卷十二宣公十八年傳"是以奔父也"，《校勘記》云："閩、監、毛本同，石經、余本'以'作'亦'。"余仁仲本此在卷七第十葉上，作"是亦奔父也"。

何煌校本是阮元《春秋穀梁傳注疏校勘記》最主要的參校本，而何煌校本，疏文所據爲單疏抄本，經傳注文所據即余仁仲本。可以説，《校勘記》於《穀梁》經傳部分的有價值異文，絶大多數出自余仁仲本。可惜的是，何煌所見的余仁仲本已經是殘本，只有卷七宣公以後的内容。因此阮元《校勘記》宣公以前的部分，由於欠缺有力的版本支持，

---

① 以下引《校勘記》，見《續修四庫全書》第183册，第167—170頁。

較後半部分明顯薄弱。

如前文所述,《古逸叢書》本《穀梁》較好反映了余仁仲刻本的原貌,它的前六卷正可補今存余仁仲本《穀梁》的缺失。阮本《穀梁》校勘中宣公以前部分的薄弱,可由《古逸叢書》影刻本得到彌補。根據《古逸叢書》本的前六卷,可補阮本《校勘記》之缺,亦可正阮本之誤刻。我們亦舉數例爲證:

卷一隱公三年注"二穀不升謂之饉"(阮元本,下同),《校勘記》云:"閩、監、毛本'二'作'三',疏引亦作'三'。按作'三'與襄二十四年傳文合。"①《古逸叢書》覆刻余仁仲本此在卷一,正作"三"。

卷二隱公四年注文"八年傳曰不期而會遇",《校勘記》未出校。北京大學出版社《十三經注疏》標點本《春秋穀梁傳注疏》(以下簡稱北大標點本)第18頁出校,云:"'不期而會遇',按八年傳作'不期而會曰遇',義較長。"《古逸叢書》覆刻余仁仲本此在卷一,正作"不期而會曰遇"。

卷二隱公八年注文"若今諸侯京師之地",《校勘記》云:"閩、監、毛本同,《釋文》出'若令,力呈反',案'令'是。"《古逸叢書》覆刻余仁仲本此在卷一,正作"令"字。

卷三桓公二年傳文"於是爲齊侯陳侯鄭伯討數日以賂",《校勘記》云:"閩、監、毛本同,石經'討'作'計'。"《古逸叢書》覆刻余仁仲本此在卷二,作"計"字,與石經同。

卷三桓公七年注文"據文十二年郕伯來奔,不名",《校勘記》未出校。《古逸叢書》覆刻余仁仲本此在卷二,"不名"作"不言朝"。《古逸叢書》本末附楊守敬《考異》云:"各本皆作'不言名'。按各本皆誤讀疏文以改注文,不知范正以釋傳'朝'字,故引郕伯之奔以相決,非以郕伯不名之謂也。"

卷四桓公八年注文"夫婦叛合",《校勘記》云:"閩、監、毛本'叛'作'配'。按今《儀禮》作'胖合',古本只作'半合',或作'判

---

① 以下引《校勘記》,見《續修四庫全書》第 183 册,第 149—152 頁。

合'。"《古逸叢書》覆刻余仁仲本作"判合"。楊守敬《考異》云:"宋監本'判'字空,十行作'叛',非。閩、監、毛改作'配',亦非。按《儀禮》作'胖合','胖'、'判'通。"

卷四桓公九年傳文"世子可以已矣,則是故命也",《校勘記》云:"閩、監、毛本同,石經'故'作'放'。段玉裁云:《太平御覽》百四十七卷引同。"《古逸叢書》覆刻余仁仲本作"放",與石經同。檢《四部叢刊三編》影印宋本《太平御覽》所引者,亦正作"放"字。

以上是《古逸叢書》影刻余仁仲本與阮元本的部分異文。它們或可爲前人校勘提供有力的版本佐證,或可提供有價值的兩通異文。作爲傳世唯一的《穀梁》宋刻經注本及其覆刻本,余仁仲本《春秋穀梁傳》殘卷、《古逸叢書》覆刻本《春秋穀梁傳》,均具有無可替代的版本文獻價值。

另如《春秋公羊經傳解詁》,《鐵琴銅劍樓藏書目錄》曾將余仁仲本與阮元《校勘記》相校,指出大量余本優勝之處,可見余本《公羊》的校勘價值。[①] 按阮元《春秋公羊傳注疏校勘記》序及引據目錄中,皆未列余仁仲本。在《校勘記》正文中,有數處提及余仁仲本者,如卷一隱公元年"元年者何",《校勘記》云:"宋余仁仲本同。閩本、監本、毛本上增'傳'字非。"[②] 卷十四文公十三年"少差異其下者",《校勘記》云:"余本脱一頁,自此'少'字起至後注'後能救鄭之難不''不'字止。"[③] 按此所謂"余本脱一頁"者,正當余仁仲刻本《春秋公羊經傳解詁》的卷六第十一頁整葉,此葉國圖藏本正是缺頁,後人以墨筆抄配。這説明《春秋公羊傳注疏校勘記》中所稱余仁仲本正是今存的《春秋公羊經傳解詁》余刻兩個印本之一、現藏國圖的《春秋公羊經傳解詁》。鐵琴銅劍樓所藏爲另一印本,即今臺北故宮博物院藏本,故《鐵琴銅劍樓藏書目錄》説"觀《記》中別載數條,並言有闕葉兩處(此本不闕)"。阮元《校勘記》於《公羊》傳注部分的校勘,

---

① 《鐵琴銅劍樓藏書目錄》卷五,中華書局影印本,第70頁。
② 《十三經注疏校勘記》,《續修四庫全書》第183冊,第49頁。
③ 《十三經注疏校勘記》,《續修四庫全書》第183冊,第90頁。

主要使用了何煌的校本，而何校中最重要的又是所謂的"宋鄂州官本"，《春秋公羊傳注疏校勘記》有大量據鄂州官本異文校訂底本之處，但皆未提及余仁仲本的相關文字。筆者以今存余仁仲本《公羊》與阮本相校，發現有大量的異文，余本與《校勘記》所引的鄂州官本有異有同，這些異文在《校勘記》中皆未提及。因此可以推測阮氏並未見余仁仲本《公羊》原本，《校勘記》偶爾提到的余本異文，當據他人所校，而非余仁仲原本。在《公羊》的校勘整理中，余仁仲本《公羊》尚未得到充分的利用。

除《公羊》、《穀梁》外，其他傳存的余仁仲刻本經書亦同樣具有非常重要的價值，在各經版本系統中均佔據重要的位置。如阮元《周禮注疏校勘記》引據各本目錄中，就有一部"錢孫保所藏宋本周禮注十二卷"，其中《春官》、《夏官》、《冬官》，即《周禮》經注本的卷五至卷八、卷十一至十二共六卷，爲余仁仲刻本。在《校勘記》的這部分內容中，大量引用了余仁仲本的異文，成爲阮本《周禮》重要的參校版本。余刻《周禮》雖已亡佚，借阮元《校勘記》，仍發揮其重要作用。關於余刻《禮記》的校勘價值，民國間來青閣影印本《禮記》所附校記及王大隆等跋語，多所闡發。至於余刻《春秋經傳集解》，長期以來湮沒無聞，清代藏書家目錄中鮮見有提及，更未見利用者。今存臺北"央圖"的殘存六卷本，摻雜在幾種其他版本中，是唯一碩果僅存的余仁仲本《春秋經傳集解》，其校勘價值尚待更深入的研究和利用。

五、余仁仲本《九經》對後來版本的影響

余仁仲《九經》被"稱爲善本"，在經書版本系統中佔據非常重要的地位，對後世產生了深遠影響。喬秀岩先生有《〈禮記〉版本雜識》一文，比較《禮記》各本異文，指出後世通行十行注疏本《禮記》之經注、釋文文本與余仁仲本有極爲密切的關係：

> 就《校勘記》十行以下諸本與撫本、八行本相歧之處，核校余本，則余本與十行本，十有九合。

喬秀岩將現存《禮記》版本分爲兩個系統：

> 《唐石經》、撫州公使庫本、八行本爲一類，《唐石經》爲始祖，撫本爲現存最精最完本；余仁仲本、纂圖互注本、十行本以及閩、監、毛本爲一類，余仁仲本不妨假設爲此類文本之淵源，纂圖互注本與余仁仲本幾乎全同。①

《公羊》情況亦類似。刁小龍曾比較《公羊》各本異文，指出：

> 建陽余仁仲本與撫州本之間本別爲系統，而十行本注疏實皆取自余仁仲本。而後世坊肆翻刻，明閩中李元陽刻本、萬曆北監本、汲古閣毛氏注疏復輾轉相承。是余仁仲本實乃衆本之祖也。若又申論之，則所謂十行注疏本等諸本實本此余仁仲本與他本疏文合璧而成。此則由十行注疏本之《釋文》與撫州本、余仁仲本《釋文》對比亦可獲知。②

本書第一章第三節，我們曾選取《春秋經傳集解》卷九文公十一年至十五年文字，以興國軍本《春秋經傳集解》、撫州本《春秋經傳集解》、余仁仲本《春秋經傳集解》、越刻八行本《春秋左傳正義》、元刻明修十行本《附釋音春秋左傳注疏》與阮元本相校。從所得異文來看，除元刻明修十行本及阮元本明顯訛誤外，絕大部分異文余仁仲本與元刻明修十行本、阮元本同，而撫州本與越刻八行本同，形成明顯的兩個陣營。其中如：

文十　年經"會晉郤缺于承筐"（阮元本，下同），《校勘記》云："石經、宋本、岳本'筐'作'匡'，傳文同。即襄三十年傳'會郤成子于承匡之歲也'是也。"③ 興國軍本、撫州本、越刻八行本皆作"匡"，

---

① 喬秀岩《〈禮記〉版本雜識》，《北京大學學報（哲學社會科學版）》第43卷第5期，2006年。
② 刁小龍《〈春秋公羊傳解詁〉版本小識》，《國學學刊》2010年第4期。
③ 以下引《十三經注疏校勘記》，《續修四庫全書》影印清嘉慶文選樓刻本，第182册，第407—413頁。

余仁仲本、元刻明修十行本同阮本作"筐"。

文十二年傳"范無恤御戎"注"代步昭",《校勘記》云:"宋本、淳熙本、岳本、足利本'昭'作'招',《釋文》亦作'招',是也。"文七年傳有曰"步招御戎,戎津爲右",疏云"十二年河曲之戰,傳稱'范無恤御戎',注云'代步招'",正指此事。"招"字爲是。興國軍本、撫州本、越刻八行本皆作"招",而余仁仲本、元刻明修十行本同阮本作"昭"。

文十二年傳"秦以胜歸"注"短兵未至爭而兩退",《校勘記》云:"宋本、岳本、足利本'至'作'致'。"興國軍本、撫州本、越刻八行本"至"皆作"致",余仁仲本、元刻明修十行本同阮本作"至"。

文十四年傳"懲不敬也"注"欲使怠慢者戒",《校勘記》云:"宋本、淳熙本、岳本、足利本'者'下有'自'字,是也。"興國軍本、撫州本、越刻八行本"者"下皆有"自"字,余仁仲本、元刻明修十行本同阮本無"自"字。

文十五年傳"冬十一月,晉侯、宋公、衛侯、蔡侯、鄭伯、許男、曹伯盟于扈",《校勘記》云:"石經、宋本、淳熙本、岳本、纂圖本、足利本'蔡侯'下有'陳侯'二字。"按:興國軍本、撫州本、越刻八行本"蔡侯"下皆有"陳侯"二字,余仁仲本、元刻明修十行本同阮本無二字。檢莊公十六年經"冬十有二月會齊侯宋公"下疏文有云:"文十五年夏,晉郤缺帥師伐蔡,戊申入蔡,其冬諸侯盟于扈,傳稱'晉侯、宋公、衛侯、蔡侯、陳侯、鄭伯、許男、曹伯盟于扈'。"有"陳侯"爲是。

文十二年傳"且請絕叔姬而無絕昏"注"不書大歸未筓而卒",《校勘記》云:"閩本、監本、毛本'大'作'來',宋本、岳本'筓'作'歸',不誤。"興國軍本、余仁仲本、元刻明修十行本同阮本作"不書大歸未筓而卒",撫州本、越刻八行本作"不書大歸未歸而卒",諸本"大"字同。

以上諸例,十行注疏本皆同余仁仲本,而與撫州本、越刻八行本不同。余仁仲本誤字、脫字處,十行注疏本皆沿襲。這説明十行注疏本

《左傳》之經注文字與余仁仲本之間有密切的淵源關係。

本章第三節末附"《左傳》各本附釋文比較表"（附表一），比較了今存宋刻本《左傳》數種版本所附釋文的情況。從比較表可知，除鶴林于氏本附釋文體例特殊、廖氏（岳氏）刻本附釋文經刪節改造外，其他余仁仲本、研易樓本、龍山書院刻纂圖互注本、《四部叢刊》影印宋本、十行注疏本，其《釋文》文本大體一致。特別是研易樓本、龍山書院刻纂圖互注本所附釋文與余仁仲本完全相同；十行注疏本的附釋文文字除明顯誤刻外，亦全同余仁仲本。余仁仲本刻成於光宗之前及光宗時期，是現存宋刻本《左傳》諸本中較早的附釋文本經書，也是南宋坊刻經書代表性版本。雖然不能遽斷余仁仲本爲諸本附釋文之祖，但各本釋文同出一源，余仁仲本堪稱較早的源頭。其所附《釋文》文本，對南宋中後期福建地區大量出現的附釋文本經書（包括十行注疏本）具有極大影響力。

十行注疏本爲明清以後通行注疏合刻本的源頭，阮元本即據其翻刻，至今影響深遠。從上述《禮記》、《公羊》及《左傳》經注異文及《釋文》文本的比較來看，十行注疏本的經注、釋文文字與余仁仲本有密切的淵源關係，在十行注疏本文本形成過程中，余仁仲本（或是余仁仲本同一系統的版本）曾經發揮重要的作用，它或許即是十行注疏本經注、釋文部分的文本來源。因此，余仁仲本在經書版本發展系統中堪稱重要一環，它對後世通行《十三經注疏》文本的形成具有直接而深遠的影響。

第三節　廖瑩中世綵堂刊刻《九經》

一、廖瑩中世綵堂與廖刻《九經》

廖瑩中字群玉，號藥洲，邵武人。爲賈似道客，嘗除太府丞、知某州，皆以在翹館不赴。咸淳間，似道除太師、平章軍國重事，權傾一時，大小朝政多委于館客廖瑩中。德祐元年，賈似道事敗，廖瑩中仰藥死。①

廖氏精於賞鑒，喜刻書籍碑帖，所刻多署"世綵堂"名號。宋周密《癸辛雜識》後集"賈廖碑帖"條記廖氏刻《淳化閣帖》、《絳州潘氏帖》，及"刻小字帖十卷，則皆近世如盧方春所作《秋壑記》、王茂悅所作《家廟記》、《九歌》之類。又以所藏陳簡齋、姜白石、任斯庵、盧柳南四家書爲小帖，所謂《世綵堂小帖》者。世綵，廖氏堂名也"。②明田汝成《西湖遊覽志餘》卷五云："瑩中嘗爲園，湖濱有世綵堂、在勤堂、芳菲徑、紅紫莊、桃花流水之曲，綠陰芳草之間。"③又今存廖刻韓、柳集，版心鐫"世綵堂"，牌記刻"世綵廖氏刻梓家塾"字樣。

關於廖瑩中編刻圖籍的情況，以宋末周密的記載最爲翔實。《癸辛雜識》後集"賈廖刊書"條記廖氏刻書云：

> 廖群玉諸書，則始《開景福華編》，備載江上之功，事雖誇而文可采，江子遠、李祥父諸公皆有跋。《九經》本最佳，凡以數十種比校，百餘人校正而後成，以撫州萆抄紙、油煙墨印造，其裝襯至以泥金爲籤。然或者惜其刪落諸經注，爲可惜耳，反不若韓、柳文爲精妙。又有《三禮節》、《左傳節》、《諸史要略》，及建寧所開《文選》諸書，其後又欲開手節《十三經注疏》、姚氏注《戰國策》、《注坡詩》，皆未及入梓，而國事異矣。④

《志雅堂雜抄》卷一亦記廖氏刻書，文字與《癸辛雜識》稍有異同，關於《九經》有云："……其後開《九經》，凡用十餘本對定，各委本經

---

① 參見（宋）周密《志雅堂雜抄》上、《癸辛雜識》後集《廖瑩中仰藥》及《宋史》卷四七四《賈似道傳》。
② （宋）周密《癸辛雜識》後集，中華書局標點本，1988年，第86頁。
③ （明）田汝成《西湖遊覽志餘》，影印文淵閣《四庫全書》本，第585册，第354頁。
④ （宋）周密《癸辛雜識》後集，第85頁。

人點對，又圈句讀，極其精妙。"①

周密以當時人記當時事，所記廖氏刊書事當可信。廖氏世綵堂刻書始自《開景福華編》，按理宗開慶元年（1259），蒙古大軍分三路大舉攻宋，理宗即軍中拜賈似道爲右丞相，令率軍援鄂。景定元年（1260），似道以少傅、右丞相召入朝，百官郊勞如文彦博故事。似道遂使廖瑩中董撰《福華編》稱頌鄂功，故稱《開景福華編》。《福華編》之編刻，在理宗景定初年，此爲廖氏刻書之始。至德祐元年（1275），賈似道事敗，廖瑩中仰藥自殺。從理宗景定元年（1260）至度宗咸淳末年（1274），這十幾年是賈似道專國、權重朝野的鼎盛期間，廖瑩中諸書刊刻當在此期間。

廖氏擅文辭，精鑒賞，有賈府權勢的支撐，也有雄厚的財力支持，故所刻書籍碑帖，皆不惜紙墨工費，刻印精美而裝飾豪華。後人有詩贊云："碑版無如群玉工，後來世綵亦稱雄。"② 廖氏刻書的內容以經史文集爲主，經書除《九經》外，還刻《三禮節》、《左傳節》；史書有《諸史要略》；文集包括韓、柳集、《文選》；又有手節《十三經注疏》等，未及付梓。廖瑩中本人長於文辭著述，世綵堂所刻書籍多經其編校整理。如"《三禮節》"、"《左傳節》"及未經刊刻的"手節《十三經注疏》"，應當都是廖瑩中本人或他組織人所編的經典節本，以供士民百姓及童蒙習用。《九經》則搜羅數十種版本、組織一百餘人進行校勘句讀的工作。未及刊刻的《注坡詩》，"以海陵顧注爲祖，而益以他注"，③也是需經過一番編輯加工的。從今日僅存的廖氏世綵堂刻本《昌黎先生集》、《河東先生集》，可見廖氏刻書之一斑。

《昌黎先生集》、《河東先生集》，宋咸淳廖氏世綵堂刻本，今藏中國國家圖書館。兩本皆九行十七字，細黑口，四周雙邊，版心下有刻

---

① （宋）周密《志雅堂雜抄》，《四庫全書存目叢書》影印本，子部101册，第343頁。

② （清）沈嘉轍《南宋雜事詩》卷三，影印文淵閣《四庫全書》本，第1476册，第542頁。

③ 《志雅堂雜抄》，《四庫全書存目叢書》影印本，子部101册，第343頁。

工名及"世綵堂"字樣,卷末有"世綵廖氏刻梓家塾"牌記,牌記形狀爲長方、亞字或橢圓;字體爲篆書或隸書。(圖三八)兩本風格一致,皆字體秀雅,紙潤墨香,歷經七百餘年而觸手如新,被稱爲宋版書中的"無上神品",① 從中可見廖氏刻書之神韻。這兩部唐人文集注本均爲廖瑩中在前人注本基礎上重加編輯並付梓的,兩書卷前有凡例,述其編校體例。如《河東先生集》是在建安所刊五百家注本的基礎上,刪其龐雜,增入音義而成,其凡例云:"閣、京、杭、蜀及諸郡本互有同異,今並加讎校,仍于正文之下注云一本作某字,其間是正頗多。""每篇題下注所作日月,皆參以年譜。其事關係時政及公卿拜罷日月,系博采新舊史考定。"②。《昌黎先生集》亦據五百家注本,附

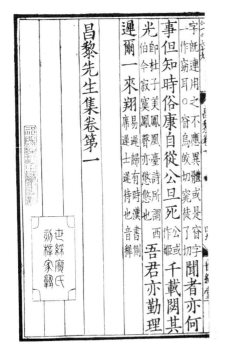

圖三八　宋咸淳廖氏世綵堂刻《昌黎先生集》與
《河東先生集》牌記(《中國版刻圖錄》)　中國國家圖書館藏

---

① 《中國版刻圖錄》第1冊,第15頁。
② 《河東先生集》卷首,《中華再造善本》影印廖氏世綵堂本。

入朱子考異，刪取諸家要語而成。此兩部廖氏編刻唐人集，作爲廖瑩中世綵堂刻書的傳世之本，使我們可以借此窺見廖氏刻書於編、校、刻諸方面的精審。

關於廖刻《九經》的經數，張政烺先生《讀〈相臺書塾刊正九經三傳沿革例〉》有精詳的考證，今録如下：《孝經》一卷，《論語》十卷，《孟子》十四卷，《毛詩》二十卷，《尚書》十三卷，《周易》十卷，《禮記》二十卷，《周禮》十二卷，《春秋經傳集解》三十卷。據上文所引周密的記述，廖瑩中刻《九經》，以數十種版本比校，百餘人校正而後成，以撫州萆抄紙、油煙墨印造，其裝褫至以泥金爲籤，無論文字内容、紙墨工料，皆取最佳。但隨著賈似道事敗，廖瑩中仰藥而死，世綵堂所刻書板也很快散落無存。《九經三傳沿革例》篇首小引中說廖氏刻本《九經》，"板行之初，天下寶之，流布未久，元板散落不復存。嘗博求諸藏書之家，凡聚數帙，僅成全書。"廖刻《九經》版本在元代初年即成難得之本，至今歷經數百年變遷，無一幸存。根據現有資料，在清代公私藏書著録中，僅見一部廖刻《九經》的記載，這就是《天禄琳琅書目》著録的《春秋經傳集解》：

> 《相臺書塾刊正九經三傳沿革例》云：世所傳《九經》，有建余氏、興國于氏二本，皆稱其善。而廖氏以余氏不免誤舛，于氏未爲的當，合諸本參訂，爲最精。版行之初，天下寶之。又云：廖本《春秋》無年表、歸一圖。此書每卷末有木記曰：世綵廖氏刻梓家塾。爲長方、橢圓、亞字諸式，具篆文、八分，而不載年表、歸一圖。蓋岳珂所稱者，即爲此本。
>
> 闕補卷十三、卷十四，卷十七之卷二十二，計四册，鋟刻亦精，但字畫較瘦，卷末無世綵廖氏印，書中亦無徑山紅記，乃用別本補入。①

---

① 《天禄琳琅書目》卷一，《清人書目題跋叢刊》第10册，第14頁。

《天禄琳琅書目》著録此本《春秋經傳集解》，鈐有"敬美甫"、"王世懋印"、"徑山居頂庵"藏印，爲明人王世懋舊藏。其本每卷末有"世綵廖氏刻梓家塾"牌記，牌記的形制有長方形、橢圓形、亞字形，字體爲篆文或隸書。所描述的牌記，形狀、字體與廖刻韓、柳集牌記如出一轍。從著録看，這應當是廖刻《九經》之一種。這部《春秋經傳集解》是我們所知唯一的一部傳至清代的廖氏《九經》刻本，可惜驚鴻一瞥，隨著嘉慶間的一場大火，天禄琳琅著録諸書燬之一炬，此後再未見到有關此本的記載了。

二、《九經總例》

廖刻韓、柳集有凡例述編刻體例，廖刻《九經》亦有類似的凡例附刻，這就是《九經總例》。論説《九經總例》，必然要説到《九經三傳沿革例》。《沿革例》開篇云：

> 世所傳九經，自監、蜀、京、杭而下，有建安余氏、興國于氏二本，皆分句讀，稱爲善本。廖氏又以余氏不免誤舛，于氏未爲的當，合諸本參訂，爲最精。板行之初，天下寶之。流布未久，元板散落不復存。嘗博求諸藏書之家，凡聚數帙，僅成全書。懼其久而無傳也，爰仿成例，乃命良工刻梓家塾，如字畫、如注文、如音釋、如句讀，悉循其舊。且與明經老儒分卷校勘，而又證以許慎《説文》、毛晃《韻略》，非敢有所增損於前。偏旁必辨，圈點必校，不使有毫釐訛錯，視廖氏世綵堂本加詳焉。舊有《總例》，存以爲證。①

《九經三傳沿革例》，又題《相臺書塾刊正九經三傳沿革例》，是岳氏刊刻《九經三傳》時附刻的一篇文字，長期以來被認爲是南宋岳珂所作，岳氏刻本諸經也被認爲是宋岳珂所刻。張政烺先生于1943年撰成

---

① 《九經三傳沿革例》，影印文淵閣《四庫全書》本，第183册，第560頁。

《讀〈相臺書塾刊正九經三傳沿革例〉》一文，① 對岳刻《九經》及《沿革例》進行了翔實充分的考證，否定了岳珂刊刻説，提出岳刻諸經實爲元初岳浚所爲。此觀點在1960年出版的《中國版刻圖録》中已被引用，因而廣爲人知，堪稱定論。同時，張文還論證了《沿革例》的主體部分實即廖瑩中所撰《九經總例》舊文的觀點，論據充分，結論可信。文云：

> 張萱《新定内閣藏書目録》卷二《經部》："《九經總例》一册全。《九經》諸本互異，此書總其互異者詳辨之，曰書本、曰字畫、曰注文、曰音釋、曰句讀、曰脱簡、曰考異，凡七則，依旴郡廖氏元本梓之，莫詳姓氏。《九經沿革》，一册全，又一册全，宋相臺岳珂家塾刊本，與《九經總例》相同。"右列二書即上舉楊目②之《九經總例》、《九經三傳沿革例》無疑。……張氏所舉《九經總例》中之書本、字畫等七則，今皆見岳氏《沿革例》中，兩者相同自屬事實。原本蓋不著撰人，故云"莫詳姓氏"。
>
> ……廖氏《總例》貫穴《九經》，綜其互異，分類舉例辨證，頗爲精審。岳氏仿刻《九經》兼及《總例》，存以爲證，更無竄改，故所增《公羊傳》、《穀梁傳》、《春秋年表》、《春秋名號歸一圖》各條，皆附於卷末，並著明補刻原委，不以相亂。如云："廖本無《年表》、《歸一圖》，今既刊《公》、《穀》，並補二書，以附經傳之後。"《春秋公羊傳》、《穀梁傳》、《年表》、《名號歸一圖》四書，廖刻本無，《總例》中所未及，岳氏特補著之，而于書本、字畫、音釋、句讀諸端皆悉效廖氏法，精細不苟。
>
> …………
>
> 《沿革例》中之《總例》七則，即其全書之主要部分，乃廖氏世綵堂《九經總例》原文，岳氏未能有所增損於前，明白可見。自

---

① 張文1991年首次發表於《中國與日本文化研究》第一集，後收入《張政烺文史論集》。
② 指明楊士奇《文淵閣書目》。

來學者習焉不察,概以歸諸相臺,並以屬之岳珂,訛以傳訛,不復研究。雖于經學得失尚微,其關係版本目錄之學者則甚大,余故抉而出之。三百年來已就亡佚之《九經總例》一冊,竟得一旦復見於人間,鄭樵作"書有名亡實不亡論",此其例也。

正如張政烺先生所論,《九經三傳沿革例》除開篇引語及篇末所附《公羊穀梁傳》、《春秋年表》、《春秋名號歸一圖》三則外,其正文的主體部分,包括《書本》、《字畫》、《注文》、《音釋》、《句讀》、《脫簡》、《考異》七則,保存了廖瑩中《九經總例》的舊貌,是我們研究廖刻《九經》的重要資料。

在《書本》一則中,廖氏化用魏了翁《六經正誤序》中部分文字,並引用晁公武對監本文字訛誤的見解,評價了當時通行的《九經》版本。他認為,監本雖被奉為正宗,實際上難免訛誤脫略。毛居正雖曾對監本加以刊修,但許多誤字尚未改正,且刊修僅及四經。除監本外,前輩認為較好的《九經》版本如興國于氏本、建安余氏本,廖氏認為都各有不足,難以稱善。因此,他立誓刊修《九經》,為後學提供一套精善的儒家經典版本。首先要廣泛搜集當時的各種版本。廖氏列舉了他所搜羅到的宋刻經書版本二十三種:

> 今以家塾所藏唐石刻本、晉天福銅版本、京師大字舊本、紹興初監本、監中見行本、蜀大字舊本、蜀學重刊大字本、中字本、又中字有句讀附音本、潭州舊本、撫州舊本、建大字本(俗謂無比九經)、俞韶卿家本、又中字凡四本、婺州舊本,並興國于氏、建安余仁仲,凡二十本。又以越中舊本注疏、建本有音釋注疏、蜀注疏,合二十三本。專屬本經名士,反覆參訂,始命良工入梓。①

---

① 《九經三傳沿革例》,影印文淵閣《四庫全書》本,第183冊,第561頁。

作爲權傾一時的賈似道所倚重的門客，廖氏有可能以一家之力，搜集到如此衆多的經書版本。搜羅衆本之後，廖氏組織一批專業人員，參照衆版本對諸經文字進行校勘參訂，始付刊刻。所謂"專屬本經名士"，即《志雅堂雜抄》所説的"各委本經人點對"，委託對各經有專門研究的學者，進行校訂點讀的工作。廖氏所搜集的二十三種儒家經典版本，除"唐石刻本、晉天福銅版本"外，其他都是宋代刻本，這是我們研究宋刻經書版本的重要資料。其中所列的版本，有的今天還有零星傳本存世，像"撫州舊本"、"建安余仁仲"本、"越中舊本注疏"等，可以與廖氏記載相印證；有的今天已無傳本，僅憑廖氏記載方知其存在。《九經總例》對宋刻經書版本的記述，如"于本音義不列于本文下，率隔數葉始一聚見"；"監蜀諸本皆無句讀，惟建本始仿館閣校書式，從旁加圈點"，"然亦但句讀經文而已。惟蜀中字本、興國本並點注文"；"唐石本、晉銅版本、舊新監本、蜀諸本與他善本，並刊古注，若音釋則自爲一書"，"建本、蜀中本則附音於注文之下"，等等，透露出建本、蜀中字本、興國于氏本等在音釋、句讀方面的不同體例。後人根據這些記述，與現存版本相對照，即可獲得相關版本的寶貴信息。

在《音釋》一節中，廖氏敘述了其刻《九經》所附釋音的體例：

> 唐石本、晉銅版本、舊新監本、蜀諸本與他善本，並刊古注，若音釋則自爲一書，難檢尋而易差誤。建本、蜀中本則附音於注文之下，甚便翻閱。然龐雜重贅，適增眩瞀。今欲求其便之尤便，則亦附音釋，如建、蜀本，然亦粗有審訂。音有平上去入之殊，則隨音圈發。或者不亮其意，而以爲病，則但望如監本及他善本視之，捨此而自觀《釋文》可也。若《大學》、《中庸》、《論》、《孟》四書，則併附文公音於各章之末（原注：如《雍也》篇樂水、樂山、知者樂，《釋文》皆音岳之類，自與注意背馳，微文公音，則義愈晦矣，雖此爲古注釋設，亦不害其爲相正）。①

---

① 《九經三傳沿革例》，影印文淵閣《四庫全書》本，第183冊，第563頁。

此段文字對前此經書版本中附刻音釋的情況進行了總結。如"唐石本、晉銅版本、舊新監本、蜀諸本與他善本"皆單經注本，《釋文》自爲一書，不與經注混合。讀者閱讀過程中，需根據内容找尋《釋文》相應釋音，因而"難檢尋而易差誤"。而"建本、蜀中本則附音於注文之下"，將《釋文》音釋分散附入經注本文之下，這樣讀者不需另外查找《釋文》，即可獲其音釋，甚便閱讀，如余仁仲本即是此類。廖瑩中認爲，前者閱讀不便，易致差誤，後者雖方便閱讀，但照搬《釋文》内容，不加刪節，失於龐雜繁瑣，難稱簡明。基於此種認識，廖氏在《九經》刊刻中，對於音釋部分，既沿襲了建本、蜀中本隨文附音釋的體例，又加以改進，採取了新的處理方式。

在《句讀》一節中，廖氏指出：

> 監、蜀諸本皆無句讀，惟建本始仿館閣校書式，從旁加圈點，開卷瞭然，於學者爲便，然亦但句讀經文而已。惟蜀中字本、興國本並點注文，益爲周盡，而其間亦有於大義未爲的當者。今就其是者，而去其未安者，大指皆依注疏，雖儒先章句行於世者，亦不敢雜於其間。若疏義及釋文，揆之所見，而有未安者，則亦不敢盡從也。①

這裏也對前人經書版本中標點句讀的情況進行了總結。北宋以來國子監本系統經書，如兩宋國子監本、蜀本，都是未加句讀的，今存撫州公使庫本、蜀刻大字本、興國軍本皆此類。建本始仿照館閣校書之式，加以圈點句讀，但句讀者只有經文，注文不加句讀，今余仁仲刻本即此類。蜀中字本及興國于氏本則將經文與注文皆加句讀，而其中有點讀未當者。廖氏刻《九經》，採用了蜀中字本、興國于氏本的方法，於經文、注文皆加圈點句讀，在前人點讀基礎上，重加訂正，去其訛誤。《志雅堂雜抄》所謂"各委本經人點對，又圈句讀"，此項工作需專精各經的儒士細細爲之，除沿襲前人句讀外，於疑似未安之處，需依據注疏之疏解，進行斷

---

① 《九經三傳沿革例》，影印文淵閣《四庫全書》本，第183冊，第571頁。

句。疏義及《釋文》有未安者，則以己見斷其句。此處廖氏舉《尚書·牧誓》中"庸蜀羌髳微盧彭濮人"注"羌在西蜀叟髳微在巴蜀"之句讀爲例，認爲孔穎達疏斷句有誤，因而不遵前人點讀，加以改定。

《注文》、《脫簡》、《考異》三節可歸爲一類，屬於校勘範疇，說明《九經》校刻中衍、脫、異文的不同情況及不同處理方法。《注文》說："諸本於經正文，尚多脫誤（原注：如《易·說卦》'物不可以終動，動必止之'，諸本無'動必'二字，惟蜀本、興國本有之，已添入，此類亦多見之考異），而況於注。間有難曉解者，以疏中字微足其義。"①《脫簡》說："諸經惟《記》、《禮》獨多見之。《玉藻》、《樂記》、《雜記》、《喪大記》，注疏可考，興國本依注疏更定，亦覺辭意聯屬，今則不敢仿之。第以所更定者，繫於各篇之後，庶幾備盡（原注：《大學》一篇，文公所更定，天下家傳而人誦之。《書》之《武成》，先儒亦嘗更定，但今本止以注疏爲據，所以不敢增入）。"②《考異》則列舉二十余例諸本異文，一一加以考證辨析，說明其棄取緣由。如："《詩·定之方中》注'馬七尺以上爲駼'，諸本皆是'馬七尺爲駼'，惟余仁仲本有'以上'二字。以《釋文》考之，則疑舊有'以上'二字，而傳寫逸之也。《釋文》於'駼牝'二音之下，便有'上，時掌反'一音。考注文別無'上'字，而《釋文》有'上'音，此明舊有'以上'二字也。疏曰'七尺爲駼，《廋人》文也'，又考《禮·廋人》'馬七尺以上爲駼，六尺以上爲馬'，則《周禮》亦有'以上'二字。余本爲是，今從之。"③ 這是根據《釋文》及《周禮》作爲旁證，確認余仁仲本異文爲是。

又如："《儒行》'慎靜而尚寬，強毅以與人'，監本及諸本有無'尚'字者，建大字、興國本、余仁仲本則有'尚'字。及考疏，則曰'既慎而靜，所尚寬緩也'。今從之。"④ 這是根據疏文來判斷異文正誤。

---

① 《九經三傳沿革例》，影印文淵閣《四庫全書》本，第183冊，第562頁。
② 《九經三傳沿革例》，影印文淵閣《四庫全書》本，第183冊，第571頁。
③ 《九經三傳沿革例》，影印文淵閣《四庫全書》本，第183冊，第572頁。"廋"原誤作"庚"，據《周禮》改。
④ 《九經三傳沿革例》，影印文淵閣《四庫全書》本，第183冊，第574頁。

又如："《記‧曲禮》'二名不偏諱'，'偏'合作'徧'。疏曰'不徧諱者，謂兩字作名不一一諱之也'。案舊杭本柳文載：子厚除監察御史，以祖名察躬辭，奉勅二名不遍諱，不合辭。據此作'遍'字，是舊禮作'徧'字明矣。若謂二字不獨諱一字亦通，但與鄭康成所注舊文意不合，可見傳寫之誤。然仍習日久，不敢如蜀大字本、興國本輕於改也。"①這是對異文正誤進行了考證辨析，但仍沿襲舊文，不加輕改。

總起來看，廖氏在《九經》刊刻中，對文字進行了細緻的校勘工作，並將這些校勘實例加以總結和系統化，針對不同的異文情況進行不同處理。其總的原則是具體問題具體分析，對於有版本依據、又有內證或有力旁證的，可以改字；對於沒有明確版本依據的，即使判斷字誤，仍採取謹慎態度，不輕加改。《考異》中對各本異文的比勘，也保存了多種今已亡佚的宋刻經書版本的異文資料。

三、廖氏《九經》的翻刻本

雖然廖氏刻本《九經》今已無傳本存世，但我們知道元初岳氏刊刻《九經三傳》，是以廖本爲底本的，岳刻諸經還有數種傳世；此外傳世還有兩部元代刻本《孟子》、《論語》，是據廖本翻刻的。由這兩套翻刻本，我們可以瞭解廖氏刻本的一些具體面貌。

據廖本翻刻的兩部元代刻本《論語》、《孟子》，今藏臺北故宮博物院。其中《論語》十卷，魏何晏集解，一册。序後、卷一、三～九各卷末有"盱郡重刊廖氏善本"長方或橢圓形刊記。版心下刻工名有蒿甫、德高、吉榮、吳栱等。版心上有寫工名：心、若虛、若、水村、水。鈐有"毛晉私印"、"子晉"、"毛襃之印"、"毛氏子晉"、"華伯氏"、"聽松風處"、"沅叔審定"諸印。《孟子》十四卷，漢趙岐注，二册。序後及各卷末有"盱郡重刊廖氏善本"或"盱江重刊廖氏善本"長方形或亞字形、橢圓形、鐘形刊記。（圖三九）版心下刻工名有：子成、戴觀、余德高、蒿甫、吉榮、明甫、興甫、栱等。版心上寫工名有：水村、心、虛、

---

① 《九經三傳沿革例》，影印文淵閣《四庫全書》本，第183册，第573頁。

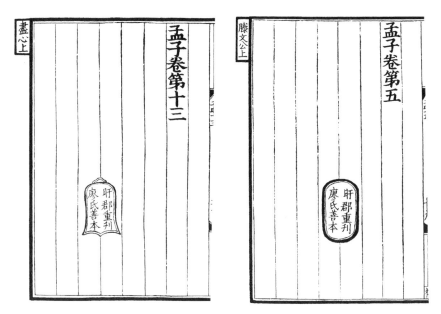

圖三九　元旴郡重刊廖氏本《孟子》牌記（《天禄琳琅叢書》影印本）
臺北故宫博物院藏

若、若虛。藏印與《論語》同，皆爲明末毛氏汲古閣舊藏。兩本行款版式相同，皆爲八行十七字，注文小字雙行同，細黑口，四周雙邊，有書耳，寫工、刻工相通，説明它們是同時同地由同一主持者所刊刻的。明張萱等《内閣藏書目録》卷二著録的《九經總例》一册，"依旴郡廖氏元本梓之"者即此。張政烺先生指出"當時重刊廖氏《九經》兼及其《總例》，明内閣所藏《九經總例》即此本之離析單行者也。其本之末必亦有'旴郡重刊廖氏善本'八字木記，張萱不察，誤解其義，遂以爲'依旴郡廖氏元本梓之'也"。既然翻刻了廖本《九經》的凡例《九經總例》，説明"旴郡重刊廖氏善本"不止《論語》和《孟子》，當時應當是《九經》並《九經總例》共刻的。又元代陳澔《禮記集説》凡例所列校讎經文各本中，有"旴郡重刊廖氏本"，説明陳澔於《禮記》正文曾參校"旴郡重刊廖氏本"，亦可爲證。張政烺先生指出："陳氏自序題至治壬戌，則此開版當在元英宗以前"，

《禮記集說》書成于元英宗至治二年（1322），旴郡重刊廖氏《九經》自當在該年之前。①

此兩書同帙，原藏於故宮位育齋。《故宮善本書目》之《天祿琳琅録外書目》著録，有民國二十一年故宮博物院《天祿琳琅叢書》影印本，1985年臺北故宮博物院重加影印。

廖氏世綵堂本的另一種翻刻本，即元初相臺岳氏荆谿家塾刻本，較旴郡重刊廖氏本傳存較多，也更爲著名。根據張政烺先生考證，岳氏所刻，除翻刻廖本九種經書外，又增刻了廖本未刻的《公羊》、《穀梁》二經，稱《九經三傳》，實爲十一經，另附刻《春秋年表》及《春秋名號歸一圖》。今存岳氏刻本諸經，包括《周易》（藏國圖）、《春秋經傳集解》（藏國圖，另靜嘉堂文庫有殘本）、《論語》（藏國圖）、《孟子》（藏國圖）、《孝經》（藏國圖）及《周禮》殘卷（原北平圖書館藏書，今存臺北故宮博物院）。它們的行款版式也完全相同，亦爲八行十七字，注文小字雙行同，細黑口，四周雙邊，有書耳。各本皆有"相臺岳氏刻梓荆谿家塾"牌記（《孝經》無牌記，張政烺先生認爲它屬於另外一套廖氏《九經》的翻刻本）。另外，乾隆年間內府曾仿刻岳氏本《周易》、《尚書》、《毛詩》、《禮記》、《左傳》，稱《相臺五經》。其中《尚書》、《毛詩》、《禮記》三經，原本已佚，由乾隆翻刻本可窺其大概。（圖四十）

---

① 另中國國家圖書館藏一部元刻本《周禮》殘卷，存卷三至六，行款字數、句讀圈發等與今藏臺北故宮博物院的岳氏刻本《周禮》同，字體風貌亦相似，但並非相同刻本。其卷三末有鐘形墨記，未經刻字。此本曾經黃丕烈收藏，《藏園群書經眼録》第1冊第44頁著録，作"宋相臺岳氏家塾刊本"，按語云："此書字體粗鬆，印工亦不精，卷中宋諱不避，雖號稱宋刊，終不無疑議。"已疑其非岳刻。按此本刻工有王國用、陳元父、陳旻、鄧祥甫、陳景、楊明、孫和父、德甫等，未見與旴郡重刊廖氏本《論語》、《孟子》相同刻工。或亦旴郡重刊廖氏本，或爲另一種元代翻刻廖氏本。

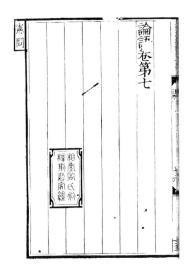

圖四十　元初岳氏相臺家塾刻本《論語》牌記（《中華再造善本》影印本）
中國國家圖書館藏

盱郡重刊廖氏本《九經》在牌記上即明確標榜自己是重刊廖本；相臺岳氏刻本《九經》，也在《沿革例》中説"如字畫、如注文、如音釋、如句讀，悉循其舊"。那麼這兩套廖刻《九經》的翻刻本，是否在内容和形式上都繼承了廖刻經書的面貌，它們在多大程度上忠實于原刻？廖氏原本已不存，我們無法將它們與原本做比較，但可以將現存的兩套翻刻本進行比較，若它們相似度高，就可説明其翻刻比較忠實于廖氏原本，可大體反映廖本面貌；若在版式行款、字體風格上全不相同，則説明它們至少有一方的翻刻，並不忠實于廖氏原本。

將盱郡重刊廖氏本的《論語》、《孟子》，與岳氏刻本《論語》、《孟子》等相比較，可以發現，兩套翻刻本的行款版式完全一致，皆爲八行十七字，皆有書耳。版心形式也完全相同，雙對魚尾，版心上刻字數，下鐫刻工名，刻工名上有一橫綫，兩者完全一致。牌記的文字内容雖然不同，但形式非常相似，都是在各卷之末，形狀有橢圓、亞字、長方形等，與世綵堂本《昌黎先生集》、《河東先生集》牌記形制亦頗相似。（參見圖38、39、40）兩本的字體風格一致，許多字獨特的寫法也一致。很顯然，兩本都是很忠實地按照底本的樣式、字體進行翻刻，才會有如此的相似度。

我們取岳本《論語》與盱郡本《論語》的相同篇卷（卷四）進行比勘，發現兩本文字幾乎全同。唯一一處異文，在卷四第二葉"子路曰子行三軍則誰與"下音釋，盱郡本作："與，如字，一音餘。"岳本作："與，如字，皇音餘。"檢宋刻本陸德明《經典釋文》此處文字，作："誰與，如字，皇音餘。"案《九經三傳沿革例》開篇序言中，岳氏說自己刊刻諸經，仿廖氏舊例，"如字畫、如注文、如音釋、如句讀，悉循其舊"。但也作了進一步的校勘："與明經老儒分卷校勘，而又證以許慎《說文》、毛晃《韻略》，非敢有所增損於前，偏旁必辨，圈點必校，不使有毫釐訛錯，視廖氏世綵堂本加詳焉。"《論語》卷四的這一處異文，很可能就是岳本校刻時依據《經典釋文》而作的改動。此外，兩本的句讀和圈發之處，幾乎全同，偶有幾處此缺彼有或此有彼缺的，應該是刊刻時的遺漏。字體上看，岳本較為方正端嚴，盱郡本則稍顯鬆散而筆劃粗肥，但字的寫法如出一轍，明顯可見這兩個版本同出一源，且都是忠實地翻刻其底本。（圖四一）

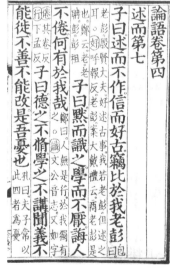

圖四一　廖氏刻本《論語》兩種翻刻本之比較：岳本與盱郡本
左為盱郡本（《天祿琳琅叢書》影印本），臺北故宮博物院藏；
右為岳本（《中華再造善本》影印本），中國國家圖書館藏

四、廖刻《九經》與其他附釋文本的比較

《九經總例》總結了廖刻《九經》在校勘、句讀、音釋等方面所做的工作。這裏我們以音釋爲例，根據岳氏刻本和盱郡本這兩種翻刻本，比較今存其他各本中的音釋，來探討廖刻《九經》的附釋文體例特點。

從今存宋刻附釋文本經書的情況看，除極個別版本如鶴林于氏本外，其他經注附釋文本所附《釋文》在內容上是基本固定的，它們或來自同一個源頭。而廖刻《九經》所附釋音與其他附釋文經注本中的釋音有明顯差異，它對《釋文》進行了大量刪節及改造，並增加了宋人新的釋音。在《九經總例》中，廖氏說明了其改造釋音的原則。

廖氏將《釋文》諸經釋音分列了十數種不同情況，如"有字本易識，初不假音者"、"有音重複而徒亂人意者"、"有的然之音，不待釋者"、"有誤音而不容盡改者"、"有因字畫相近而疑傳寫之誤，失其本音者"、"有點畫微不同而音義甚易辨者"、"有當音而不音合增入者"、"有一音而前後自差雜者"、"有當音當切而比附聲近者"、"有一字數切而自爲龐雜者"、"有用吳音爲字母而反切難者"、"有反切難而韻亦不收者"、"有不必音而音、當音而不音者"、"有當音或不音而可以例推者"、"有當音當切遺於前，而見於後者"、"有經文兩字同而音義有異者"、"有字同音異，隨注義以爲別者"、"有釋文起音之字與經文注文異者"、"有照注義當爲初音，而釋文以爲次音者"等等，並對各種情況舉例分析，對不同情況做不同處理。如對於"字本易識，初不假音者"，廖氏認爲："音釋爲難字設也。今凡正文之音皆存之，其有音切雖多而只同前音者，與別無他音而衆所共識者，未免擇其甚贅者間削去。惟注亦然。《釋文》每有'後可以意求'及'更不重出'及'後放此'之說，則不必贅出亦明矣。"這是刪削之例。對於"的然之音，不待釋者"，廖氏指出："在上之上（時亮反）、在下之下（戶雅反），此指高卑定體而言；若自下而上（時掌反）、自上而下（遐嫁反），此指升

降而言,此本不必言。復有間見而不盡音者,滋惑也。今所校者於疑似處亦音之,間有注字不附音,亦一一圈發矣。又如先、後二字,指在先在後之定體,則先平聲,後上聲,若當後而先之,當先而後之,則皆去聲。又如左、右二字,指定體而言,則左右皆上聲,指其用者而言,則皆去聲,亦已隨音圈發。"這種情況大多採取了圈發的處理。也有姑仍其舊,不予更訂者,如:"有當音當切而比附聲近者,如所謂附近之近、間廁之間、閒隙之閒(平聲)、伺候之伺(平聲)、爭鬪之爭、應對之應是也,今亦皆從其舊,不欲更爲音切。""有一字數切而自爲龐雜者。一長(上聲)字也,則丁丈、張丈、知丈、展兩反。一中(去聲)字也,則丁仲、張仲、貞仲反。後來監韻所收,則長爲展兩反,中爲陟仲反,豈不明白歸一哉?初欲更而爲一,以他音亦有類是者,姑悉存其舊。"等等。

根據上述原則,廖氏在《九經》刊刻中,同樣散附釋文,但並不沿襲通行的余仁仲系統的附釋文文本,而是對陸德明釋音加以大幅度刪削簡化。對易識之字及重複釋音,多加刪除;音有平上去入之殊,採取隨音圈發的方式,在字的四角處鐫刻小圓圈標示四聲;精簡文字,刪除釋義之句等。於《論語》、《孟子》二書及《禮記》的《大學》、《中庸》二篇,還增加了朱熹《四書集注》注音,即所謂"文公音"。這些音釋方面的編輯工作,在今存廖本的翻刻本中可以得到印證。本節之末列"《左傳》各本附釋文比較表",選取了《春秋經傳集解》哀公二年部分內容,比較廖刻《九經》(此據相臺岳氏翻刻廖氏本)與其他宋刻附釋文本在《釋文》體例文字上的差異。

表中所列各本,鶴林于氏本如本章第一節所論,爲另一系統的經注附釋文本,其散入《釋文》體例與各本不同。除此之外,余仁仲本、研易樓本、龍山書院刻纂圖互注本、《四部叢刊》影印宋本、十行注疏本,其《釋文》文本大體一致。研易樓本、龍山書院本釋文文字與余仁仲本全同。十行注疏本除第6條、第15條有明顯誤刻外,文字內容亦全同余仁仲本。《四部叢刊》本與余仁仲本有些差異,如"某某反"皆作"某某切";第12條"陳,直觀反,下注同"中的"下注同"刪去;第

14 條"詢可也，思遵反"中的"可也"删去；第 17 條"志父，音甫"中的"志"字删去。不過，從余仁仲本與《經典釋文》的幾處典型異文看，《四部叢刊》本與余仁仲本似乎也有淵源關係。如第 2 條，《釋文》原文作"一遥反"（《抱經樓叢書》本《經典釋文》與宋刻元修本同，皆作"一遥反"，鶴林于氏本亦作"一遥反"），余仁仲本以下皆作"以遥反"，《四部叢刊》本作"以遥切"。第 9 條《釋文》原文作"喪冠也"，鶴林于氏本删除此釋義文字，余仁仲本以下則改爲"喪音桑"，增加了"喪"字音。《四部叢刊》本亦作"喪音桑"。這兩處文字的一致，說明余仁仲本與《四部叢刊》本所附釋文之間亦有某種關聯，或有共同的源頭。

以余仁仲本爲代表的附釋文本經書，在附入過程中，已對《經典釋文》內容進行了一定程度的改造。這些改造包括：

1. 删去不必要的出字。如"及沂，魚依反"改爲"沂，魚依反"；"伐絞，古卯反"改爲"絞，古卯反"等。這是因爲《釋文》原本單獨成書，爲使讀者明確所釋爲何字，故出字一般爲二字以上。散入經書正文後，釋字有明確所指，只要標出被釋字本身，讀者即可明瞭，因而被釋字前後多餘的字被删除。

2. 規範出字形式。如"句繹，古侯反，下音亦"改爲"句，古侯反。繹，音亦"；"衰絰，七雷反，下田結反"改爲"衰，七雷反。絰，田結反"等。

3. 删去或簡化《釋文》中的一些釋義文字。如第 7 條"三揖，一入反，二揖鄉大大士也"改爲"揖，一入反"；第 17 條"志父，音甫。杜云：志父，趙簡子之改名也。服云：趙鞅入晉陽以畔，後得歸，改名志父，春秋仍舊猶書趙鞅"，改爲"志父，音甫。服云：趙鞅入晉陽以畔，後得歸，改名志父，春秋仍舊猶書趙鞅"。

4. 偶有反切改字與增加注音的情況。如第 2 條"以要，一遥反"各本皆作"要，以遥反"，反切上字改"一"爲"以"；第 9 條"喪冠也"各本皆作"喪音桑"，原釋義文字改爲釋音。

與余仁仲本爲代表的附釋文本相比，岳本（廖本）所附釋文有了很大不同。首先，余仁仲等本基本保留了《經典釋文》的釋音字，岳本（廖本）則刪除了大量非難字釋音。表一共十八則釋音中，第3、4、5、7、10、13、14、18共八則，岳本（廖本）完全刪除。另有第1、2、9、15、17等則刪除了部分釋音。

其次，余仁仲本等對《經典釋文》的釋音釋義文字有刪除或簡化，岳本（廖本）在這方面更進了一步。如第16、17二則，《釋文》原文較繁，余仁仲本等附釋文未加改造或改造不多，岳本（廖本）則大幅度加以簡化。第15則，除刪去兩個釋音外，還刪除了"千里百縣，縣方百里。縣有四郡，郡方五十里"的釋義內容，並刪除不必要的出文"而滅其君"四字。

再次，岳本（廖本）修改了一些文字的釋音，主要是將反切改爲直音。如第2則"句繹，古侯反"改爲"句，音勾"；第8條"立適，丁歷反"改爲"立適，音的"等。

《九經總例》說："建本、蜀中本則附音於注文之下，甚便翻閱。然龐雜重贅，適增眩瞀。今欲求其便之尤便，則亦附音釋，如建、蜀本，然亦粗有審訂。"廖氏認爲，以余仁仲本爲代表的經注附釋文本，所附釋音失於龐雜繁複，有必要加以簡化，使之更簡明易讀。通過對《釋文》的刪減改造，廖本釋音既可滿足閱讀者查檢字音的需要，又不致太過繁瑣，做到簡明扼要，一目了然。

《九經總例》還說："若《大學》、《中庸》、《論》、《孟》四書，則並附文公音於各章之末。"在《論語》、《孟子》及《禮記》的《大學》、《中庸》二篇中，廖氏採取了朱熹《四書集注》的注音，即所謂"文公音"，參入釋文。這一點在今存翻刻廖本《論語》及《孟子》中皆可找到例證。如《論語》卷七"子路問政"下釋文，宋刻《經典釋文》原文作"勞之，孔如字，鄭力報反。"朱熹《四書集注》釋音作"勞，如字"。岳本作"勞，如字，文公同，鄭力報反"。"請益曰無倦"下釋文，宋刻《經典釋文》作"曰毋倦，上音無，下其卷反，本今作無"。《四書集注》此處作"無，古本作毋"。岳本作"無，文公云'古作毋'。倦，其卷反"。"赦小過"下釋文，宋刻《經典釋文》作："焉知，於虔反。

其舍，如字，置也。”《四書集注》釋音作：“焉，於虔反。舍，上聲”。岳本作“焉，於虔反。舍，如字，文公上聲。”“子曰南人有言”以下，宋刻《經典釋文》無釋音，《四書集注》此處出釋音作“恒，胡登反”。岳本作“恒，文公胡登反”。“蘧伯玉使人”以下，《經典釋文》亦無釋音，《四書集注》出釋音作“使，去聲，下同”。岳本此處作“使，文公去聲”。前三例，廖氏將朱熹《四書集注》釋音參入《釋文》釋音中；後二例，《釋文》無釋音，廖氏取朱熹音補入。《孟子》主要用孫奭《音義》，也增入了許多“文公音”，如卷一“王在靈沼”下“於，如字，文公音烏”；“雞豚狗彘之畜”下“畜，文公許六反”；“及寡人之身”下“比，文公必二反”；“今也制民之產”下“治，文公平聲。凡爲理物之義者放此”等。增入“文公音”，是廖氏在附釋文體例上的一個特別處理。（圖四二）

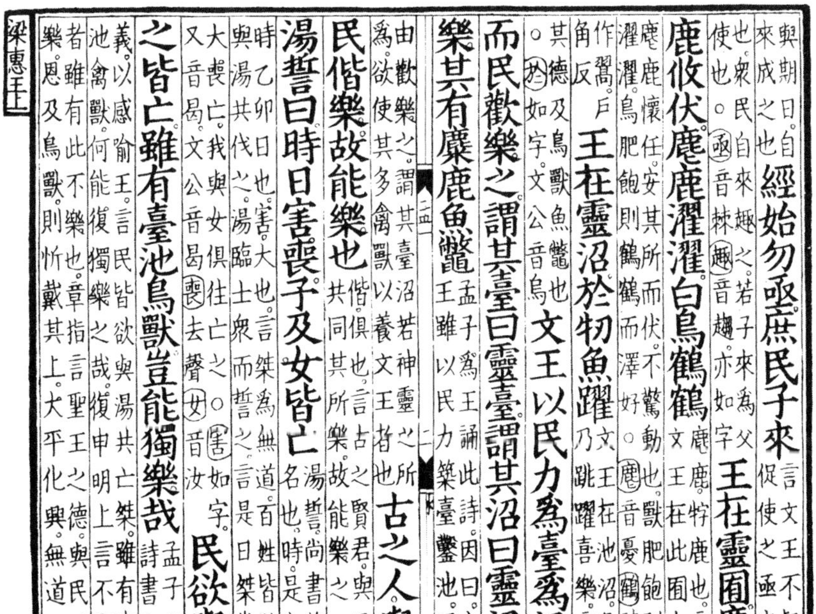
與期日自來成之也經始勿亟庶民子來言文王不督促使之亟疾
也衆民自來趣之若子來爲父使也○亟音棘趣音趨亦如字王在靈囿麀
鹿攸伏麀鹿濯濯白鳥鶴鶴麀鹿牝鹿也言文王在此囿中
麀鹿懷任安其所而伏不驚動也獸肥飽則濯濯鳥肥飽則鶴鶴而澤好○麀音憂鶴詩
作翯户角反王在靈沼於牣魚躍文王在池沼魚乃跳躍喜樂言
其德及鳥獸魚鼈也○於如字文公音烏文王以民力爲臺爲沼
而民歡樂之謂其臺曰靈臺謂其沼曰靈沼
樂其有麋鹿魚鼈孟子爲王誦此詩因曰文王雖以民力築臺鑿池民
由歡樂之謂其臺沼若神靈之所爲欲使其多禽獸以養文王者也古之人與
民偕樂故能樂也偕俱也言古之賢君與民共同其所樂故能樂之
湯誓曰時日害喪予及女皆亡湯誓尚書篇名也時是也
時乙卯日也害大也言桀爲無道百姓皆欲與湯共伐之湯臨士衆而誓之言是日桀當
大喪亡我與女俱往亡之○害如字又音曷文公音曷喪去聲女音汝民欲與
之皆亡雖有臺池鳥獸豈能獨樂哉孟子說詩書之
義以感喻王言民皆欲與湯共亡桀雖有臺池禽獸何能復獨樂之哉復申明上言不賢
者雖有此不樂也章指言聖王之德與民共樂恩及鳥獸則忻戴其上大平化興無道之
梁惠王上

圖四二　元盱郡重刊廖氏本《孟子》卷一第三葉（《天禄琳琅叢書》影印本），第六、第十三行增入“文公音”　臺北故宫博物院藏

附表一　《左傳》各本附釋文比較表

	正文（哀公二年）	《經典釋文》原文	鶴林于氏本	余仁仲本	研易樓本、龍山書院本	《四部叢刊》本	十行注疏本	岳本（廖本）
1	"經二年春王二月"以下	經二年 取鄩，火虢反，又音郭。及沂，魚依反。易也，以豉反。	取鄩，火虢反，又音郭。及沂，魚依反。易也，以豉反。	鄩，火虢反，又音郭。沂，魚依反。易，以豉反。	同余本	鄩，火虢切，又音郭。沂，魚依切。易，以豉切。	同余本	鄩，火虢反，又音郭。沂，魚依反。
2	"癸巳叔孫州仇"以下	句繹，古侯反，下音亦。以要，一遙反。	句繹，古侯反，下音亦。以要，一遙反。	句，古侯反。繹，音亦。要，以遙反。	同余本	句，古侯切。繹，音亦。要，以遙切。	同余本	句，音勾。
3	"秋八月甲戌"以下	于鐵，天結反。皆陳，直觀反。①	皆陳，直觀反。	鐵，天結反。陳，直觀反。	同余本	鐵，天結切。陳，直觀切。	同余本	無
4	"傳二年春"以下	傳二年 伐絞，古卯反。	伐絞，古卯反。	絞，古卯反。	同余本	絞，古卯切。	同余本	無

---

① 觀，宋刻元修本《經典釋文》誤作"靴"，據《抱經堂叢書》本改。

續表

	正文（哀公二年）	《經典釋文》原文	鶴林于氏本	余仁仲本	研易樓本、龍山書院本	《四部叢刊》本	十行注疏本	岳本（廖本）
5	"初衛公游於郊"以下	郢也，以井反。		郢，以井反。	同余本	郢，以井切。	同余本	無
6	"公曰余無子"以下	立女，音汝。	郢也，以井反。立女，音汝。祗辱，音支。立適，丁歷反，下適孫同。大子縶，音問。衰絰，七雷反，下田結反。	女，音汝。	同余本	女，音汝。	汝，音汝。①	女，音汝。
7	"不對他日又謂之"以下	三揖，一入反，三揖鄉大夫士也。		揖，一入反。	同余本	揖，一入切。	同余本	無
8	"君命祗辱"以下	祗辱，音支。立適，丁歷反，下適孫同。		祗，音支。適，丁歷反，下適孫同。	同余本	祗，音支。適，丁歷切，下適孫同。	同余本	祗，音支。立適，音的。
9	"使大子縶"以下	大子縶，音問，喪冠也。		縶，音問。喪，音桑。	同余本	縶，音問。喪，音桑。	同余本	縶，音問。
10	"八人衰絰"以下	衰絰，七雷反，下田結反。		衰，七雷反。絰，田結反。	同余本	衰，七雷切。絰，田結切。	同余本	無

---

① 十行注疏本此葉爲補版葉，"女"字誤刻爲"汝"。

續表

	正文（哀公二年）	《經典釋文》原文	鶴林于氏本	余仁仲本	研易樓本、龍山書院本	《四部叢刊》本	十行注疏本	岳本（廖本）
11	"秋八月齊人"以下	子般，音班。	子般，音班。先陳，直覲反，下注同。爰契，苦計反，又苦結反。欲擅，市戰反。滅其君，滅或作戕，音殘。除訽，呼豆反，又音苟。斯役，如字，字又作厮，音同。志父，音甫。絞縊，一賜反。	般，音班。	同余本	般，音班。	同余本	般，音班。
12	"士吉射逆之"以下	先陳，直覲反，下注同。		陳，直覲反，下注同。	同余本	陳，直覲切。	同余本	陳，直覲反。
13	"樂丁曰"以下	爰契，苦計反，又苦結反。		契，苦計反，又苦結反。	同余本	契，苦計切，又苦結切。	同余本	無
14	"謀協以故兆"以下	謀協以故兆，絕句。詢可也，思遵反。		謀協以故兆，絕句。詢可也，思遵反。	同余本	謀協以故兆，絕句。詢，思遵切。	同余本	無
15	"斬艾百姓"以下	斬艾，魚廢反。欲擅，市戰反。而滅其君，滅或作戕，音殘。除訽，呼豆反，又音苟。作雒，音洛。千里百縣，縣方百里。縣有四郡，郡方五十里。		艾，魚廢反。擅，市戰反。而滅其君，滅或作戕，音殘。訽，呼豆反，又音苟。雒，音洛。千里百縣，縣方百里。縣有四郡，郡方五十里。	同余本	艾，魚廢切。擅，市戰切。而滅其君，滅或作戕，音殘。訽，呼豆切，又音苟。雒，音洛。千里百縣，縣方百里。縣有四郡，郡方五十里。	"千里百縣"誤作"十里百縣"，其他同余本。	艾，魚廢反。滅或作戕，音殘。訽，呼豆反，又音苟。

續表

	正文 (哀公二年)	《經典釋文》原文	鶴林于氏本	余仁仲本	研易樓本、龍山書院本	《四部叢刊》本	十行注疏本	岳本(廖本)
16	"人臣隸圉免"以下	斯役，如字，字又作䉼，音同。何休注公羊云：艾草爲防者曰䉼，汲水漿者曰役。蘇林注漢書云：䉼，取薪者。韋昭云：析薪曰䉼。		䉼役，如字，字又作斯，音同。何休注公羊云：艾草爲防者曰䉼，汲水漿者曰役。蘇林注漢書云：䉼，取薪者。韋昭云：析薪曰䉼。	同余本	䉼役，如字，字又作斯，音同。何休注公羊云：艾草爲防者曰䉼，汲水漿者曰役。蘇林注漢書云：䉼，取薪者。韋昭云：析薪曰䉼。	同余本	䉼，又作斯，音同。艾草爲防者曰䉼，汲水漿者曰役。
17	"志父無罪"以下	志父，音甫。杜云：志父，趙簡子之一名也。① 服云：趙鞅入晉陽以畔，後得歸，改名志父，春秋仍舊猶書趙鞅。		志父，音甫。服云：趙鞅入晉陽以畔，後得歸，改名志父，春秋仍舊猶書趙鞅。	同余本	父，音甫。服云：趙鞅入晉陽以畔，後得歸，改名志父，春秋仍舊猶書趙鞅。	同余本	志父，趙鞅入晉陽以畔，後得歸，改名志父，春秋仍舊猶書趙鞅。
18	"若其有罪"以下	絞縊，一賜反。以戮，音六。		縊，一賜反。戮，音六。	同余本	縊，一賜切。戮，音六。	同余本	無

① 《抱經堂叢書》本"一"作"改"。

本表引用各版本：

《經典釋文》：

《中華再造善本》影印國圖藏宋刻元修本，參校《抱經堂叢書》本。

《左傳》：

鶴林于氏本：國圖藏宋鶴林于氏棲雲閣刻本《春秋經傳集解》。經注附釋文本，釋文分節散入正文之後，出字以墨圍標識。

余仁仲本：臺北"央圖"藏南宋余仁仲萬卷堂刻本《春秋經傳集解》。經注附釋文本，釋文逐句散入經注文句之後，以小圓圈隔開。出字無標識。

研易樓本：臺北故宮博物院藏南宋建安地區坊刻本《春秋經傳集解》，沈氏研易樓舊藏。經注附釋文本，釋文逐句散入經注文句之後，無小圓圈相隔，間以白文陰刻"釋文"標識。出字白文陰刻。

龍山書院本：宋龍山書院刻本《纂圖互注春秋經傳集解》，國圖藏。有"重言"、"似句"、"互注"，釋文出字以墨圍標識。

《四部叢刊》本：上海涵芬樓影印玉田蔣氏藏宋刻巾箱本《春秋經傳集解》，原本今藏上海圖書館。經注附釋文本，釋文逐句散入經注文句之後，無小圓圈相隔。出字以墨圍標識。

十行注疏本：元刻明修《十三經注疏》本《附釋音春秋左傳注疏》，據《中華再造善本》影印北京市文物局藏本。附釋文注疏本，釋文逐句散入經注文句之後，以小圓圈隔開。出字無標識。

岳本（廖本）：國圖藏元相臺岳氏刻本《春秋經傳集解》，據《中華再造善本》影印本。經注附釋文本，釋文散入經注文句之後，以小圓圈隔開。出字以墨圍標識。

第四節　蜀刻中字附釋文本及其他

一、蜀刻中字附釋文本

《九經三傳沿革例》"書本"一節，列舉宋刻經書版本，有四種蜀刻本："蜀大字舊本、蜀學重刊大字本、中字本、又中字有句讀附音本。"《音釋》篇又記各本附音釋的情況："唐石本、晉銅版本、舊新監本、蜀諸本與他善本，並刊古注，若音釋則自爲一書，難檢尋而易差誤。建本、蜀中本則附音於注文之下，甚便翻閱。"所謂"蜀諸本"，即"蜀大字舊本、蜀學重刊大字本、中字本"，與國子監本同爲單經注本，不附釋音；只有"中字有句讀附音本"，與余仁仲本等建刻本相同，屬於附有釋音的經注本。關於這種附有釋音的蜀刻中字本，除《九經三傳沿革例》記述外，文獻及書目記載皆不見蹤跡，後人不知其詳，更難料到此本尚有傳本存天壤間，數百年後驚現於世。雖殘卷散存，轉出即隱，而今人可藉睹蜀刻"中字有句讀附音本"面貌，實可稱幸。

二十世紀九十年代，隨着古籍善本拍賣市場的興起，一些長期沉晦湮没、罕爲人知的善本書籍浮出水面，最突出的當屬蜀刻中字附釋文本《春秋經傳集解》。從1997年開始，就有數册零本散見於拍賣市場中，當時無人能識其本。① 2005年，一册零本出現於嘉德春季拍賣會，此即《中國嘉德2005春季拍賣會圖錄》第1432號拍品，一册，内容爲《春秋經傳集解》卷六。同年，拓曉堂、傅敏發表《破解七百年的謎局——宋蜀刻中字本〈春秋經傳集解〉介紹》一文，② 提出此本即"《九經三

---

① 韋力《2005年春季全國古籍大拍述評（二）》："南宋高宗蜀刻中字群經本《春秋經傳集解》，此書約在六七年前總計散出五六本，因當時找不到史證，難以確定是宋本。當時在兩個公司分别上拍，一次是兩册拍得25萬元，一次是一册拍得15萬元。"《藝術市場》2005年第10期。

② 此文發表於《中國商報》2005年7月14日第11版，全文見http：//www.cguardian.com/cgd_admin/files/f775.html。

傳沿革例》以來，七百年來學術界、收藏界苦苦覓求的宋蜀刻中字群經本《春秋》"的看法。其根據主要是：避諱嚴格，匡、玄、敬、竟、殷、泓、徵、讓、桓、構等均缺末筆避諱，而"慎"字不避；版刻形式特別是魚尾的形式有典型的、獨具的宋蜀刻本風格；行款爲半葉十一行，與蜀刻唐人集十一行本相符合；刻工有"莫"、"樊"、"祖大"、"祖二"等，與臺北故宫藏宋蜀刻本《新刊唐昌黎先生論語筆解》刻工"祖六"，很可能出自同一地域、家族。最後指出："我們通過文獻的記載，即《九經三傳沿革例》的說法，所謂群經本蜀刻大字舊本、蜀學重刻大字本、與蜀刻中字本，行文中特地説明了蜀刻'中字有句讀附音'，而此本《春秋》内正有句讀附音，實物與有關中字本文字記載的特點完全一致，由此可以斷定此本《春秋》必是中字群經本無疑。"

拓、傅文中論證拍賣本《春秋經傳集解》爲蜀刻中字本，理據充分，結論可信。今可申述者，一曰字體與刻工，二曰體例。按宋代刻書字體，各地區有不同風格，尤以蜀刻、浙刻、建刻，在字體風格上形成明顯的地區差異。觀《中國版刻圖録》收録的宋代四川地區刻本，如《册府元龜》、《新編近時十便良方》、《孟浩然詩集》、《孟東野文集》、《新刊經進詳注昌黎先生文》、《新刊增廣百家詳補注唐柳先生文》、《淮海先生閒居集》等，可體會宋代蜀刻本的字體風貌。蜀本字體前人云近顏體，具體來看，其字形一般結構豐滿，上下字排列緊密，撇、捺筆劃長而鋭利，横筆向右下頓挫。此本《春秋經傳集解》的字體風格，與上述今存蜀刻本完全一致，與其他如杭州地區、福建地區、江西地區等刻書字體則頗有差異。又如本書第一章第四節所記蜀刻大字本經書，今存者《禮記》、《周禮》殘卷、《春秋經傳集解》殘卷，雖與此本有大小字之别，而字體風格上却非常一致。這幾種蜀刻大字本經書版框高在23.5—23.8釐米，廣在16—17.2釐米之間，八行十六字；此本《春秋經傳集解》的版框高20釐米，廣14釐米，十一行二十字，較蜀刻大字本開本爲小，而行字較密，正爲"中字"。蜀刻大字本《禮記》刻工有"祖八"、"祖七"、"祖万"，與此本刻工"祖大"、"祖二"，亦似有家族淵源。

從體例上看,《九經三傳沿革例》(《九經總例》)列舉的四種蜀刻經書版本,唯"中字有句讀附音本"是附有釋音的經注本,與此本體例相合。又《九經三傳沿革例》之《句讀》篇中,説到宋刻各本的"句讀"問題:"監、蜀諸本皆無句讀,惟建本始仿館閣校書式,從旁加圈點,開卷瞭然,於學者爲便,然亦但句讀經文而已。惟蜀中字本、興國本並點注文,益爲周盡,而其間亦有於大義未爲的當者。"廖氏收集的二十多種宋刻經書版本中,監、蜀諸本並無句讀;建本(余仁仲本)於經文加句讀而注文不加;只有蜀中字本、興國本經文、注文並加句讀。我們在本章第一節論述了鶴林于氏本即《九經三傳沿革例》所記"興國于氏"本、"興國本",其版本實物即現存國圖的鶴林于氏刻本《春秋經傳集解》,的確是並點經文與注文。觀此拍賣本《春秋經傳集解》書影,可見其經文、注文亦並有句讀,與《沿革例》所述完全符合,此其爲"中字有句讀附音本"的又一明證。

由此,《九經三傳沿革例》所説的蜀刻"中字有句讀附音本",這一湮没數百年的宋刻儒家經書版本,得以展露真顔。2005年嘉德拍賣的此册殘卷,當時以百萬元高價爲私人所購,並前此出現的數册殘本,今皆不知藏於何處。我們僅能據拍賣圖録所見書影,來考察蜀刻中字附釋文本的版刻與體例特點。(圖四三)

《中國嘉德2005春季拍賣會圖録》公佈的蜀刻中字附釋文本《春秋經傳集解》書影,包括卷六首葉上半面,内容至僖公十六年經"曹伯于淮";末葉全葉,始自僖公二十六年傳"而棄命廢職";又卷中半葉,内容爲僖公二十四年傳"寺人披請見"至"公見之以難"。此本卷端題"春秋經傳集解僖中第六",次行題"杜氏盡二十六年",尾題"春秋左氏傳卷第六"。十一行二十字,小字雙行二十四字,白口,左右雙邊。釋文接注文下,出字以墨圍標識。經文、注文皆有句讀,破音字四角圈發,標示平上去入四聲。廖本、岳本經注並加句讀、破音字圈發之體例,當受到蜀刻中字附釋文本的影響。《九經三傳沿革例》説蜀中本、興國本並點注文,但"有於大義未爲的當者",我們以此本有限的書影內容與相臺岳氏本《春秋經傳集解》相比對,發現兩本確有句讀不一致的情況。如僖二十四年"若猶未也又將及難"下注文"當二君世君爲蒲狄之人",岳本"當二君世"爲斷,蜀中字本則以"當二君世君"爲斷。又蜀中字本點斷較繁,相臺岳氏本則將可有可無的句讀省去。如卷六首句經文,蜀中字本斷作"經。十有六年。春。王。正月。戊申。朔。隕石于宋。五",相臺岳氏本則作"經。十有六年。春。王正月。戊申朔。隕石于宋。五"。

圖四三　南宋蜀刻中字本《春秋經傳集解》
(《中國嘉德 2005 春季拍賣會圖錄》),今藏家不詳

比勘所見蜀中字本的異文有：

1. 僖十六年注"見星之隕，而隊於四遠"（阮元本，下同），此本"隊"作"墜"。阮元《校勘記》云："淳熙本、纂圖本、閩本、監本、毛本'隊'作'墜'，俗字。"① 《四部叢刊》本同阮本作"隊"。

2. 僖二十六年注"祝融高辛氏之火正"，此本"融"作"熊"，蓋涉上文"祝融與鬻熊"而誤。《四部叢刊》本作"融"。

3. 僖二十六年經"鬼神弗赦而自竄於夔"，此本"赦"作"救"。《四部叢刊》本作"赦"。

4. 僖二十六年注"鬭宜申司馬子西也"，此本"西"作"酉"。《四部叢刊》本作"西"。按下文云"楚令尹子玉、司馬子西帥師伐宋"，此蜀中字本因字形相近而誤。

關於蜀刻中字本的附釋文，經與元刻明修十行本、《四部叢刊》影印宋本比較，大體一致，其對《經典釋文》的改造大同小異，詳見附表二"蜀中字附釋文本《春秋經傳集解》與各本釋文比較表"。其中第2條"是月六鷁退飛"以下釋文，宋刻《經典釋文》原文作："六鷁，五歷反，本或作鶂，音同。鷁，水鳥。六，其數也。"元刻十行本作："鷁，五歷反，本或作鶂，音同。六，其數也。"蜀刻中字本除保留"鷁"前"六"字外，其他同元刻十行本，皆删去原《釋文》中的釋義文字"鷁，水鳥"。第6條"寺人披請見"以下釋文，宋刻《經典釋文》原文作："而殺，音試，又如字。寺人披，普皮反，本又作侍人披。"元刻十行本作："弑，音試，又作殺。寺，本又作侍。披，普皮反。"蜀刻中字本除"普"誤刻爲"晉"外，其他同元刻十行本。當然也有一些差異，如第2條《釋文》原文與元刻明修十行本"傳注同"，蜀刻中字本與《四部叢刊》本無"注"字。第9條《釋文》原文與元刻明修十行本"下注中鉤同"，《四部叢刊》本作"下及注同"，蜀刻中字本作"下注同"。資料所限，表中所列各本差異缺乏典型性，蜀刻中字本之釋文是否與余仁仲本、十行本系統之釋文有淵源關係，恐難遽斷。若拓、傳文

---

① 《十三經注疏校勘記》，《續修四庫全書》第182冊，第381頁。

所云此本"構"字避諱而"慎"字不避諱情況屬實，則此蜀刻附釋文本《春秋經傳集解》刊刻時間在高宗時期，較余仁仲本爲早。關於此本的深入研究，尚待更多資料的公佈。

附表二　蜀刻中字附釋文本《春秋經傳集解》與各本釋文比較表①

	《經典釋文》原文	龍山書院本	元刻明修十行本	《四部叢刊》影印宋本	蜀刻中字附釋文本
卷六僖公十六年經（元刻明修十行本在卷十四）					
1."經十有六年"以下	隕石，于敏反，落也。數之，色主反。而隊，直類反。	隕，于敏反。數，色主反。隊，直類反。	同龍山書院本	隕，于敏切。數，色主切。隊，直類切。	"隊"作"墜"，其他同龍山書院本。
2."是月六鷁退飛"以下	是月，本或作是日。六鷁，五歷反，本或作鶂，音同。鷁，水鳥。六，其數也。過，古禾反。重言，直用反。傳注同。	是月，本或作是日。鷁，五歷反，本或作鶂，音同。六，其數也。過，古禾反。重，直用反，傳注同。	同龍山書院本	是月，本或作是日。鷁，五歷切，本或作鶂，音同。六，其數也。過，古禾切。重，直用切，傳同。	"鷁"前有"六"字，"傳注同"無"注"字，其他同龍山書院本。
3."三月壬申"以下	公與，音預。斂，力驗反。本亦作公與小斂。	與，音預。斂，力驗反。公與小斂，本亦作公與斂。	"本亦作公與斂"脫"作"字，其他同龍山書院本。	與，音預。斂，力驗切。公與小斂，本亦作公與斂。	同龍山書院本
4."夏四月丙申"以下	鄑季，似陵反。	鄑，似陵反。	同龍山書院本	鄑，似陵切。	同龍山書院本
5."冬十有二月"以下	邢侯，音刑。於淮，音懷。	邢，音刑。淮，音懷。	同龍山書院本	同龍山書院本	同龍山書院本

①　引用各本版本參見上節末"《左傳》各本附釋文比較表"。

續表

	《經典釋文》原文	龍山書院本	元刻明修十行本	《四部叢刊》影印宋本	蜀刻中字附釋文本
卷六僖公二十四年傳（元刻明修十行本在卷十五）					
6."寺人披請見"以下	而殺，音試，又如字。寺人披，普皮反，本又作侍人披。請見，賢遍反。	弒，音試，又作殺。寺本又作侍。披，普皮反。請見，賢遍反。	同龍山書院本	弒，音試，又作殺。寺本又作侍。披，普皮切。見，賢遍反。	"普"誤爲"晉"，其他同龍山書院本。
7."曰蒲城之役"以下	女即至，音汝，下皆同。	女，音汝，下皆同。	同龍山書院本	同龍山書院本	同龍山書院本
8."其後余從狄君"以下	田渭，音謂，水名。濱，音賓。	渭，音謂，水名。濱，音賓。	同龍山書院本	同龍山書院本	同龍山書院本
9."女爲惠公來"以下	女爲，于僞反。女中宿，丁仲反，下注中鉤同，一本作女中宿至。夫袪，起魚反。衣袂，滅制反。	爲，于僞反。中，丁仲反，下注中鉤同。女中宿至，或無至字。袪，起魚反。袂，滅制反。	同龍山書院本	爲，于僞切。中，丁仲切，下及注同。女中宿至，或無至字。袪，起魚切。袂，滅制切。	"下注中鉤同"作"下注同"，其他同龍山書院本。
10."女其行乎"下	及難，乃旦反，下及注同。	難，乃旦反，下及注皆同。	同龍山書院本	難，乃旦切，下及注皆同。	同龍山書院本
11."今君即位"以下	置射，食亦反，注同。仲相，息亮反。	射，食亦反，注同。相，息亮反。	同龍山書院本	射，食亦切，注同。相，息亮切。	同龍山書院本
12."君若易之"以下	行者甚衆，一本甚作其。	甚衆，一本甚作其。	同龍山書院本	同龍山書院本	同龍山書院本

二、其他經注附釋文本

余仁仲本、廖氏本、蜀刻中字附釋文本,是宋刻經注附釋文本中比較著名的版本。此外,今存宋刻本中,還有不少零散的經注附釋文本傳本。以下舉其要者:

1.《周易》十卷,魏王弼,晉韓康伯注,唐陸德明釋文。卷十略例,魏王弼撰,唐邢璹注。宋刻本,明董其昌、文嘉、文震孟、文從簡、清秦蕙田跋。中國國家圖書館藏。十二行二十一字,小字雙行二十八字,白口,左右雙邊。"慎"字缺筆避諱。(圖四四)

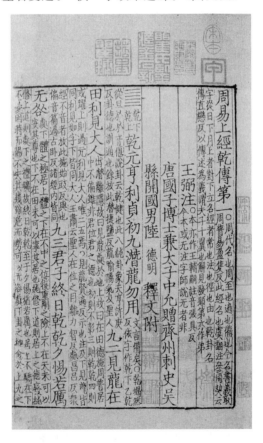

圖四四　宋刻本《周易》(《第一批國家珍貴古籍名録圖録》)　中國國家圖書館藏

此本迭經名家收藏，有"玉蘭堂圖書記"、"文震孟印"、"毛晉"、"徐健庵"、"乾學"、"秦蕙田印"、"味經窩藏書印"、"汪士鐘印"、"小謨觴仙館"、"鐵琴銅劍樓"等印。《中國版刻圖錄》著錄此本云："宋諱缺筆至慎字，書體秀媚，字近瘦金體，知是南宋初葉建陽坊本。文字較他本多胜處。傳世宋版《周易》除淳熙間撫州公使庫刻本外，當推此爲最善之本。近年瞿氏鐵琴銅劍樓印本，即據此帙影印。"①今有《中華再造善本》影印本。

此本附釋文格式：釋文接注後，以小圓圈相隔，出字不加標識。

2.《毛詩》二十卷，漢毛亨傳，漢鄭玄箋，唐陸德明釋文。宋刻巾箱本。中國國家圖書館藏。十行十七字，小字雙行二十二字，白口，左右雙邊或四周雙邊。

此本鈐"汪士鐘印"、"閬源真賞""于氏小謨觴館"、"鐵琴銅劍樓"、"祁陽陳澄中藏書記"等印。《鐵琴銅劍樓藏書目錄》卷三著錄："傳箋下即接釋文，不加識別。惟所音經注字皆作陰文，於釋文多所刪改，與原書及注疏本不同。宋諱匡、殷、桓、覯、慎字有闕筆，而敦字不闕。孝宗以後刻本也。是本胜處往往與唐石經及宋小字本、相臺本合，今以木瀆周氏刊本校之，其足以是正周本者具著於篇。"② 有《四部叢刊》、《中華再造善本》影印本。

此本附釋文格式：釋文接注後，出字以白文陰刻標識。

3.《春秋經傳集解》三十卷

晉杜預撰，唐陸德明釋文。宋刻巾箱本。上海圖書館藏。十三行二十四字，小字雙行同，白口，四周雙邊。首有《春秋二十國年表》一卷。（圖四五）

此本刻工有李煥、黃琮、宋圭、王禮、宋林、宋昌、吳浩、洪坦、毛奇、李文、李師順等。其中宋圭、宋林、宋昌、吳浩曾參與宋淳熙二年（1175）嚴陵郡庠刻本《通鑒紀事本末》（國圖藏，《中華再造善本》

---

① 《中國版刻圖錄》第1冊，第35頁。
② 《鐵琴銅劍樓藏書目錄》，《清人書目題跋叢刊》第3冊，第42頁。

影印)的刊刻。避諱至"慎"字。爲季振宜舊藏,民國間歸玉田蔣氏,有《四部叢刊》、《中華再造善本》影印本。

此本附釋文格式:釋文接注後,出字以墨圍標識。

圖四五　宋刻巾箱本《春秋經傳集解》
(《上海圖書館藏宋本圖錄》)　上海圖書館藏

4.《春秋經傳集解》三十卷

晉杜預撰,唐陸德明釋文。南宋建安坊刻本。臺北故宮博物院藏。十一行、行二十字,注文二十六字,白口,間有黑口,左右雙邊,間有單邊。避諱溝、構、慎等字。沈氏研易樓舊藏。

據《"國立故宮博物院"藏沈氏研易樓善本圖錄》著錄,此本鈐"史經"、"進修齋"、"梓堂"、"鄧印文度"等藏印,溝、構、慎等字缺筆，避諱不甚謹嚴。云："是本字體圓潤纖秀，撫印精美，似原印本，各家書志未見著錄，茲依字體覘之，頗具建刊風格，又依避諱字臆測，當爲南宋孝宗前後所刊。"①

此本附釋文格式：釋文接注後，間以白文陰刻"釋文"標識。出字以白文陰刻標識。

5.《尚書》十三卷，題漢孔安國傳，唐陸德明釋文。宋建安王朋甫刻本，臺北"央圖"藏。十行十九字，小字雙行二十五字，細黑口，左右雙邊。有1991年臺北"央圖"影印本。（圖四六）

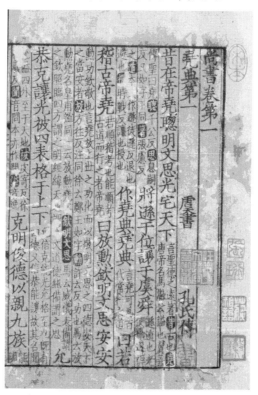

圖四六　宋建安王朋甫刻本《尚書》（臺北"央圖"網站）　臺北"央圖"藏

① 《"國立故宮博物院"藏沈氏研易樓善本圖錄》有此本書影，臺北故宮博物院，1986年，第7頁。

此本序後有牌記："五經書肆屢嘗刊行矣，然魚魯混淆，鮮有能校之者。今得狀元陳公諱應行精加點校、參入音釋雕開，於後學深有便矣。士夫詳察。建安錢塘王朋甫咨。"卷前有圖八葉，包括堯九族圖、舜巡四岳圖、商七廟圖、商五遷都圖、舜十二州圖、五刑四罪圖、五聲八音圖、六律六呂圖、歲星之圖、八音八風圖、馮相氏歲名圖、□□（字殘）圖、水池法圖、六年五服朝圖、濬畎澮距川圖、堯制五服圖、禹弼五服圖、堂上樂、堂下樂、□（字殘，當爲"度"字）量衡圖。有"白門張氏藏書"、"曾藏白門張氏古照堂"、"白堤錢聽默經眼"、"蔣祖詒"、"張珩"、"任丘王文進字晉卿藏"等印。

此本附釋音格式：釋文接注後，出字以白文陰刻標識。

6.《春秋經傳集解》三十卷，晉杜預撰，唐陸德明釋文。附《春秋總要》一卷，宋李厚撰。宋刻本，中國國家圖書館藏。八行十五至十六字，小字雙行二十一字，細黑口，四周雙邊。有書耳。首有"春秋序"，次"春秋總要"、"春秋紀年"。各卷尾題後有經、注、音義字數。卷三十末有"後序"。鈐"季振宜讀書"、"季振宜印"、"徐健菴"、"乾學"、"張乃熊印"、"莐圃收藏"等印。

附釋文格式：釋文接注後，以小圓圈相隔，出字不加標識。

第三章　纂圖互注重言重意本

爲適應科舉考試需要及士民百姓的普遍需求，從南宋中期開始，以建陽地區的書坊爲主，編輯出版了大批附有纂圖、互注、重言、重意等内容的經書版本。這類經書版本同樣附有釋文，並在經注附釋文本的基礎上，於部分經注文句之下增入重言、重意、互注、似句等内容，一般在卷前編入插圖、圖表，經注文字加以句讀圈發等等，以便於讀者理解、記憶與應試。書名上也大做文章，有所謂"纂圖互注"、"監本纂圖"、"重言重意互注點校"、"京本"、"婺本"等名目。清代學者陳鱣説："宋時各經諸子皆有重言重意，蓋經生帖括之書。"[①] 葉德輝《書林清話》稱："宋刻經子，有纂圖互注重言重意標題者，大都出於坊刻，以供士人帖括之用。"[②] 皆指其適應士子舉試之功用。這些坊刻經書的通俗版本各具名目又相互沿襲，借助建陽書坊活躍的銷售體系，行銷全國，成爲南宋經書刊刻中一個獨特現象。我們將這類加入"重言""重意"等内容的經書版本，統稱爲"纂圖互注重言重意本"。

第一節　宋刻纂圖互注重言重意本的傳本

今存宋刻經書傳本中，纂圖互注重言重意本流傳最多，説明當時此類版本之盛行。這些傳本形式繁雜，内容多變，一般不著刊書者名號，亦無刻工名可資考索。不過通過對傳本的全面調查比較，可以發現這些

---

① （清）陳鱣《經籍跋文》，《宋元版書目題跋輯刊》第 3 册，第 212 頁。
② 葉德輝《書林清話》，浙江人民出版社，1998 年，第 152 頁。

坊刻纂圖互注重言重意本還是有一定的系統性，如數種傳本皆題名爲"纂圖互注"某經，行款皆十一行二十一字；又數種傳本亦題名"纂圖互注"某經，行款皆十二行二十一字；又有數種題名不加"纂圖互注"字樣者，皆巾箱小本，行款皆九行十七字。又有題名"監本纂圖"、"京本點校"、"婺本附音"等不同版本，其開本大小、版刻風格、內容體例各自一致，當時似亦成套刊刻。我們根據今存各本的題名、體例、行格、開本等特徵，將這些版本歸納爲十一行"纂圖互注"本、十二行"纂圖互注"本、九行十七字巾箱本、十行"監本纂圖"本、十一行"京本"、十行"婺本"等系統。

一、十一行"纂圖互注"本

今存數種題名爲"纂圖互注"某經的宋刻經書版本，行款皆半葉十一行，行二十一字，卷前有圖。爲經注本，附陸德明《釋文》，又加入重言、重意、互注等內容。"重言"、"重意"、"互注"等皆以白文陰刻標識；釋文出字則以墨圍標識。各本版框尺寸相近，框高18釐米左右，寬11.5釐米左右，屬中字本。避諱不謹，可見慎、敦、惇等字缺筆避諱。字體爲典型的建陽地區坊刻本風格。傳本如下：

1.《纂圖互注周易》十卷，宋刻本。臺北"央圖"藏。周錫瓚舊藏本，鈐"周錫瓚印"、"陸樹聲印"、"莅圃收藏"等藏書印。半葉十一行，行二十一字，小字雙行二十五字，細黑口，左右雙邊，有書耳。版框高17.7釐米，寬11.6釐米。有"重言"、"重意"、"互注"，以白文陰刻標識；釋文出字以墨圍標識。卷十末附序上下經圖、楊氏太極圖、河圖之數、洛書之數、古今易學傳授之圖及六十四卦大象圖。①

2.《纂圖互注尚書》十三卷圖一卷，宋刻本。已無全本存世，國圖存卷七至十三，哈爾濱圖書館存卷五至卷六，爲天祿琳琅舊藏本。2009年發佈的《第二批國家珍貴古籍名錄》中，收錄有芷蘭齋藏《纂圖互注

---

① 參見《中國訪書志》，第378頁；《"國家圖書館"善本書志初稿》（經部），臺北"國家圖書館"，1996年，第2頁。

尚書》，存卷一、二，亦有天禄琳琅諸印，爲此本散出之殘卷。①（圖四七）此本行款版式及釋文出字、"重言"等標識與上本《纂圖互注周易》同。據《天禄琳琅書目後編》卷二著録，此本卷前有《尚書舉要圖》："曰唐虞夏殷周譜系圖，曰律度量衡圖，曰堯制五服圖，曰禹弼五服圖，曰諸侯玉帛圖，曰有虞氏韶樂器圖，曰東坡禹跡圖，曰隨山濬川圖，曰商七廟之圖，曰商遷都之圖，曰周營洛邑圖，曰召誥土中圖，曰諸儒傳授書學圖。"②

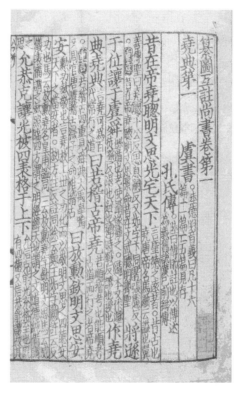

圖四七　宋刻本《纂圖互注尚書》
（《第二批國家珍貴古籍名録圖録》）　芷蘭齋藏

---

① 《第二批國家珍貴古籍名録圖録》第 2 册，國家圖書館出版社，2010 年，第 201 頁。
② 《天禄琳琅書目後編》，《清人書目題跋叢刊》第 10 册，第 247 頁。

3.《纂圖互注尚書》十三卷圖一卷，宋建安宗氏刻本。日本京都市藏。行款版式及釋文出字、"重言"等標識與上述國圖等藏《纂圖互注尚書》相同，版框高 18 釐米，寬 11.7 釐米。卷前有"尚書舉要圖"，包括"唐虞夏殷系譜"至"諸儒傳授"共二十一圖。又有"宗氏家藏"、"桂室"木記。① 筆者以《富岡文庫善本書影》所收此本卷九第一葉下半葉、第二葉上半葉書影與國圖藏《纂圖互注尚書》相比較，可見兩本有一些筆劃細微之處的不同，並非相同版本。但兩本不僅版式字體一致，一些細微特徵也非常相似，如第二葉上半葉兩個"慎"字，兩本皆缺末筆；同葉第七行經文大字"惇"字，兩本亦皆缺末筆；而第八行小字"惇，都昆反"中的"惇"字，兩本又均不缺筆。"万"、"礼"、"无"等字使用簡體字的情況，兩本亦同，説明它們之間有密切的淵源關係。

4.《纂圖互注禮記》十二卷圖一卷，宋刻本。陸心源舊藏，今藏日本静嘉堂文庫。行款版式及釋文出字、"重言"等標識與上述各經同，版框高 17.8 釐米，寬 11.7 釐米。卷前有圖，題"禮記舉要圖"。② （圖四八）

二、十二行"纂圖互注"本

題名"纂圖互注"某經的宋刻經書版本，除上述十一行本外，還有另外一個系統。其行款爲半葉十二行，行二十一字，亦有纂圖、重言、重意、互注等內容，可見"慎"、"敦"、"惇"等字缺筆避諱。版式、字體風格等與十一行"纂圖互注"本相近，版框尺寸也相近，一般框高 18 釐米左右，寬 12 釐米左右。因半葉十二行，故行字較十一行本稍緊密。"重言"、"重意"、"互注"等多以白文陰刻標識，釋文出字一般不加標識。傳本如下：

---

① 《阿部隆一遺稿集》第一卷，第 260 頁；《富岡文庫善本書影》，日本京都小林寫真製版所出版部，1935 年。

② 《阿部隆一遺稿集》第一卷，第 302 頁；《静嘉堂文庫宋元版圖録》，第 15 頁。

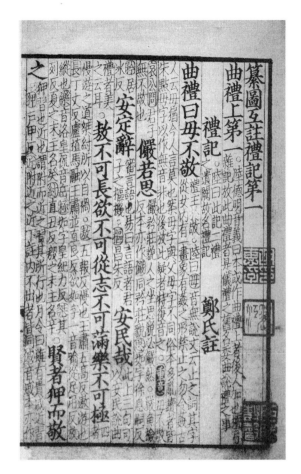

圖四八　宋刻十一行本《纂圖互注禮記》（《静嘉堂宋本書影》）
日本静嘉堂文庫藏

1.《纂圖互注周禮》十二卷圖一卷，宋刻本。國圖藏。瞿氏鐵琴銅劍樓舊藏本。半葉十二行，行二十一字，小字雙行二十五字，細黑口，左右雙邊，有書耳。版框高17.8釐米，寬11.7釐米。有"重言"、"重意"、"互注"，以白文陰刻標識；釋文出字不加標識。首有圖一卷，題"周禮經圖"，尾題"周禮圖説終"，包括自"王國經緯塗軌圖"至"傳授圖"共39幅。有《中華再造善本》影印本。（圖四九）

圖四九　宋刻十二行本《纂圖互注周禮》之一（鐵琴銅劍樓舊藏本，
《第一批國家珍貴古籍名錄圖錄》）　中國國家圖書館藏

2.《纂圖互注周禮》十二卷圖一卷，宋刻本。國圖藏。有袁克文跋。[1] 行款版式及釋文出字、"重言"等標識與上本同。從卷一首葉書影看，此本與上本版式字體非常相似，一些字的特殊筆法兩本有一致性。但細審筆劃間仍有細微差別；又此本無句讀，上本有；此本末行

---

① 見中國國家圖書館、國家古籍保護中心編《册府擷英——國家珍貴古籍特展圖錄（2009）》，國家圖書館出版社，2009年，第43頁。

"重言"標識有雙行框，上本無框。可見兩本雖有密切的淵源關係，但並非相同版本。（圖五十）

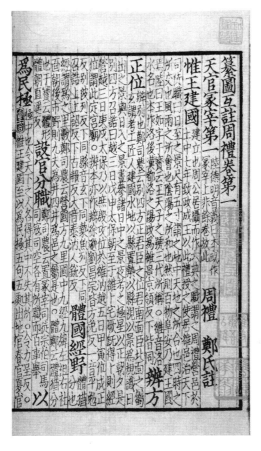

圖五十　宋刻十二行本《纂圖互注周禮》之二（袁克文舊藏本，《冊府擷英——國家珍貴古籍特展圖錄（2009）》）　中國國家圖書館藏

3.《纂圖互注周禮》十二卷圖一卷，宋刻本。陸心源舊藏，今藏日本靜嘉堂文庫。行款版式與國圖藏兩部《纂圖互注周禮》同，版框高18.4釐米，寬11.7釐米。"重言"、"重意"、"互注"多以墨圍標識，部分以白文陰刻標識；釋文出字不加標識。首亦有"王國經緯塗軌圖"

以下至"傳授圖"共三十九圖。① 此本與上兩本《纂圖互注周禮》版式字體一致,有一定的淵源關係,但也有明顯差異。如卷一首葉末行"重言"此本以墨圍標識,與上二本白文陰刻標識不同;又此本多簡體,上二本中的"國"、"禮"、"體"、"寶"、"舉"等字,此本或寫作簡體"国"、"礼"、"躰"、"宝"、"军"等。(圖五一)

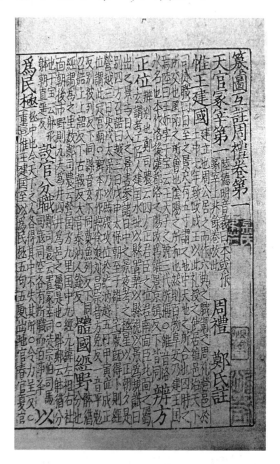

圖五一　宋刻十二行本《纂圖互注周禮》之三
(《静嘉堂文庫宋元版圖錄》)　日本静嘉堂文庫藏

---

① 《阿部隆一遺稿集》第一卷,第296頁。又《静嘉堂文庫宋元版圖錄》,第13頁。

4.《纂圖互注禮記》十二卷圖一卷，宋刻本。國圖藏。張蓉鏡舊藏本，有錢天樹等跋。行款版式與上述《纂圖互注周禮》同，版框高18.4釐米，寬12釐米。"重言"、"重意"、"互注"等以白文陰刻標識；釋文出字一般不加標識，偶有白文陰刻。卷前有《禮記舉要圖》，共九葉，包括王制商建國圖、周制建國之圖、天子縣內圖、方伯連帥圖、王制九命之圖、公卿大夫士圖、卿制爵位之圖、士制爵位之圖、袞冕裘衣制圖、韠制度圖、帶制度圖、玄端冠冕制圖、委貌錦衣制圖、曲禮師行圖、玉藻雜佩圖，共十五圖。有《中華再造善本》影印本。

5.《纂圖互注春秋經傳集解》三十卷《春秋名號歸一圖》二卷，宋龍山書院刻本，國圖藏。袁克文舊藏本。行款版式與上述《纂圖互注周禮》、《纂圖互注禮記》同，版框高18.7釐米，寬12.4釐米。有"重言"、"似句"、"互注"，以白文陰刻標識；釋文出字以墨圍標識。有"龍山書院圖書之寶"牌記。避諱不謹，如"敦"字多處不避諱，而卷十第五葉可見"敦"字缺筆。卷前有"春秋諸國地理圖"、"春秋名號歸一圖"等。有《中華再造善本》影印本。（圖五二）此外，臺北"央圖"藏有一部宋刻本《春秋經傳集解》，以四種宋本配補而成，其卷十四、十五、二十七共三卷為宋刻《纂圖互注春秋經傳集解》。筆者將此殘本與國圖藏龍山書院本相比對，發現兩者為相同版本。另臺北"央圖"所藏宋潛府劉氏家塾刻本《春秋經傳集解》中，卷十二、十三、十九共三卷，以宋刻《纂圖互注春秋經傳集解》配補，其中亦有少量葉與龍山書院本同版。

6.《纂圖互注春秋經傳集解》三十卷，宋刻本，存殘卷，即臺北"央圖"藏宋潛府劉氏家塾刻本《春秋經傳集解》配補本。此本《春秋經傳集解》卷十二、十三、十九共三卷，及卷十四首數葉，以兩種不同的宋刻《纂圖互注春秋經傳集解》配補而成。一種僅存少量書葉，行間有後人點抹畫綫，書眉有批，版刻與龍山書院本同。另一種行款字體與龍山書院本也非常相似，但並非相同版本，筆畫間有細微不同，與龍山書院本當有覆刻關係。（圖五二）

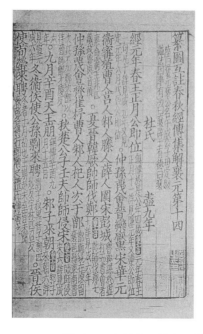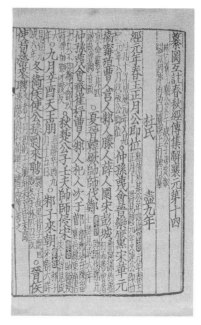

圖五二　宋刻十二行本《纂圖互注春秋經傳集解》兩種
左爲臺北"央圖"藏宋刻本（宋潛府劉氏刻本配補本，複製件），
右爲中國國家圖書館藏龍山書院刻本（《中華再造善本》影印本）

　　7.《纂圖互注毛詩》二十卷圖一卷，宋刻本。臺北故宮博物院藏。行款版式與上述各本同，版框高 18.6 釐米，寬 11.6 釐米。"重言"、"重意"、"互注"等，以白文陰刻標識；釋文出字不加標識。卷前有圖，題"毛詩舉要圖"，自"十五國風地理圖"至"四詩傳授圖"上、下，共三十一圖，尾題"毛詩圖終"。有 1995 年臺北故宮博物院影印本。

三、九行十七字巾箱本

　　這一系統版本行款皆爲半葉九行，行十七字。開本大小相似，皆巾箱小本，版框高 9 至 10 釐米，寬在 6 釐米左右。題名均無任何冠詞，內容爲經注本，附陸德明《釋文》外，又附有"重言"，但無"重意"、"互注"等內容，亦不附圖。"重言"規識皆白文陰刻。除國圖所藏《周禮》第二部（足利學校藏本爲同版）釋文出字間有不加標識者外，其他各本釋文出字皆以墨圍標識。從字體看，也是典型的建陽地區刻本風格。傳本如下：

1.《周禮》十二卷，宋刻本。中國國家圖書館藏（6579號），存卷一、三、五、六、十、十一，他卷抄配。瞿氏鐵琴銅劍樓舊藏本，鈐"季振宜印"、"徐健庵"、"鐵琴銅劍樓"等藏印。半葉九行，行十七字，小字雙行十八字，細黑口，四周雙邊，有書耳。版框高9.8釐米，寬6.4釐米。"慎"字可見缺筆避諱。有"重言"，以白文陰刻標識；釋文出字以墨圍標識。

2.《周禮》十二卷，宋刻本，中國國家圖書館藏（014號），存卷七～十一。天祿琳琅舊藏本。行款版式與上本同，版框高9.4釐米，寬6.5釐米。"慎"字缺筆避諱。有"重言"，以白文陰刻標識；釋文出字部分以墨圍標識，部分不加標識。此本與前本內容、版式相同，但有一些細微差異，如上本書耳有框，此本書耳無框；上本版心間刻字數，此本版心不刻字數；上本釋文出字皆有墨圍標識，此本部分出字不加標識。兩本又見繁簡字差異，此本多用簡體。

3.《周禮》十二卷，宋刻本，今藏日本足利學校遺跡圖書館。① 筆者以《足利學校善本圖錄》所收書影與上述兩部國圖藏《周禮》小字巾箱本相比較，知此本與第二部（014號）為相同版本。

4.《禮記》二十卷，宋刻本，日本國立國會圖書館藏。據阿部隆一著錄，此本版框高9.1釐米，寬6.1釐米，"慎"字、"敦"字缺筆避諱，其"注末有據《釋文》的音注（標字以圈圍），次為重言（標字為大字墨圍陰刻）"，為"附釋音重言巾箱本"。② 可知此本與上三部《周禮》同，亦僅有"重言"，而無"重意"和"互注"。行款版式亦與《周禮》同，"重言"以白文陰刻標識，釋文出字以墨圍標識。（圖五三）

5.《春秋經傳集解》三十卷，宋刻本，日本國立國會圖書館藏。阿

---

① 《阿部隆一遺稿集》第一卷，第294頁；《足利學校善本圖錄》，東京汲古書院，1973年。

② 《阿部隆一遺稿集》第一卷，第301頁。此本及下本書影見日本國立國會圖書館網頁。

部隆一著録此本爲"附重言巾箱本","避諱至構、慎",版框高 9.1 釐米,寬 6.1 釐米,又云其"杜注末以小圓圈區分,標字以圈圍,列音義注。其後間有'重言'(標識爲單行大字墨圍陰刻)"。① 行款版式、釋文出字及"重言"規識與《禮記》同,同樣有"重言"而無"重意"、"互注"。(圖五三)

圖五三　宋刻九行十七字巾箱本《禮記》與《春秋經傳集解》
（日本國立國會圖書館網站）　日本國立國會圖書館藏

除上列五本外,《經籍訪古志》著録昌平學藏南宋槧巾箱本《周易》,"每半葉九行,行十七字,注雙行,行十八字,四周雙邊,界長三寸一分,幅二寸",② 行款、尺寸與上述諸本類似,頗疑其亦此系統版本。

四、十行"監本纂圖"本

這一系統版本行款皆半葉十行,行十八字（間有十九字、二十字）,

---

① 《阿部隆一遺稿集》第一卷,第 332 頁。
② 《經籍訪古志》,《日本藏漢籍善本書志書目集成》第 1 冊,第 31 頁。

小字雙行，行二十四字，黑口，四周雙邊（偶見左右雙邊），有書耳，有句讀。題名中均冠以"監本纂圖"字樣，版框尺寸相近，框高在20—21釐米之間，寬13釐米左右，較十一行"纂圖互注"本、十二行"纂圖互注"本字大疏朗。卷前皆有圖，有"重言"、"重意"、"互注"等內容。釋文出字及"重言"等皆以墨圍標識，版刻字體風格一致。

1.《監本纂圖重言重意互注點校毛詩》二十卷圖譜一卷，宋刻本，卷五～七配清黃氏士禮居影宋抄本，清黃丕烈跋，勞健、周叔弢跋。國圖藏。有"求古居"、"汪士鐘讀書"、"周暹"等藏書印。半葉十行，行十八字，小字雙行，行二十四字，細黑口，四周雙邊，有書耳。版框高20.5釐米，寬13.2釐米。"慎"字缺筆避諱。有"重言"、"重意"、"互注"，偶見"重篇"，皆以墨圍標識；釋文出字亦以墨圍標識。卷前有"毛詩圖譜"及"四詩傳授之圖"一葉。有《中華再造善本》影印本。（圖五四）

圖五四　宋刻本《監本纂圖重言重意互注點校毛詩》（《第一批國家珍貴古籍名錄圖錄》）　中國國家圖書館藏

2.《監本纂圖重言重意互注點校毛詩》二十卷圖譜一卷，宋刻本，國圖藏，存卷一至十一及圖譜一卷。爲陳鱣舊藏，後歸楊氏海源閣，民國間爲周叔弢所得。此本行款版式等皆同前本，但兩者並非相同版本。周叔弢先得前本，後又由楊氏海源閣收得此本，曾爲跋云："細審楊本，與余本實非一刻。楊本《圖譜》板心作'詩譜'，誤字（二卷一葉八行'匪席'誤'匪石'，三卷十七葉八行'市朱'誤'市宋'）余本皆改正。宋諱缺筆楊本較謹嚴，余本或依楊本翻雕也。"①

3.《監本纂圖重言重意互注禮記》二十卷，宋刻本。據《第一批國家珍貴古籍名錄圖録》，此本現藏上海圖書公司，半葉十行，行十八字，十五卷以後行十九字，小字雙行，行二十四字，細黑口，四周雙邊或左右雙邊。版框高 20.2 釐米，寬 13.2 釐米。有"玉蘭堂"、"毛氏子晉"、"毛晉之印"等藏印。② 釋文出字及"重言"、"重意"、"互注"等皆以墨圍標識。

4.《監本纂圖春秋經傳集解》三十卷，宋刻本。南京圖書館藏，爲明安國桂坡館、清丁氏八千卷樓舊藏。行款版式與《監本纂圖重言重意互注點校毛詩》同，③ 釋文出字及"重言"等標識亦同。版框高 19.7 釐米，寬 12.5 釐米，"慎"、"敦"等字缺筆避諱。④ 又國圖藏三卷殘本（卷二、二二、二三），行款版式同，四周雙邊間左右雙邊，釋文出字及"重言"、"重意"、"互注"等皆以墨圍標識，不詳是否與南圖藏本同版。

5.《監本纂圖重言重意互注論語》二卷，宋劉氏天香書院刻本，楊守敬，袁克文跋，北京大學圖書館藏。行款版式與《監本纂圖重言重意

---

① 《中華再造善本》影印《監本纂圖重言重意互注點校毛詩》第一冊卷末周叔弢手書跋。

② 《第一批國家珍貴古籍名錄圖録》第 2 冊，第 18 頁。

③ 《善本書室藏書志》著録此本爲十行二十字，《盋山書影》著録其爲十行十八字，《阿部隆一遺稿集》著録其爲十行十九字。按宋本各葉行字往往有不同，此本卷一首葉書影爲十行十九字，其行字當在十八字至二十字間。書影見《盋山書影》，《珍稀古籍書影叢刊》第 2 冊，北京圖書館出版社影印本，2003 年。

④ 參見阿部隆一《北京南京上海觀書記》，《阿部隆一遺稿集》第一卷，第 424 頁；清丁丙《善本書室藏書志》，《清人書目題跋叢刊》第 2 冊，第 426 頁。

互注點校毛詩》同，釋文出字及"重言"、"重意"、"互注"等皆以墨圍標識，亦與《毛詩》同。版框高 20.5 釐米，寬 13.1 釐米。"慎"字缺筆避諱。有"劉氏天香書院之記"牌記，序後有"魯國城里之圖"一葉。有《中華再造善本》影印本。（圖五五）

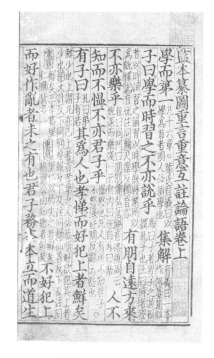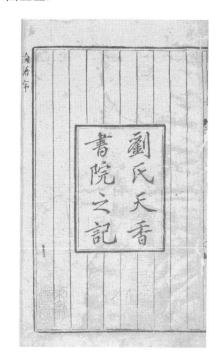

圖五五　宋劉氏天香書院刻本《監本纂圖重言重意互注論語》
北京大學圖書館藏

6.《監本纂圖重言重意互注點校尚書》十三卷，《四部叢刊》據劉氏嘉業堂藏本影印，《嘉業堂藏書志》卷一著錄，現藏處不詳。行款版式及釋文出字、"重言"等標識與《毛詩》同。"慎"字、"敦"字皆缺筆避諱。據《四部叢刊》影印本卷前牌子，此本版框高營造尺六寸六分，寬四寸一分，與上述各本尺寸相近。書前有圖，包括"書學傳授之圖"、"唐虞夏商周譜系圖"、"堯制五服圖"、"禹弼五服圖"、"伏生洪範九疇圖"、"劉向洪範傳之圖"、"日永日短之圖"、"隨山濬川之圖"。

五、十一行"京本"

此系統版本題名均冠以"京本點校"之稱,皆巾箱小本,行款爲半葉十一行,每行十九至二十字,行字基本一致。釋文出字皆無標識,"重言"、"重意"等規識皆白文陰刻,版式字體風格一致。

1.《京本點校附音重言重意互注周禮》十二卷,宋刻本。北京大學圖書館藏卷二、四~六。上海圖書館藏卷一、三、七~一二。半葉十一行,行十九字至二十字,小字雙行,行二十字,細黑口,四周雙邊。框高13釐米,寬8.5釐米。"慎"字缺筆避諱。釋文出字無標識,"重言"、"重意"、"互注"以白文陰刻標識。有《中華再造善本》影印本。(圖五六)

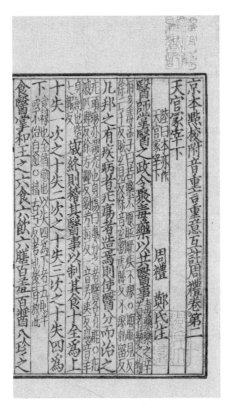

圖五六　宋刻本《京本點校附音重言重意互注周禮》
上海圖書館、北京大學圖書館藏

2.《京本點校附音重言重意互注禮記》二十卷,宋刻本。今存殘本,中國國家圖書館存卷八,上海圖書館存卷六、七。《寶禮堂宋本書錄》經部著錄此本云:"書本高十二公分弱,全葉廣十七公分。……讀音圈發,並加句讀。重言、重意、互注標題均黑地白文,附音以圈隔之。半葉十一行,行十九字。四周雙闌,版心細黑口,雙魚尾,書名題'已八'二字。左闌外有耳題篇名。"① 亦巾箱小本,行款版式與上本《周禮》一致。

3.《京本點校重言重意春秋經傳集解》三十卷,宋刻本,存十五卷(卷一六~三十),湖南圖書館藏。據《第一批國家珍貴古籍名錄圖錄》,此本十一行二十字,小字雙行二十一字,白口,四周雙邊。版框高14釐米,寬8釐米。有"汪厚齋藏書"、"徐紫珊印"等印。② 此亦巾箱小本,釋文出字及"重言"等標識與《周禮》同。

4.《京本點校附音春秋經傳集解》三十卷,宋刻本,存卷二十九,吉林大學圖書館藏。此本《中國古籍善本書目》未著錄,第三批國家珍貴古籍名錄中收入,2010年6月中國國家圖書館承辦的"國家珍貴古籍特展"中曾予展出。③ 此本行款同湖南圖書館藏本,亦小字巾箱本,行款版式及釋文出字、"重言"等標識情況同。疑其與湖南館藏本同版,或有翻刻關係。(圖五七)

六、十行"婺本"

下述兩種重言重意本經書,題名有"婺本附音"、"婺本點校"字樣,皆巾箱本,行款皆半葉十行,行二十字左右,釋義出字皆無標識,"重言"、"重意"等規識皆白文陰刻,可歸入同一系統。

---

① 《寶禮堂宋本書錄》,《張元濟古籍書目序跋彙編》上冊,商務印書館,2003年,第178頁。
② 《第一批國家珍貴古籍名錄圖錄》第2冊,第37頁。
③ 中國國家圖書館、國家古籍保護中心編《楮墨芸香——國家珍貴古籍特展圖錄(2010)》,國家圖書館出版社,2010年,第26頁。

214 / 宋代經書注疏刊刻研究

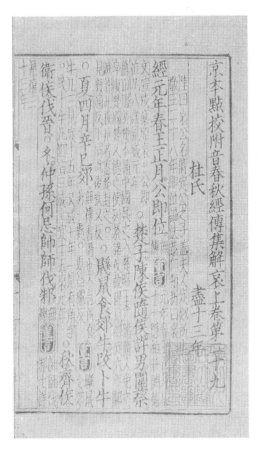

圖五七　宋刻本《京本點校附音春秋經傳集解》(《楮墨芸香——國家珍貴古籍特展圖錄(2010)》)　吉林大學圖書館藏

1.《婺本點校重言重意互注尚書》十三卷，宋刻本。此本爲陳鱣、瞿氏鐵琴銅劍樓舊藏，後爲沈氏研易樓所得，數年前歸臺北故宫博物院。半葉十行，行二十字，小字雙行同，細黑口，左右雙邊，有書耳。板框高 10.2 釐米，寬 6.7 釐米，爲巾箱小本。"慎"字、"敦"字可見缺筆避諱。有"重言"、"重意"、"互注"，白文陰刻標識；釋文出字不加標識。①（圖五八）

---

① 《大觀——宋版圖書特展》，臺北故宫博物院，2006 年，第 184 頁。

圖五八　宋刻本《婺本點校重言重意互注尚書》(《大觀——宋版圖書特展》)
臺北故宮博物院藏

2.《婺本附音重言重意春秋經傳集解》三十卷,宋刻本。存十五卷(卷二～七,一五～一九,二三,二五～二六,二九),上海圖書館藏。半葉十行,行十九字至二十字,小字雙行,行二十字,細黑口,間有白口,左右雙邊,有書耳。板框高11.3釐米,寬7.4釐米,亦小字巾箱本。有重言、重意、似句、互注,白文陰刻標識;釋文出字不加標識。各卷題名稍有不同,避諱至"燉"字。①(圖五九)

---

① 參見《上海圖書館藏宋本圖錄》,上海古籍出版社,2010年,第209頁。

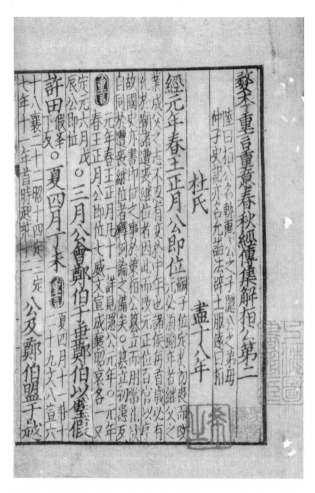

图五九　宋刻本《婺本附音重言重意春秋經傳集解》(《上海圖書館藏宋本圖錄》)
上海圖書館藏

此外，臺北"央圖"藏宋潛府劉氏家塾刻本《春秋經傳集解》與北大圖書館所藏宋刻本《周禮》，① 行款皆十一行二十字，小字雙行二十七字，題名無纂圖、重言、重意字樣，而內容有重言、重意等，卷前皆

---

① 臺北"央圖"藏宋潛府劉氏家塾刻本《春秋經傳集解》，見《中國訪書志》第 400 頁；北大圖書館藏宋刻本《周禮》，有《中華再造善本》影印本。

有圖。天禄琳琅舊藏本、今散存於北京市文物局、瀋陽故宫博物院及國圖的宋刻巾箱本《禮記》,① 與上海圖書館藏宋刻巾箱本《春秋經傳集解》,② 行款皆十行十九字,小字雙行同,皆有重言、重意等内容,開本大小也一致。它們或亦分别爲同一系統之版本。

今存宋刻纂圖互注重言重意本中,還有其他一些零星傳本。如國圖藏宋刻本《毛詩》,楊氏海源閣舊藏本,《楹書隅録》卷一著録,今僅存三卷。其本半葉十三行,行二十四字,小字雙行同,細黑口,四周雙邊,有重言、重意、互注等内容,原本卷首有舉要圖。又國圖藏宋刻巾箱本《附音重言互注禮記》二十卷(存卷十六、十九),只有重言,無重意、互注,與九行十七字巾箱本體例相似,但其行款爲八行十六字。上海圖書館藏宋刻《東萊先生吕成公點句春秋經傳集解》,十三行二十一字,亦有重言、重意、互注等,題名以吕東萊、朱晦庵爲標榜。這幾種傳本與上文所列各系統版本行字皆不相同,或爲零星單刻,或亦某種成套刊刻經書中的一種。今存宋刻纂圖互注重言重意本樣式繁複、數量衆多,説明當時此類經書版本刊刻之盛、流通之廣。

第二節　纂圖互注重言重意本經書的版刻與體例

以上通過對今存宋刻纂圖互注重言重意本經書傳本的行款版式、題名情况、開本大小、體例特點等的考察,將這些傳本歸納爲若干各具特徵的版刻系統,同一系統的版本不僅在題名方式上一致,且内容體例一致,版框大小相近,行格字數相同,版式特點一致,具有統一的風格。不同系統之間在版刻、體例、文字上有一些差别,但也有很多相通之處,相互之間既有沿襲,又有差異。

---

① 《第三批國家珍貴古籍名録圖録》第 1 册第 103 頁有書影,國家圖書館出版社,2012 年。

② 有《中華再造善本》影印本。

一、版刻特點

　　今存宋刻纂圖互注重言重意本經書雖可分爲上述多個系統，但它們仍然具有比較一致的版刻風格。從開本上看，或爲中本，或爲巾箱小本。其中九行十七字本、十一行"京本"、十行"婺本"，皆巾箱小本。尤以九行十七字本開本最小，版框高僅九釐米多，極爲袖珍。十一行"纂圖互注"本及十二行"纂圖互注"本開本稍大，版框高十八釐米左右，而每行二十一字，皆行字緊密，版式促狹。十行"監本纂圖"本開本最大，版框高二十釐米多，行十八字，在各本中算最爲寬展的。從版刻風格看，各本多墨圍、白文陰刻，多黑口、雙邊，多書耳，多句讀圈發等等，字體亦具典型的建陽地區坊刻風格。書名上則花樣翻新，冠稱繁多，以纂圖、點校、監本、京本等名目吸引眼球，以利銷售。

　　此類版本出自書坊，以營利爲目的，故版刻上頗顯隨意，校勘方面亦不甚謹嚴。版式方面常見變化，如四周雙邊者間有左右雙邊，黑口者間有白口；釋文出字及"重言"等規識常見變異，如一本釋文出字皆以墨圍標識，而偶有白文陰刻之處等情況；避諱方面亦不甚謹嚴，許多諱字有避有不避；又各本多使用簡體、俗體字，等等。同書各卷題名常有變化，如《中華再造善本》影印《監本纂圖重言重意互注點校毛詩》，卷四以下題"監本纂圖重言重意互注毛詩"，無"點校"二字。《四部叢刊》影印《監本纂圖重言重意互注點校尚書》，其卷三題"監本纂圖重言重意點校尚書"，無"互注"二字；卷四以下題"監本纂圖重言重意互注尚書"，無"點校"二字。上海圖書館藏《婺本附音重言重意春秋經傳集解》，各卷多題"婺本附音重言重意春秋經傳集解"，而卷二、三、十九題"婺本重言重意春秋經傳集解"，卷二三題"婺本附音重言重意互注春秋經傳"，卷二九題"婺本附音春秋經傳集解"。[①] 這些都反映了書坊刻書的隨意性。至於文字準確性，較之撫州本等官刻經注本固已差之千里，即與余仁仲本等經注附釋文本相較，亦多不及。蓋其本爲

---

① 《上海圖書館藏宋本圖錄》，第 205 頁。

書坊射利之用，無心追求文字上的準確，故多訛誤。

現存纂圖互注重言重意本經書皆無明確出版年號，無從確定其具體刊刻時間。僅見孫星衍《廉石居藏書記》內編卷上著録一部宋版《纂圖互注春秋經傳集解》，云其"序後有紹定庚寅垂裕堂刊印記。次爲春秋諸國地理圖，次三皇五帝及諸國世系，次春秋名號歸一圖上下二卷。書中引他經注證本書者曰互注，詞之複出者曰重言，體例相似者曰重意。"① 紹定庚寅即南宋理宗紹定三年（1230），惟今不見此本，難知其詳。從今存各本避諱情況看，今存纂圖互注重言重意本經書多數避至南宋光宗諱"敦"字，間有避至"慎"字者，説明此類版本的刊刻時間集中在光宗紹熙前後。不過，這些版本避諱並不謹嚴，"慎"字、"敦"字常常此處避諱，彼處不避諱；加上翻刻本避諱字可能依照原本、宋末坊刻本避諱不謹等因素，故這些版本的刊刻時間，有的可能晚至宋末。

現存宋刻纂圖互注重言重意本中，僅少數幾部有明確的牌記，如龍山書院本《纂圖互注春秋經傳集解》、劉氏天香書院本《監本纂圖重言重意互注論語》，其他多不詳其刻書者。從版式字體風格看，這些版本具有典型的建陽地區坊刻本特徵，絶大多數當出自建陽地區書坊所刻。其中有題"監本"、"京本"、"婺本"者，當爲書賈標榜之稱。"監本"稱其版本源自國子監本；"京本"標榜其本出自京師舊本；婺州在今浙江金華，爲南宋刻書興盛之地，故亦題"婺本"以爲標榜。阿部隆一云："'婺本'冠稱與監本、京本、明本、杭本等相似，不過是書肆爲表明底本而自稱此本教材所據爲婺本。這些本子幾乎没有與其標明的發行地一致的。這是麻沙本中常見的射利套路。北京圖書館藏有'婺州市門巷唐宅刊'刊記的《周禮注》婺州刊本，其字體等與此本完全不同。"② 所言甚是。所謂"龍山書院"本、"劉氏天香書院"本，也不能排除其爲書坊刻書的可能性。

上述同一系統的版本，具有相同的版刻特點，但歸入同一系統的

---

① （清）孫星衍《廉石居藏書記內編》，《叢書集成新編》影印本，第 2 册，第 618 頁。

② 《阿部隆一遺稿集》第一卷，第 296 頁。筆者譯，下同。

版本,並不能就認爲它們皆爲同時同家所刻。從現存傳本來看,同一經的同一系統刻本,有傳存兩部、三部不同版本的情況。如十行"監本纂圖"本中的兩部《監本纂圖重言重意互注點校毛詩》,一爲黃丕烈舊藏本(A本),一爲陳鱣、楊氏海源閣舊藏本(B本),兩本行款版式一致。經周叔弢先生比對,認爲B本避諱較謹嚴,而A本有改正B本誤字之處,故推測A本爲B本的翻刻本。其他系統版本中也有類似情況。如十一行"纂圖互注"本中,有兩部《纂圖互注尚書》,一爲天禄琳琅舊藏本,一爲日本京都市藏本。後者有"宗氏家藏"等木記,前本無,它們並非相同版本。但兩本之間許多細微之處都很相似,有很明顯的繼承關係。九行十七字小字巾箱本中,有三部《周禮》,其中國圖藏兩部,日本足利學校藏一部。足利學校藏本與國圖藏一部爲相同版本(A本),而國圖藏另一部(B本)的開本、内容、字體、版式等均與這兩部相似,但並非相同版本。B本書耳有框、版心間刻字數、釋文出字皆以墨圍標識,A本則書耳無框、版心無字數,釋文出字有部分不加標識;B本中的繁體字,在A本中往往改作簡體字。後出趨簡,A本似較B本晚出。而十二行《纂圖互注周禮》,現存三個傳本,皆爲不同版本。一爲鐵琴銅劍樓舊藏本,一爲袁克文跋本,一爲靜嘉堂文庫本。三部《纂圖互注周禮》行款版式、開本大小、字體風格也非常接近,尤其是前兩本相似程度更高,很難判斷孰先孰後。靜嘉堂本在"重言"、"重意"規識上稍有差異,又多用簡體字,似較爲晚出。從這些情況可以看到,宋刻纂圖互注重言重意本經書中,常見翻刻與覆刻,同一系統的版本,有的可能是同時同地所刻,有的則非,因其中可能有原本與覆刻、早出與晚出的關係。

二、體例特點

纂圖互注重言重意本經書的體例,即在經文、注文、陸德明釋音之外,又增入纂圖、重言、重意、互注等内容,目的爲方便讀者閱讀理解與記憶。

所謂"纂圖",即在正文之前配刻插圖或圖表,圖的形式不拘,包括地理圖、天文圖、器物圖、建築圖、服飾圖,及傳授世系、各類表格等等。如龍山書院刻《纂圖互注春秋經傳集解》,卷前有"春秋諸國地理圖"一葉,爲地理圖;諸國世次以圖表形式列各國世次;而《春秋名號歸一圖》二卷,排列《春秋》人物名號,實際並非插圖或圖表。《纂圖互注周易》卷前纂圖,"序上下經圖"、"楊氏太極圖"、"河圖之數"、"洛書之數"皆上圖下文,"古今易學傳授之圖"則圖示易學傳授源流。《纂圖互注毛詩》卷前纂圖共三十一幅,包括十五國風地理圖、大東總星之圖、公劉度夕陽圖、楚丘定星中圖、七月流火圖、三星在天圖、挈壺之圖、太王胥宇圖、宣王考室圖、文武豐鎬之圖、春籍田祈社稷圖、巡守柴望告祭圖、靈臺辟雍之圖、閟宮路寢之圖、我將明堂之圖、諸侯泮宮之圖、兵器之圖、周元戎圖、秦小戎圖、有瞽始作樂圖、絲衣繹賓尸圖、朝服之圖、后夫人婦人服之圖、冠冕弁圖、帶佩芾圖、衣裘幣帛之圖、祭器之圖、樂舞器圖、器物之圖、四詩傳授圖上、下。其中既有地理圖、天文圖、傳授圖,又有兵器、樂器、服飾、器物等插圖,内容極爲豐富。(圖六十)

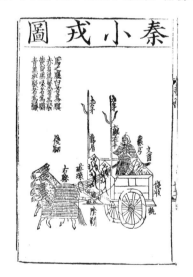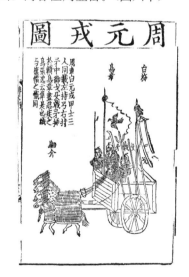

圖六十　宋刻本《纂圖互注毛詩》卷前插圖（臺北故宮博物院影印本）
臺北故宮博物院藏

纂圖而外,各本在經、注、釋音之下,還加入了重言、重意、互注等内容。關於重言、重意、互注,《鐵琴銅劍樓藏書目錄》卷二《婺本點校重言重意互注尚書》條有簡明的解釋:"曰重言者,本經相同之句。

曰重意者，句似而意同之文。曰互注者，他經所引之語。"① 我們以臺北故宫博物院所藏宋刻《纂圖互注毛詩》爲例，來說明重言、重意、互注的具體内容。

所謂重言，即將本書中文字相同的詞句注出。如《纂圖互注毛詩》卷一第八葉下《漢廣》"之子于歸，言秣其馬"下，有"重言"："之子于歸，十二。本詩二。桃夭三。鵲巢三。燕燕三。東山二。"② 指"之子於歸"在《毛詩》中出現十二處，並各篇中出現的次數。今以全文電子版檢索"之子于歸"四字，在《毛詩》中出現正爲十二次，其中《漢廣》兩處、《桃夭》三處、《鵲巢》三處、《燕燕》三處、《東山》一處。除《東山》一處因原刻誤字而不同外，"重言"所出其他篇目、次數皆同。這種"重言"的形式，將本書中重複出現的詞句標示出來，功能類似今日的詞句索引，目的在於方便理解、記憶。

"重意"，即將本書中語句相似、意思相同的詞句注出。如卷一第十葉下《鵲巢》小序下"重意"云："夫人之德也，《關雎》：后妃之德也。德如鳲鳩，《羔羊》：德如羔羊。"引《關雎》小序"后妃之德也"與本文"夫人之德也"相證；引《羔羊》小序"德如羔羊"與本文"德如鳲鳩"相證。又如卷一第九葉上《汝墳》小序下"重意"云："文王之化行乎汝墳之國，《漢廣》：美化行乎江漢之域。"乃引《漢廣》之語與本文相證。這種形式將本書中形式相似、語意相同的句子標示出來，可使讀者將兩文相互印證，更好地理解文意。

"互注"，即引他經文句互爲注釋。如卷一第十四葉下《羔羊》"退食自公，委蛇委蛇"下有"互注"云："《左》襄公七年：《詩》曰'退食自公，委蛇委蛇'，謂從者也，衡而委蛇必折。"按《春秋經傳集解》襄公七年曾引《羔羊》此句，此處"互注"遂反引《春秋經傳集解》相關語句來與本文互爲注釋。卷一第十一葉下《采蘩》篇末有"互注"云："《記》射義：其射士以《采蘩》爲節，《采蘩》者樂不失職也。

---

① 《鐵琴銅劍樓藏書目錄》卷二，《清人書目題跋叢刊》第 3 册，第 32 頁。
② 按所列各篇"之子于歸"重出數相加，共十三次，與"十二"之數不符。檢《東山》僅出現"之子于歸"一次，"東山二"當爲"東山一"之訛，此蓋手民誤刻。

《左》隱三年:《風》有《采蘩》、《采蘋》,昭忠信也。《禮》夏官射人:士樂以《采蘩》,五節二正。"按《禮記》卷二十《射義》有云:"其節,天子以《騶虞》爲節,諸侯以《貍首》爲節,卿大夫以《采蘋》爲節,士以《采蘩》爲節。《騶虞》者樂官備也,《貍首》者樂會時也,《采蘋》者樂循法也,《采蘩》者樂不失職也。"《春秋經傳集解》卷一隱公三年有云:"《風》有《采蘩》、《采蘋》,《雅》有《行葦》、《泂酌》,昭忠信也。"《周禮》卷七《射人》云:"士以三耦射豻侯,一獲一容,樂以《采蘩》,五節二正。""互注"節取以上三經中有關《采蘩》之語,爲本篇之注。以各經相互發明,互爲注解,利於讀者貫通理解經義。

除了重言、重意、互注外,有的經書版本中還附入"似句"、"重篇"等内容。如龍山書院刻本《纂圖互注春秋經傳集解》有"似句",宋刻《監本纂圖重言重意互注點校毛詩》有"重篇"。所謂"似句",即舉本書中相似之句。《纂圖互注春秋經傳集解》卷一第四葉隱元年"謂之鄭志,不言出奔難之也"下有"似句":"謂之鄭志,襄元年:圍宋彭城,謂之宋志。"舉襄公元年"謂之宋志"與本文"謂之鄭志"相對照。"重篇"僅見于《毛詩》,指篇名重複之詩。《監本纂圖重言重意互注點校毛詩》卷二第一葉上《柏舟》小序下"重篇"云:"《柏舟》二,又見鄘國風。"《詩經》邶風、鄘風中皆有《柏舟》,故此處注出"重篇"。

三、各系統版本間内容體例的差異

纂圖互注重言重意本經書的體例,各系統版本之間頗有異同。纂圖方面,十一行"纂圖互注"本、十二行"纂圖互注"本、十行"監本纂圖"本卷前皆有圖,臺北"央圖"藏宋潛府劉氏家塾刻本《春秋經傳集解》與北大圖書館所藏宋刻本《周禮》(行款皆十一行二十字)卷前亦皆有圖。而九行十七字巾箱本及"京本"、"婺本"則未見有圖。不同系統的纂圖本,插圖亦有不同。《纂圖互注毛詩》如上述有圖三十一幅,而《監本纂圖重言重意互注點校毛詩》僅有"四詩傳授之圖"一幅。又如國圖藏《纂圖互注周禮》卷前有圖三十九幅,北大藏《周禮》卷前有圖三十六幅,兩本相同之圖包括"王國經緯涂軌圖"、"朝位寢廟社稷圖"、"王后六服之圖"、"天子玉路圖"、"王后翟車圖"、"天子圭璋繅藉之圖"、"諸臣圭璧繅藉之圖"、"六尊圖"、"尊罍圖"（北大本此圖名"六罍圖"）、"圭璋瓚圖"、"禮神玉圖"、"鳧氏爲鐘圖"、"磬氏爲磬圖"、"鐘磬總圖"、"鼓制圖上"、"鼓制圖下"、"樂器之圖"、"九旗制圖"、"傳授圖"等，共十九幅。不過這十九幅圖在兩本中的排列次序有很大差異。圖的內容也有一些細微差別，如國圖本的"尊罍圖"，北大本名"六罍圖"，兩圖中"著罍"與"大罍"的位置互換。（圖六一）"九旗制圖"兩本的圖與文字內容相同，但圖像與文字的排列方式有異。除這十九幅圖外，其他各圖或此有彼無，或此無彼有。國圖本有而北大本無的圖，包括"次扆筵几圖"、"王五冕之圖"、"弁服之圖"、"兵器總圖"、"兵甲之圖"、"車制之圖"等，共二十幅；北大本有而國圖本無的，包括"王畿鄉遂采地圖"、"世室重屋明堂圖"、"六寢制圖"、"九室制圖"、"王畿千里之圖"等，共十六幅。可見不同系統的版本，附圖內容差別還是很大的。

 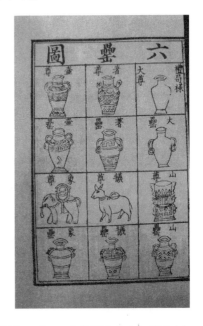

圖六一　中國國家圖書館藏《纂圖互注周禮》（左，《中華再造善本》影印本）
與北京大學圖書館藏《周禮》（右，《中華再造善本》影印本）
卷前纂圖之比較

各系統版本在增入的重言、重意、互注內容上，也有不少差異。如上述各系統版本中，大多重言、重意、互注兼具，惟九行十七字巾箱本不見"重意"、"互注"，僅見"重言"。重言、重意、互注兼具者，在具體內容上也並不完全一致。如上舉《纂圖互注毛詩》中的例子，以國圖藏《監本纂圖重言重意互注點校毛詩》與其相較，《鵲巢》及《羔羊》二例兩本文字一致，其他三例文字有異。《漢廣》"之子於歸，言秣其馬"下"重言"，《纂圖互注毛詩》作"之子於歸，十二。本詩二。桃夭三。鵲巢三。燕燕三。東山二。"《監本纂圖重言重意互注點校毛詩》作"之子於歸，十二。本詩二，餘附《桃夭》。"《汝墳》小序下"重意"，《纂圖互注毛詩》作："文王之化行乎汝墳之國，《漢廣》：美化行乎江漢之域。"《監本纂圖重言重意互注點校毛詩》此句下又多出"婦人能閔其君子，又見《小戎》，有'焉'字。《殷其雷》：其室家能閔其勤勞"數句。《采蘩》篇末"互注"，《纂圖互注毛詩》作："《記》射義：其射士以《采蘩》爲節，《采蘩》者樂不失職也。《左》隱三年：《風》有《采蘩》、《采蘋》，昭忠信也。《禮》夏官射人：士樂以《采蘩》，五節二正。"《監本纂圖重言重意互注點校毛詩》作："《記》射義：其射士以《采蘩》爲節，《采蘩》者樂不失職也。《左》隱三年：《風》有《采蘩》、《采蘋》，《雅》有《行葦》、《泂酌》，昭忠信也。"較《纂圖互注毛詩》多出"雅有《行葦》、《泂酌》"，少出"《禮》夏官射人，士樂以《采蘩》，五節二正"句。又《監本纂圖重言重意互注點校毛詩》卷二第一葉上《柏舟》小序下"重篇"："《柏舟》二，又見鄘國風。"而《纂圖互注毛詩》並無此條"重篇"。

再以國圖藏黃丕烈舊藏十二行本《纂圖互注周禮》、北大藏《京本點校附音重言重意互注周禮》（以下簡稱《京本》）、北大藏十一行二十字本《周禮》爲例（三本皆有《中華再造善本》影印本）。卷二《凌人》"令斬冰三其凌"下，《纂圖互注周禮》有"互注"云："《豳·七月》詩：一之日鑿冰冲冲，二之日納于凌陰，四之日其蚤，獻羔祭韭。"《京本》亦有"互注"，文字與十二行本略有不同："《豳·七月》詩：二之日鑿冰冲冲，三之日納于凌陰。注：凌陰，冰室也。"十一行本《周禮》

則無此處"互注"。按《毛詩》卷八《豳·七月》詩云:"二之日鑿冰沖沖,三之日納于凌陰,四之日其蚤,獻羔祭韭。"其下注云:"凌陰,冰室也。"《纂圖互注周禮》與《京本》的此條"互注"所取內容有異,又《纂圖互注周禮》"一"、"二"字有誤。又同卷《內豎》"若有祭祀賓客喪紀之事,則為內人蹕"下,《纂圖互注周禮》有"重意"云:"前見內小臣、寺人,後見世婦。"十一行本《周禮》亦有此處"重意",文字同。《京本》則無此條"重意"。《九嬪》"九嬪掌婦學之法,以教九御,婦德、婦言、婦容、婦功,各帥其屬而以時御敘于王所"下,《纂圖互注周禮》有"互注"云:"《記》昏義:古者婦人教以婦德、婦言、婦容、婦功,教成祭之。"十一行本《周禮》此處無"互注",而有"重言"云:"各帥其屬二,見地宮賈帥。"①《京本》此處則先有"重言":"各帥其屬二,又見地官賈師",接以"互注":"《記》昏義篇:祖廟既毀,教於宗室,教以婦德、婦言、婦容、婦功,教成祭之。"

以上所舉,皆各本重言、重意、互注文字內容有異之例,當然它們之間內容一致的情況更普遍。各系統版本間在纂圖、重言、重意、互注等內容上,應該說既有沿襲,又有明顯差異。

纂圖互注重言重意本的出現集中在南宋中後期,這是宋代建陽地區書坊刻書最為活躍的時期,而宋代教育、科舉及士民文化的繁榮,為該類版本提供了足夠大的市場需求。李弘祺《宋代官學教育與科舉》中談到王安石對科舉考試內容與程式的改革:"他提出應改革進士科考試內容,於是他設計了一種新的考試形式,名曰'經義'。其意在於考查舉人將儒經知識有效地應用於論辯的能力。試經義時,往往直接從經書中摘出某些文字,或于經書內某些章節意義相近的語句,讓舉人進行邏輯組合,寫成論辯文章。……在閱讀經書時,便必須不以記誦為滿足,必須多所聯想及附會,或求通貫。"② 王安石科舉改革時在北宋,其後雖

---

① "地宮賈帥"當為"地官賈師"之誤。《周禮》卷四《地官·賈師》有"各帥其屬而嗣掌其月"句。

② 李弘祺《宋代官學教育與科舉》,臺北聯經出版事業公司,1994年,第171頁。

歷經多次變革，而經義試作爲一種考試形式，在南宋時期始終穩固進行。儒家經書是科舉考試的主要教材，重言、重意、互注這種對經書文句內容的比附摘錄，顯然有助於士子們撰寫科舉文章時的聯想與通貫。建陽書坊編輯出版的這類纂圖互注重言重意經書版本，迎合了士子科舉應試的需求，借助建陽書坊活躍的銷售體系，行銷全國，廣受歡迎，才會有今天爲數不少的該類宋刻本流傳於世。不過，該類經書版本在元明以後就不再有刻行，此蓋因元明以後科舉考試以程朱理學爲主，經書古注因缺乏科舉考試的助力而市場萎縮，書坊對此類版本自然不會如南宋時期的趨之若鶩了。

第四章　單　疏　本

南北朝時期，儒家經典又出現了新的注釋體裁，即"疏"或"義疏"，兼釋經注，廣集衆説。如《禮記》"爲義疏者，南人有賀循、賀瑒、庾蔚之、崔靈恩、沈重、范宣、皇甫侃等；北人有徐遵明、李業興、李寶鼎、侯聰、熊安等"（孔穎達《禮記正義序》）。唐貞觀中，孔穎達受命在前人義疏基礎上，編寫《五經正義》，包括《周易》、《尚書》、《毛詩》、《禮記》、《左傳》五經，以達到統一學術之目的。其後，又有賈公彥作《周禮疏》、《儀禮疏》，徐彥作《春秋公羊疏》，楊士勛作《春秋穀梁疏》，宋代邢昺等撰《爾雅疏》、《論語正義》、《孝經正義》，及題孫奭撰《孟子正義》。這些經書義疏之作爲後代所遵用，成爲後代通行《十三經注疏》的有機組成部分。

孔、賈等爲諸經所作義疏，本與經注別行，自爲一書，即後世所説的"單疏本"。今存敦煌卷子中有數種唐寫單疏本，日本亦藏有數種唐寫單疏本，其特點是經注只標起止，與今存宋刻單疏本體例相同。還有如敦煌卷子斯 498 號《毛詩正義》殘卷之例，傳箋起止以朱筆書寫，正義以墨筆書寫。北宋初年國子監所刻諸經正義，及南宋翻刻北宋國子監本諸經正義，皆單疏本。從南宋開始，便於閱讀的注疏合刻本出現，並逐漸佔據統治地位，而與經注別行的諸經義疏文本，因使用不便，宋以後迄未刊刻，舊有版本亦漸次湮滅，不爲人知。清代學者逐漸認識到這些版本的價值，大加崇尚，稱之爲"單疏本"。錢大昕説："唐人五經正義，本與注別行，後儒欲省兩讀，併而爲一，雖便於初學，而卷弟多失其舊，不復見古書眞面。"① 張金吾説："疏與經注，北宋猶各自爲書，……南宋合注疏爲一，而單疏本遂晦。夫合者所見之經注，未必鄭賈所見之經注也。其字其説，乃或齟齬不合，淺學者或且妄改疏文，以遷就經注，而鄭賈所守之經注遂致不可復識。"② 充分認識到單疏本的版本校勘價值。

單疏本在宋代的刊刻，可考者有兩次：一爲北宋國子監刻本，這是諸經義疏的首次刊刻行世，今已無傳本；一爲南宋時期覆刻北宋監本，今有數種傳本存世。由於宋刻單疏本傳世極稀，清代學者熟知的單疏本，僅《儀禮》、《爾雅》而已。阮元校勘十三經，廣搜異本，於單疏本亦僅搜得《周易》、《儀禮》、《穀梁》、《爾雅》四經，且多未見原本，僅據輾轉傳校之本。清末楊守敬等學者訪書日本，所見有數種中土失傳的宋刻單疏本或單疏抄本，驚爲秘笈。二十世紀初劉氏嘉業堂陸續翻刻單疏本，存世宋刻單疏本亦漸續得到影印出版，單疏本始較多爲人所知。

第一節　宋刻單疏本的傳本

傳世宋刻單疏本，皆南宋翻刻北宋國子監本，包括：《周易正義》十四卷（中國國家圖書館藏）、《春秋公羊疏》三十卷（中國國家圖書館藏，存七卷；日本蓬左文庫藏一部抄本）、《爾雅疏》十卷（中國國家圖書館藏一部，日本静嘉堂文庫藏一部）、《尚書正義》二十卷（日本宫内廳書陵部藏）、《毛詩正義》四十卷（日本武田科學振興財團杏雨書屋藏，存三十三卷）、《禮記正義》七十卷（日本身延山久遠寺藏，存八卷）。此外，《儀禮疏》在清代尚有傳存，今雖不知蹤跡，但有覆刻本存其真；《春秋正義》、《周禮疏》有日本抄本，《春秋穀梁疏》有殘存七卷

---

① 《潛研堂文集》卷二七《跋爾雅疏單行本》，《續修四庫全書》影印本，第1439冊，第5頁。

② 《愛日精廬藏書志》卷四《儀禮疏》，《續修四庫全書》影印本，第925冊，第272頁。

抄本存世，可借其窺宋刻單疏本面貌。

一、《周易正義》

《周易正義》十四卷，唐孔穎達撰。今存宋刻遞修本一部，藏中國國家圖書館，有清翁方綱跋、傅增湘跋。（圖六二）

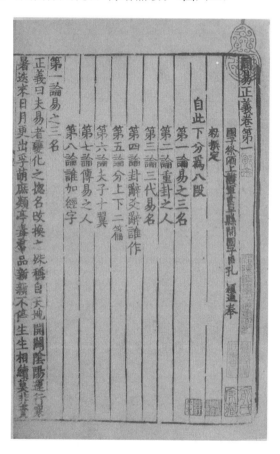

圖六二　宋刻單疏本《周易正義》（《第一批國家珍貴古籍名錄圖錄》）
中國國家圖書館藏

此本十五行二十六字，白口，左右雙邊，各卷尾題後有本卷字數。卷十四末有端拱元年校勘銜名，避諱至"慎"字，爲南宋初翻刻北宋國子監本。鈐"俞氏家藏"、"石澗書隱"、"俞琰玉吾"、"季振宜讀書"、

"高松堂鑒定書畫印"、"雙鑒樓藏書印"等。俞琰爲宋元之際學者,字玉吾,宋亡不仕,精于易學,著有《周易集說》、《讀易舉要》等書,此本《周易正義》正是俞琰研易之本。清初此本歸季振宜,《季滄葦藏書目》有"《周易正義》十四卷四本"即此。嘉慶間此本藏著名學者徐松(星伯)處,清程恩澤有《丙申七月七日攜酒食就友石同年宅奉邀吳荷屋徐星伯兩前輩温雲心同年各攜書畫會看荷屋有詩因答其意》詩,云"兔中徐公今漢儒,手繪泑澤昆侖墟,袖易瓠本稱宋初",小注云:"星伯前輩經術湛深,尤精西域地理。""是日攜宋槧單疏本《周易》。"① 民國間傅增湘輾轉得此本,爲作跋云:

> 《易》單疏本自清初以來,相傳有錢孫保校宋本。然其書藏於誰氏,則不可知。後閲程春海侍郎遺集,乃知徐星伯家有之,嗣歸道州何氏,最後爲臨清徐監丞梧生所得。監丞藏書多異本,然嚴扃深鐍,秘不示人。同時京曹官,嗜古如繆藝風,窮經如柯鳳蓀,與監丞號爲石交,亦未得寓目。監丞逝世,遺書漸出。余偶訪令子聖與,幸獲一睹,驚爲曠世奇寶,時時往來於懷。旋聞業已易主,廉君南湖曾爲作緣,以未能諧價而罷。昨歲殘臘,忽聞有人求之甚急,議垂成而中輟。然其懸值高奇,殊駭物聽,余詗知怦然心動,遂銳意舉債收之。雖古人之割一莊以易《漢書》,無此豪舉也。雙鑒樓中藏書三萬卷,宋刊秘籍且踰百帙,一旦異寶來投,遂巋然爲群經之弁冕。②

珍愛之情溢於文字間。

按唐孔穎達撰《周易正義》,《舊唐書·經籍志》、《宋史·藝文志》、《崇文總目》等皆著録爲十四卷。南宋以後,兩浙東路茶鹽司刻八行注疏合刻本爲十三卷,福建地區坊刻十行注疏合刻本爲十卷,合刻本出而

---

① 清程恩澤《程侍郎遺集》卷五,《續修四庫全書》影印本,第1511冊,第260頁。
② 宋刻單疏本《周易正義》末傅增湘跋,《中華再造善本》影印本。

單疏本漸次湮沒不爲人知。南宋後期的《直齋書錄解題》僅著錄《周易正義》十三卷，爲八行注疏合刻本之卷數，蓋其時單疏本已不多見。明代諸家著錄中，僅知陳第《世善堂藏書目錄》有《易經正義》十四卷，當爲單疏本。明末錢孫保（求赤）曾獲《周易》單疏本，見中國國家圖書館所藏八行本《周易注疏》卷前陳鱣抄錄錢孫保跋語，其中提到"予所獲單疏本一，注疏合刻一，又單注本二，皆宋刻最精好完善者，真天下之至寶也"。阮元《周易注疏校勘記》引據書目"單疏本"一目列"宋本"，云："據錢遵王校本。案錢跋有單疏本一，單注本二，注疏本一，今不復能識別，但稱錢校本。"①《校勘記》所云錢跋，當即錢孫保之語。阮元未見《周易正義》單疏原本，所使用者僅前人校本，且無法分辨單疏本文字。今存單疏本《周易正義》無錢氏印記，錢氏所藏蓋別一本，今已不存矣。

傅增湘得宋刻單疏本《周易正義》後，亟付影印，即民國24年北平人文科學研究所影印本，今此本又有《續修四庫全書》、《中華再造善本》影印本。

《周易正義》十四卷單疏本在我國傳本稀見，鮮爲人知，在東瀛日本却有多個抄本傳世，其中有唐寫本，亦有據宋刻單疏本傳抄者。《經籍訪古志》著錄《周易正義》十四卷單疏抄本六部；《日藏漢籍善本書錄》著錄日藏單疏抄本十部。清末楊守敬曾從日本傳抄一部，劉氏嘉業堂於民國三年據其刻入《嘉業堂叢書》。②

此外，敦煌寫本中亦傳存一件《周易正義》單疏本，今藏臺北傅斯年圖書館。此卷共三十二行，行四十字左右，內容爲《賁卦》。此卷對經文、注文起訖所用字多較宋刻單疏本爲繁。③

---

① 《十三經注疏校勘記》，《續修四庫全書》第180册，第290頁。
② 《嘉業堂叢書》本《周易正義》末劉承幹跋云："此本爲宜都楊惺吾舍人從日本鈔出，歸予插架，真海內驚人秘笈，故首刊此以餉學人。"
③ 許建平《敦煌經籍敘錄》，第58頁。

二、《尚書正義》

《尚書正義》二十卷，唐孔穎達撰。今存宋刻本一部，藏日本宮內廳書陵部。十五行二十四字，白口，左右雙邊，各卷尾題後刻本卷字數。卷前有端拱元年三月孔維上書表及官員銜名，"慎"字缺筆避諱，亦南宋翻刻北宋國子監本。（圖六三）

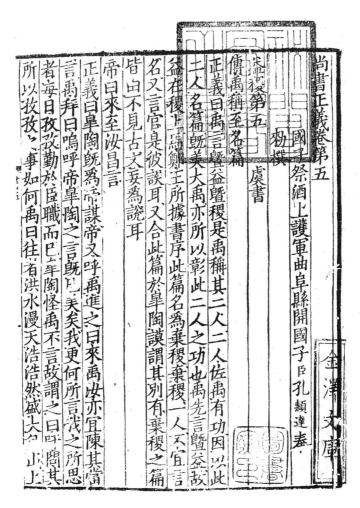

圖六三　宋刻單疏本《尚書正義》（《金澤文庫本圖錄》）
日本宮內廳書陵部藏

此本鈐"金澤文庫"、"歸源"墨印。關於其遞藏源流，阿部隆一有概括説明："本帙原藏金澤文庫，後轉歸鐮倉園覺寺之塔頭歸源庵，部分流出至民間，由幕府官庫楓山文庫所收。""寬政八年，幕府醫官多紀元簡（櫟窗）得此本零卷獻於幕府，幕府搜索餘卷，寬政十一年，户塚商人伊勢屋源七所藏一卷亦獻上。享和三年，由大學頭林述齋建言，將歸源庵藏本收入楓山文庫，始成全帙。維新後由内閣文庫繼承，後轉歸宫内省圖書寮至今。"①

單疏本《尚書正義》在我國久已失傳。《舊唐書・經籍志》、《新唐書・藝文志》、《崇文總目》等皆著録《尚書正義》二十卷，南宋以後注疏合刻本出，單疏本不顯，偶有書目著録二十卷本《尚書正義》，如南宋《直齋書録解題》、明代《内閣藏書目録》，亦很難判定所著録者究爲單疏本或是八行注疏本（八行注疏本《尚書正義》、十行注疏本《附釋音尚書注疏》皆爲二十卷）。清錢謙益《絳雲樓書目》卷一著録"宋板《尚書正義》二十册，二十卷"，從其同時所藏其他各經皆注疏合刻本的情況看，當爲兩浙東路茶鹽司所刻八行注疏本，而非單疏本。

日本所傳《尚書正義》單疏本，經森立之《經籍訪古志》卷一著録，始爲我國學者所知。森氏將其定爲北宋槧本。清末楊守敬訪日期間，得見此本，用西法照出，謀付梓而未果。② 至民國五年（1916），劉氏嘉業堂始據抄本刻印行世，即《嘉業堂叢書》本。③ 1929 年，日本大阪每日新聞社將原本影印出版，有内藤虎次郎（内藤湖南）所撰解題及跋，《四部叢刊三編》又加影印，國人始得見宋刻原本真面目。

---

① 《阿部隆一遺稿集》第一卷，第 264 頁。
② 《日本訪書志》卷一："……乃從書記官巖谷修借原本用西法照出，意欲攜歸，釀金重刊，久不能集事。丙戌又攜入都，以付德化李木齋，許以重刊。旋聞木齋丁艱，恐此事又成虚願也。"《日本藏漢籍善本書志書目集成》第 9 册，第 31 頁。
③ 繆荃孫、吴昌綬、董康撰，吴格整理點校《嘉業堂藏書志》卷一："今原本藏日本楓山官庫，此即照原本影摹。鈔手雖未精，而行款不失。絶傳之本，今竟重出，不啻爲古人續命，因即刊入《嘉業堂叢書》以壽世焉。"復旦大學出版社，1997 年，第 134 頁。

三、《毛詩正義》

《毛詩正義》四十卷，唐孔穎達等撰。今存宋紹興九年（1139）紹興府刻本，缺首七卷，藏日本武田科學振興財團杏雨書屋。十五行二十五至三十字不等，白口，左右雙邊。各卷尾題後有本卷字數，卷末有淳化三年官員銜名及"紹興九年九月十五日紹興府雕造"刊記。此爲現存宋刻單疏本中唯一一部有明確刊年、刊地者。（圖六四）

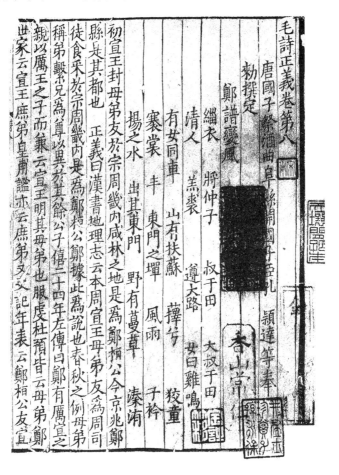

圖六四　宋紹興九年紹興府刻單疏本《毛詩正義》（《金澤文庫本圖錄》）
　　　　　日本武田科學振興財團杏雨書屋藏

此本爲金澤文庫舊藏，輾轉爲内藤湖南所有。書中鈐有"金澤文庫"、"香山常住"墨印及"井井居士珍賞子孫永保"、"炳鄉珍藏舊槧古抄之記"、"寶詩籢"等印。關於此本的遞藏，阿部隆一亦有介紹："此本從金澤文庫流出，藏於山口之香山寺。香山寺爲足利學校創建者上杉憲實終焉之處，或爲上杉憲實由金澤文庫攜出者。其後之遞藏，《島考》中記：'是書古澤介堂氏從周防古刹所獲，後歸於井上伯爵，故遂爲吾師有'。此本從竹添井井轉至内藤湖南所有，湖南欣喜之餘，於《恭仁山莊四寶詩》中吟詠'白首名場甘伏雌，保殘守欠慕經師。收來天壤間孤本，宋槧珍篇單疏詩'。愛玩不能釋手，新雕'寶詩籢'印章，鈐於其上。没後，與其他珍藏的古抄舊刊本一同轉讓與武田氏杏雨書屋至今。"①

《毛詩正義》單疏本在我國久無傳本，日本所傳宋刻單疏本，亦長期不爲我國學者所知。森立之《經籍訪古志》僅著録求古樓藏舊抄本《毛詩正義》殘卷，而未著録此本；楊守敬《日本訪書志》亦未著録。較早將單疏本《毛詩正義》介紹到國内的中國學者，當推繆荃孫。繆氏於光緒二十九年（1903）奉派赴日本考察學務，② 有《日本訪書記》，記其在日本所得所見珍本古籍，云："日本竹添漸卿（進一郎）所藏宏富，出示多種，聊志其目。"目中即有宋刻本《毛詩正義》四十卷，正是竹添氏所藏宋刻單疏本《毛詩正義》。③ 繆氏爲嘉業堂所作藏書志，有影宋抄本《毛詩正義》三十三卷，云："原書藏日本東京竹添井井居士家。光緒癸卯年，友人派往日本調查學堂，影抄歸國，寶同球璧。今歸余齋，刊入《嘉業堂叢書》以傳之。"④ 光緒癸卯即光緒二十九年，所謂"友人派往日本調查學堂"，因藏書志乃繆氏代嘉業堂主人劉承幹

---

① 《阿部隆一遺稿集》第一卷，第 279 頁。
② 繆荃孫《藝風老人年譜》光緒二十九年記云："正月，偕徐續餘太守乃昌及各教習赴日本考察各學，得暇即搜看舊書。"《北京圖書館藏珍本年譜叢刊》第 180 册，第 719 頁。
③ 繆荃孫《藝風堂文續集》之《外集》，《續修四庫全書》影印本，第 1574 册，第 284 頁。
④ 《嘉業堂藏書志》卷一，第 139 頁。

作,"友人"者正是繆荃孫本人。繆氏從竹添井井處影抄得單疏《毛詩正義》,付劉氏嘉業堂刻梓,即民國七年出版之《嘉業堂叢書》本《毛詩正義》。雖因傳抄翻刻,又有妄改,頗失原本之貌,而其紹介之功仍不可沒。1936年,日本東方文化學院將《毛詩正義》原本以珂羅版影印出版。

除宋刻本外,《毛詩正義》單疏本今尚存數種唐寫本殘卷。《日藏漢籍善本書錄》著錄兩種唐寫本,皆日本重要文化財。一藏京都市,共四紙,內容爲《秦風》之《小戎》、《蒹葭》;一爲東京國立博物館藏本,內容爲《大雅》之《韓奕》、《江漢》。① 前者有大正十年(1921)日本京都帝國大學文學部影印本。又敦煌寫本中有《毛詩正義》殘卷兩種,其一爲俄藏09328號,內容爲《大雅》之《思齊》共4殘行;一爲斯498號,內容爲《大雅》之《民勞》,共三十七行,行二十二字左右。② 後者在王重民《敦煌古籍敘錄》中有著錄,云其"傳箋起止朱書,正義墨書,凡民字皆作人,孔氏原書應如是也。"此卷單疏《毛詩正義》出文之經傳起止用朱筆書寫,而疏文以墨筆書寫,透露出寫本時期單疏本的體式面貌。

四、《禮記正義》

《禮記正義》七十卷,唐孔穎達撰。今存宋刻本殘本,僅存卷六三~七十,藏日本身延山久遠寺。十五行二十六字,白口,左右雙邊。卷末有淳化五年官員銜名。(圖六五)

此本鈐"金澤文庫"、"身延文庫"印,爲金澤文庫舊藏,其轉入身延山久遠寺的時間,據推測當在室町時代。③

《舊唐書·經籍志》、《新唐書·藝文志》、《崇文總目》等皆著錄《禮記正義》七十卷,《郡齋讀書志》著錄作《禮記疏》七十卷。南宋兩浙東路茶鹽司刻八行注疏本《禮記正義》亦七十卷,後世通行十行注疏

---

① 嚴紹璗《日藏漢籍善本書錄》,中華書局,2007年,第1冊,第62頁。
② 見許建平《敦煌經籍敘錄》,第186頁。
③ 《阿部隆一遺稿集》第一卷,第303頁。

合刻本則改爲六十三卷。明代公私書目中，七十卷本《禮記正義》鮮見著錄，惟楊士奇《文淵閣書目》有"禮記孔穎達正義一部四十册"，與"禮記孔穎達注疏一部二十二册"、"禮記孔穎達注疏一部十二册"等並列，從册數推測，似非單疏本，或爲兩浙東路茶鹽司刻八行注疏本。八行注疏本《禮記正義》在我國有傳本，清初學者惠棟曾以校勘，阮元《校勘記》即取其校本；而單疏本《禮記正義》久已不傳，清代學者未見，《校勘記》自不及其書。長期以來，惟日本所存《禮記正義》單疏殘本八卷，一脈孤傳，深藏寺中，《經籍訪古志》、《古文舊書考》、《日本訪書志》等皆未著錄。劉氏嘉業堂搜羅諸經單疏本付刻，於《禮記》只得卷子本殘卷的影抄本，而不知有此本。直至1930年，日本東方文化學院將此本影印出版，《四部叢刊》三編很快據影印本縮印，國人始得見宋刻《禮記正義》單疏本。

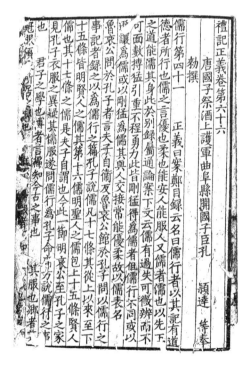

圖六五　宋刻單疏本《禮記正義》(《金澤文庫本圖錄》)
　　　　日本身延山久遠寺藏

除宋刻殘本外，日本亦存唐寫本《禮記正義》單疏卷子本殘卷，今藏東洋文庫，內容爲《曲禮》。① 光緒間楊守敬曾從森立之處得此本的影抄本，民國三年劉氏嘉業堂據以刻入《嘉業堂叢書》。② 所刻多有改易，尤以其"改原本體制，從附音俗本卷第"③ 爲人所議。蓋卷子本首尾殘破，無題卷數，其內容包含《曲禮》上的末尾與《曲禮》下的前半部分。因單疏本與通行注疏本卷數有異，因此該卷子本的內容，在單疏本的卷五，通行本中則在卷三和卷四。《嘉業堂叢書》本不察單疏本與通行注疏本卷次之異，將卷端題作卷三、卷四，從俗本卷第，是其疏誤。《四部叢刊》三編影印宋刻殘本同時，也一併將此卷子本收入，即題作禮記正義卷五。

《日藏漢籍善本書錄》稱"《禮記正義》宋刊單疏本國內僅存原劉氏嘉業堂所藏之卷三與卷四凡零本二卷"，④ 不知何據。案今所知者，宋刻單疏本《禮記正義》僅日本身延山久遠寺所藏之殘存八卷本傳世，未聞有其他傳本。劉氏《嘉業堂叢書》本如上所述，乃據傳抄日本卷子本付刻，誤題爲禮記正義卷三和卷四，《日藏漢籍善本書錄》或涉此而誤。

敦煌寫本中也有幾件《禮記正義》單疏本，一爲斯 1057 號，內容爲《禮運》，共十行，行二十字；一爲伯 3106B 號，內容爲《郊特牲》，共十四行，行二十二字；一爲斯 6070 號，內容亦《郊特牲》，存五十三字。⑤

五、《春秋公羊疏》

《春秋公羊疏》三十卷，唐徐彥撰。今存宋刻遞修本一部殘本，僅存七卷（一～七），且有缺葉，藏中國國家圖書館。此本十五行二十二

---

① 嚴紹璗《日藏漢籍善本書錄》，第 1 冊，第 109 頁。
② 《嘉業堂叢書》本《禮記正義》末楊守敬跋云："右《禮記曲禮正義》卷子本殘卷，日本狩谷望之所藏，余得之森立之。顧立之《訪古志》未載。蓋其作《訪古志》時，尚未見此本也。"
③ 日本昭和三年影印卷子本《禮記正義》跋。
④ 嚴紹璗《日藏漢籍善本書錄》第 1 冊，第 110 頁。
⑤ 見許建平《敦煌經籍敘錄》，第 209 頁。

至二十八字，白口，左右雙邊，版心鐫刻本葉字數，從刻工看，曾經後代修補。①（圖六六）

圖六六　宋刻單疏本《春秋公羊疏》（《中國版刻圖錄》）
中國國家圖書館藏

《春秋公羊疏》，新舊《唐書》不載，《崇文總目》、《郡齋讀書志》、《直齋書錄解題》、《宋史·藝文志》等皆著錄，爲三十卷；後世通行注疏本改爲二十八卷。三十卷本《春秋公羊疏》在明清兩代尚偶見著錄，如明陳第《世善堂藏書目錄》有"公羊傳疏三十卷，唐徐彥"；錢謙益《絳雲樓書目》著錄"公羊注疏，疏三十卷"，當即單疏本。明代《南雍

---

① 《中國版刻圖錄》云："宋時十二經單疏，南宋國子監俱有雕造。此本宋刻元修，刻工皆宋元兩朝杭州名匠，疑即南宋監本。元時版送西湖書院，《西湖書院重整書目》中有《公羊注疏》一目，蓋即此本。內閣大庫書。"第1冊，第13頁。

志・經籍考》有"《春秋公羊疏》三十卷，舊志作二十九卷者非，存者一百九十七面，餘缺"①的記載，說明《春秋公羊疏》單疏本的板片到明代尚存南雍。惜其本流傳不廣，錢氏藏本當隨絳雲一炬煙消雲散，陳氏藏本亦不知蹤跡。今存的這部《春秋公羊疏》殘本，因深藏內閣大庫，長期以來不爲人所知。清代學者因未見單疏本，於通行十行注疏本的二十八卷與前代書目著錄的三十卷兩不相合，多有猜測。如《四庫全書總目》提要稱："彥疏《文獻通考》作三十卷，今本乃止二十八卷，或彥本以經文並爲二卷，別冠於前，後人又散入傳中，故少此二卷，亦未可知也。"阮元《春秋公羊傳注疏校勘記序》也說："《郡齋讀書志》、《書錄解題》並作三十卷，世所傳本乃止二十八卷，其參差之由亦無可考也。"②此皆因未見單疏本之故。

大約在清末民初之間，此本從內閣大庫流出，爲密韻樓主人蔣汝藻所得。王國維爲密韻樓撰寫《傳書堂藏善本書志》，云："此本與舊所得《爾雅疏》皆明文淵閣舊藏，《爾雅疏》二百年前已流出人間，此本近時始出，又未見有他本，故自來收藏家未見著錄。"③1928年，劉氏嘉業堂從蔣汝藻處借抄此本，刻入《嘉業堂叢書》，《公羊》單疏本始廣爲人知。後此本歸南海潘氏寶禮堂，張元濟爲潘氏作《寶禮堂宋本書目》有《春秋公羊疏》殘本一冊即此。《續古逸叢書》與《四部叢刊》皆收入，今又有《中華再造善本》影印本。

除宋刻單疏殘本外，日本有一部《春秋公羊疏》單疏抄本全本傳世，今藏蓬左文庫。④此本爲室町時代末期寫本，無格，每半葉十二行，每行二十至二十四字不等。行款雖與今存宋刻本不同，但卷端題格式與宋刻本同，宋諱字亦缺筆，當據宋刻單疏本抄寫，或抄寫時改變了原有行款。

---

① （明）黃佐《南雍志》卷十八，《四庫全書存目叢書》史部，第257冊，第391頁。
② 《十三經注疏校勘記》，《續修四庫全書》第183冊，第46頁。
③ 《傳書堂藏善本書志》，《王國維先生全集續編》第7冊，第2685頁。
④ 《名古屋市蓬左文庫善本解題圖錄》第二輯，日本名古屋市教育委員會，1968年。

此本卷中有摹寫金澤文庫印，底本當爲金澤文庫舊藏宋刻本。今宋刻單疏《春秋公羊疏》僅存七卷原本，蓬左文庫藏抄本保存了三十卷完帙，卷末還保存了北宋景德元年官員銜名，使人得窺《春秋公羊疏》單疏本全貌，彌足珍貴。惜此本尚無影印本。田中千壽《〈春秋公羊疏〉研究》根據此抄本，對比研究了單疏本與注疏合刻本的異同，可資參考。①

六、《爾雅疏》

《爾雅疏》十卷，宋邢昺撰。今存宋刻《爾雅》單疏本兩部，一藏中國國家圖書館，一藏日本静嘉堂文庫。此本十五行三十字左右，白口，左右雙邊。今存兩本皆遞修後印本，多宋、元修補葉，有的補版可能在明初。書中宋諱"媾"、"慎"字有避有不避。（圖六七）

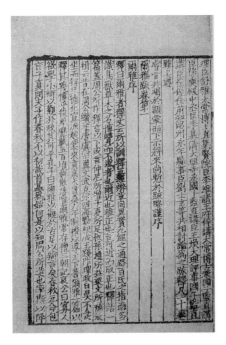

圖六七　宋刻單疏本《爾雅疏》（《第一批國家珍貴古籍名録圖録》）
　　　　中國國家圖書館藏

---

① 田中千壽《〈春秋公羊疏〉研究》，北京大學中文系 2002 年博士論文。

宋刻《爾雅》單疏本在清代尚有數種傳世。《中國版刻圖錄》著錄國圖藏本時，對傳世宋刻《爾雅》單疏本有一段簡明扼要的敘述：

> 傳世《爾雅》單疏宋刻本有三帙。一、黃氏士禮居藏本，阮元《十三經注疏校勘記》即用此本，後因兵事遺失。二、陸氏皕宋樓藏本，用元至順公文紙印，光緒間陸氏有翻版，原書今存日本静嘉堂文庫。三、即此本。①

中國國家圖書館藏《爾雅疏》，即《中國版刻圖錄》所説第三帙，鈐"文淵閣印"、"陳鱣收藏"、"汪士鐘印"、"泰州劉麓樵得於揚州癸丑兵火之後"、"海鹽張元濟經收"、"涵芬樓藏"等印。在陳鱣之前，此本亦曾經黃丕烈收藏過。黃氏《百宋一廛書錄》著錄《爾雅疏》云："此《爾雅疏》十卷，前結銜云：翰林侍講學士朝請大夫守國子祭酒上柱國賜紫金魚袋臣邢昺等奉敕校定。余始見一本，出於顧懷芳家，五硯樓主人得之。既而懷芳伯父五癡亦有是書，已抄一至三三卷，第四卷起俱宋刻（原注：八卷十一葉缺）。卷首有文淵閣印一，蓋猶是明内府物也。後訪得香嚴書屋適有殘本三卷在，索觀之，雖非原失，却亦宋刻，特印本爲洪武時，其紙背字跡可驗。遂去抄存刻，居然完璧矣。"②"五硯樓主人"即袁廷檮，"懷芳伯父五癡"即顧應昌，皆吳中有名的藏書家。

黃氏先得顧五癡藏本《爾雅疏》（前三卷抄配，宋刻存卷四至十，有文淵閣印），後得周氏香嚴書屋藏殘本（卷一至三，洪武時期公文紙印），兩者相配成爲完帙。檢今中國國家圖書館藏本《爾雅疏》，前三卷爲公文紙印，"文淵閣印"不在卷一而在卷四，原因正在此本前三卷與後七卷本非一本，乃黃丕烈配補而成。黃丕烈後又得到袁廷檮所藏另一部《爾雅疏》，遂將此配補本轉讓與陳鱣。陳鱣《經籍跋文》之《宋本爾雅疏跋》記："群經之疏，本自單行，今尚存宋本有三，而皆萃于吳中。……《爾雅疏》二部，一爲蕘圃所藏，一爲袁壽階所藏，並宋刻

---

① 《中國版刻圖錄》第 1 册，第 13 頁。
② （清）黃丕烈《百宋一廛書錄》，《宋元版書目題跋輯刊》第 3 册，第 13 頁。

本，十卷。……壽階旣歿，藏書多散，《爾雅疏》亦爲蕘圃所得。蕘圃因其重複也，遂將己所有者歸諸余。余乃以白金四十兩購之。凡六册，中有'文淵閣印'，審係明內府舊儲。"①

黃、陳遞藏的這部文淵閣舊藏《爾雅疏》，民國間爲蔣氏密韻樓所得，王國維爲蔣氏所作《傳書堂藏善本書志》著錄者即此本。王氏定爲南宋監本，指出"此本用洪武中公牘紙印，又有明初補板，乃明南雍印本"，② 並詳作校勘記；又有《宋刊本爾雅疏跋》，於宋代國子監刻單疏本之式詳作考察。③ 其後該本歸涵芬樓，即《涵芬樓燼餘書錄》著錄者。此本有《四部叢刊》、《續古逸叢書》、《續修四庫全書》及《中華再造善本》影印本。

日本靜嘉堂藏《爾雅疏》，爲陸心源皕宋樓舊藏，光緒四年陸氏曾據以翻刻，今陸氏翻刻本尚習見。此部《爾雅疏》以元致和、至順中公文紙印，亦有明初的修補版。鈐印有"何氏藏書"、"崆峒化城"、"鷦安校勘秘笈"、"歸安陸樹聲叔桐父印"等。④

《中國版刻圖錄》提到的《爾雅疏》傳本之第一種，黃氏士禮居藏、阮元《十三經注疏校勘記》所據宋刻《爾雅疏》，即袁廷檮舊藏、後歸黃丕烈之本，今已不存。阮氏校勘羣經，以《爾雅》校勘屬之臧庸，臧庸《拜經堂文集》中可見其有關《爾雅》版本校勘的文字："余癸丑寓吳門時，書賈持此帙，索價二十四金，余一見狂喜，以爲唐人九經義疏真面目不可見，得此庶能睹其遺範，且價廉，急慫恿袁君又愷如數購之。今年秋，假諸又愷，細意校出，閱九日卒業。"⑤

"袁君又愷"，即袁廷檮，又字壽階，號五硯樓主人，黃丕烈藏書四友之一。袁氏於乾隆五十八年（1793）癸丑得此本《爾雅疏》，臧庸于

---

① （清）陳鱣《經籍跋文》，《宋元版書目題跋輯刊》第 3 册，第 255 頁。
② 《傳書堂藏善本書志》，《王國維先生全集續編》第 7 册，第 2741 頁。
③ 《觀堂集林》卷二一，第 1036 頁。
④ 見《阿部隆一遺稿集》第一卷，第 362 頁；《靜嘉堂文庫宋元版圖錄》解題篇，第 7 頁。
⑤ （清）臧庸《拜經堂文集》卷二《校宋槧板爾雅疏書後（庚申仲秋）》，《續修四庫全書》第 1491 册，第 519 頁。

嘉慶五年（1800）庚申借此本校勘。據《阮元年譜》，嘉慶四年十月阮元奉旨署理浙江巡撫事務，嘉慶五年正月實授浙江巡撫，辟詁經精舍於西湖。是年阮元延請臧庸至杭州，補訂《經籍籑詁》，校勘《十三經注疏》。[①] 臧庸於此年借袁氏《爾雅疏》校勘，自是因《十三經注疏》校勘之用。黃丕烈《百宋一廛書錄》之《爾雅疏》條也提到了臧庸借校袁藏《爾雅疏》之事："五硯樓本曾屬常州臧在東校出，今雖已錄其佳者入浙撫所刻《十三經考證》中，然究恐世人輕改古書，暇日當取而校之。"[②] 臧在東即臧庸，"浙撫所刻《十三經考證》"，即《十三經注疏校勘記》。可知臧庸為阮氏校勘《爾雅》，所據即五硯樓舊藏本。

袁廷檮歿後，其所藏《爾雅疏》歸黃丕烈所有，見上文所引陳鱣《經籍跋文》之《宋本爾雅疏跋》。嘉慶二十年，南昌府學據十行本重刻《十三經注疏》，《爾雅》、《儀禮》無十行本，遂以單疏本為據。阮元"重刻宋板注疏總目錄"記云："元家所藏十行宋本有十一經，雖無《儀禮》、《爾雅》，但有蘇州北宋所刻之單疏板本，為賈公彥、邢昺之原書，此二經更在十行本之前。……因以元所藏十一經至南昌學堂重刻之，且借校蘇州黃氏丕烈所藏單疏二經重刻之。"[③]

又《藏園群書經眼錄》卷二著錄《爾雅疏》宋刻單疏本三部，一為蔣氏密韻樓藏本，即今藏中國國家圖書館者；一為靜嘉堂文庫藏本，即陸心源舊藏者；另有一部殘本，為庚申四月所見寶應劉翰臣藏本，存卷五至七共三卷，云"與蔣孟蘋藏本同"，當亦宋刻單疏本，惟今不知尚存世否。

七、《周禮疏》

《周禮疏》五十卷，唐賈公彥撰。新、舊《唐書》、《崇文總目》、

[①] 王章濤《阮元年譜》引《臧拜經別傳》："五年，元巡撫浙江，新辟詁經精舍於西湖，復延拜經至精舍，補訂《籑詁》，校勘《注疏》。七年，歸常州。"黃山書社，2003年，第209頁。

[②] 《百宋一廛書錄》，《宋元版書目題跋輯刊》第3冊，第13頁。

[③] 《十三經注疏附校勘記》，臺北藝文印書館影印本，第3頁。

《直齋書錄解題》、《宋史·藝文志》等皆著錄《周禮疏》五十卷,① 南宋兩浙東路茶鹽司注疏合刻本《周禮疏》今存,亦爲五十卷。後世通行之十行本《周禮注疏》爲四十二卷。《周禮疏》單疏本在明清諸家著錄中罕見蹤跡,僅知明《文淵閣書目》地字號第四廚有"周禮賈公彦正義"一部六册與多部"周禮賈公彦注疏"並列,疑爲單疏本。今日本京都大學藏一部《周禮疏》單疏抄本,存三十一卷,闕卷四~六,九~一一,一五~一七,四一~五十。半葉十行,行二十字,首有真宗咸平六年中書門下牒,當據宋刻單疏本傳抄。②

八、《儀禮疏》

《儀禮疏》五十卷,唐賈公彦撰,新舊《唐書》、《郡齋讀書志》、《宋史》等皆著錄。有宋一代,《儀禮》不行,兩浙東路刻八行注疏本及建刻十行注疏本似乎均未刻《儀禮》,單疏本《儀禮疏》亦不多見。馬端臨《文獻通考》記載其父馬廷鸞語曰"余生五十八年,未嘗讀《儀禮》之書"③云云,正其實況。王國維説:"南雍十行本注疏向無《儀禮》、《爾雅》二種,故元明間尚補綴單疏本以彌十二經之闕,是以二疏後世尚有傳本,餘疏自元以後蓋已不復印行矣。"④ 十行注疏本缺《儀禮》與《爾雅》,反令單疏本《儀禮》與《爾雅》流傳較廣。清代學者較爲熟知的單疏本,也就是《儀禮》與《爾雅》,外加殘缺抄本《穀梁疏》而已。如錢大昕云:"予三十年來所見疏與注别行者,唯有《儀

---

① 唯《郡齋讀書志》著錄作十二卷,袁本作四十卷,見宋晁公武撰、孫猛校證《郡齋讀書志校證》卷二,第75頁。《文獻通考》亦承《郡齋讀書志》作十二卷。

② 日藏《周禮疏》單疏抄本存藏情况,據李霖《宋刊群經義疏的校刻與編印》,北京大學歷史系2012年博士論文。加藤虎之亮《周禮經注疏音義校勘記》卷前有此本書影。

③ 《文獻通考》卷一百八十,商務印書館1936年影印本,第2册,第1550頁。

④ 《傳書堂藏善本書志》,《王國維先生全集續編》第7册,第2742頁。

禮》、《爾雅》兩經，皆人世稀有之物也。"① 黃丕烈云："單疏本余所見十三經，唯此（案：指《爾雅疏》）及《儀禮疏》而已。"② 陳鱣云："群經之疏，本自單行，今尚存宋本有三，而皆萃于吳中。三者何？《儀禮》也，《穀梁傳》也，《爾雅》也。"③ 等等。

明陳第《世善堂藏書目錄》著錄"《儀禮疏》五十卷"，明孫能傳《內閣藏書目錄》卷二著錄"《儀禮正義》十四冊不全，即賈公彥《儀禮疏》也，闕首三卷"，所指當即單疏本。清代傳世《儀禮疏》僅有一部，即黃丕烈所得缺卷三二～三七的《儀禮疏》，上述錢、黃、陳諸人提及之《儀禮》單疏本皆指此本。黃氏《百宋一廛書錄》著錄云："此宋時官本疏。分卷五十，尚是賈公彥等所撰之舊。中缺卷三十二至卷三十七，然首尾完具，實足證五十卷之說。正經注語皆標起止，而疏文列其下。爲宋景德年間本，與馬廷鸞之說合……顧子千里嘗用行世各本勘之一過。"④

顧廣圻以黃丕烈士禮居所藏單疏《儀禮疏》校疏，以宋嚴州本校經及注，兩者合編，助張敦仁刻梓行世，此即嘉慶十一年陽城張氏刻本《儀禮注疏》。而阮本重刻《十三經注疏》，其《儀禮》雖云借校黃丕烈所藏單疏本重刻，實際所據者乃張敦仁刻本。⑤黃氏身後，宋本《儀禮疏》歸汪士鐘藝芸書舍所有。道光十年，汪氏重刻《儀禮疏》，行款版式包括刻工姓名等悉依宋本之舊，顧廣圻爲作代序及後序。⑥ 今宋本《儀禮疏》杳無蹤跡，據汪氏翻刻本可悉其面目。其本十五行二十七字，

---

① 《十駕齋養新錄》卷十三《儀禮疏單行本》，《續修四庫全書》第1151冊，第253頁。
② 《百宋一廛書錄》之《爾雅疏》，《宋元版書目題跋輯刊》第3冊，第14頁。
③ 《經籍跋文》之《宋本爾雅疏跋》，《宋元版書目題跋輯刊》第3冊，第255頁。
④ 《百宋一廛書錄》之《儀禮疏》，《宋元版書目題跋輯刊》第3冊，第5頁。
⑤ 見喬秀岩《〈儀禮〉單疏版本說》，載《文史》2000年第1輯，總第50輯。
⑥ （清）顧廣圻《思適齋集》卷七《重刻宋本儀禮疏序（代汪閬源）》、《重刻宋本儀禮疏後序》，《續修四庫全書》第1491冊，第59頁。

白口，左右雙邊，各卷尾題後有字數，卷末有北宋景德元年官員銜名，刻工有南宋初期杭州地區工人，亦有元代刻工，説明其底本當爲南宋刻元修補印本。(圖六八)

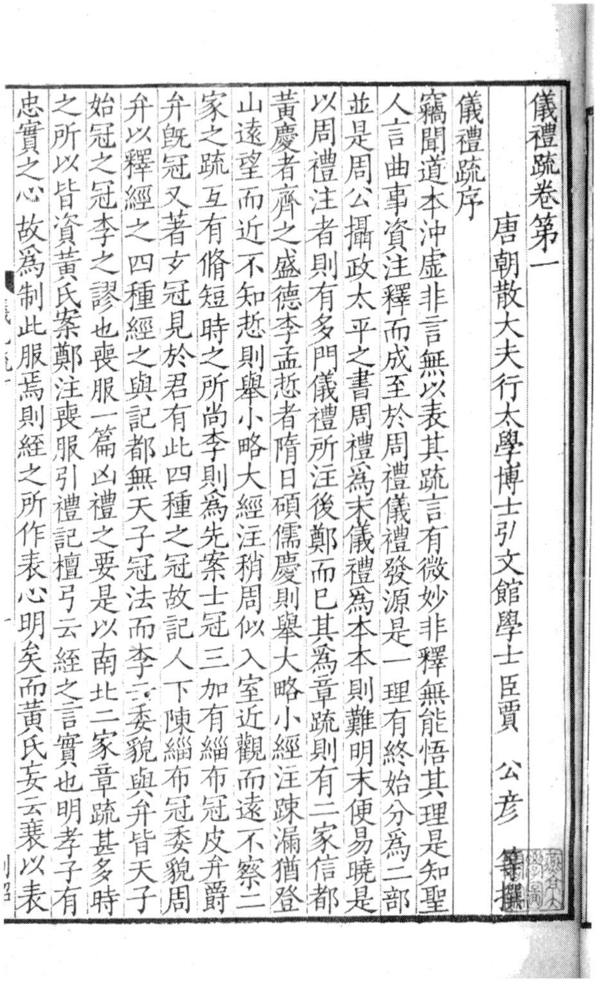
儀禮疏卷第一
唐朝散大夫行太學博士弘文館學士臣賈　公彦　等撰
儀禮疏序
竊聞道本沖虛非言無以表其疏言有微妙非釋無能悟其理是知聖人言曲事資注釋而成至於周禮儀禮發源是一理有終始分爲二部並是周公攝政太平之書周禮爲末儀禮爲本本則難明末便易曉是以周禮注者則有多門儀禮所注後鄭而已其爲章疏則有二家信都黃慶者齊之盛德李孟悊者隋日碩儒慶則舉大略小經注疎漏猶登山遠望而近不知悊則舉小略大經注稍周似入室近觀而遠不察二家之疏互有脩短時之所尚李則爲先案士冠三加有緇布冠皮弁爵弁既冠又著玄冠見於君有此四種之冠故記人下陳緇布冠委貌周弁以釋經之四種經之與記都無天子冠法而李云委貌與弁皆天子始冠之冠李之謬也喪服一篇凶禮之要是以南北二家章疏甚多時之所以皆資黃氏案鄭注喪服引禮記檀弓云經之言實也明孝子有忠實之心故爲制此服焉則經之所作表心明矣而黃氏妄云衰以表

圖六八　清道光汪氏影宋刻單疏本《儀禮疏》　北京大學圖書館藏

另中國國家圖書館藏一部黃氏士禮居影宋抄本《儀禮疏》，當據黃氏藏宋本影抄。日本宮内廳書陵部藏舊抄單疏殘卷《儀禮疏》，存卷十五、十六，據喬秀岩的研究，其底本乃宋刻單疏十五行本，且較士禮居藏本印刷爲早。①

九、《春秋穀梁疏》

《春秋穀梁疏》十二卷，唐楊士勛撰。《新唐書・藝文志》、《宋史・藝文志》、《直齋書録解題》、《郡齋讀書志》衢本、《文獻通考》引《崇文總目》等均著録《穀梁疏》十二卷，② 後世通行注疏本則改爲二十卷。十二卷宋刻單疏本《春秋穀梁疏》久已不傳，今僅存抄本，《中國古籍善本書目》著録抄本兩部，皆缺卷一至五，題《春秋穀梁疏》，一藏北京大學圖書館，一藏中國國家圖書館。（圖六九）

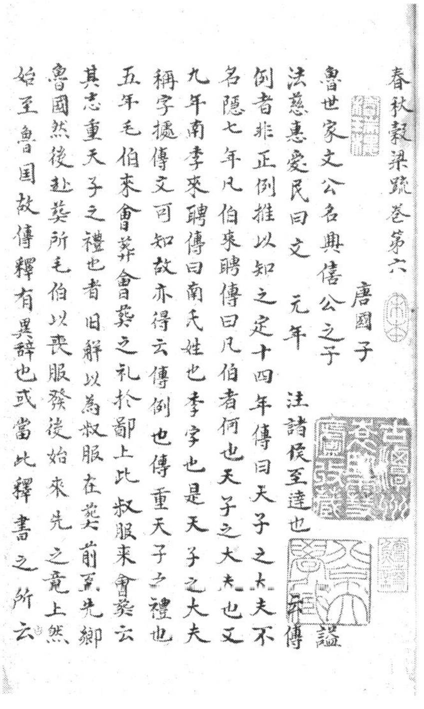
春秋穀梁疏卷第六　唐國子
魯世家文公名興僖公之子　注諡
法慈惠愛民曰文　元年　注諸侯至達也　傳
例者非正例推以知之定十四年傳曰天子之大夫不
名隱七年凡伯來聘傳曰凡伯者何也天子之大夫也又
九年南季來聘傳曰南氏姓也季字也是天子之大夫
稱字攄傳文可知故亦得云傳例也傳重天子之禮也
五年毛伯來會葬會葬之礼於鄙上此叔服來會葬云
其志重天子之禮也者旧解以為叔服在葬前冥先卿
魯國然後赴葬所毛伯以喪服發後始來先之竟上然
始至魯国故傳釋有異辭也或當此釋書之所云

圖六九　清抄單疏本《春秋穀梁疏》　北京大學圖書館藏

① 喬秀岩《〈儀禮〉單疏版本説》。

② 唯《舊唐書・經籍志》著録作十三卷，《玉海》引《崇文總目》作三十卷，或爲傳刻之誤。

北京大學圖書館藏本爲李盛鐸舊藏，存卷六至十二，共二册。此本十二行二十一至二十二字，無框、無格，宋諱"桓"字缺筆避諱。書中鈐有"鱸讀"、"宋本"、"仲魚圖像"（肖像印）、"得此書費辛苦後之人其鑒我"、"稽瑞樓"、"古潭州袁臥雪廬收藏"諸藏書印。首册卷前有一葉未署名跋語，云："穀梁單行疏，李中麓抄本，自文公起至哀公止。何北山雖據以改正汲古閣本，亦尚有遺漏。但脱誤亦多，政需善擇。"正文以端楷抄，有朱筆校字。校字、跋文出自清代學者陳鱸手筆。《北京大學圖書館藏古籍善本書目》及《中國古籍善本書目》著録作"明抄本"，實爲清陳鱸家抄本。①

國圖藏《春秋穀梁疏》，爲清咸豐七年瞿氏恬裕齋抄本，有清季錫疇跋云："穀梁單疏舊本，卷首有無名氏題記，云：李中麓抄本，自文公起至哀公止，何北山雖據以改正汲古閣本，尚有遺漏，但脱誤亦多，正需善擇云云。原本有朱筆後改處，未知即中麓手跡否。咸豐丁巳夏，恬裕齋主人從邑中張氏假得，傳録一本，囑余對校一過。中用朱筆者，仍依舊校。新抄有誤者，以墨筆改之。"據季跋可知，鐵琴銅劍樓據抄之本，前有無名氏題記，其文字正與北大藏陳鱸本卷首題記相同，説明其據抄底本正是北大所藏陳鱸本。此本亦爲十二行二十一至二十二字，無框、無格，與陳鱸本同。陳鱸本朱筆校字，此本亦以朱筆照式抄録。陳鱸本空白缺字處，此本大體一致。

按元明以後，注疏合刻本成爲通行版本，十二卷單疏本《春秋穀梁疏》流傳絶少。《南雍志·經籍考》中著録"春秋穀梁疏十二卷，好板一百一十四面，失八十七面"者當即單疏本。明代藏書家陳第《世善堂藏書目録》著録"穀梁傳疏十二卷"，錢謙益《絳雲樓書目》卷一著録"穀梁注疏，疏十二卷"，當亦單疏本。此後諸家書目中，十二卷單疏刻本已不見蹤跡，僅有殘存七卷的抄本流傳於世。

較早注意到單疏本《春秋穀梁疏》並用以校勘的，是清代康熙時期

---

① 關於此本傳抄時代及抄者，詳見筆者《〈穀梁〉單疏本與注疏合刻本考》一文，載《儒家典籍與思想研究》第一輯，北京大學出版社，2009年。

的學者何煌。陳鱣《經籍跋文》記載:"《春秋穀梁傳疏》十二卷,照宋抄本。……是本出章丘李中麓家,惜缺文公以前五卷。字多駁落,繕寫雖不工,然行款悉依舊式,其駁落處俱空白。長州何北山煌嘗據以校汲古閣注疏,改正甚多。今爲周猗唐明經所藏。余又從猗唐借抄。"①阮元《春秋穀梁傳注疏校勘記序》云:"康熙間長洲何煌者,焯之弟。其所據宋槧經注殘本、宋單疏殘本,並希世之珍。"《校勘記》引據各本目錄中,即列"單疏本"一項,云:"鈔宋殘本,章丘李中麓藏,文公以前缺。自文公以後分卷亦與石經合。亦據何煌校本。"②據陳鱣及阮元所言,何煌所據校之單疏本,爲章丘李中麓所藏抄本,僅存卷六至十二共七卷,且多殘破之處。何煌校本爲阮元所得,其校語成爲阮元校勘《春秋穀梁傳注疏》疏文部分的最重要依據。

何煌據校之章丘李中麓藏殘本《春秋穀梁疏》,後歸周錫瓚(1742—1819),即《經籍跋文》中所説的"今爲周猗唐明經所藏"者,今已不傳。陳鱣"又從猗唐借抄",據周錫瓚藏李中麓本轉抄一本,並加校勘,撰寫跋語。陳鱣轉抄之本,即今北京大學圖書館藏本。

在陳鱣之後,張金吾也獲見《穀梁疏》單疏殘本。《愛日精廬藏書志》卷五著錄《春秋穀梁疏》抄本,云:"原十二卷,今佚一至五五卷。單疏本自《儀禮》外,惟《穀梁》、《爾雅》尚有傳本,爲楊氏、邢氏原書。《爾雅疏》未之見,是書則從李中麓藏本轉輾傳寫者。"張金吾愛日精廬藏本亦出自李中麓藏本,與陳鱣藏本同出一源,存卷亦同。張氏曾將此本與通行《十三經注疏》本進行校勘,補充了多個阮元《校勘記》未載的異文。此本雖已不存,但從張氏記述和異文情況看,與陳鱣本内容完全一致。張金吾藏本民國間爲涵芬樓購得,1932年涵芬樓遭日軍轟炸,張金吾傳錄之單疏抄本《穀梁疏》亦隨之化爲灰燼。

民國間劉承幹搜羅諸經單疏本付刻,曾從涵芬樓借得張金吾抄本,傳錄一部,並將其刻入《嘉業堂叢書》中。這是自南宋刻本以後數百年

---

① 《經籍跋文》之《宋本穀梁傳單行疏跋》,《宋元版書目題跋輯刊》第3册,第247頁。

② 《十三經注疏校勘記》,《續修四庫全書》第183册,第146頁。

間首次將單疏本《穀梁疏》付刻，從而使單疏本《穀梁疏》廣爲人知。但劉氏刊刻此書，並未完全按抄本原貌付刻，而是於《穀梁疏》體例、文字等方面多有變動，已失單疏本舊有面目。

十、《春秋正義》

《春秋正義》三十六卷，唐孔穎達等撰。宋刻單疏本《春秋正義》今無傳本，日本有一部抄本傳世，藏宮內廳書陵部。此本十五行二十五字，無格，卷末有本卷字數。鈐"正齋藏"、"帝國圖書之章"。卷三末有日本文化十二年（1815）近藤守重（號正齋）識語，卷二十四末有宣統二年（1910）田吳炤跋，卷三十六末有傳錄寬政三年（1791）小澤章跋及文化十三年近藤守重手書識語。

此本"桓"字缺筆避諱，當據宋刻單疏本傳抄者。據《圖書寮典籍解題》考證，① 此本爲文化十二年三月至文化十三年五月間，近藤守重命人據常陸國久慈郡萬秀山正宗寺藏本抄寫。而正宗寺藏本，亦非原刻，乃據金澤文庫本抄寫。金澤文庫藏原本及正宗寺藏抄本久已不存，唯此轉抄本爲《春秋正義》單疏僅存之本，彌足珍貴。

《新唐書·藝文志》、《郡齋讀書志》等著錄《春秋正義》三十六卷，南宋紹興府刻八行注疏本亦爲三十六卷，後世通行注疏本改爲六十卷。明代《文淵閣書目》著錄"春秋左傳正義一部二十一冊"，《內閣藏書目錄》卷二著錄《春秋正義》三部（一部全本二十冊，兩部殘本，一爲二十八冊，一爲六冊），不詳究爲單疏本或注疏合刻本。但《內閣藏書目錄》除著錄三部《春秋正義》外，還同時著錄了一部《春秋注疏》三十四冊全，並加小注云："唐孔穎達《左傳正義》凡三十六卷，婺州刻板。"案紹興府刻八行注疏合刻本《春秋正義》爲三十六卷，卷尾或鐫"修職郎新差充婺州州學教授趙彥橚點勘"一行，《內閣藏書目錄》所記婺州刻板之《春秋注疏》三十六卷本，當爲八行注疏本無疑。如此，則其所著錄的三部《春秋正義》，似乎就應當是宋刻單疏本。清代諸家著

---

① 《圖書寮典籍解題》漢籍篇，日本大藏省印刷局，1960 年。

録中皆不見單疏本《春秋正義》的蹤跡，所謂三十六卷本《春秋正義》或《春秋左傳正義》，如惠棟《松崖筆記》所記《春秋正義》三十六卷、①錢大昕《十駕齋養新録·餘録》所記宋槧《春秋正義》三十六卷②等，皆爲八行注疏本，而非單疏本。阮元《十三經注疏校勘記》亦未見單疏本。故張元濟説"是書中土久已亡佚"。③

《經籍訪古志》卷二著録"《春秋正義》三十六卷，影舊抄本，求古樓藏"，即今宫内廳書陵部藏本。清末楊守敬曾影抄一部，今藏復旦大學圖書館，《日本訪書志》未收録。1919年，劉氏嘉業堂刻《春秋正義》行，國人始得見單疏本《春秋正義》。據劉承幹跋云："先得二册於日本，後羅叔言學部復得二册，一併刻之。"嘉業堂所得非完本，僅卷一至九及卷三十四至三十六，共十二卷。從刻本卷一末"此下至爲得其實"以下闕、卷三十六末"汲郡初得此書表"以下闕，以及卷三十四中兩處殘缺等情況看，嘉業堂本與日本抄本完全一致，説明嘉業堂本源出日本抄本。與其他《嘉業堂叢書》所刻單疏本一樣，此本的行款亦未依照半葉十五行的款式，而改爲半葉十一行。1931年日本東方文化學院將日藏抄本原本影印，很快張元濟將之收入《四部叢刊續編》中，始廣爲學者所知。

斯坦因第三次中亞探險於黑城所獲文書中，有一件宋刻本殘片，爲單疏本《春秋正義》，内容爲文公十二年"襄仲辭玉"至"趙有側室曰穿"之正義。④虞萬里將此殘片與日藏單疏抄本相校，並加復原，其結論如下："斯坦因三探於黑城所得之編號爲 KKⅡ0244axxv 刻本殘葉爲宋刻唐孔穎達《春秋正義》單疏本卷十五第三葉之背面，前缺

---

① （清）惠棟《松崖筆記》卷二，《叢書集成新編》影印本，第20册，第595頁。
② （清）錢大昕《十駕齋養新録·餘録》卷上，《續修四庫全書》影印本，第1151册，第356頁。
③ 張元濟《涉園序跋集録》，古典文學出版社，1957年，第17頁。
④ 見虞萬里《斯坦因黑城所獲單疏本〈春秋正義〉殘葉考釋與復原》，《榆枋齋學術論集》第643—659頁及卷前圖版，江蘇古籍出版社，2001年。此殘片圖版又見黄永武主編《敦煌寶藏》，臺北新文豐出版公司，第55册，第427頁。

一行，後缺一行半。行款爲半葉十五行，每行以二十九、三十字爲常，亦偶間二十八、三十一字。由現存北宋單疏監本推論，似亦爲白口，左右雙欄，從文字、行款、出土遺址等看，似系北宋淳化間所刊國子監本的重校刓補本或重刻本。日本圖書寮所藏近藤守重手抄所據本爲南宋紹興間重刊本。近藤抄本行數與宋監本同，而字數已與北宋監本不同。"

又敦煌遺書中，亦存單疏本《春秋正義》殘卷，編號伯3634背面及伯3635背面。① 內容爲《春秋正義》哀公十二年至十四年。與斯498號《毛詩正義》相似，此單疏本殘卷的經注出文亦以朱筆書寫，正義以墨筆書寫。②

十一、其他

《論語正義》，宋邢昺撰。《郡齋讀書志》著錄《論語正義》十卷，云："先是梁皇侃采衛瓘、蔡謨等十三家之說爲疏，昺等因之成此書。"《崇文總目》、《玉海》等皆著錄。兩浙東路茶鹽司所刻八行注疏本《論語注疏解經》爲二十卷，十行本《論語注疏解經》亦二十卷，唯今存日本宮內廳書陵部的宋蜀刻《論語注疏》爲十卷本，它是不同於兩浙東路所刻八行注疏本的另一系統的注疏本，尚保存有單疏十卷本的分卷。此外，《直齋書錄解題》著錄有《論語注疏解經》十卷，當亦注疏合刻本，而非單疏本。明清目錄中十卷單疏本《論語正義》亦罕見蹤跡，唯錢謙益《絳雲樓書目》卷一著錄"論語注疏：集解十卷，正義十卷"，將正義十卷與經注本並提，不知是否爲單疏本。

《孝經正義》，宋邢昺撰。《直齋書錄解題》卷三著錄《孝經正義》三卷，云："明皇既注《孝經》，元行沖爲之疏。咸平中以諸說尚多，詔昺與直秘閣杜鎬等據元氏本增損，定爲正義，四年上之。"《崇文總目》、《郡齋讀書志》等亦著錄。今通行本《孝經注疏》作九卷。單疏本《孝

---

① 圖版見《敦煌寶藏》第129冊，第388、392頁。
② 許建平《敦煌經籍敘錄》，第276頁。

經正義》久已不傳,唯知明《南雍志》卷十七《經籍考》著録有"孝經正義一本",未著卷數,或即單疏本。

《孟子正義》,題宋孫奭撰。《直齋書録解題》卷三著録"孟子正義十四卷,孫奭撰",而《崇文總目》《郡齋讀書志》等皆未著録。朱熹指爲邵武士人託名之作,後人多從其説。今存兩浙東路刻八行注疏合刻本有《孟子注疏解經》,亦十四卷,十行本及後世通行注疏合刻本亦十四卷,每卷分上下,故有書目著録作二十八卷者。《孟子正義》單疏本久已失傳,未見諸家著録,或疑其本無單疏本。

第二節　宋代單疏本的刊刻

一、北宋國子監校刻《五經正義》

《五經正義》共一百八十卷,包括:《周易正義》十四卷,《尚書正義》二十卷,《毛詩正義》四十卷,《禮記正義》七十卷,《春秋正義》三十六卷,唐孔穎達等奉敕撰。北宋以前,《五經正義》皆以抄本流傳,傳寫踳駁,卷帙繁重,如宋初儒者邢昺所説:"臣少時業儒,觀學徒能具經疏者,百無一二,蓋傳寫不給。"[①] 北宋開國伊始,儒家經典版本有廣泛的需求,而日益成熟的雕版印刷技術爲經典的傳播提供了物質保證。五代國子監刊刻的《九經》經注本,其印板至宋仍由宋朝國子監收儲,可供刷印使用。而孔穎達等人爲群經所做的疏義,還尚未有刊板,因而諸經義疏的刊刻工作被排在首位。宋太宗端拱元年(988),孔維等受命校勘《五經正義》。《玉海》卷四十三《端拱校五經正義》條記載:

> 端拱元年三月,司業孔維等奉敕校勘孔穎達《五經正義》百八十卷,詔國子監鏤板行之。《易》則維等四人校勘,李説等六人詳

---

① 《續資治通鑒長編》卷六十,上海古籍出版社,1986年,第516頁。

勘，又再校，十月板成以獻。《書》亦如之，二年十月以獻。《春秋》則維等二人校，王炳等三人詳校，邵世隆再校，淳化元年十月板成。《詩》則李覺等五人再校，畢道昇等五人詳勘，孔維等五人校勘，淳化三年壬辰四月以獻。《禮記》則胡迪等五人校勘，紀自成等七人再校，李至等詳定，淳化五年五月以獻（原注：淳化三年以前印板，召前資官或進士寫之）。①

《玉海》的此條記載，可以與今存單疏本或兩浙東路刻八行本中保存的北宋官員銜名相印證。今存八行本《尚書正義》及單疏本《尚書正義》前皆有端拱元年國子司業孔維上表，云：

> 臣維等言：臣等先奉敕校勘《五經正義》，今已見有成，堪雕印版行用者。……唐貞觀中國子祭酒孔穎達考前代之文，采衆家之善，隨經析理，棄短從長，用功二十四五年，撰成一百八十卷。自是至此三百餘年，講經者止務銷文，應舉者唯編節義，苟期合格，志望策名，出身者急在干榮，食祿者多忘本業，一登科級，便罷披尋。因循而舛謬漸滋，節略而宗源莫究。……今則逐部各詳于訓解，寫本皆正於字書。非遇昌期，難興大教，既釋不刊之典，願垂永代之規。倘令雕印以頒行，乞降絲綸之明命。

此表末列銜名（圖七十）：

> 端拱元年三月日勘官承奉郎守大理評事臣秦奭等上表
> 勘官徵事郎守大理寺丞柱國臣軒轅節
> 勘官徵事郎守太子右贊善大夫臣胡令問
> 勘官承奉郎守太子右贊善大夫柱國臣解貞吉
> 勘官承奉郎守殿中丞柱國臣胡迪
> 勘官朝奉郎守國子毛詩博士柱國賜緋魚袋臣解損
> 勘官承奉郎守國子禮記博士賜緋魚袋臣李覺

---

① 《玉海》，江蘇古籍出版社、上海書店影印本，1987年，第813頁。

勘官承奉郎守國子春秋博士賜緋魚袋臣袁逢吉
都勘官朝請大夫守國子司業賜紫金魚袋臣孔維

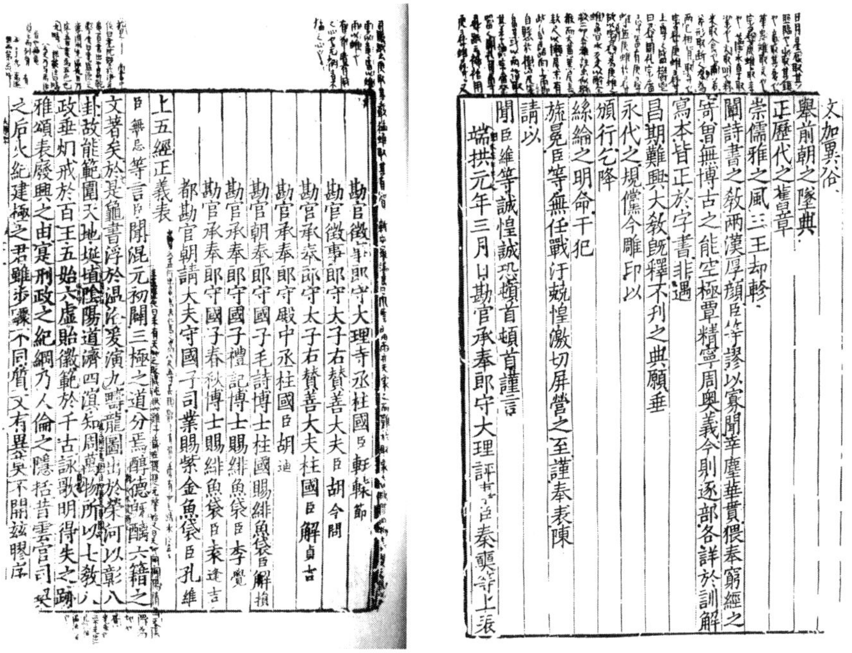

圖七十　宋刻單疏本《尚書正義》卷前校勘官員銜名
（日本大阪每日新聞社影印本）　日本宮內廳書陵部藏

　　《尚書正義》中保存的此篇孔維等上表，是統《五經正義》而言之，實際是《五經正義》上書表。此表作于端拱元年三月，稱"先奉敕校勘《五經正義》，今已見有成，堪雕印版行用"，說明此時《五經正義》已完成校勘，可以付梓了。《五經正義》的刊刻從端拱元年開始進行，各經的刻成時間有所不同。今存單疏本《周易正義》卷末北宋官員銜名時間署"端拱元年戊子十月　日"；單疏本《毛詩正義》卷末銜名署"淳化三年壬辰四月　日"；今存八行本《春秋左傳正義》北宋官員銜名署"淳化元年庚寅十月　日"；單疏本《禮記正義》卷末銜名署"淳化五年五月　日"，與《玉海》記載完全一致。由此可明北宋國子監《五經正義》刻成時間如下：端拱元年（988）十月刻成《周易正義》；淳化元年（990）十月，刻成《春秋左傳正義》；淳化三年四月，刻成《毛詩正義》；淳化五年五月，刻成《禮記正義》。《尚書正義》單疏本和八行注疏本皆僅有卷前孔維上《五經正義》表，而無卷末官員銜名，但根據《玉海》的記載，它的刻成和進呈當在端拱二年十月。從端拱元年（988）三月《五經正義》校勘完成開始付刻，至淳化五年（994）《禮記正義》刊刻完成，整個《五經正義》的刊刻過程前後持續了六年。

《五經正義》校勘工作的總負責人爲孔維，上《五經正義》表中孔維的頭銜"都勘官"即是；袁逢吉等八人爲勘官，分任各經校勘事。在刊刻過程中，各經又陸續進行了詳校、再校的工作。今存單疏本《周易正義》、《毛詩正義》、《禮記正義》以及八行注疏本《春秋左傳正義》都保存有本經校勘官員銜名。如《周易正義》官員包括："書"張壽；"勘官"秦奭、胡令問、解貞吉、解損；"都勘官"孔維；"詳勘官"孫俊、王元貞、劉弼、尹文化、牛韶、畢道昇、李説；"再校"劉弼、畢道昇、胡令問、李説；"都校"孔維。《毛詩正義》官員包括："書"韋宿、陳元吉、張致用、趙安仁；"勘官"秦奭、胡令問、解貞吉、解損；"都勘官"孔維；"詳勘官"孫俊、王元貞、尹文化、牛韶、畢道昇；"再校"劉弼、畢道昇、胡令問；"都再校"孔維、李覺。《春秋左傳正義》官員包括："書"趙安仁；"勘官"李覺、袁逢吉；"都勘官"孔維；"詳勘官"劉若訥、潘憲、陳雅、王炳；"再校"王焕、邵世隆；"都校"孔維。《禮記正義》官員包括："書"王文懿、孟佑；"校"劉文蔚、董拙、隨億、軒轅節、王用和、胡迪；"再校"袁柄、步藻、李坦、孫奭、田嘏、王曉、紀自成；最終審定者爲杜鎬、李至。

上述官員銜名中，"書"爲書寫官，"勘官"及"都勘官"爲端拱元年三月進行《五經正義》初次校勘的官員。端拱元年三月《五經正義》校勘完成並開始付刻後，又有進一步的詳勘、再校工作，因有"詳勘"、"再校"、"都校"官。各經校勘經過初次校勘、詳勘、再校等多道流程，歷經數年的時間，同一官員可能參加前後不同階段的校勘工作。如《毛詩正義》中，胡令問既爲勘官，又爲再校；畢道昇既爲詳勘官，又爲再校。孔維既爲《毛詩正義》初次校勘中的"都勘官"，又爲再校工作中的"都再校"之一。兩者所列職銜不同，前者曰"都勘官朝請大夫守國子司業柱國賜紫金魚袋臣孔維"；後者曰"中散大夫守國子祭酒兼尚書工部侍郎柱國會稽縣開國男食邑三百户賜紫金魚袋臣孔維都再校"。這是因爲在《毛詩正義》的校刻過程中，孔維的職銜發生了變化。

孔維字爲則，開封雍丘人，乾德四年九經及第，太平興國中拜國子周易博士，遷禮記博士。雍熙三年（986）擢爲國子司業，後拜國子祭酒。淳化初，兼工部侍郎，淳化二年卒。端拱三年三月，包括《毛詩正義》在内的《五經正義》初次校勘完成、準備付刻時，維正爲國子司業，故其"都勘官"銜名爲"都勘官朝請大夫守國子司業柱國賜紫金魚袋臣孔維"（《尚書正義》中的上《五經正義》表銜名"都勘官朝請大夫守國子司業賜紫金魚袋臣孔維"與此大同小異）；而任"都再校"時，其銜名已改爲"中散大夫守國子祭酒兼尚書工部侍郎"了。孔維任工部侍郎在淳化初，淳化二年卒，其任《毛詩正義》"都再校"時間在淳化元年至二年。《毛詩正義》最後的刻成和進呈在淳化三年，此時孔維已病逝，由李覺繼"都再校"之職。故《毛詩正義》官員銜名中"都再校"列孔維、李覺兩人。《宋史·儒林傳》稱孔維"受詔與學官校定五經疏義，刻板行用，功未及畢，被病"，"維將終，召其婿鄭革口授遺表，以五經疏未畢爲恨"者以此。①

《五經正義》刊刻完成後，因發现其中有文字訛誤之處，又有刊定文字之議。《玉海》卷四十三《端拱校五經正義》條載："是年（淳化五年）判監李至言：義疏、《釋文》尚有訛舛，宜更加刊定。杜鎬、孫奭、崔頤正苦學强記，請命之覆校。至道二年，至請命禮部侍郎李沆、校理杜鎬、吴淑，直講崔偓佺、孫奭、崔頤正校定。咸平元年正月丁丑，劉可名上言：諸經板本多誤。上令頤正詳校。可名奏《詩》、《書》正義差

---

① 《宋史》卷四三一，中華書局標點本，1977年，第12812頁。

誤事。二月庚戌，奭等改正九十四字，沆預政。二年，命祭酒邢昺代領其事，舒雅、李維、李慕清、王渙、劉士元（玄）預焉，《五經正義》始畢（原注：國子監刻諸經正義板，以趙安仁有蒼雅之學，奏留書之，踰年而畢）。"① 知《五經正義》書板又經覆校，到咸平二年（999）始告完成。

二、北宋國子監校刻《七經疏義》

所謂《七經疏義》，包括唐賈公彥撰《周禮疏》五十卷、《儀禮疏》五十卷，唐徐彥撰《春秋公羊疏》三十卷，唐楊士勛撰《春秋穀梁疏》十二卷，宋邢昺撰《論語正義》十卷、《孝經正義》三卷、《爾雅疏》十卷，總一百六十五卷。

淳化五年（994）《五經正義》刊板甫成，就有朝臣建議進行《周禮》等其他各經義疏的校刻事宜。《宋史·李至傳》云："淳化五年，兼判國子監。至上言：五經書疏已板行，惟二傳、二禮、《孝經》、《論語》、《爾雅》七經疏未備，豈副仁君垂訓之意，今直講崔頤正、孫奭、崔偓佺皆勵精彊學，博通經義，望令重加讎校，以備刊刻，從之。後又引吳淑、舒雅、杜鎬檢正訛謬，至與李沆總領而裁處之。"②

《玉海》卷四十一《咸平孝經論語正義》載："至道二年，判監李至請命李沆、杜鎬等校定《周禮》、《儀禮》、《穀梁傳》疏，及別纂《孝經》、《論語》正義，從之（原注：梁皇侃爲《論語義疏》，援引不經，詞意淺陋）。咸平三年三月癸巳，命祭酒邢昺代領其事。杜鎬、舒雅、李維、孫奭、李慕清、王煥、崔偓佺、劉士元（玄）預其事。凡賈公彥《周禮》、《儀禮》疏各五十卷，《公羊疏》三十卷，楊士勛《穀梁疏》十二卷，皆校舊本而成之。《孝經》取元行沖疏，《論語》取梁皇侃疏，《爾雅》取孫炎、高璉疏約而修之，又二十三卷。四年九月丁亥以獻，賜宴國子監，進秩有差。十月九日，命杭州

---

① 《玉海》，第 813 頁。"元"當爲"玄"之避諱改字，下同。
② 《宋史》卷二六六，第 9177 頁。

刻板。"①

　　李至建議校刻《七經疏義》的時間，上述記載稍有參差，但《七經疏義》的校讎和編定，和《五經疏義》相比，顯然更爲複雜。因爲《五經正義》孔穎達疏較爲完備，無需太多改編，取舊本校訂文字即可；而《七經疏義》除《周禮》、《儀禮》、《公羊》、《穀梁》四經前人有較完備的疏義，可取舊本校訂外，《孝經》、《論語》和《爾雅》因前人疏義不稱人意，需重加編修，工作較爲複雜。如《爾雅疏》前邢昺序云："其爲義疏者，則俗間有孫炎、高璉，皆淺近俗儒，不經師匠。今既奉敕校定，考案其事，必以經籍爲宗；理義所詮，則以景純爲主。"邢昺等人截取前人疏義，旁引諸書，次第解釋，而成新疏義，故《孝經》、《論語》、《爾雅》三經疏皆署國子祭酒邢昺名。以至道二年（996）開始計，到咸平四年（1001），共歷時五年，《七經疏義》編修和校訂的工作方告完工，可付刻梓。

　　北宋國子監刊刻《五經正義》，地在開封，《七經疏義》則下至南方的刻書中心杭州進行刊刻。《玉海》卷四十二《咸平校定七經疏義》條載："（景德二年）六月庚寅，國子監上新刻《公》《穀》傳、《周禮》、《儀禮》正義印板。先是，後唐長興中，雕九經板本，而《正義》傳寫踳駁。太宗命刊校雕印，而四經未畢。上遣直講王焕就杭州刊板，至是皆備。十月甲申，賜輔臣親王《周禮》、《儀禮》、《公》《穀》傳疏。"②《七經疏義》在杭州的刊刻工作由國子監直講王焕負責，他也是《七經疏義》的校勘官員之一。清汪士鐘影刻宋單疏本《儀禮疏》、今日本藏單疏抄本《春秋公羊疏》卷末校勘官員銜名中皆有"通直郎守太子洗馬國子監直講騎都尉杭州監雕印版臣王焕校定"，正可與《玉海》"遣直講王焕就杭州刊板"相證。

　　與《五經正義》相似，《七經疏義》各經在付刻過程中仍需經過詳校、再校等工序。如汪氏影刻單疏本《儀禮疏》北宋校勘諸臣銜名包

---

① 《玉海》，第779頁。
② 《玉海》，第803頁。

括："校定"崔偓佺、王焕、孫奭、李維、舒雅、杜□（當爲杜鎬）；"再校"□□文、李慕清；"都校"邢昺。日本藏單疏抄本《春秋公羊疏》保存北宋官員銜名包括："校定"崔偓佺、王焕、孫奭、李維、舒雅、杜鎬；"再校"劉士玄、李慕清；"都校定"邢昺。

《七經疏義》具體刻成時間，當亦有所差異。《玉海》卷三十九《咸平禮記疏》條載"（咸平）六年八月，敕雕印《周禮正義》頒行。景德元年七月癸未朔，賜諸王宗室近臣新印《周禮疏》",① 今日本京都大學圖書館藏單疏抄本《周禮疏》有咸平六年（1003）八月中書門下牒，正與《玉海》記載合，説明《周禮疏》在咸平六年八月已經刻成。汪氏影刻單疏本《儀禮疏》官員銜名所署時間爲"大宋景德元年六月　日"，日本藏單疏抄本《春秋公羊疏》時間亦署"大宋景德元年六月　日"，二經當刻成于景德元年（1004）。又據上述《玉海》卷四十二《咸平校定七經疏義》的記載，咸平四年（1001）十月開始命杭州刻板，至景德二年（1005），《周禮》、《儀禮》、《公羊》、《穀梁》四經疏已全部完成，並頒賜諸臣。《春秋穀梁疏》的印版完成時間亦當在景德二年六月國子監上新刻《公》《穀》傳、《周禮》、《儀禮》正義印板之前。今十行本《十三經注疏》之《監本附音春秋公羊注疏》卷前存有景德二年六月中書門下牒文，文云：

> 中書門下牒：奉敕，國家欽崇儒術，啟迪化源，眷六籍之垂文，實百王之取法，著於緗素，皎若丹青。乃有前修詮其奧義，爲之疏釋，播厥方來。頗索隱於微言，用擊蒙於後學。流傳既久，譌舛遂多。爰命校讎，俾從刊正。歷歲時而盡瘁，探簡策以惟精。載嘉稽古之功，允助好文之理。宜從雕印，以廣頒行。牒至准敕，故牒。景德二年六月日牒。工部侍郎參知政事馮。兵部侍郎參知政事王。兵部侍郎平章事寇。吏部侍郎平章事畢。②

---

① 《玉海》，第738頁。
② 《中華再造善本》影印元刻明修本《十三經注疏》之《監本附音春秋公羊注疏》卷前。

這應當是四經疏義刻成後,中書門下頒行諸經疏的牒文,可與《玉海》記載相證。至於《七經疏義》中的《論語》、《孝經》、《爾雅》三經疏的刻成時間,史無明文,或在景德二年之後了。

三、南宋初重刻單疏本

靖康之難中北宋國子監書板或被損毀,或遭劫掠。高宗南渡初創時期,圖書匱乏,需求廣泛,而中央政府財力艱難,無法進行大規模的刻書活動,遂有取版籍於江南諸州之舉。紹興九年張擴(彥實)請下諸道州學,取舊監本書籍鏤板頒行。紹興十五年太學博士王之望上奏乞頒行群經疏義。《建炎以來繫年要錄》載:"(紹興十五年閏十一月)太學博士王之望面對,乞仿端拱、咸平故事,悉取近郡所開群經義疏及《經典釋文》,令國子監印千百帙。俾郡縣各市一本,置之於學。"①《玉海》卷四十三《景德群書漆板、刊正四經》載:"(紹興)十五年閏十一月,博士王之望請群經義疏未有板者,令臨安府雕造。"② 王之望,字瞻叔,襄陽穀城人,紹興八年進士,教授處州,入爲太學錄,遷博士。《宋史》卷三七二有傳。王氏《乞頒行群經疏義奏》文云:

> 蓋六經訓詁,由漢至隋,轉相祖述,不勝其繁。唐太宗命顏師古、孔穎達之徒刪取衆說,撰爲正義,包貫同異,最號詳博。雖其中不能無冗謬,至於剖析度數,分別名物,有功於經爲不少矣。近世諸儒著解注者各自名家,然亦多承先儒之舊。學者喜其新奇,利其簡要,因共宗之,鮮復知有前人之說,而義疏之學微矣。逮兵火之後,此書之在天下者往往而絕。皇天未喪斯文,陛下紹開景運,內建太學,外置官師,親書石經,以幸多士,聖道焕然復興,中外承風,皆知好尚儒雅。古今書籍,刊印略備,萬

---

① 《建炎以來繫年要錄》卷一百五十四,《叢書集成新編》影印本,第116冊,第401頁。
② 《玉海》,第814頁。

世永賴,甚聖德之舉也。但諸經疏義部帙頗多,遠方寒生未易可得。恭聞端拱初太宗皇帝命國子司業孔維等校勘《周易》、《尚書》、《春秋》、《毛詩》、《禮記》正義,雕板布行。咸平中真宗皇帝命國子祭酒邢昺等刊定《周禮》、《儀禮》、《公羊》、《穀梁》傳疏及別修《孝經》、《論語》、《爾雅》正義,遣國子直講王煥齋詣杭州刻板,送國子監。臣愚欲望陛下仿端拱、咸平故事,悉取近地所刊群經疏義並《經典釋文》,付國子監印數百部,頒其書於四方,詔郡縣以贍學或係省錢各市一本,置之於學。未有板者,令臨安府速行雕造,期以一年,周遍遐邇,則偏州下邑,皆知朝廷存尚古學,於以開道術之源,廣經籍之路,而仰副陛下崇儒右文,追法祖宗之意,不其韙歟!①

從王之望此奏看,紹興十五年之前諸郡已多有諸經疏義之刊刻,但所刻未備,且卷帙繁多,刷印不易。故王之望此奏,一是建議取地方郡縣所刊群經義疏書板入國子監刷印,頒賜四方;一是諸經疏有未刻板者,令臨安府雕造。

王之望此奏雖得朝廷採納,但監本書籍仍有諸多遺缺。至紹興二十一年,輔臣又上言刻書事。《建炎以來朝野雜記》甲集卷四《監本書籍》云:"監本書籍者,紹興末年所刊也。國家艱難以來,固未暇及。九年九月,張彥實待制為尚書郎,始請下諸道州學,取舊監本書籍,鏤板頒行,從之。然所取諸事多殘缺。故胄監刊六經無《禮記》,三史無《漢》《唐》。二十一年五月,輔臣復以為言。上謂秦益公曰:監中其他闕書,亦令次第鏤板,雖重有所費,蓋不惜也。繇是經籍復全。先是王瞻叔為學官,嘗請摹印諸經義疏及《經典釋文》,許郡縣以贍學或係省錢各市一本,置之於學,上許之。今士大夫仕於朝者,率費紙墨錢千餘緡,而

---

① 《全宋文》,第197冊,第214頁。

得書一監云。"①

總之，從南渡草創至紹興二十一年以後，朝廷爲解學者燃眉之急，或取地方郡縣書板入國子監，或由國子監主持刻板，逐漸恢復了國子監重要典籍的書板儲備。至紹興末年，重要的經典版本已較完備，朝廷官員及地方學校、士子皆可出錢刷印。王之望紹興十五年奏"取近地所刊群經疏義"，當即諸郡翻刻北宋國子監單疏本；紹興二十一年以後，國子監又陸續刊刻所缺經籍版本，亦當包括單疏本。

從今存宋刻單疏本實物看，它們行款版式一致，皆半葉十五行；卷末多刻有本卷字數；有的保存有北宋官員銜名，說明其底本當爲北宋國子監本。從各本具體情況看，它們之間又有一定差異，如《毛詩正義》有明確刊記可知爲紹興九年紹興府刻，其他各經皆無刊記；《周易》、《尚書》、《毛詩》各卷卷末刻本卷字數，《禮記》等經卷末不刻字數；《毛詩》、《禮記》於孝宗諱"慎"字不避諱，《周易》、《尚書》等各本則避諱"慎"字；等等。

今存南宋單疏本諸經，唯一有明確刻書時地的，爲日本武田科學振興財團杏雨書屋所藏《毛詩正義》。其本卷末北宋校勘官員銜名後，又有紹興九年紹興府刊刻銜名（圖七一）：

　　紹興九年九月十五日紹興府雕造
　　校對官右迪功郎監潭州南嶽廟韓彰
　　校對官右迪功郎監潭州南嶽廟穆淮
　　管幹雕造官右文林郎紹興府觀察推官曾挨
　　管幹雕造官右承直郎紹興府觀察判官白彥良

---

① 《建炎以來朝野雜記》甲集卷四《監本書籍》條，《叢書集成新編》影印本，第 29 册，第 35 頁。《玉海》卷四三《景德群書漆板、刊正四經》有相似記載："二十一年五月詔，令國子監訪尋五經三館舊監本刻板。上曰：其他闕書亦令次第鏤板，雖重修所費，亦不惜也。繇是經籍復全。"江蘇古籍出版社、上海書店影印本，第 815 頁。

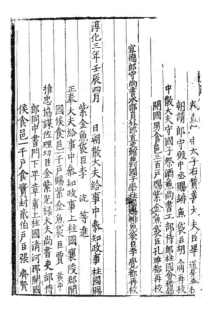

圖七一　宋紹興九年紹興府刻單疏本《毛詩正義》卷末銜名（《金澤文庫本圖錄》）
日本武田科學振興財團杏雨書屋藏

此本刻成時間，在紹興九年九月十五日。就在此前數天，紹興九年九月七日，朝廷應張擴（彥實）之請，詔下諸郡，取國子監元頒善本校對鏤版。① 南渡草創圖籍匱乏，依北宋監本重刻典籍，此爲朝廷上下共識。故在紹興九年之前，江南諸州郡已陸續有翻刻監本經籍之舉，《毛詩正義》即其例。王之望紹興十五年奏請 "取近地所刊群經疏義" 入國子監，未知此《毛詩正義》是否即在被取之列。此本未經後代修補，孝宗諱 "慎" 字不避，版心多破損，刻工有：王永、阮于、顧淵、黄中、時明、徐政、徐高、徐茂、徐杲、章楷、宋求、孫勉、孫免、張清、張謹、陳哲、陳迎、陳明仲、陳錫、毛諫、毛諒、余集、余永、余俊、駱升、駱寶、婁錦等，書中未見修版痕跡。

---

① 《建炎以來朝野雜記》甲集卷四《監本書籍》；《玉海》卷四三《景德群書漆板、刊正四經》。

《周易正義》避諱至"慎"字，從版面情況看此本曾經修補，有的書葉已字跡漫漶，爲原刻之葉；有的書葉字跡清晰，顯爲後來補刻；有的同一葉中局部經過修補。原版刻工有朱静、張中、沈升（所刻葉有"慎"、"媾"避諱處）、陳常、顧仲、張孜、沈義、狄真、沈彦、王允成（所刻葉有"慎"避諱處）、弓成、阮宗、阮走、嚴忠等；補版刻工有李政、包端、蔡通、王舉、王政、朱宥、李升、章宇、邢琮、沈亨、王中、周用、劉文、沈禧、卓佑、王昕、李恂、李正、李詢、徐高、李圭、王琮、徐仝、李時、潘亨等。不過，原刻刻工與補版刻工的時代似無明顯區隔。其中刻工王允成、弓成曾參與宋紹興九年紹興府刻《文粹》的刊刻工作。朱静曾參加八行本《尚書正義》原刻及宋紹興刻本《戰國策》的刊刻工作。而王琮則在八行本《周易注疏》、《尚書正義》原版及宋紹興十六年兩浙東路茶鹽司刻本《事類賦》、宋紹興刻本《戰國策》等多部宋初浙刻本中出現過。

《尚書正義》亦避諱至"慎"字，版心多破損，刻工包括王政、施章、吳珪、王正、黃暉、張元、汪盛、陳忠、王伸、葛琮、朱因、王寔、方成、洪茂、蔡至道、汪政、洪先等。① 其中洪先參與過八行本《周易注疏》、《尚書正義》、《周禮疏》及宋紹興刻本《戰國策》的刊刻。洪茂曾參與宋紹興十六年兩浙東路茶鹽司刻《事類賦》的刊刻。

《禮記正義》多個"慎"字未見避諱。版心多破損，可辨識的刻工名有"屠友"、"屠"、"金"，另卷六七首葉刻工名殘存右半，似"沈端"。

《春秋公羊疏》"殷"、"桓"、"敬"、"恒"、"溝"等字缺筆避諱，刻工有鄭春、陳鎮、吳沛、宋琚、朱光、天錫、李仲、張堅、徐儀、童遇、曹鼎、劭夫、王禧、王介、王恭、永昌、王智、郏良臣、陳良、張富、李祥等。

《爾雅疏》"媾"、"慎"字有避有不避。版心多磨損，可辨識刻工有王恭、吳津、陳浩、張明、李祥、章忠、徐榮、俞聲、李寶、徐友山、謝成等。其中有的爲元代刻工。

---

① 此據《阿部隆一遺稿集》第一卷第261頁的調查。

《儀禮疏》雖爲翻刻，而刻工俱依原本，其中有宋代刻工，亦有元代刻工。"慎"字有避有不避。

除《毛詩正義》外，其他各單疏本無明確的刊刻時地，長澤規矩也根據刻工的比較，認爲它們大體刻成于高宗紹興末年至孝宗、光宗時期，而其中的《公羊》、《爾雅》、《儀禮》經過元代的修版。[①] 從各本避諱情況看，《禮記》當成於紹興間。《周易》、《尚書》刻工多人曾參與紹興時期刻書，而"慎"字避諱，似成于孝宗前期。《公羊》、《爾雅》、《儀禮》經過多次修補，有的傳本可能還經過明代的修補，故"慎"字有避有不避。其原版刊刻時間，應當也在孝宗時期。這些刻本中的宋代刻工皆爲杭州地區工人，在多種宋浙刻本中出現過，故各本的刊刻亦當在杭州或杭州周圍地區。

第三節　單疏本與通行注疏合刻本卷次體例之比較

元明以後通行注疏合刻本，均源自南宋建陽地區坊刻十行本，不僅改變了原書卷次，於注疏文字亦多牽合，又經歷代重刻，妄改之處甚多。單疏本、八行本長期湮没無聞，這種變亂舊次、牽合妄改的經書版本，數百年間佔據經書版本的統治地位。至清代學者開始注意到單疏本與通行注疏合刻本的差別，單疏本漸爲人所知。不過因單疏本傳世極稀，前人所見有限，對單疏本的研究和利用仍有待深入。以下通過通行注疏合刻本與單疏本的比較，可見通行本於卷次、體例、綴合等方面改易失次及訛誤的情況，以見單疏本在保存孔、賈著作舊貌方面的重要價值。

一、通行注疏本改易單疏本原本卷次

明清以來通行本《十三經注疏》的分卷，與文獻記載中孔、賈義疏

---

① 長澤規矩也《現存宋刊單疏本刊行年代考》，《書志學論考》，日本東京，松雲堂書店、關書院，1937年，第12頁。

的分卷頗有差異。如《禮記正義》,《舊唐書·經籍志》、《新唐書·藝文志》、《崇文總目》、《郡齋讀書志》等皆著録爲七十卷,而元刻明修十行本、明嘉靖李元陽本、明北監刻本、明毛氏汲古閣刻本、阮元刻本等則作六十三卷,題名或作《附釋音禮記注疏》,或作《禮記注疏》。《春秋公羊疏》,《崇文總目》、《郡齋讀書志》、《直齋書録解題》、《宋史·藝文志》等皆著録爲三十卷,元刻明修十行本、明嘉靖李元陽本、明北監刻本、明毛氏汲古閣刻本、阮元刻本等則作二十八卷,題名或爲《監本附音春秋公羊注疏》,或爲《春秋公羊注疏》。《論語正義》,《郡齋讀書志》、《崇文總目》等著録爲十卷,後世通行本則皆爲二十卷,題曰《論語注疏解經》。如此等等。

後世通行本卷數與前代著録卷數參差不合的現象,源自注疏合刻過程中對單疏本卷次的改易。前人因不見單疏本,故對此現象曾多所猜測。如關於《周禮》,《四庫全書總目》提要云:"鄭注《隋志》作十二卷,賈疏文繁,乃析爲五十卷,新舊《唐志》並同。今本四十二卷,不知何人所併。"① 關於《左傳》,清乾隆間齊召南云:"按《唐志》亦云《春秋正義》三十六卷,今本分爲六十卷,不知始於何時。"② 關於《公羊》,《四庫全書總目》提要云:"彥疏《文獻通考》作三十卷,今本乃止二十八卷,或彥本以經文併爲二卷,別冠於前,後人又散入傳中,故少此二卷,亦未可知也。"③ 館臣此推測自是毫無根據。至阮元校勘《十三經注疏》,廣羅珍稀版本,亦曾利用數種單疏本,而《春秋公羊傳注疏校勘記序》云:"《郡齋讀書志》、《書録解題》並作三十卷,世所傳本乃止二十八卷,其參差之由亦無可考也。"④ 仍不明通行《春秋公羊注疏》之二十八卷與文獻記載之三十卷歧異緣由。

下表(附表三)所列爲十三經單疏本(今無傳本者據書目著録)與

---

① 《四庫全書總目》卷十九,中華書局影印本,1965年,第149頁。
② 《春秋左傳注疏》卷前《春秋正義序考證》,影印文淵閣《四庫全書》本,第143册,第11頁。
③ 《四庫全書總目》卷二六,中華書局影印本,第211頁。
④ 《十三經注疏校勘記》,《續修四庫全書》第183册,第46頁。

通行注疏合刻本（包括元刻明修十行本、明嘉靖李元陽本、明北監刻本、明毛氏汲古閣刻本、清阮元本、清武英殿本）卷數之比較。其中阮元本《儀禮》、《爾雅》據單疏本刻，故卷數與其他通行本異，而與單疏本同。又武英殿本經館臣校訂，卷次與其他通行本稍有差異。

附表三　單疏本與通行注疏合刻本卷數比較表

	單疏本卷數	通行本卷數
周易	十四卷	九卷（元刻明修本、明嘉靖李元陽本、明萬曆北監本附《音義》一卷，《略例》一卷；阮元本附《音義》一卷；武英殿本爲十三卷附《略例》一卷）
尚書	二十卷	二十卷（武英殿本十九卷）
毛詩	四十卷	二十卷（武英殿本三十卷）
周禮	五十卷	四十二卷
儀禮	五十卷	十七卷（元刻明修十行本無《儀禮注疏》，代以《儀禮圖》十七卷附《儀禮》正文十七卷《旁通圖》一卷；阮元本據單疏本作五十卷）
禮記	七十卷	六十三卷
左傳	三十六卷	六十卷
公羊	三十卷	二十八卷
穀梁	十二卷	二十卷
論語	十卷	二十卷
孝經	三卷	九卷
爾雅	十卷	十一卷（阮元本據單疏本作十卷）
孟子	十四卷	十四卷

上表所列十三經單疏本與通行本比較中，《尚書》兩者卷數相同，皆二十卷，但具體分卷有改易。《孟子正義》前人指爲僞託孫奭之作，其單疏本不傳（或疑其並無單疏本），不詳原本卷次是否與今本有異。除《孟子》與《尚書》外，其他各經單疏本與通行本分卷均有很大差異。通行注疏合刻本大多對單疏本卷次進行了改易重編，已失孔、賈舊貌。因單疏本存，方知孔、賈疏義原本卷次分合之實。如陳鱣云："（《爾雅疏》）邢叔明自敘云：爲之疏釋凡一十卷。《宋史·藝文志》、《玉海》皆作十卷。今細按之……俗本注疏分十一卷，極爲無理。就所

見元時刊本已然,至今相沿不改,猶賴單行疏尚存耳。"① 張金吾云:"即如《儀禮》,以疏分附經注,非是本與《要義》尚存,則五十卷之卷次且不可考,奚論其他?"② 都認識到通行本變易原本卷次之弊,及單疏本保持孔、賈舊貌之功。

以下以《周易》爲例,來説明後世注疏合刻本改易單疏本卷次的情況。案《舊唐書·經籍志》、《宋史·藝文志》、《崇文總目》等皆著録《周易正義》十四卷,孔穎達序亦稱"凡十有四卷",今存單疏本正爲十四卷。《直齋書録解題》則著録《周易正義》十三卷,云:"《館閣書目》亦云今本止十三卷。"此十三卷者,蓋兩浙東路茶鹽司所刻八行注疏合刻本,此本今存,其分卷與單疏本有異,正爲十三卷。而元刻明修十行本、明嘉靖李元陽本、明北監刻本、明毛氏汲古閣刻本、清阮元刻本等後世通行《十三經注疏》本皆爲九卷,題名作《周易兼義》。阮元本《十三經注疏》卷前總目録《周易兼義》題作十卷,實際兼《周易兼義》九卷與附刻《音義》一卷而言。《四庫全書總目》著録亦十卷本,提要云:"此書初名義贊,後詔改正義,然卷端又題曰兼義,未喻其故。序稱十四卷,《唐志》作十八卷,《書録解題》作十三卷。此本十卷,乃與王、韓注本同,殆後人從注本合併歟。"③ 提要所據爲通行《周易兼義》九卷附《音義》一卷本,然武英殿刻《十三經注疏》本及文淵閣《四庫全書》本《周易注疏》内文並非十卷,而是分爲十三卷。乾隆四年武英殿刻《十三經注疏》本《周易注疏》卷末朱良裘跋云:

> 按孔穎達《易疏》序云爲之正義十有四卷,《經籍考》《館閣書目》云今本止十三卷。監本分爲九卷,蓋據王弼注六十四卦六卷、韓伯注《繫辭》以下三卷之文,而又不依其篇第也。諸經題曰注疏,而《易》獨名爲兼義;諸經分録音義,而《易》獨附之卷末。

---

① 《經籍跋文》,《宋元版書目題跋輯刊》第 3 册,第 255 頁。
② 《愛日精廬藏書志》卷四《儀禮疏》條,《續修四庫全書》影印本第 925 册,第 272 頁。
③ 《四庫全書總目》卷一,中華書局影印本,第 3 頁。

直是合刻注疏之始，體例未定，故爾乖違，後人遂沿而不改耳。乾隆四年奉敕校刊經史，廣羅舊本，以備參稽。得文淵閣所藏不全《易疏》四冊，則上經三十卦釐爲五卷，始知孔疏王注已分六卷爲十卷，合之韓注三卷，而十三卷自備。臣良裘偕臣林枝春、臣聞棠、臣吳泰昕夕考究，凡監本舛錯謬訛之處，證以舊本，如覆得發，如垢得梳。惜自晉卦以下舊本殘缺，然監本之不可復讀者已十去其六七矣。

武英殿本《周易正義》卷首《周易正義序》"考證"云：

按此孔穎達所著《正義》十四卷之首卷也。通論《易》義，不在經疏傳疏之列，故《館閣書目》不數之，謂止十三卷，並此則爲十四，非書有缺也。

朱良裘等武英殿校勘官員在校刻《周易注疏》過程中，獲見文淵閣所藏《易疏》殘本四冊。此本《晉》卦以下殘缺，其"上經三十卦釐爲五卷"，與通行監本卷次不同。朱氏認爲此殘本分卷反映了孔疏舊貌，即孔疏王注十卷，韓注三卷，合之十三卷，正與《館閣書目》著錄十三卷合；加卷首一卷，即與孔序所云十四卷合。

朱良裘提到的文淵閣藏《易疏》殘本，其"上經三十卦釐爲五卷"，分卷情況與兩浙東路茶鹽司刻八行注疏本吻合，而與單疏本及十行注疏本的分卷不同，其當爲越刻八行本無疑（參見下文附表四"《周易》各本卷次比較表"）。按越刻八行本《周易注疏》書板明時猶存南京國子監，《文淵閣書目》著錄有《周易孔穎達注疏》一部十冊、一部六冊，其中之一很可能就是朱良裘等所見的文淵閣藏本《易疏》，不過由明至清，已散失僅餘四冊而已。朱良裘等校勘諸臣僅見越刻八行本前五卷，而未見《周易正義》單疏本，亦未見越刻八行本卷六以下內容，故不詳卷六以下原本分卷情況。其推測正文十三卷加卷首《八論》合爲十四卷，幾乎切中事實。但以爲孔疏王注十卷，韓注三卷，則純屬臆測。因無論單疏本或是越刻八行本，王注六十四卦皆分爲九卷，韓注《繫辭》、

《説卦》、《序卦》、《雜卦》則分爲四卷。朱氏遂按自己的推測,將武英殿本《周易注疏》全書分爲十三卷,前五卷大體依八行注疏本的分卷,六卷以下因無八行注疏本可依,遂自行分卷。故武英殿本雖名爲十三卷,而其實際分卷情況與八行注疏本並不一致,更與單疏本不同,算是擅改卷次、徒增混淆之一例。

由於單疏本《周易正義》長期以來隱晦不顯,前人關於其著録中的卷數歧異頗多臆測,除上述朱良裘一例外,乾嘉學者陳鱣亦有錯誤推測。陳氏曾得宋兩浙東路茶鹽司刻八行注疏本《周易注疏》,於卷末跋云:

> 孔穎達等《周易正義》,序云十有四卷。《新唐書·藝文志》①及《郡齋讀書志》同。惟《直齋書録解題》作十三卷,引《館閣書目》亦云今本止十三卷。按序所云十有四卷者,蓋兼《略例》一卷而言。若《正義》原本止十三卷。《舊唐書·經籍志》誤作十六卷。後皆作十卷,又爲妄人所并也。②

陳氏將前人著録中十四卷與十三卷之異,歸因於是否兼計《略例》一卷。《鐵琴銅劍樓藏書目録》沿襲其説:"序稱十四卷者,殆並《略例》計之也。"③ 此亦因未見單疏本而臆測。

關於《周易正義》卷次歧異的問題,傅增湘曾加辯證云:

> 其關係最要者,尤爲本書卷第。考孔氏序言爲之正義凡十有四卷,《新唐志》及《郡齋讀書志》同。至《直齋書録解題》,乃作十三卷,且引《館閣書目》,言今本止十三卷。殿本《易》疏朱良裘跋言:廣羅舊本,得文淵閣所藏《易》疏殘帙,知孔疏王注分六卷爲十卷,合之韓注三卷,而十三卷自備。因注疏合刻之始,體例未

---

① 此處與下文"《舊唐書·經籍志》誤作十六卷",蓋陳氏誤記。按《新唐書·藝文志》著録《周易正義》作十六卷,《舊唐書·經籍志》著録《周易正義》作十四卷。
② 《中華再造善本》影印宋兩浙東路茶鹽司刻遞修本卷末陳鱣跋。
③ 《鐵琴銅劍樓藏書目録》,《清人書目題跋叢刊》第3冊,第7頁。

定，故爾乖違。其説殊爲未審。至陳仲魚得八行祖本，亦十三卷，乃爲之説曰：原本秪十三卷，今云十四卷者，殆兼《略例》一卷而言，其説益爲差戾。蓋孔氏爲王注作《正義》，於《略例》邢璹注未嘗加以詮釋，何緣並爲一談？今得宋本觀之，第一爲八論，第二乾，第三坤，遞推至第十四爲説卦、序卦、雜卦，則十四卷之數犁然具在。然後知朱、陳諸氏自來懷疑不決者，可以迎刃而解。夫目不睹原刊，而虛擬懸測，以求合其數，宜其言之無一當也。至如嘉業刊本，源出舊抄，又經藝風手勘，宜正定可傳。今開卷籤題大書"周易正義十卷"，已爲巨謬。而跋尾敘述各卷編次，復與宋本差違，殊難索解。①

傅跋提到的"嘉業刊本"，即劉氏嘉業堂刻《嘉業堂叢書》本，其所據底本爲影寫日本單疏抄本，亦十四卷本，其卷次與宋刻單疏本同，而書前扉頁大書"周易正義十卷"，顯誤。又卷末跋述此本卷次"第九鼎至未濟，第十第十一繫辭上，第十二十三繫辭下"者，又與正文不符，亦顯爲誤記。

前人有關諸經義疏卷次問題的種種誤解與推測，皆因未見單疏本之故。今據傳存單疏本實物，可知前人書目著録卷數無誤。種種歧異，俱因後世通行注疏合刻本改易單疏本卷次之故。

下表（附表四）所列爲《周易》各本具體分卷情況，包括經注本（以撫州本爲例）、單疏本、兩浙東路茶鹽司刻八行注疏合刻本、元刻明修十行注疏合刻本（明嘉靖李元陽本、明北監刻本、明毛氏汲古閣刻本、清阮元本同）及清乾隆武英殿本（文淵閣《四庫全書》本同）的比較，由此可見通行注疏本卷次改易的情況。需要注意的是，在通行注疏合刻本《十三經注疏》中，《周易》體例較爲特殊，它的釋音並未散入經注之下，而是在卷末附刻，各本附刻《釋文》及《略例》的情況稍有

---

① 《中華再造善本》影印宋刻單疏本《周易正義》卷末傅增湘跋。

差異。乾隆武英殿本則將《釋文》散入正文中。①

附表四 《周易》各本卷次比較表

卷次	經注本（撫州本）	單疏本	八行注疏合刻本	十行注疏合刻本	乾隆武英殿本
卷首		五經正義表、周易正義序	五經正義表、周易正義序、八論	周易正義序、八論	周易正義序、八論
卷一	乾、坤、屯、蒙、需、訟、師、比、小畜、履	八論	乾	乾、坤、屯、蒙	乾
卷二	泰、否、同人、大有、謙、豫、隨、蠱、臨、觀	乾	坤、屯、蒙、需、訟	需、訟、師、比、小畜、履、泰、否、同人、大有、謙、豫	坤、屯、蒙、需、訟
卷三	噬嗑、賁、剝、復、无妄、大畜、頤、大過、坎、離	坤、屯、蒙、需、訟	師、比、小畜、履、泰、否、同人	隨、蠱、臨、觀、噬嗑、賁、剝、復、无妄、大畜、頤、大過、坎、離	師、比、小畜、履、泰、否、同人、大有
卷四	咸、恒、遯、大壯、晉、明夷、家人、睽、蹇、解、損、益	師、比、小畜、履、泰、否、同人	大有、謙、豫、隨、蠱、臨、觀、噬嗑、賁、剝	咸、恒、遯、大壯、晉、明夷、家人、睽、蹇、解、損、益	謙、豫、隨、蠱、臨、觀、噬嗑、賁
卷五	夬、姤、萃、升、困、井、革、鼎、震、艮、漸、歸妹	大有、謙、豫、隨、蠱、臨、觀、噬嗑、賁、剝	復、无妄、大畜、頤、大過、坎、離	夬、姤、萃、升、困、井、革、鼎、震、艮、漸、歸妹	剝、復、无妄、大畜、頤、大過、坎、離

---

① 關於《周易》注疏合刻本的版刻系統及體例特點，詳見筆者《〈周易〉注疏合刻本的卷次與體例》一文，《儒家典籍與思想研究》第四輯，北京大學出版社，2012年。

續表

卷次	經注本（撫州本）	單疏本	八行注疏合刻本	十行注疏合刻本	乾隆武英殿本
卷六	豐、旅、巽、兌、渙、節、中孚、小過、既濟、未濟	復、无妄、大畜、頤、大過、坎、離	咸、恒、遯、大壯、晉、明夷、家人、睽、蹇、解	豐、旅、巽、兌、渙、節、中孚、小過、既濟、未濟	咸、恒、遯、大壯、晉、明夷、家人
卷七	繫辭上	咸、恒、遯、大壯、晉、明夷、家人、睽、蹇、解	損、益、夬、姤、萃、升、困、井、革	繫辭上	睽、蹇、解、損、益、夬
卷八	繫辭下	損、益、夬、姤、萃、升、困、井、革	鼎、震、艮、漸、歸妹、豐	繫辭下	姤、萃、升、困、井、革、鼎
卷九	説卦、序卦、雜卦	鼎、震、艮、漸、歸妹、豐	旅、巽、兌、渙、節、中孚、小過、既濟、未濟	説卦、序卦、雜卦	震、艮、漸、歸妹、豐、旅、巽
卷十		旅、巽、兌、渙、節、中孚、小過、既濟、未濟	繫辭上		兌、渙、節、中孚、小過、既濟、未濟
卷十一		繫辭上	繫辭上		繫辭上
卷十二		繫辭上	繫辭下		繫辭下
卷十三		繫辭下	説卦、序卦、雜卦		説卦、序卦、雜卦
卷十四		説卦、序卦、雜卦			
卷末	周易略例			周易音義 周易略例	周易略例

二、通行注疏本改易原本體例

通行注疏合刻本將經、注、疏、釋文彙刻在一起，爲讀者提供了閱讀上的便利。但是，在彙編過程中，需要離析經注與疏文原有結構，使經、注、疏及釋文的內容相互照應，這就可能需要對原疏體例加以變動。同時在彙編過程中，編者對單疏本原有的體例不一的情況，也進行統一的改動，以求體例上更爲規範一致。這就導致通行注疏合刻本與單疏本面貌不一的情況。

森立之在《經籍訪古志》卷一著録六種單疏本《周易正義》抄本之末，總結單疏本體式云：

> 按以上六通，並系單疏本。前二通則正義分注，後四通則正義同經文大書。意者分注者蓋即爲唐本舊式。古人情樸實，無改單行爲雙行之理，且句末長有之、矣等字，亦絶與諸卷子古本類。其正義爲大書者，蓋從北宋本抄，其體與楓山官庫所藏《尚書正義》北宋槧本相符。以二本相比校，自當知其所淵源也。①

島田翰總結單疏之式，又與森氏觀點有異：

> 單疏之式凡有三：一則正經注語皆標起止，而列疏其下者，如《易》、《詩》、《儀禮》、《春秋》正義是也。一則列疏其次行者，唯兹書爲其式。一則正經注語大書，疏文雙行分注者，世所傳獨有《易疏》。予觀《禮記子本疏義》及舊抄卷子本《玉燭寶典》背記《禮記正義》，亦皆列疏其下。蓋單疏之作，在使後人易知，則後二者誠便矣。若論其體式之古，則前者更在乎後二者之上矣。②

二人所論，有可商榷處。從今存宋刻單疏本原本及翻刻本、傳抄本實物看，除《尚書正義》爲經注起止單列一行、疏列次行外，其他如《周易》、《毛詩》、《儀禮》、《禮記》、《左傳》、《公羊》、《穀梁》、《爾雅》等皆列疏於經注起止之下，字不分大小。從敦煌出土唐寫卷子本諸書正義情況看，其體式皆與《周易正義》等宋刻單疏本同，"正經注語皆標起

---

① 《經籍訪古志》，《日本藏漢籍善本書志書目集成》第 1 册，第 36 頁。
② 島田翰《古文舊書考》卷二《尚書正義》條，《日本藏漢籍善本書志書目集成》第 3 册，第 263 頁。

止,而列疏其下",字體不分大小。其中斯498號《毛詩正義》,傳箋起止朱書,正義墨書;① 伯3634號、3635號《春秋正義》,經注起止朱書,正義墨書。② 説明正經注語標起止、疏接其下、字體不分大小的體式爲抄本時期單疏本舊式,刻本沿襲不替;僅《尚書正義》稍易其式,改爲疏文提行另起。至於日本抄本《周易正義》有"正經注語大書,疏文雙行分注"者,恐爲抄者改易其例,非單疏本舊式。③

關於諸經正義單疏本疏解經注的體例,清代學者依據所見單疏版本,曾經加以概括。如張金吾述單疏本《儀禮疏》體例云:"是書於經注不録全文,止標起止,而疏列其下。其標題之例,六字以下則全書之,如'主人受眡反之'直書全句是也。七字以上則起止各摘兩字,如'士冠至廟門'是也。雖間有不盡然者,然大要如此。"④ 述《春秋穀梁疏》云:"是書於傳注不録全文,止標起訖。綜其體例,大要有三。或標某某至某某,或標某某云云,或竟標傳注全文一二句。注疏本欲歸一例,俱改作某某至某某。'釋曰'二字或有或無,'傳'、'注'則一一標出,注疏本'傳'、'注'二字大半删去,而每段俱增'釋曰'冠之。非單疏本尚存,原書面目無從復識。"⑤ 陳鱣述《爾雅疏》體例云:"經注或載全文,或標起止,皆空一格,下稱'釋曰'。後來所刻,妄加删改,誤處甚多。"⑥

今統觀現存單疏版本,各經疏解經注之例,稍有異同。其中《尚書正義》、《禮記正義》等體例較爲統一,一般選取所疏經注首末各二字

---

① 王重民《敦煌古籍敘録》著録,圖版見《英藏敦煌文獻》第1册,四川人民出版社,1990年,第212頁。

② 許建平《敦煌經籍敘録》,第278頁;圖版見《敦煌寶藏》第129册,第388、392頁。

③ 參見蘇瑩輝《略論五經正義的原本格式及其標記經、傳、注文起訖情形》,載《書目季刊》第6卷3—4期合刊,1972年。

④ 《愛日精廬藏書志》卷四《儀禮疏》條,《續修四庫全書》影印本,第925册,第272頁。

⑤ 《愛日精廬藏書志》卷五《春秋穀梁疏》條,《續修四庫全書》影印本,第925册,第281頁。

⑥ 《經籍跋文》,《宋元版書目題跋輯刊》第3册,第257頁。

（或三四字），即"某某至某某"，標明所疏起訖，簡短句式亦有出全句者。若所疏爲注文，則前冠"注"字。疏文前冠以"正義曰"三字。此類宋刻單疏本體例較爲規範統一，通行注疏合刻本除將單疏本文字分段綴於相應經注文之下外，出文起訖等文字皆襲單疏本，一般不加改易。

各經單疏本中體例較爲駁雜的當數《春秋公羊疏》、《春秋穀梁疏》。如《春秋穀梁疏》的出文體例，所疏爲傳文或注文者，首先標"傳"或"注"，表明所疏之句爲傳文或注文。次標出所疏之文句數字，或某某至某某，或某某云云，或全句標出，其例不一。出文後空一格爲疏文，或直接疏解，或冠以"釋曰"二字。通行注疏合刻本體例與此相較，有明顯改易：出文所標"傳"字全部刪去；出文格式，字多者統一爲"某某至某某"，字少者出全文；疏文前幾乎全部加"釋曰"二字。如：

文公十一年，傳文原文："其之齊者，王子成父殺之，則未知其之晉者也。"單疏本疏解此句，作："傳'其之'云云，釋曰：《公羊傳》云兄弟三人……"。首"傳"字標明所疏爲傳文，"'其之'云云"，取原文前兩字出文。"釋曰"以下爲疏解之文。阮本作："'其之'至'者也'，釋曰：《公羊傳》云兄弟三人……"單疏本出文中的"傳"字，注疏本刪去；"'其之'云云"改爲"'其之'至'者也'"，取原文前後各二字爲起訖作爲出文；單疏本疏文前有"釋曰"二字，注疏本仍保留。

成公十四年，傳文原文："大夫不以夫人，以夫人，非正也，刺不親迎也。僑如之摯，由上致之也。"單疏本疏解此句，作："傳'大夫'至'致之也'，公子翬如齊逆女……"首"傳"字標明所疏爲傳文，"大夫"至"致之也"，取原文前兩字與後三字爲起訖出文。"公子翬"以下爲疏解之文，前空一格。阮本作："'大夫'至'之也'，釋曰：公子翬如齊逆女……"單疏本出文中的"傳"字，注疏本刪去；單疏本取原文前二字和後三字爲起訖出文，注疏本將後三字規範爲後二字；單疏本疏文前原無"釋曰"二字，注疏本加入。

成公十五年，傳文原文："子由父疏之也。"單疏本疏解此句，作："傳'子由父疏之也'，宣十八年公孫歸父如晉……""傳'子由父疏之也'"爲出文,"宣十八年公孫歸父如晉"以下爲疏解之文。阮本作:"'子由父疏之也',釋曰:宣十八年公孫歸父如晉……"因所疏原文僅六字,單疏本以原文全句出文,注疏本亦沿襲,僅刪去"傳"字;單疏本疏文前原無"釋曰"二字,注疏本加入。

以下我們再選取《春秋公羊疏》隱公元年三月與莊公元年三月兩段文字爲例,比較《公羊》單疏本與通行注疏合刻本(以阮元本爲代表)出文體例上的差異(附表五):

附表五　《公羊》單疏本與阮元本出文之比較

隱公元年三月		
	單疏本卷二	阮元本卷一
1	及者何　解云	同
2	注我者謂魯也　解云	同
3	注欲之者善重惡深　解云	注欲之至惡深　解云
4	注不得已者善輕惡淺　解云	注不得至惡淺　解云
5	儀父者何　解云	同
6	□(此處殘,當爲注字)以言公及不諱知爲君也　解云	注以言公及不至君也　解云
7	□(此處殘,當爲注字)據齊侯祿父爲名者	注據齊至爲名　解云
8	注以當襃知爲字　解云	同
9	注據諸侯當稱爵　解云	同
10	注以宿與微者盟書卒　解云	注以宿至書卒　解云
11	注傳不至顧之　解云	同
12	注據戎齊侯莒人皆與公盟　解云	注據戎至公盟　解云
13	注傳不足至據棠也　解云	注傳不足至棠也　解云
14	注漸者至之辭　解云	同
15	注不可造次陷於不義　解云	注不可至不義　解云
16	眛者何　解云	同
17	注凡書盟者惡之　解云	同
18	注胥命於蒲善近正是也　解云	注胥命至是也　解云
19	□□(此處殘,當爲"注君")大夫盟例日惡不信也　解云	注君大至信也　解云

續表

	單疏本卷六	阮元本卷六
20	注故爲小信辭□（此處殘，當爲"也"）解云	同
21	□（此處殘，當爲"注"）大信者時柯之盟是也 解云	注大信至是也 解云
22	注故春秋以臣子書葬者皆稱公 解云	注故春至稱公 解云
23	注凡以事定地者加于例 解云	注凡以至于例 解云
24	注以地定事者不加于例 解云	注以地至于例 解云
莊公元年三月		
25	孫者何 解云	同
26	孫猶云云 解云	孫猶孫也 解云
27	內諱云云 解云	內諱奔謂之孫 解云
28	注言于云云 解云	注言于至諱文 解云
29	注據公云云 解云	注據公至來文 解云
30	注禮練云云 解云	注禮練至宜也 解云
31	注據夫人姜氏孫于邾婁者	注據夫至邾婁者 解云
32	公曰同非吾子齊侯之子也者	公曰至子也 解云
33	注禮飲酒不過三爵者	注禮飲（脫"酒"字）不過三爵 解云
34	於其出焉使公子彭生送之者	於其至送之 解云
35	於其乘焉搚幹而殺之者	於其乘焉搚幹而殺之 解云
36	主（當"注"字之誤）扶上車以手搚折其幹者	注扶上至（當脫"其"字）幹 解云
37	念母者所善也者	念母者所善也 解云
38	注據貶必於其重者	注據貶必於其重 解云
39	注故絕文姜云云者	注故絕至不順 解云
40	注脅靈社不爲不敬者	注協靈至不敬 解云
41	注蓋重云云者	注蓋重至當誅 解云
42	注至此云云 解云	注至此至之義 解云
43	注非實云云 解云	注非實至左右 解云

从上表可以看到，《春秋公羊疏》出文體例，包括：出全句（例1—10，12，15—25）；"某某至某某"（例11、13、14）；"某某云云"（例26—30，42、43）；"某某者"或"某某云云者"（例31—41）。其中"某某者"或"某某云云者"出文直接疏文，疏文前不加"解云"二字；其他三類，疏文前皆冠以"解云"二字。通行注疏合刻本在體例方面進行了規範，出文基本統一爲兩種體例：所疏文句簡短者出全句（例1—3，8、9、16、17、20、25—27、31、33、35、37、38）；其他全部統一爲"某某至某某"句式。疏文前統一冠以"解云"二字。

從上述《公羊》、《穀梁》的例子看，單疏本在出文、疏文體例上並非整齊劃一，出文比較靈活。通行注疏合刻本在體例上對單疏本進行了改易，整體上較爲規範統一。由單疏本可見各經義疏體例原貌。

三、通行注疏本綴合失次

諸經義疏本與經注別爲一書，讀者根據其出文來對應所疏解之經注文，需兩兩對照才能明瞭。注疏合刻之後，將每一段疏文綴於其所疏解的經注文之下，兩書合爲一書，當然便於閱讀。但在經、注、疏及釋文離析綴合過程中，難免會有舛誤疏忽、綴合失當，將此處疏文綴於彼處經注文下，造成連綴上的失誤，使疏文與所疏之句不相連屬。在注疏合刻本中，這種疏文與所疏經注文相離的情況，並非個例。如《穀梁》，阮元《校勘記》彙校閩、監、毛本，並何煌校單疏本校語，指出了十行本多處此類誤綴之處。如：

成公十六年"傳'譏在諸侯也'"，《校勘記》云："此六字當在下疏首。下疏'不見公者'四字當在'釋曰'下。元本及十行本、閩、監、毛本並誤，單疏本不誤。"①

也有十行本的疏文誤綴，而《校勘記》漏校的。如張金吾在《愛日精廬藏書志》中指出的：

襄六年'齊侯滅萊'云云，當在十有二月'齊侯滅萊'下。單

---

① 《十三經注疏校勘記》，《續修四庫全書》第183冊，第174頁。

疏本另標起止，閩本與'莒人滅鄫'疏並作一段。襄二十七年傳'纖絢邯鄲'云云，當在'衛侯之弟專出奔晉'傳'纖絢邯鄲'下。單疏本另標起止，閩本與'衛殺其大夫甯喜'疏並作一段。此可正注疏本分隸之誤也。①

《四庫全書總目》於《春秋穀梁傳注疏》條末，指"其疏'長狄眉見於軾'一條，連綴於'身橫九畝'句下，與注相離。蓋邢昺刊正之時，又多失其原第，亦不盡士勛之舊矣"。② 這也是疏文與所疏經注文相離的一例。"長狄眉見於軾"一條，在文公十一年。本年傳文有云："斷其首而載之，眉見於軾"，范注云："兵車之軾高三尺三寸。"楊氏於此注有疏解，云："注'高三尺三寸'，知者，《考工記》云，兵車之廣六尺有六寸，又以其廣之半爲之軾崇，是軾高從上而下，去車版三尺三寸，橫施一木，名之曰軾也。"在單疏本中，這段疏文是與上文的"身橫九畝"下之疏文"注'五丈四尺'……故范所不信"相連的，這本是單疏本體例使然。而當注疏合刻之時，編刻者未審，未將"注'高三尺三寸'"以下疏文與前段疏文分開，置於所疏之注文"兵車之軾高三尺三寸"之下，而是連綴于前段疏文之後，造成誤綴，"與注相離"。四庫館臣指此爲邢昺刊正時之失誤，實因不解單疏本與注疏合刻本體制之變。此種誤綴，既非士勛之舊，亦非邢昺刊正之失。因邢昺刊正者，亦單疏本，並未與經注綴合。只有在注疏合刻過程中，才會出現這種連綴上的失誤。

通行注疏合刻本之綴合失次，以《周易》最爲突出。按其他各經於注疏合刻過程中，一般都沿襲單疏本次序結構，將每節疏文依次綴於相應經注之下。偶有將單疏本一節拆分爲兩節，分置於兩段經注之下；或將單疏本兩節合併爲一節，並置於末段經注之下者。而注疏合刻本《周易兼義》的綴合方法則與他經大有差異。我們舉坤卦首節爲例加以説

---

① 《愛日精廬藏書志》卷五《春秋穀梁疏》條，《續修四庫全書》影印本，第925冊，第280頁。

② 《四庫全書總目》卷二六，中華書局影印本，第211頁。

明，以下是經注本原文：

> （經文1）坤，元亨，利牝馬之貞。
>
> （注文1）坤，貞之所利，利於牝馬也。馬在下而行者也，而又牝焉，順之至也。至順而後乃亨，故唯利於牝馬之貞。
>
> （經文2）君子有攸往，先迷後得，主利。西南得朋，東北喪朋，安貞吉。
>
> （注文2）西南致養之地，與坤同道者也，故曰得朋。東北反西南者也，故曰喪朋。陰之爲物，必離其黨，之於反類，而後獲安貞吉。①

單疏本以此段文字爲一節，先整釋經文，再整釋注文。文本如下：

> （標注起訖）"坤，元亨"至"安貞吉"
>
> （經文1、2之疏）正義曰：此一節是文王於坤卦之下陳坤德之辭……象地之廣育。"君子有攸往"者，……弘通之道。
>
> （注文1、2之疏）注"坤貞"至"牝馬之貞"，正義曰："至順而後乃亨，故唯利於牝馬之貞"者，……當須剛柔交錯，故喪朋吉也。注"西南"至"貞吉"，正義曰：坤位在西南……亦是離其黨。②

十行注疏合刻本注疏綴合之後的文本如下：

> （經文1）坤，元亨，利牝馬之貞。
>
> （注文1）坤，貞之所利，利於牝馬也。馬在下而行者也，而又牝焉，順之至也。至順而後乃亨，故唯利於牝馬之貞。
>
> （經文1之疏）"坤，元亨，利牝馬之貞"，正義曰：此一節是文王於坤卦之下陳坤德之辭……象地之廣育。

---

① 《四部叢刊》影印宋撫州本《周易》卷一。括號内文字爲筆者所加，下同。
② 《中華再造善本》影印宋刻單疏本《周易正義》卷三。

（注文1之疏）注"至順而後乃亨"至"唯利於牝馬之貞"，正義曰："至順而後乃亨，故唯利於牝馬之貞"者，……當須剛柔交錯，故喪朋吉也。

　　（經文2）君子有攸往，先迷後得，主利。西南得朋，東北喪朋，安貞吉。

　　（注文2）西南致養之地，與坤同道者也，故曰得朋。東北反西南者也，故曰喪朋。陰之爲物，必離其黨，之於反類，而後獲安貞吉。

　　（經文2之疏）"君子有攸往"至"安貞吉"，正義曰："君子有攸往"者，……弘通之道。

　　（注文2之疏）注"西南致養之地"至"後獲安貞吉"，正義曰：坤位居西南……亦是離其黨。①

　　在此例中，單疏本以"坤，元亨，利牝馬之貞。君子有攸往，先迷後得，主利。西南得朋，東北喪朋，安貞吉"爲一節，先整釋經文，再整釋注文。十行注疏本將這節疏文割裂成四部分，穿插於經注文之間，形成"經文1"—"注文1"—"經文1之疏"—"注文1之疏"—"經文2"—"注文2"—"經文2之疏"—"注文2之疏"的文本結構。這種綴合方式，似乎使疏文與所疏的經注文結合較爲緊密，但却導致單疏本原本的文本結構完全被打亂，單疏本舊貌全失。

　　爲了適應這種次序結構的改變，十行注疏本在標注起訖文字上也做了大量變動。單疏本標注起訖的"'坤，元亨'至'安貞吉'"被删除，而在"經文1之疏"前增加"坤，元亨，利牝馬之貞"出文，"經文2之疏"前增加"'君子有攸往'至'安貞吉'"出文。單疏本"注文1、2之疏"中的出文"注'坤貞'至'牝馬之貞'"，十行注疏本改爲"注'至順而後乃亨'至'唯利於牝馬之貞'"。"注'西南'至'貞吉'"，十行注疏本改爲"注'西南致養之地'

---

① 《中華再造善本》影印元刻明修十行本卷一，疏文中"坤位居西南"，單疏本、越刻八行本"居"作"在"。

至'後獲安貞吉'"。這是因爲單疏本原本次序結構被改變，原本的標注起訖文字與新的文本難以對應，編輯者遂改變出文，作爲新的標注起訖文字。

由於十行注疏本在注疏綴合過程中割裂疏文、變亂原次、更改出文，造成與單疏本文字面貌的極大差異。清代學者盧文弨曾評價汲古閣本《周易兼義》云："汲古閣毛氏所梓諸經多善本，唯《周易》獨否，蓋舊坊本之最下者也。如《正義》此經之例，每節有數段者，其經文與注皆相連，先整釋經文都畢，然後釋注。毛本則遇凡有注者，輒割裂疏語，附其下，致有語氣尚未了者，亦不復顧。"① "毛氏汲古閣所梓大抵多善本，而《周易》一書獨於《正義》破碎割裂，條繫於有注之下，致有大謬戾者。蓋《正義》本自爲一書，後人始附於經注之下，故毛氏標書名曰'周易兼義'，明乎向者之未嘗兼也，此亦當出自宋人，而未免失之鹵莽。"② 此雖僅就汲古閣本爲說，實際上自元刻十行本以下通行注疏合刻本《周易兼義》皆如是，盧氏所言正道出通行注疏本《周易兼義》綴合失次、割裂疏語之弊。

以上從卷次、體例、綴合等方面比較可以看到，以十行注疏本爲源頭、以阮元本爲代表的通行注疏合刻本，與單疏本面貌有非常大的差異，由單疏本可溯孔、賈著作的本來面貌，這是單疏本的重要價值所在。

第四節　單疏本的校勘價值

除了零星的唐抄卷子本外，宋刻單疏本是現存諸經義疏版本中最早，最接近孔、賈著作原貌的版本，在文字方面，可以大量糾正通行注疏本的訛誤，提供有價值的異文，具有極其重要的校勘價值。

---

① 《群書拾補》之《周易注疏》，《續修四庫全書》影印本，第1149册，第221頁。

② 《抱經堂文集》卷七《周易注疏輯正題辭》，《續修四庫全書》影印本，第1432册，第605頁。

清代學者已充分認識單疏本的校勘價值，如何煌得《穀梁》單疏抄本，"嘗據以校汲古閣注疏，改正甚多"；① 顧廣圻以單疏本《儀禮疏》校通行本，"正誤、補脫、去衍、乙錯數千百處"，② 等等。阮元《十三經注疏校勘記》之《周易》、《儀禮》、《穀梁》、《爾雅》四經校勘中，單疏本均發揮了重大作用。惜單疏本傳本甚稀，清代學者所見有限。日本所傳單疏本自不必說，即中國本土所傳者，《春秋公羊疏》秘藏內府不爲學者所知，阮元《校勘記》未能加以利用；《周易正義》原本亦長期湮没不顯，阮元《校勘記》所用僅前人彙校本；《春秋穀梁疏》僅殘缺抄本傳世，《校勘記》所用者亦僅何煌校本而已。因未見原本，《校勘記》於《周易》、《穀梁》單疏本的許多異文皆未能加以利用。在《十三經注疏》新的校勘整理工作中，單疏本的校勘價值有待進一步挖掘和利用。以下以《公羊》、《穀梁》爲例，說明單疏本在校勘通行注疏本中的重要作用。

一、以《春秋公羊疏》爲例

阮元校勘《十三經注疏》，於《公羊疏》所利用者僅閩、監、毛本、元刻明修十行本及惠棟校本，而未見單疏本，因此在文字校勘上難免局限。關於《春秋公羊疏》單疏本的文字勝處，王國維在《傳書堂藏善本書志》中曾列舉若干。③ 綜其所舉異文，可分爲以下幾種情況：

1. 十行本訛誤，阮元《校勘記》已出校記，單疏本可爲其提供有力版本證據者。如：

何休序"本據亂而作"下疏文"得瑞門之命"（阮元本，元刻明修十行本同，下不一一注明），④《校勘記》云："得瑞門之命，閩、監、

---

① 《經籍跋文》，《宋元版書目題跋輯刊》第 3 册，第 248 頁。
② 《思適齋集》卷七《重刻宋本儀禮疏序（代汪閬源）》，《續修四庫全書》第 1491 册，第 59 頁。
③ 《傳書堂藏善本書志》，臺北大通書局影印本《王國維先生全集續編》，第 7 册，第 2684 頁。
④ 阮元本用臺北藝文印書館影印南昌府學本，元刻明修十行本用《中華再造善本》影印北京市文物局藏本。

毛本作'端',是也。此誤。"(《續修四庫全書》第183册,第48頁,以下僅標頁數)單疏本此在卷一第二葉,正作"端"。

何休序"是以講誦師言"下疏文"致地問難",《校勘記》云:"抄本同,誤也。閩、監、毛本'地'作'他'爲是。"(第48頁)單疏本此在卷一第三葉,正作"他"。

隱公元年前疏文"春秋之信忠也",《校勘記》云:"閩、監、毛本作'信史'。按昭十二年傳作'信史'。"(第49頁)單疏本在卷一第七葉,正作"史"。

隱公元年疏"故徧道之矣",《校勘記》云:"閩、監、毛本'徧'作'偏',此誤。"(第50頁)單疏本此在卷一第十一葉,正作"偏"。

隱公元年疏"即恐下二國不是始",《校勘記》云:"浦鏜云'三'誤'二'。按惠棟校本不誤。"(第50頁)單疏本此在卷二第一葉,正作"三"。

隱公二年疏"言子無父",《校勘記》云:"浦鏜云'宗'誤'言',按浦說是也。《儀禮·士昏禮》作'宗'。"(第52頁)單疏本此在卷二第十三葉,正作"宗"。

隱公五年疏"是以不得復祭傳云",《校勘記》云:"按'祭'當'發'之訛。"(第55頁)單疏本此在卷三第九葉,正作"發"。

莊公十一年疏"事謂作徒設也",《校勘記》云:"浦鏜云'設'當'役'字誤,是也。"(第69頁)單疏本此在卷七第七葉,正作"役"。

上述諸例,《校勘記》根據其他版本證據及内證、旁證等方法,已做校誤。而單疏本文字爲《校勘記》之校誤提供了有力的版本依據。

2. 十行本訛誤,《校勘記》出校,而校語誤判者。如:

隱公元年前疏文"以其書作秋成"(阮元本,元刻明修十行本同),《校勘記》云:"何校宋監本作'以書春作秋成'。此脫'春'字。閩、監、毛本'書'作'春'。按當作'以其書春作秋成'。"(第49頁)單疏本此在卷一第六葉,作"以其春作秋成",十行本"春"訛"書",蓋字形相近而訛。北大標點本據《校勘記》逕改爲"以其書春作秋成",

失於輕率。①

3. 十行本訛誤，阮元本沿襲其誤；或十行本不誤，阮元本誤刻者。如：

隱公元年前疏文"雖不相干涉"（阮元本，下同），元刻明修十行本"雖"作"實"，《校勘記》未出校。單疏本此在卷一第八葉，"雖"作"實"。從上下文意看，以"實"爲是，此蓋阮元本誤刻。

隱公元年疏"云下言略稱人者"，元刻明修十行本"言"作"士"，《校勘記》未出校。單疏本此在卷二第四葉，"言"作"士"。上文有注云"下士略稱人"，此蓋阮元本誤刻。北大標點本已改"言"爲"士"，校記云："士原作言，參萬曆本、殿本，依文意改。"②

桓公二年疏"叔仲惠伯直先是殺耳不知荀息死之"，元刻明修十行本"知"作"如"，他同。單疏本在卷四第二葉，"是"作"見"，"知"作"如"。《校勘記》於"是"字出校，云"直先是殺爾，浦鏜云'見'誤'是'，按浦說是也。成十五年注作'見'。"（第59頁）"知"字未出校，蓋阮元本誤刻。

莊公八年疏"其歸字有作敗字者"，元刻明修十行本"敗"作"販"。單疏本在卷七第二葉，作"販"。《校勘記》未出校。

莊公九年疏"彼注云故以君氏稱子其言之者"，元刻明修十行本同。單疏本在卷七第三葉，"其"作"某"。按下文注云："故以君氏稱子某言之"，當以單疏本爲是。此十行本訛誤，阮元本沿襲，《校勘記》未出校。

以上諸例，單疏本或可爲《校勘記》提供有力版本依據，或可糾正十行本、阮元本之誤刻，其校勘價值值得重視。

二、以《春秋穀梁疏》爲例

《春秋穀梁疏》雖無宋刻原本傳世，而殘缺抄本流傳不替，清代學者於其校勘價值多有闡發。如陳鱣《經籍跋文》中列舉了數例：

---

① 《春秋公羊傳注疏》，《十三經注疏》標點本，北京大學出版社，1999年，第2頁。

② 《春秋公羊傳注疏》，《十三經注疏》標點本，第19頁。

其尤胜於明刻本者,如文二年疏"左主八寸",作"七寸",與《儀禮經傳通解》合。"桑猶喪也",今本《公羊傳》注脱此四字。四年"娶於大夫者",作"娶乎",與《公羊傳》合。十四年"世家及世本是齊昭公也",上有"齊侯潘有二"五字。宣二年"法峻整","法"上有"嚴"字。三年"無災而已","災"下有"害"字,與《公羊傳》注合。八年"日下昃乃克葬","昃"作"稷",與注云"稷,昃也"合。十五年"平者成也",作"夏五月宋人及楚人平"。十六年"成周宣榭"作"宣謝",與《釋文》"或作謝"合。《説文》無"榭"字,古皆作"謝"。成元年"則兼作也","則"上有"言新"二字。十二年"臣下誰敢於效爲之",作"孰敢放效爲之"。十三年"稱人以執是伯",作"稱侯以執爲惡"。十七年"故決其不以伐鄭致"作"故決其以伐鄭至"。襄十年"彼向來陵遲",作"尚未陵遲"。三十年"月卒日葬者也",作"月卒者葬非葬者也"。昭三年"夏叔至成公"作"五月葬滕成公"。八年"滅國"作"傳閔之也"四字,"釋曰"下有"傳解"二字。哀二年"二顧速不進"作"三顧",與《左傳》合。七年"有臨一家至焉",作"有臨一家之言焉"。凡此之類,皆足以資考證,雖斷圭殘璧,要自可寶耳。①

清初何煌得單疏抄本,並加詳校,其校本爲阮元所得。阮氏校勘《春秋穀梁傳注疏》,於楊士勛疏文的校勘,主要利用的就是何煌校本。我們從阮氏《校勘記》中可以看到大量單疏本與十行本及閩、監、毛本的文字不同之處,其中利用單疏本異文糾正十行本及閩、監、毛本訛誤者甚多,以上陳鱣在《經籍跋文》中所舉異文也大致包括在内。但阮元等校勘《春秋穀梁注疏》時,所利用的只是何煌校本,並未見到單疏本原書,其遺漏及誤校之處尚多。《愛日精廬藏書志》卷五、《鐵琴銅劍樓藏書目録》卷五均列舉了部分阮校遺漏或誤校之異文,劉承幹《嘉業堂叢書》於本書末校勘記也列舉了單疏本中阮校未及的異文多處。舉其要者如:

成公二年"但傳以此戰不許"(阮元本,元刻明修十行本同,下不

---

① 《經籍跋文》,《宋元版書目題跋輯刊》第3册,第249頁。

一一注明),① 單疏本"許"作"詐"。《愛日精廬藏書志》云:"案上云'豈使詐戰',則'詐'字較長。"

昭公二十三年"於無嫌之義",單疏本"於"字前有"傳"字。《愛日精廬藏書志》云:"案疏云'孔子書經,游夏爲傳,經於不疑之中而強生疑,傳於無嫌之義而巧出嫌',則'傳'字似不可少。"

定公元年"人情之意,欲其有益",單疏本"益"作"得"。《愛日精廬藏書志》云:"案'得'謂得雨也,閩本'得'作'益',誤。"

定公十年"若非孔子,必以白刃喪其膽核矣,敢直視齊侯,行法殺戮",單疏本"膽"作"瞻","矣"作"焉"。《鐵琴銅劍樓藏書目錄》云:"'瞻核'當是察視意,與下'直視'相應。十行本'瞻'誤爲'膽',閩、監、毛本承之,改'核'爲'胲',一誤再誤。至'焉'字又誤'矣'字,下並不成句矣。"

襄公三十年"共公卒雖日久,姬能守災死之貞",單疏本"災死"作"夫在"。《鐵琴銅劍樓藏書目錄》云:"注疏本'夫在'作'災死',與上句不相應矣。"按此處異文,國圖藏宋刻十行注疏本《監本附音春秋穀梁注疏》(卷十六第十三葉下)已誤,作"共公卒雖日久,姬能守尖在之貞",乃因字形相近誤"夫"爲"尖"。元刻十行注疏本沿襲其誤。② 元刻十行注疏本經明代修補後印,後印本剜改"尖在"爲"災死",③ 此因"尖在"意不通而爲臆改。今元刻明修十行本以下,包括閩、監、毛本、阮元本皆作"災死",據單疏本方證諸本之誤。(圖七二、七三、七四、七五)

---

① 阮元本用臺北藝文印書館影印南昌府學本,元刻明修十行本用《中華再造善本》影印北京市文物局藏本。

② 今北京大學圖書館及臺北"央圖"所藏元刻十行注疏本《監本附音春秋穀梁注疏》爲較早印本,皆作"尖在"。

③ 北京市文物局所藏元刻明修十行注疏本《監本附音春秋穀梁注疏》,經明代修補後印,卷十六第十三葉與北大及臺北"央圖"藏本爲同版葉,惟將"尖在"二字剜改爲"災死"。

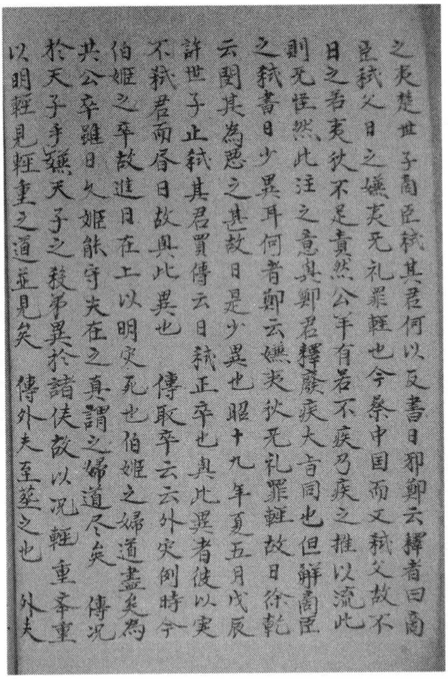
之夷楚世子商臣弑其君何以反書日鄭云釋者曰商
臣弑父日之嫌夷无礼罪輕也今蔡中国而又弑父故不
日之者夷狄不足責然公羊有若不疾乃疾之推以流此
則死恠然此注之意與鄭君釋廢疾大旨同也但解商臣
之弑書日少異耳何者鄭云嫌夷狄无礼罪輕故日徐乾
云閔其為惡之甚故日是少異也昭十九年夏五月戊辰
許世子止弑其君買傳云日弑正卒也與此異者彼以実
不弑君而書日故與此異也 傳取卒云云外灾例時今
伯姬之卒故進日在上以明灾死也伯姬之婦道盡矣為
共公卒雖日久姬能守夫在之真謂之婦道尽矣 傳況
於天子乎嫌天子之殺弟異於諸侯故以況輕重弟重
以明輕見輕重之道並見矣 傳外夫至甚之也 外夫

圖七二 清陳鱣家抄本《春秋穀梁疏》卷九第十四葉下，第十行“夫在”
北京大學圖書館藏

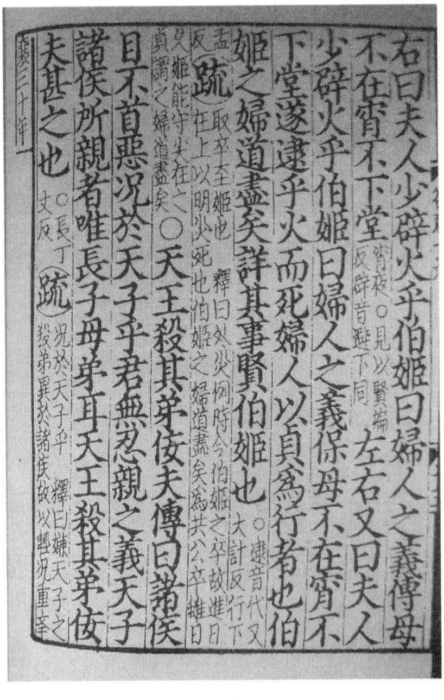
右曰夫人少辟火乎伯姬曰婦人之義傅母
不在宵不下堂 宵夜○見以賢編反辟音避下同 左右又曰夫人
少辟火乎伯姬曰婦人之義保母不在宵不
下堂遂逮乎火而死婦人以貞爲行者也伯
姬之婦道盡矣詳其事賢伯姬也 ○逮音代又大計反行下孟反
疏 取卒至姬也 釋曰外災例時今伯姬之卒故進日在上以明災死也伯姬之婦道盡矣爲共公卒雖日久姬能守夫在之貞謂之婦道盡矣 ○天王殺其弟佞夫傳曰諸侯
且不首惡況於天子乎君無忍親之義天子
諸侯所親者唯長子母弟耳天王殺其弟佞
夫甚之也 ○長丁丈反 疏 況於天子乎 釋曰嫌天子之殺弟異於諸侯故以況輕重

圖七三 宋刻十行注疏本《監本附音春秋穀梁注疏》卷十六第十三葉下（《中華再造善本》影印本），第七行“夫在”誤爲“尖在” 中國國家圖書館藏

右曰夫人少辟火乎伯姬曰婦人之義傅母
不在宵不下堂　左右又曰夫人
少辟火乎伯姬曰婦人之義保母不在宵不
下堂遂逮乎火而死婦人以貞爲行者也伯
姬之婦道盡矣詳其事賢伯姬也
疏
天王殺其弟佞夫傳曰諸侯
目不首惡況於天子乎君無忍親之義天子
諸侯所親者唯長子母弟耳天王殺其弟佞
夫甚之也　疏

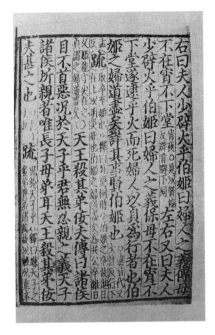

圖七四　元刻十行注疏本《監本附音春秋穀梁注疏》卷十六第十三葉下（較早印本，複製件），第七行“夫在”仍誤爲“尖在”
臺北“央圖”藏

右曰夫人少辟火乎伯姬曰婦人之義傅母
不在宵不下堂　左右又曰夫人
少辟火乎伯姬曰婦人之義保母不在宵不
下堂遂逮乎火而死婦人以貞爲行者也伯
姬之婦道盡矣詳其事賢伯姬也
疏
天王殺其弟佞夫傳曰諸侯
目不首惡況於天子乎君無忍親之義天子
諸侯所親者唯長子母弟耳天王殺其弟佞
夫甚之也　疏

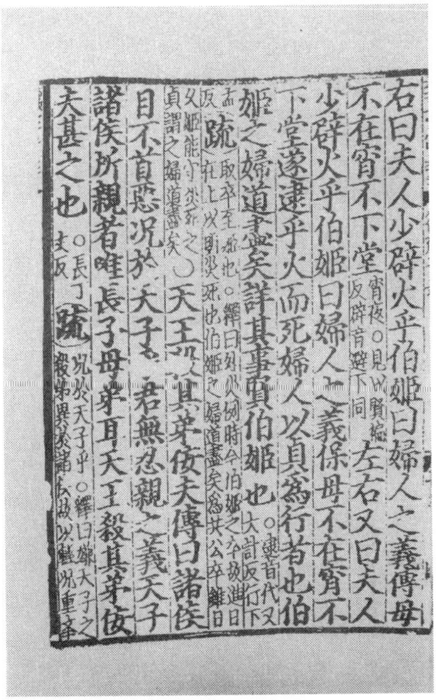

圖七五　元刻明修十行注疏本《監本附音春秋穀梁注疏》卷十六第十三葉下（補版後印，《中華再造善本》影印本），第七行“尖在”剜改爲“災死”
北京市文物局藏

諸家未及的異文，如成公元年傳"作，爲也。丘爲甲也"疏文：

> 釋曰：後重發傳者，文同事異，不可以一例該之故也。范別例云：作例有六。直云作者三，云新作亦三也。云作三者，謂作丘甲，一也；作三軍，二也；作僖公主，三也。云新作三者，謂新作南門，一也；新延廄，二也；新作雉門及兩觀，三也。言作者不必有新，則兼作也。三者皆所以爲譏，故傳曰：作，爲也。是有加其度也，言新有故是也。①

此段疏文，單疏本與阮元本有數處異文。首"釋曰"二字單疏本無，此注疏本體例之變，可置勿論。"後重發傳者"，單疏本無"重"字。"則兼作也"前，單疏本有"言新"二字。此兩處異文阮元《校勘記》已據何校單疏本出校，阮氏並肯定單疏本有"言新"者是。②還有兩處異文，《校勘記》未出校："云新作亦三也"，單疏本無"也"字；"三者皆所以爲譏"，"三"字單疏本作"二"。前者"也"字語末助詞，容或有無。後者，則以單疏本作"二"者是。蓋上文云"作"與"新作"之例，"言作者不必有新，[言新]則兼作也"，"作"與"新作"，此"二者皆所以爲譏"。則"二"字爲是，"三"字蓋誤。檢元刻明修十行本此字同單疏本作"二"，則"三"字當爲阮元本之誤刻。

以單疏本糾正通行注疏本之訛，只是其校勘價值的一個方面。其更大價值在於未經牽合改竄，保存了孔、賈義疏文字原貌。關於通行注疏合刻本牽合經注疏文字、導致兩傷之弊，段玉裁曾指出：

> 夫合之者將以便人，而其爲經注之害，則未有能知之者也。唐之經本存者尚多，故課士於定本外，許用習本。習本流傳至宋，授受不同。合之者以所守之經注冠諸單行之疏，而未必爲孔穎達、賈公彥所守之經注也。其字其説乃或齟齬不謀，淺者乃或改一以就一。陸氏所守之本，又非孔、賈所守之本，其齟齬亦猶是也。自有

---

① 臺北藝文印書館影印南昌府學刻本《監本釋音春秋穀梁傳注疏》，第128頁。
② 《十三經注疏校勘記》，《續修四庫全書》第183冊，第171頁。

十三經合刊注疏音釋,學者能識其源流同異抑抄矣。①

又云:

自宋人合正義、釋文於經注,而其字不相同者一切改之使同。使學而不思者,白首茫如,其自負能校經者,分別又無真見。故三合之注疏本,似便而易惑,久爲經之賊而莫之覺也。②

段氏總結校經之法,有所謂"以賈還賈,以孔還孔,以陸還陸,以杜還杜,以鄭還鄭"之説,意在清除通行注疏合刻本牽合改易之弊,還原陸德明、孔穎達、賈公彥等所據經注文字,各得其底本,"而後判其義理之是非,而後經之底本可定,而後經之義理可以徐定。"③ 單疏本未經後人牽合改易,正是"以賈還賈,以孔還孔"的最好憑據。

在今有傳本的單疏本中,《尚書正義》、《毛詩正義》、《周禮疏》、《禮記正義》、《春秋正義》孤存海外,我國長期失傳;《周易正義》、《春秋公羊疏》雖有傳本而不顯;唯《儀禮》、《爾雅》及《穀梁》較爲我國學者所知。阮元《十三經注疏校勘記》儘量利用了當時所能搜羅到的諸經單疏本,在校勘工作中發揮了重大作用,但所見有限,所用亦有限。近代以來,中日兩國所傳單疏本陸續得到影印及翻刻,珍稀罕見的單疏傳本始廣爲學者所知。中日兩國學者利用單疏本校勘通行本,亦有不少成果,如劉氏嘉業堂叢書翻刻單疏本,皆附有《校勘記》;日本學者據日本所存宋刻單疏本及單疏抄本、卷子本等進行了部分校勘工作;④ 諸家書目書志、序跋中也有零星的校勘成果,等等。但這些成果多零散不成系統,在當代經書注疏整理工作中,這些成果亦未得到利用。因此,對於單疏本的重要校勘價值,尚需深入認識、充分發掘。

---

① 《十三經注疏併釋文校勘記序》,《十三經注疏校勘記》,《續修四庫全書》第180冊,第285頁。

② 段玉裁《經韻樓集》卷十二《與諸同志書論校書之難》,《續修四庫全書》影印本,第1435冊,第189頁。

③ 同上。

④ 詳見野間文史撰,金培懿譯《〈五經正義〉之研究》,《中國文哲研究通訊》第15卷2期,2005年6月,第16—17頁。

第五章　越州刻八行注疏本

　　北宋儒家經典的刊刻，或單經白文，或經注，或單疏。孔、賈等作諸經疏義本自成書，與經注別行。直到南宋高宗時，始有兩浙東路茶鹽司刻本，將《易》、《書》、《周禮》三經的經文、注文與疏文合刻在一起，成爲注疏合刻本。紹熙三年（1192）又在提舉兩浙東路常平茶鹽公事黃唐主持下刻《毛詩》、《禮記》注疏合刻本。慶元六年（1200），紹興府知府沈作賓在任中完成《春秋左傳正義》的注疏合刻工作。此後，兩浙東路茶鹽司或紹興府又刊行了《論語》、《孟子》的注疏合刻本。這些注疏合刻本除《詩經》僅有抄本傳世外，其他皆有宋刻傳本存世。其刊刻時間雖前後相差三四十年甚至更長的時間，但它們體例相同，行款版式一致，字體風格一致，又同刻於今浙江紹興，刻工多有相通，故被認爲是一套前後相承的"准叢書"。因其款式爲半葉八行，後世統稱爲"八行本"或"八行注疏本"。又因刻於越州（兩浙東路茶鹽司及紹興府治所均在今浙江紹興，舊稱越州），故又稱"越州本"或"越刻八行本"。越刻八行本是我國古代經書注疏合刻之始，在經書注疏版本發展中佔據極爲重要的地位，其文字較多保留了孔、賈著述的原貌，較通行版本多有胜處，傳本稀少，歷來備受學者珍視。

第一節　今存越州刻八行注疏本的傳本

一、《周易注疏》

　　《周易注疏》十三卷，魏王弼、晉韓康伯注，唐孔穎達疏。宋兩浙東路茶鹽司刻本。今存兩部傳本，一藏日本足利學校遺跡圖書館，爲未經修補的原版印本，有宋陸子遹識語；① 一藏中國國家圖書館，爲宋元遞修本，其序、表、卷一配清陳氏士鄉堂抄本，有清陳鱣跋。②（圖七六）

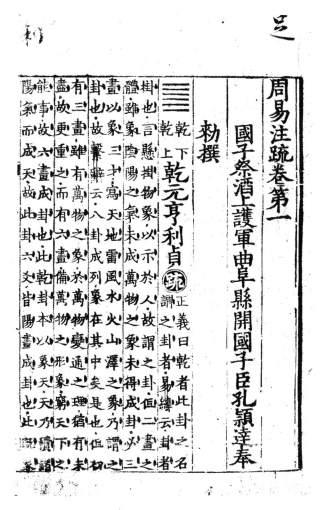

圖七六　宋兩浙東路茶鹽司刻八行本《周易注疏》
（《足利學校善本圖錄》）　　日本足利學校藏

---

① 此本有日本汲古書院 1973 年影印本，又《阿部隆一遺稿集》第 246 頁著錄。
② 此本有《古逸叢書三編》、《續修四庫全書》、《中華再造善本》影印本。

《直齋書録解題》著録"《周易正義》十三卷"者即此本,因單疏本《周易正義》爲十四卷,而福建地區坊刻十行本《周易兼義》爲九卷,惟此兩浙東路茶鹽司所刻八行注疏合刻本《周易注疏》爲十三卷。明《南雍志·經籍考》記南京國子監所藏書板,有"《周易注疏》一十三卷,好板一百四十二面,壞者十九面,遺失二百二十四面有餘"的記載,説明此本書板至明仍存于南監。清代此本見於書目著録的,有錢謙益《絳雲樓書目》著録之"宋板《周易注疏》十二册"、季振宜《季滄葦藏書目》著録之"《周易正義》十三卷十本"、徐乾學《傳是樓宋元板書目》著録之"《周易注疏》十三卷,十本,宋板新入"等,似乎皆未流傳下來。

明末清初藏書家錢孫保(求赤)①藏有一部抄本《周易注疏》十三卷,乾嘉學者盧文弨曾見之,並以之校勘,《群書拾補》中有《周易注疏校正》,即盧氏校勘《周易注疏》之成果。《周易注疏校正》首録長孫無忌等《五經正義表》,盧氏識云:"此表《文苑英華》不載,見明錢孫保求赤影抄宋本《周易注疏》首,今所傳梓本皆無之,故備載於此。元本半葉九行,每行十七字。"又云:"山氏所見兼有古本、宋本、明監本,文弨亦見明人錢孫保影宋抄本,今書中稱錢本者是也。"②阮元《十三經注疏校勘記》,其《周易》參校諸本中所列"影宋抄本:據餘姚盧文弨傳校明錢孫保求赤校本,今稱錢本"者,即盧文弨校錢孫保本。錢抄本十三卷卷數與八行本合,其經注疏綴合方式亦與八行本合,一般認爲其即抄自八行本。③但錢本行款爲九行十七字,與宋刻八行本行款並不一致。陳鱣將其與自藏宋刻八行本兩相比較:"宋本注小字雙行,

---

① 錢孫保(1624—?),字求赤,號非庵,常熟人,錢謙貞之子,錢謙益從侄。見劉奉文《錢牧齋、錢孫保、毛子晉及其他》,《古籍整理研究學刊》2003年第1期。

② 盧文弨《群書拾補》,《續修四庫全書》影印本,第1149册,第220、221頁。

③ 《鐵琴銅劍樓藏書目録》卷一八行《周易注疏》條云:"考十三卷本此外惟錢求赤抄宋本、山井鼎《考文》所引宋本而已,錢本悉與此同,蓋即此所自出,但轉寫不無譌脱。"

是本注作中等字單行。宋本經文大字，與注疏小字俱頂格相連，每節不提行，是本每節次行俱低一格，次節提行。"① 錢孫保本的行款格式與宋刻八行本不同，異文亦與八行本有出入。其究竟是據八行本轉抄而改變行款、校改文字，或是另有一種我們未知的版本爲底本，尚待研究。

今存國圖的宋兩浙東路茶鹽司刻本《周易注疏》，鈐有"孫修景芳"、"陳鱣收藏"、"汪士鐘讀書"、"鐵琴銅劍樓"等印。據陳鱣跋，此本爲其從吳地書賈手中購得，原缺卷一，陳鱣從周香嚴處借得錢孫保抄本抄補卷一併卷前《五經正義表》，爲作跋，又録錢孫保跋語。陳氏跋云：

> 今年秋，從吳賈得宋刻大字本十三卷，每半葉八行，行十九字，皆頂格，經下夾行注，有"注云"二字，注下作大字陰文"疏"字，仍夾行。先整釋經文，然後釋注，再接大字經文。與日本山井鼎《七經孟子考文》所據宋本一一符合。書中避敬、恒、貞、桓等字，而不避慎字。間有避慎字者，審係修版，疑即《沿革例》所謂紹興初監本。其刷印則在乾道、淳熙間也。楮墨精良，古香可愛。每葉楮背有"習說書院"長印，是宋印之徵。每卷首有孫修景芳印，似係明人。……惜缺其首卷。復從吳中周猗唐明經借影宋抄十三卷本，前有五經正義表，係錢求赤手校，覓善書者補全。自謂生平幸事。②

陳鱣之後，此本轉歸汪士鐘藝芸書舍，復由常熟鐵琴銅劍樓得之，《鐵琴銅劍樓藏書目録》卷一著録。

今存另一部兩浙東路茶鹽司刻《周易注疏》，藏日本足利學校遺跡圖書館。此本較國圖藏本刷印爲早，各卷末有端平元年（1234）十二月至二年正月陸游之子陸子遹手書識語，如卷二末書"端平改元冬十二月廿三日陸子遹三山寫易東窗標閱"一行，卷十三末有"端平二年正月十

---

① 國圖藏南宋兩浙東路茶鹽司刻本《周易注疏》卷前陳鱣跋，《中華再造善本》影印本。

② 國圖藏南宋兩浙東路茶鹽司刻本《周易注疏》卷末陳鱣跋，《中華再造善本》影印本。

日鏡陽嗣隱陸子遹遵先君手標以朱點傳之,時大雪始晴,謹記"二行等。各卷末又有足利學校創建者上杉憲實之子憲忠"上杉右京亮藤原憲忠寄進"及花押,首葉橫書"足利學校公用"。此本爲《七經孟子考文補遺》所據足利學校藏宋板《五經正義》之一,《經籍訪古志》云:"字體行楷,筆力遒勁,句讀及段落批點皆用朱筆,其塗抹文字則用雌黃,亦具見謹嚴。考陸子遹乃放翁第六子,'先君'指放翁也。近藤守重云:三山在山陰縣鏡湖中,放翁中年卜居地,'東窗'翁詩中數見,所謂'東偏得山多'者是也。蓋此本以宋槧經宋人手校,最可貴重者矣。"① 陸遊有詩云:"研朱點周易,飲酒和陶詩",②"研朱點周易,飲酒讀離騷",③正可與此本子遹識語"遵先君手標以朱點傳之"相印證。

日本山井鼎、物觀撰《七經孟子考文補遺》,採用足利學校所藏宋板《五經正義》,此即其一。《七經孟子考文補遺》卷五十四《春秋左傳》前按語云:"足利所藏《五經正義》者,上杉安房守藤原憲實所捐也。今閱《周易》、《尚書》、《禮記》,文字甚佳,宋板無疑。……其《禮記》有三山黃唐跋,其言云:本司舊刊《易》、《書》、《周禮》,正經注疏,萃見一書,便於披繹,它經獨闕。紹興辛亥,遂取《毛詩》、《禮記》疏義,如前三經編彙,精加讎正。乃若《春秋》一經,顧力未暇,姑以貽同志。"④《考文》所引用的兩浙東路茶鹽司刻《禮記正義》黃唐跋語中,有一處關鍵性錯誤,即所謂"紹興辛亥",爲"紹熙辛亥"之誤,此誤牽涉乾嘉學者主要是段玉裁與顧廣圻之間有關注疏合刻起源於南宋或北宋之分歧,關係重大,詳見下文。《考文》所錄此本異文,盧文弨《群書拾補》之《周易注疏校正》、阮元《十三經注疏校勘記》皆曾加以引用。

---

① 《經籍訪古志》卷一,《日本藏漢籍善本書志書目集成》,第 1 册,第 37 頁。
② (宋)陸游撰,錢仲聯校注《劍南詩稿校注》卷四十《客有見過者既去喟然有作》,上海古籍出版社,1985 年,第 2544 頁。
③ 《劍南詩稿校注》卷五九《閉門》,第 3409 頁。
④ 《七經孟子考文補遺》卷五三,影印文淵閣《四庫全書》本,第 190 册,第 317 頁。

二、《尚書正義》

《尚書正義》二十卷，題漢孔安國傳，唐孔穎達正義，宋兩浙東路茶鹽司刻本。今存世兩部，一藏中國國家圖書館，爲較早印本，其卷七、八、十九、二十配日本影宋抄本，有楊守敬跋；① 一藏日本足利學校遺跡圖書館，經宋元遞修，刷印較晚。②（圖七七）

圖七七　南宋兩浙東路茶鹽司刻八行本《尚書正義》
（《第一批國家珍貴古籍名録圖録》）　中國國家圖書館藏

---

① 此本有《古逸叢書三編》、《續修四庫全書》、《中華再造善本》影印本。
② 《阿部隆一遺稿集》第一卷第265頁著録。長澤規矩也編《足利學校善本圖録》有書影。

明清書目中間有《尚書正義》或《尚書注疏》二十卷的著録，因語焉不詳，難以判斷是單疏本亦或注疏合刻本。《南雍志》卷十八《經籍考》記南雍書板有"《尚書注疏》二十卷，存好板一百一十一面，壞板四十五面，餘缺"者，應當與上述《周易注疏》相同，是保存在南京國子監的八行本書板。清初錢謙益《絳雲樓書目》卷一著録的"宋板《尚書正義》二十册二十卷"、徐乾學《傳是樓宋元板書目》著録的"《尚書注疏》二十卷，孔穎達，六本，宋板"等，很可能也是八行注疏合刻本。乾嘉以後書目著録和學者著作中皆已不見此本蹤跡，學者所知此本的情況，皆源自日本山井鼎、物觀之《七經孟子考文補遺》。阮元《十三經注疏校勘記》在《尚書》引據各本目録中列"宋板"，引上述《七經孟子考文補遺》卷五十四"左傳考文"載黃唐《禮記》跋語，據此判斷注疏合刻起始時間，謂："蓋注疏合刻，起于南北宋之間，而《易》、《書》、《周禮》先刻，當在北宋之末也。"① 阮氏亦因《考文》誤黃唐跋"紹熙辛亥"爲"紹興辛亥"，而將《易》、《書》、《周禮》注疏合刻時間定在北宋末年。

足利學校遺跡圖書館所藏兩浙東路茶鹽司刻本《尚書正義》，首端拱元年孔維等上表，永徽四年長孫無忌等《上五經正義表》及孔穎達《尚書正義序》。此本經宋元多次補版，補版葉可見避"慎"字。各卷末有"上杉安房守藤原憲實寄進"並花押，首有橫書"足利學校公用"。《七經孟子考文補遺》、《經籍訪古志》著録皆此本。

中國國家圖書館藏本亦由日本傳回。此本卷七、八、十九、二十全卷抄配，卷二十末有抄配紹熙壬子黃唐跋，抄配各卷包括元修刻工，並"上杉安房守藤原憲實寄進"及花押，顯然是據足利學校藏本影抄的。此本前有楊守敬跋云：

> 宋槧《尚書注疏》廿卷，末有紹熙壬子三山黃唐題識，稱"六經疏義，自京監蜀本，皆省正文及注，又篇章散亂，覽者病焉。本司舊刊《易》、《書》、《周禮》，正經注疏，萃見一書，便於披繹"

---

① 《十三經注疏校勘記》，《續修四庫全書》第180册，第361頁。

云云。是合注於疏自此本始，十行本又在其後。惟十行本板至明猶存，世多傳本，此則中土久亡，唯日本山井鼎得見之，載入《七經孟子考文》。顧其原書在海外，經師徵引，疑信參半。余至日本，見森立之《訪古志》有此書，竭力搜訪，……書凡裝十册，缺二册，抄補亦是以原書影摹，字體行款，毫無改易，因不害爲全書也。光緒甲申四月廿五日神户舟中挑燈記，宜都楊守敬。

　　黃唐跋是紹熙壬子，《七經孟子考文》於《禮記》後載此跋，誤"熙"爲"興"。阮氏《校刊記》遂謂合疏于注在南北宋之間，又爲山井鼎所誤，此附訂於此。①

據楊氏跋，此本爲光緒十年（1884）楊守敬購於大阪書肆中，其抄配二册四卷亦日人所爲。除抄配內容外，其他各卷刷印較足利學校藏本爲早，未經後人修補。楊守敬指出《七經孟子考文》於《禮記》跋誤"熙"爲"興"之誤，明指《校勘記》所言合疏于注在南北宋之間的錯誤，這是關於注疏合刻起始時間的一個重要認識。

三、《周禮疏》

《周禮疏》五十卷，漢鄭玄注，唐孔穎達等疏，宋兩浙東路茶鹽司刻本。我國主要有三部傳本，完闕不一，刷印時間亦有參差。其中兩部全本，一藏中國國家圖書館，一藏臺北故宫博物院，皆有明初修補，經宋、元、明遞修；② 一藏北京大學圖書館，存二十七卷，經宋代修補，印刷較前兩本爲早。③ 此外尚有殘帙散存者，如日本無窮會天淵文庫藏

---

①　宋兩浙東路茶鹽司刻本《尚書正義》卷前跋，《中華再造善本》影印本。此跋收入《日本訪書志》卷一，文字略有不同。

②　國圖藏本諸家皆著錄作宋元遞修，經與臺北故宫本比對，知兩本補版情況大部分相同，皆經明代補版。如卷三第一葉、卷九第五葉等，兩本皆明代補版葉。不過國圖本印刷時間當稍早於臺北故宫本。今國圖藏本有《中華再造善本》影印本，臺北故宫藏本有1976年臺北故宫博物院影印本。

③　1940年董氏誦芬室影印本《周禮疏》，主要以北大藏本爲底本，北大本缺卷、缺葉以故宫本配補。

本殘存卷四七、四八，亦明代印本。① （圖七八）

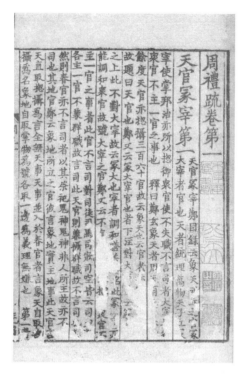

圖七八　南宋兩浙東路茶鹽司刻八行本《周禮疏》　北京大學圖書館藏

中國國家圖書館藏本，鈐"安樂堂藏書記"、"子清真賞"、"結一廬藏書印"、"徐乃昌讀"等印，爲清怡府舊藏。朱學勤《結一廬書目》著錄之宋版《周禮注疏》三十六冊即此。②

北大圖書館藏本存卷一、二、十三、十四、二七～四七、四九、五十，共二十七卷，經宋代修補，或印于元初。與國圖本和臺北故宮本相比，此本保存了更多的宋刻原版。鈐有"尚寶少卿袁氏忠徹印"、"臣筠"、"三晉提刑"、"木齋讀過"、"李盛鐸印"等藏印。按袁忠徹字公

---

① 見《阿部隆一遺稿集》第一卷第296頁著錄。
② 《結一廬書目》,《宋元版書目題跋輯刊》, 第1冊, 第597頁。朱氏稱此本爲"宋慶元間沈中賓刊"，乃據八行本《春秋左傳正義》而言。

達，明鄞人，通相術，富收藏，官至尚寶少卿致仕。"臣筠"即宋筠，清康熙間進士，與其父宋犖皆以藏書著名。①

臺北故宮博物院藏本爲清宮舊藏，《故宮善本書目》之《天禄琳琅録外書目》著録其本。此本並非天禄琳琅故物，故《天禄琳琅書目》前後編皆未著録，但清康熙間何焯曾在内府得見此本，並以之校勘；惠棟又據何焯校本校毛氏汲古閣本。阮元《周禮注疏校勘記》引據各本書目中有"惠校本周禮注疏四十二卷"，録諸人識語云："盧文弨曰：東吴惠士奇暨子棟以宋注疏本校疏，以余氏萬卷堂本校經注、音義，書於毛氏本。何焯云：康熙丙戌，見内府宋板元修注疏本，粗校一過。惠棟云：盧見曾嘗得宋椠余仁仲周禮經注，校閲一過。"②

今上海圖書館藏有一部毛氏汲古閣本《周禮注疏》，其中有清吴昕過録何焯、惠士奇、惠棟校，並吴昕跋云："是書原本係元和惠氏點勘，紅筆半農先生所閲，墨筆則松崖徵君所加也。大約先録何義門先生所校内府宋板元修本，繼録余氏萬卷堂本。然經轉寫，其中錯訛往往而有。"今人王大隆跋云："此婁縣吴芸閣臨元和惠半農、松崖父子校本《周禮注疏》，半農用紅筆，松崖用墨筆。松崖先據何義門校宋刻元修本，又據盧雅雨藏宋余仁仲萬卷堂本詳校。"③

從上述記載可知，康熙四十五年（丙戌），何焯得見内府所藏宋刻元修注疏本，即今臺北故宮所藏八行本《周禮疏》，以之校勘。惠氏父子又以何焯校注疏本及余仁仲萬卷堂本校於毛氏汲古閣本《周禮注疏》之上。而惠氏父子校本《周禮注疏》，又爲阮元《校勘記》所利用，成爲《周禮注疏校勘記》引據注疏本中最重要的参校版本。

四、《禮記正義》

《禮記正義》七十卷，漢鄭玄注，唐孔穎達疏。宋紹熙三年（1192）

---

① 楊立誠、金步瀛合編，俞運之校補《中國藏書家考略》，上海古籍出版社鉛印本，1987年，第81、180頁。
② 《十三經注疏校勘記》，《續修四庫全書》第181册，第98頁。
③ 陳先行、郭立暄整理《上海圖書館善本題跋選輯（經部）》，《歷史文獻》第一輯，上海社會科學出版社，1999年。

兩浙東路茶鹽司刻本。主要傳本有中國國家圖書館藏本兩部，一部全，有清惠棟跋，李盛鐸、袁克文跋；① 一部存二十八卷，有張元濟跋。日本足利學校遺跡圖書館藏一部，卷三三～四十爲室町時期補寫。② 此外尚有零卷散存者，如北京大學圖書館藏殘本存卷一、二；東京大學東洋文化研究所藏殘本存卷六三；京都大學附屬圖書館谷村文庫藏殘本存卷六四等，似爲國圖藏二十八卷本散出之卷。（圖七九）

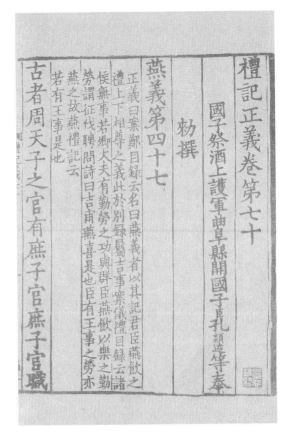

圖七九　宋紹熙三年兩浙東路茶鹽司刻八行本
《禮記正義》（《中國版刻圖録》）　中國國家圖書館藏

---

① 此本今有《中華再造善本》影印本。
② 《阿部隆一遺稿集》第一卷第305頁著録，書影見《足利學校善本圖録》。

《禮記正義》八行注疏本與單疏本題名、卷數皆同，故前人著錄中《禮記正義》七十卷的記載，有時很難判斷究爲何本。但兩浙東路茶鹽司刻八行注疏本《禮記正義》傳本，我國明清以來流傳不替，傳至今日，則是不爭的事實。今國圖所藏八行本《禮記正義》，鈐有"北平孫氏"、"季振宜印"、"滄葦"、"孔繼涵"、"完顏景賢精鑒"及袁克文諸印。①"北平孫氏"爲明末清初藏書家孫承澤藏印，後此本歸季振宜所有。乾隆初年，璜川書屋主人吳用儀購得此本，持以示惠棟。今此本末有惠棟長跋云：

> 拙庵行人購得宋槧《禮記正義》示余，余案《唐·藝文志》，書凡七十卷，此本卷次正同。字體仿石經，蓋北宋本也。先是孔穎達奉詔撰《五經正義》，法周秦遺意，與經注別行，宋以來始有合刻。南宋後又以陸德明所撰釋文增入，謂之《附釋音禮記注疏》，編爲六十三卷。監板及毛氏所刻皆是本也。歲久脫爛，悉仍其闕。今以北宋本校毛本，訛字四千七百有四，脫字一千一百四十五，闕文二千二百一十有七，文字異者二千六百二十有五，羨文九百七十有一，校讎是正，四百年來闕誤之書，犁然備具，爲之稱快。唐人疏義推孔、賈二君，第《易》用王弼，《書》用僞孔氏，二書皆不足傳。至如《詩》、《春秋左氏》、三《禮》，則旁採兩漢南北諸儒之說，學有師承，文有根柢，古義之不盡亡，二君之力也。今監板毛氏所刻諸經頗稱完善，唯《禮記》闕誤獨多。拙庵適得此書，可謂希世之寶矣。拙庵家世藏書，嗣君博士企晉嘗許余造璜川書屋，盡讀所藏，余病未能。息壤在彼，請俟他日。因校此書，並識於後云。己巳秋日松崖惠棟。（跋末鈐"惠棟"、"定宇"小方印）②

---

① 另有"秋壑圖書"一印，傅增湘認爲乃僞印，見《藏園群書經眼錄》第1冊，第55頁。"秋壑圖書"爲宋賈似道印，此本有元代補版，故不可能爲賈氏舊藏。

② 國圖藏宋紹熙三年兩浙東路茶鹽司刻本《禮記正義》卷末跋，《中華再造善本》影印本。

己巳爲乾隆十四年（1749），"拙庵行人"即吳用儀，號拙庵。"嗣君博士企晉"即吳用儀子吳泰來，字企晉。按吳氏爲蘇州地區藏書世家，自吳銓始建璜川書屋，架上多秘笈，用儀復廣搜善本，而得此珍稀罕見之本。惠棟以吳氏藏此本校汲古閣本，其校本爲阮元《禮記注疏校勘記》所利用。《禮記注疏校勘記序》云："《禮記》七十卷之本，出於吳中吳泰來家，乾隆間惠棟用以校汲古閣本。……今記中所云惠棟校宋本者是也。其真本今藏曲阜孔氏。"① 阮元《校勘記》之《禮記》校勘多賴惠氏校本。

璜川書屋所藏此八行本《禮記正義》，後歸曲阜孔繼涵所有。傅增湘在《藏園群書經眼錄》中著錄了一部自藏清武英殿本《禮記注疏》，其中有孔繼涵跋云：

> 南宋紹熙三年刻本，距今五百八十四年，人代奄忽，紙墨完好，有神物護持之也。……每卷多有秋壑圖書及季振宜、北平孫氏私印鈐上。後歸璜川吳氏，吳曾以質三百金於朱文游家，戴東原先生借閱，補今本缺文。丙申之春，有挾之入都者，索價五百金，無售者，東原欲借重校而不得。九月之朔，持質百金於余。余昔假東原本補其缺落，今復抄末頁之跋及銜名並副頁惠定宇跋於上，而命兒子廣栻重校之。②

此跋作於乾隆四十一年（1776），跋中所述"每卷多有秋壑圖書及季振宜、北平孫氏私印鈐上"，正是今國圖藏本鈐印。今本又鈐"孔繼涵"印，則此本質于孔家，遂爲孔氏所得。③ 此後，八行本《禮記正義》深藏孔家，至光緒間始散出，輾轉歸盛昱郁華閣、完顏景賢、袁克文及潘

---

① 《十三經注疏校勘記》，《續修四庫全書》第181册，第558頁。
② 《藏園群書經眼錄》第1册，第55頁。
③ 汪紹楹先生認爲此本並非惠棟據校之《禮記正義》，惠氏所見當爲另一黃唐本，其說頗有理據，見《阮氏重刻宋本十三經注疏考》。若是，則惠棟跋文不應爲此本所有，《校勘記》及孔繼涵跋所云惠校本歸孔氏之説亦無法成立。其中原委尚待詳考，今姑仍舊説。

氏寶禮堂。① 王國維曾於潘氏寶禮堂見此本，作有《宋越州本禮記正義跋》一文，並及八行本他經存世版本，明確指出此即《九經三傳沿革例》所謂"越中舊本注疏"，於越州注疏合刻本源流闡發至深。②

中國國家圖書館所藏另一部兩浙東路茶鹽司刻本《禮記正義》，存卷三、四，十一～十八，二四、二五，三七～四二，四五～四八，五五～六十，共二十八卷，鈐"君子堂圖書記"、"風流八詠之家勖誼彥忠書記"、"沈彥忠章"、"晉府書畫之印"、"敬德堂圖書印"等，③民國間歸涵芬樓，張元濟爲作跋。另北大藏有兩卷殘本，存卷一、二，亦鈐有"君子堂"、"風流八詠之家勖誼彥忠書記"、"敬德堂圖書印"等印，說明其爲國圖藏二十八卷本散出之零卷。此外，《阿部隆一遺稿集》著錄東京大學東洋文化研究所藏卷六三、京都大學附屬圖書館谷村文庫藏卷六四，皆民國間出自北京廠肆，頗疑亦國圖二十八卷本散出者。

足利學校藏兩浙東路茶鹽司刻本《禮記正義》，刷印時間較他本爲早，有"上杉憲實寄進（花押）"。與上述《周易注疏》、《尚書正義》相同，亦《七經孟子考文補遺》所據足利學校藏宋板《五經正義》之一，森立之《經籍訪古志》著錄此本，卷數誤著爲六十三卷。阮元《校勘記》於《禮記》亦採用了《考文》所校此本，云："日本山井鼎、物觀《七經孟子考文補遺》所載宋板《禮記正義》，與惠棟校所據宋本是一書，間有不合處，不及千分之一，亦傳寫之譌，非二書有不同也。"④

五、《春秋左傳正義》

《春秋左傳正義》三十六卷，晉杜預注，唐孔穎達疏。宋慶元六年（1200）紹興府刻宋元遞修本，僅存世一部，藏中國國家圖書

---

① 參見王鍔《字大如錢，墨光似漆——八行本〈禮記正義〉的刊刻、流傳和價值》，載《圖書與情報》2006年第5期。
② 《觀堂集林》第4冊，第1039頁。
③ 張元濟《涵芬樓燼餘書錄》經部著錄，《張元濟古籍書目序跋彙編》，中冊，第401頁。
④ 《十三經注疏校勘記》，《續修四庫全書》第181冊，第559頁。

館。① （圖八十）

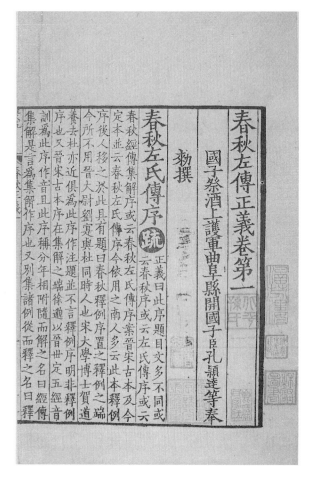

圖八十　宋慶元六年紹興府刻八行本《春秋左傳正義》
（《第一批國家珍貴古籍名録圖録》）　中國國家圖書館藏

除卷一外，各卷卷端均題"春秋正義"。卷尾或鎸"修職郎新差充婺州州學教授趙彥稯點勘"一行，或鎸"鄉貢進士馮嗣祖校勘"一行。卷末有杜氏後序，序後有"經傳正義都計壹伯肆萬壹仟伍伯三拾字，經

---

① 此本今有《續修四庫全書》、《中華再造善本》影印本。

傳三拾陸萬字，正義陸拾捌萬壹仟伍伯三拾字"及淳化元年官員銜名。卷末原有慶元六年知紹興府沈作賓刻書跋，今本已佚，《愛日精廬藏書志》卷五著錄"臨金壇段氏校宋慶元本"，過錄此跋。

八行本《春秋左傳正義》在我國流傳不絕，見於著錄者，除《南雍志》有"春秋正義三十六卷，好板二百一十四面，失四百二十七面，壞板五百四十一面"，可能即保存於南京國子監的八行本《春秋左傳正義》書板外，明《內閣藏書目錄》卷二有"春秋注疏三十四冊全，唐孔穎達左傳正義凡三十六，婺州刻板"，當亦八行本。所謂"婺州刻板"，蓋因八行本《春秋左傳正義》卷末鐫"修職郎新差充婺州州學教授趙彥棅點勘"而爲此說。明陳第《世善堂藏書目錄》卷上有"左氏注疏三十六卷"，清初錢謙益《絳雲樓書目》卷一有"左傳注疏：春秋正義三十六卷"，當皆爲宋刻八行注疏本。

國圖藏此本《春秋左傳正義》，鈐"秋壑圖書"、"北平孫氏"、"季振宜字詵兮號滄葦"、"季振宜印"、"乾學"、"徐健庵"、"涵芬樓"等印。其中，"秋壑圖書"、"北平孫氏"及季振宜諸印與國圖藏八行本《禮記正義》同，說明兩部八行注疏合刻本原本相儷，共藏于孫承澤、季振宜家，季氏以後始離散。此本有元代補版，故"秋壑圖書"當亦僞印。

徐乾學之後，此本爲朱奐所得，惠棟、錢大昕皆曾從朱氏得見此本。朱奐，字文游，江蘇吳縣人，藏書甲吳中，室名滋蘭堂，與惠棟爲莫逆交。① 惠棟《松崖筆記》卷二《春秋正義》條云："孔穎達《春秋正義》三十六卷，淳化元年本，慶元六年重刊。前後各八行，每行十六字，卷末有馮嗣祖、趙彥棅校勘姓名。此書北平孫氏藏本，康熙末歸季滄葦，後又歸東海徐氏，朱君文游以八十金得之。文遊名奐，篤行好學士也。"② 錢大昕《十駕齋養新錄·餘錄》卷上《春秋正義宋槧本》條云："吳門朱文游家藏宋槧《春秋正義》三十六卷，云宋淳化元年本，

---

① 葉昌熾《藏書紀事詩（附補正）》卷五，上海古籍出版社，1999年，第514頁。

② 《松崖筆記》，《叢書集成續編》影印本，第20冊，第595頁。

實則慶元六年重刊本也。每葉前後各八行，行十六字，卷末有馮嗣祖、趙彥棟等校勘字。今通行本哀公卷首正義全闕，獨此本有之。文游嘗許予借校。會予北上未果。今文遊久逝，此書不知轉徙何氏矣。"① 惠棟所見本爲孫承澤、季振宜舊藏，後歸東海徐氏即徐乾學，朱奐又得之，顯然，這就是傳至今日的國圖藏八行本《春秋左傳正義》。

朱奐與乾嘉著名學者交往深厚，除惠棟、錢大昕見其藏八行本《春秋左傳正義》外，陳樹華還曾借其本校勘，並在校勘諸本基礎上撰成《春秋內傳考證》一書。陳樹華，字芳林，號冶泉，江蘇元和人。《愛日精廬藏書志》卷五著錄"臨金壇段氏校宋慶元本"《春秋左傳正義》三十六卷，其中過錄陳樹華跋云："杜氏後序並淳化元年勘校官姓名及慶元庚申吳興沈中賓重刻題跋一篇，依宋本抄補於後。戊子三月借得朱君文游滋蘭堂藏本及石經詳細手校，凡宋本有疑誤者，悉書於本字之旁。經傳文兼從石經增正一二。七月三十日校畢。冶泉樹華記。"過錄段玉裁跋云："此宋淳化庚寅官本、慶元庚申摹刻者也。凡宋本佳處，此本盡有，凡今日所存宋本未有能善於此者也。爲滋蘭堂朱丈文游物，陳君芳林於乾隆戊子借校一部。陳君既沒，嘉慶壬戌，予借諸令嗣，命長孫美中細意臨校，次子酷倅而終之。……文遊名奐，藏書最精，今皆散。《左傳》今在歙金修撰輔之家。"② 知乾隆戊子陳樹華曾借校朱文游藏本，嘉慶壬戌，段玉裁又據陳樹華校本臨校一過。今復旦大學圖書館藏一部毛氏汲古閣本《春秋左傳注疏》，有清江沅過錄陳樹華、段玉裁校，可爲其證。

阮元《春秋左傳注疏校勘記》也利用了八行注疏本，序云：

> 後唐詔儒臣田敏等校《九經》，鏤本於國子監，此亦經傳注兼刻者，而今多不存。至於孔穎達等依經傳杜注爲正義三十六卷，本自單行，宋淳化元年有刻本，至慶元間吳興沈中賓分系諸經注本，合刻之。其跋云：踵給事中汪公之後，取國子監《春秋

---

① 《十駕齋養新錄·餘錄》，《續修四庫全書》影印本，第1151冊，第356頁。
② 《愛日精廬藏書志》，《續修四庫全書》影印本，第925冊，第279頁。

經傳集解》、正義精校，萃爲一書。蓋田敏等所鏤，淳化元年所頒，皆最爲善本，而畢集於是。後此附以釋文之本，未有能及此者。元和陳樹華即以此本遍考諸書，凡與左氏經傳文有異同可備參考者，撰成《春秋內傳考證》一書。《考證》所載之同異雖與正義本敻然不同，然亦間有可採者。臣更病今日各本之踳駁，思爲諟正。錢塘監生嚴杰，熟於經疏，因授以舊日手校本，又慶元間所刻之本，並陳樹華《考證》及唐石經以下各本及釋文各本，精詳捃撫，共爲校勘記四十二卷。①

但阮元《校勘記》所利用的八行本，究爲校本，或爲宋刻原本，《校勘記》序及引用書目皆言之不詳。張元濟《涵芬樓燼餘書錄》著錄八行本《春秋左傳正義》，其中提到阮元《校勘記》中的宋本異文與今本乖違的情況，疑"阮氏所見多爲補版，故有不同也"。②《中國版刻圖錄》沿此說，指出："阮元《校勘記》據蘇州朱文游家藏本訂校，因原書補版多寡不一，故兩本文字亦不盡合。今朱本久亡，此爲僅存之本。"③ 張元濟及趙萬里先生皆認爲阮元所據八行本爲朱文游家藏本，其本今已不存；今存八行本爲另一傳本，修補不一，故文字與阮元所據本有不同。可是，根據上述惠棟《松崖筆記》的記述，朱文游藏本即北平孫氏、季振宜、徐乾學遞藏本，也就是今藏國圖的本子，朱本並未亡佚。其間緣由，頗難索解。阮元所據八行本，究竟是否朱文游藏本，或爲另一傳本，或僅爲他人校本，等等，尚需進一步查考。

六、《論語注疏解經》

《論語注疏解經》二十卷，魏何晏集解，宋邢昺疏，宋刻元明遞修本。今無全本存世，臺北故宮博物院藏一部，存卷十一、二十；④ 重慶

---

① 《十三經注疏校勘記》，《續修四庫全書》第182冊，第311頁。
② 《涵芬樓燼餘書錄》經部，《張元濟古籍書目序跋彙編》，中冊，第414頁。
③ 《中國版刻圖錄》第1冊，第21頁。
④ 《中國訪書志》第212頁，《"國立故宮博物院"宋本圖錄》第28頁。

市圖書館藏一部,亦存卷十一～二十;另上海圖書館藏殘本存卷十一、十二。① (圖八一)

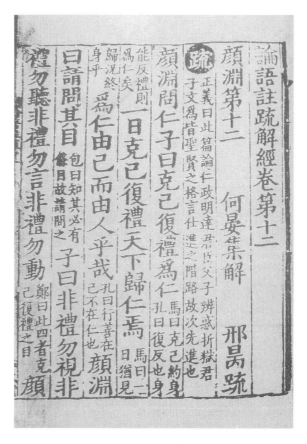

圖八一　南宋刻八行本《論語注疏解經》(複製件)　臺北故宮博物院藏

《崇文總目》、《郡齋讀書志》皆著錄《論語正義》十卷,是爲單疏本;今存蜀刻本《論語注疏》亦十卷,是爲注疏本,卷次同于單疏本。而今存宋刻八行本及元刻十行本《論語注疏解經》皆二十卷本,② 未依

---

① 據《中國古籍善本總目(徵求意見稿)》。
② 惟《直齋書錄解題》著錄《論語注疏解經》十卷,不詳其爲何本。按光緒三十三年貴池劉氏影印元元貞二年平陽府梁宅本《論語注疏解經》,爲十卷本,其本或與《直齋書錄解題》著錄之十卷本有淵源關係。

單疏本本來卷次，這是八行本《論語注疏解經》與其他八行本特異之處。《論語注疏解經》與《孟子注疏解經》的題名也與其他八行本或依單疏本題名、或逕以"注疏"題名有異。

八行本《論語注疏解經》因與十行本《論語注疏解經》題名、卷數均同，兩者極易混淆，前人著錄中的《論語注疏解經》二十卷本，名爲宋刻，實際上多爲元刻十行本。其中是否雜有宋刻八行本，前人未加辨別，今已難考其實。從今存傳本情況看，宋刻八行本《論語注疏解經》傳世極稀。今傳世者皆殘本，其遞藏情況不明。其中臺北故宮博物院藏本亦非清宮舊藏，而是原中央博物館藏書，書中亦無鈐記。《文祿堂訪書記》曾著錄。阮元《校勘記》於《論語》校勘中，所利用者爲元刻十行本，而未見八行本。

七、《孟子注疏解經》

《孟子注疏解經》十四卷，漢趙岐注，題宋孫奭疏，宋刻元明遞修本，臺北故宮博物院藏一部。① 另中國國家圖書館藏殘本，存卷三、四、十三、十四共四卷，有繆荃孫跋；北大存卷三、四、十三、十四，共四卷；南京博物館存卷一～六，十一～十四，共十卷。② （圖八二）

《直齋書錄解題》卷三著錄"孟子正義十四卷，孫奭撰"，而《崇文總目》、《郡齋讀書志》等皆未著錄此書。朱熹指爲邵武士人託名之作，後人多從其説。《孟子正義》單疏本久已失傳，未見諸家著錄，或疑其本並無單疏本。此注疏合刻本共十四卷，元刻十行本及後世通行注疏合刻本亦十四卷。因每卷分上下，故前人著錄中有作二十八卷者。

---

① 《故宮善本書目——天祿琳琅錄外書目》著錄，有 1986 年臺北故宮博物院影印本。

② 見《中國古籍善本總目（徵求意見稿）》。

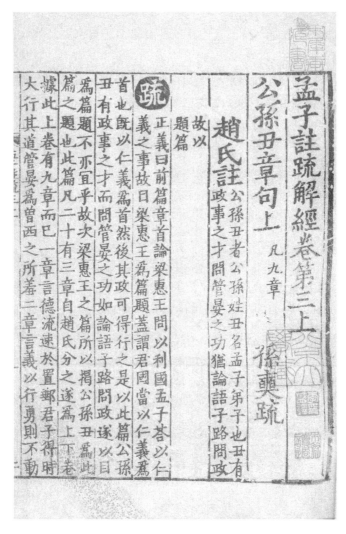

圖八二　南宋刻八行本《孟子注疏解經》　北京大學圖書館藏

與《論語注疏解經》情況相似，《孟子注疏解經》宋刻八行本與元刻十行本題名、卷數均同，前人著錄中的《孟子注疏解經》十四卷，亦多爲元刻十行本。今存臺北故宮博物院藏本《孟子注疏解經》，爲古董房原藏，長期深藏內府。國圖藏殘本爲內閣大庫書，據袁克文跋，爲曹元忠得自內府，僞鈐毛晉之印。① 修補情況與臺北故宮本類似。北大藏本共三册，來源於兩個不同印本。其中卷三、四爲包背裝一册，爲較早印本，未經後代修補。卷十三、十四二册綫裝，經元明修補，有"周暹"小印。

以上《周易》、《尚書》、《周禮》、《禮記》、《左傳》、《論語》、《孟子》七經之八行注疏本今皆有宋刻傳世。而與《禮記》同時由黃唐主持刊刻的《毛詩》注疏合刻本，今無宋刻本傳世。《西湖書院重整書目》中之"《詩注疏》"，《內閣藏書目錄》中之"《毛詩注疏》二十九册全，舊版"，《絳雲樓書目》之"《毛詩注疏》"，或即其本。今臺北故宮博物院藏有一部日本抄本《毛詩注疏》，爲楊守敬得自東瀛之本。其本存卷一上、卷四上下、卷五、卷六上下、卷十二上下。半葉八行，行十六字左右，小字雙行二十二字左右。《經籍訪古志》稱"其體裁正與足利學所藏宋本《易》、《書》、《禮記》注疏符"。據李霖的研究，此抄本當據原本行款摹寫，行款版式與越刻八行本同。其經注疏合編、不附《釋文》的編連方式及"構"、"惇"等字闕末筆、文字佳處直追單疏本等特點，可證其底本即黃唐所刻八行本，當可反映越刻八行本《毛詩注疏》之面貌。②

第二節　前人有關注疏合刻本起源及八行本刊刻時間的探討

上述傳世宋刻八行注疏本七種，包括《周易注疏》、《尚書正義》、《周禮疏》、《禮記正義》、《春秋左傳正義》、《論語注疏解經》、《孟子注

---

① 《寒雲手寫所藏宋本提要二十九種》，《宋元版書目題跋輯刊》第 3 册，第 183 頁。
② 日本抄本《毛詩注疏》的情況，據李霖《宋刊群經義疏的校刻與編印》，北京大學歷史系博士論文，2012 年。

疏解經》，它們有共同的特點，即：都是紹興地區官府（兩浙東路茶鹽司治所在紹興）所刻；都是不附釋音的注疏合刻本，編輯體例一致；具有統一的行款版式、字體風格；刻工多有相通。雖然刊刻時間有先後不同，刊刻機構有兩浙東路茶鹽司和紹興府的區別，但它們是一套體例、版式一致，前後承襲的經書版本，是我國最早的注疏合刻本之一，在經書刊刻和經書版本演變過程中具有極其重要的地位。關於其刊刻時間，牽涉到我國經書注疏合刻究竟起源何時這一重大問題，歷來聚訟紛紜，看法不一。

關於注疏合刻本的起源及八行注疏合刻本最初的刊刻時間，清代學者的看法基本分爲兩派。一派認爲起於北宋。如惠棟跋八行本《禮記正義》，以爲注疏合刻本始刻於北宋："余案《唐·藝文志》書凡七十卷，此本卷次正同。字體仿石經，蓋北宋本也。先是孔穎達奉詔撰《五經正義》，法周秦遺意，與經注別行，宋以來始有合刻。南宋後又以陸德明所撰《釋文》增入，謂之《附釋音禮記注疏》，編爲六十三卷。"① 段玉裁以注疏合刻本《春秋正義》始刻於北宋淳化間："此宋淳化庚寅官本、慶元庚申摹刻者也。"② 文选楼本《十三經注疏校勘記》卷前段玉裁嘉慶十三年序，又以合疏於注的時間在北宋之末："凡疏與經注本各單行也，而北宋之季合之。"③《尚书注疏校勘记序》也说："蓋注疏合刻，起于南北宋之間，而《易》、《書》、《周禮》先刻，當在北宋之末也。"④ "北宋之末"的说法當爲阮元所認同。陳鱣於八行本《周易注疏》跋云："原本單疏，並無經注，正經注語，惟標起止，而疏列其下。注疏合刻起于南北宋之間。至於釋文，舊皆不列本書。附刻釋文，又在南宋之

---

① 北圖藏宋刻八行本《禮記正義》書末惠棟跋，《中華再造善本》影印本。
② 《愛日精廬藏書志》卷五臨金壇段氏校宋慶元本《春秋左傳正義》過錄段玉裁跋，《續修四庫全書》影印本，第 925 册，第 279 頁。
③ 段玉裁《十三經注疏併釋文校勘記序》，《十三經注疏校勘記》，《續修四庫全書》第 180 册，第 285 頁。
④ 《十三經注疏校勘記》，《續修四庫全書》第 180 册，第 361 頁。

末。"① 于元本《毛詩注疏》跋云："正義原書與經注別行，後來合併，始於北宋之末，而《毛詩》又在南宋紹興初元。"② 等等。

主張注疏合刻起於南宋的清代學者，如錢大昕云："唐人撰九經正義，宋初邢昺撰《論語》、《孝經》、《爾雅》疏，皆自爲一書，不與經注合併。南宋初乃有併經注正義合刻者。士子喜其便於誦習，爭相放效。"③ "釋文與正義，各自一書，宋初本皆單行，不相淆亂。南宋後乃有合正義於經注之本，又有合釋文與正義於經注之本。"④ 顧廣圻說："南宋併注疏，越中出最早。"⑤《百宋一廛賦注》述顧廣圻語云："居士前在阮中丞元十三經局立議，言北宋本必經注自經注，疏自疏，南宋初始有注疏。又其後始有附釋音注疏。晁公武、趙希弁、陳振孫、岳珂、王應麟、馬端臨諸君，以宋人言宋事，條理脈絡粲然可尋。而日本山井鼎《左傳考文》所載紹興辛亥三山黃唐跋《禮記》語，尤爲確證。安得有北宋初刻《禮記注疏》及淳化刻《春秋左傳注疏》事乎？今此賦所云，即平昔議論也。"⑥ 等等。

清代部分乾嘉學者以注疏合刻起於北宋，或北宋末，或南北宋之間，很大程度上是受了《七經孟子考文補遺》引《禮記正義》黃唐跋誤"紹熙辛亥"爲"紹興辛亥"之誤導。乾嘉學者不見八行本《禮記正義》原本，所知者僅《七經孟子考文補遺》引用黃唐跋語。而《考文》引用黃唐跋語中一個誤字，導致乾嘉學者在注疏合刻起始時間上

---

① 國圖藏兩浙東路茶鹽司刻本《周易注疏》卷末跋，《中華再造善本》影印本。

② 《經籍跋文》之《元本毛詩注疏跋》條，《宋元版書目題跋輯刊》第3册，第214頁。

③ 錢大昕《十駕齋養新録》卷一三《儀禮疏單行本》，《續修四庫全書》影印本，第1151册，第253頁。

④ 《十駕齋養新録》卷二《正義刊本妄改》條，《續修四庫全書》影印本，第1151册，第122頁。

⑤ 《思適齋集》卷二《陳仲魚孝廉索賦經函詩率成廿韻》，《續修四庫全書》影印本，第1491册，第28頁。

⑥ 《百宋一廛賦注》，《黃丕烈書目題跋》，《清人書目題跋叢刊》第6册，第398頁。

產生錯誤認識。即《禮記正義》既刻成于"紹興辛亥"後的紹興壬子年（紹興二年），此時南宋朝廷剛剛建立幾年的時間，那麼"本司舊刊《易》、《書》、《周禮》"的時間，自然只能是北宋了。直至清末楊守敬於日本訪書期間，得見八行本《尚書正義》卷末抄錄黃唐跋，跋中作"紹熙壬子"。楊氏於《尚書正義》跋中特意訂正了《七經孟子考文補遺》的錯誤："黃唐跋是紹熙壬子，《七經孟子考文》於《禮記》後載此跋，誤'熙'爲'興'。阮氏《校刊記》遂謂合疏於注在南北宋之間，又爲山井鼎所誤。"① 楊氏跋中雖未明言八行本《尚書正義》究竟刻於何時，但他認爲《尚書正義》刊刻在南宋而非北宋，則是不言自明的。

實際上，在楊守敬之前，日本已有學者指出《七經孟子考文補遺》誤"紹熙"爲"紹興"之誤。日本弘化四年（1847），足利學校所藏八行本《尚書正義》曾影刻行世，即日本弘化四年影刻本，今北京大學圖書館有藏。此本卷前有細川利和"例言"，云："足利學所藏《周易》、《禮記》正義，板式字樣，與此書如出一手。而其《禮記》紹熙浙江路茶鹽公事三山黃唐所刻。其自跋云：'本司舊刻《易》、《書》、《周禮》，正經注疏，萃見一書。'則此本爲黃所指本司舊刻明矣。且以宋諱缺筆、刻工名識考之，蓋在淳熙前後。阮元謂注疏合刻《易》等當在北宋末，按山井鼎《左傳》考文引《禮記》黃跋'紹熙'作'紹興'，阮氏不知其誤，故有其說。"將三經注疏本合刻的時間定在淳熙前後。

不過，《七經孟子考文補遺》和《經籍訪古志》的影響力太大，即使有楊守敬等的糾正，葉德輝《書林清話》中仍然以楊說無據，力挺《校勘記》注疏合刻起于北宋之末的說法。

清末民初，八行本《禮記正義》漸出，學者得見黃唐跋原本並跋後官員銜名，關於八行本的刊刻及我國注疏合刻本的肇始時地問題，意見始趨一致。1912年，傅增湘於盛氏郁華閣見八行本《禮記正義》，② 其

---

① 今國圖藏兩浙東路茶鹽司刻本《尚書正義》楊守敬手書跋語，跋作于光緒甲申（十年，1884），《中華再造善本》影印本。

② 《藏園群書經眼錄》，第55頁。

後又陸續得見其他數種八行注疏本。他指出："此（指《周易注疏》）與袁抱存克文藏《禮記》、張香濤之洞藏《書經》、李木齋盛鐸藏《周禮》同，皆紹熙黃唐刻本也。"① 此條撰於1915年，其時八行本《禮記正義》已爲袁克文所得。1916年，李盛鐸爲時藏袁克文處的八行本《禮記正義》撰跋，云："諸經疏義本自單行，注疏合刻始自何時，前人無能詳言之者。……按黃唐跋：本司舊刊《易》、《書》、《周禮》，正經注疏萃見一書，便於搜繹。紹熙辛亥唐備員司庾，取《毛詩》、《禮記》疏義，如前三經編彙，校正鋟木。是紹興庚司爲注疏第一合刻之地，《詩》、《禮》二疏自即爲唐所合編，故它經後僅附唐跋，此經獨列校正諸官銜名。於是注疏合刻之地與時，無如此明白者。是此刻爲《禮記注疏》合刻第一祖本，又爲海內第一孤本。"② 至王國維於潘氏寶禮堂見八行本《禮記正義》，即明確指出，八行注疏本就是《九經三傳沿革例》所謂"越中舊本注疏"："南海潘氏藏《禮記正義》七十卷，每半葉八行，行大十五六字，小二十二字，卷末有紹熙壬子三山黃唐跋，並校正官銜名十二行。其黃唐結銜爲朝請郎提舉兩浙東路茶鹽常平公事，餘亦多浙東官屬，乃浙東漕司所刊，即岳倦翁所謂越中舊本注疏也。此書舊藏吳中吳企晉舍人家，惠定宇先生曾取以校汲古閣本，一時頗多傳錄，阮文達《校勘記》所據即是也。然惠氏校本未錄黃唐跋及校正諸人銜名，日本人所撰《七經孟子考文》並《經籍訪古志》，雖載黃唐跋，而未錄銜名，故世無知爲越本者。……余曩讀黃、沈二跋，見沈跋倉台五經云云，與黃跋語合，又檢《寶慶會稽續志》提舉題名，知黃唐以紹熙二年十一月任浙東提舉，因定黃唐所刊書爲越州本。今見此本校正銜名，足證余說之不謬矣。""目錄家知有越本注疏，自今日始。"③

王國維將《禮記正義》等八行注疏合刻本與《九經三傳沿革例》所列的"越中舊本注疏"聯繫在一起，顯示了其敏銳博通的學術造詣。至

---

① 《藏園群書經眼錄》，第10頁。
② 國圖藏兩浙東路茶鹽司刻本《禮記正義》卷末跋，《中華再造善本》影印本。
③ 《觀堂集林》第4冊，第1039頁。

此，關於注疏合刻本即越州八行本起於南宋，而非北宋末年或南北宋之間，更非北宋淳化間，已成學者共識。

近年來隨着經學版本文獻研究的深入，關於注疏合刻起源問題，有了更進一步的研究與討論。顧永新發表《元貞本〈論語注疏解經〉綴合及相關問題研究》及《金元平水注疏合刻本研究——兼論注疏合刻的時間問題》二文，① 通過對元元貞丙申（二年，1296）平陽府梁宅刻十卷注疏合刻本《論語注疏解經》與其他注疏合刻本的比較研究，指出元貞本所據底本或許就是《直齋書錄解題》著錄之《論語注疏解經》十卷，它的時間早於八行本《論語注疏解經》，且爲八行本所沿襲。文中指出：

> 綜上所述，《論語》注疏合刻的過程著實表現出複雜性、地域性和時代性：1. 在北宋或南宋早期，最早出現了注疏合刻本《論語注疏解經》十卷，以經注附疏，故分卷仍單疏本之舊。這是後來八行本及十行本系統各本的祖本。2. 南宋光宗、寧宗朝，蜀中也直接用單疏本和經注本以及《論語釋文》合成了附釋音的《論語注疏》十卷（當然，也不排除是單疏本和經注附釋文本重構而成的可能性），或許是不瞭解前者的存在，或許是延續五代後蜀以來蜀中經書刊刻的傳統，總之與前者並不相謀。3. 幾乎同時，兩浙東路又刊刻《論語注疏解經》二十卷，出自前揭最早的十卷本，但卷帙析爲二十卷，是爲八行本。4. 南宋後期，閩中又據八行本刊刻十行本。而今傳世者基本上都是元泰定翻刻宋十行本，甚至是明正德修補本。由此可見，清人直至今人有關注疏合刻的時間問題的結論，還有待于重新考量。②

---

① 顧永新《元貞本〈論語注疏解經〉綴合及相關問題研究》，《版本目錄學研究》第二輯，國家圖書館出版社，2010年。《金元平水注疏合刻本研究——兼論注疏合刻的時間問題》，《文史》2011年第3期。

② 《金元平水注疏合刻本研究——兼論注疏合刻的時間問題》，《文史》2011年第3期。

前人探討注疏合刻本起源，主要以越刻八行本爲基礎，特別是據早刻的《易》、《書》、《周禮》而言。實際上，早期注疏合刻本除越刻八行本、建刻十行本外，還有其他類型，爲清人所未見。同時，越刻八行本刊刻時間具有階段性，如我們下節所述，《易》、《書》、《周禮》三經最早，約刻成于高宗紹興後期；其次爲《禮記》、《毛詩》，光宗紹熙三年由黃唐主持刊刻；次爲《春秋左傳正義》，成于寧宗慶元六年；《論語注疏解經》與《孟子注疏解經》的刊刻時間當在慶元六年之後，嘉泰、開禧間，前後相差數十年。而在越刻八行本、建刻十行本之外，今存包括宋蜀刻本《論語注疏》（日本宮内廳書陵部藏）、宋建刻九行本《附釋文尚書注疏》（臺北故宫藏），以及金刻《尚書注疏》（中國國家圖書館藏）、元刻《論語注疏解經》（清人影刻元元貞本）的底本，都是早期注疏合刻本，它們與八行本的前後關係如何，恐難以一概而論。如顧文所指出的，元貞本《論語注疏解經》的底本，早於八行本；蜀刻本《論語注疏》，刊刻時間與八行本幾乎同時。顯然，僅就《論語》一經來說，越刻八行本《論語注疏解經》難稱最早。顧氏注意到今存八行本、十行本以外的數種早期注疏合刻本，通過文本比較與異文的分析，討論諸種早期注疏合刻本之間的關係，指出注疏合刻起源問題的複雜性、地域性與時代性。此説將注疏合刻本起源問題的討論引向深入，頗具啟發意義。

按《九經三傳沿革例》提到三種注疏合刻本"越中舊本注疏"、"建本有音釋注疏"、"蜀注疏"，今日本宫内廳書陵部所藏《論語注疏》當即"蜀注疏"之一種。其避諱字"慎"、"敦"缺筆而"廓"字不缺，當成于光宗時期。[①] 若"蜀注疏"各經刊刻時間相距不遠的話，則"蜀注疏"本《禮記》、《毛詩》、《左傳》亦當在光宗前後刻成。我們知道八行本《禮記》、《毛詩》刻成于光宗紹熙三年（1192），《左傳》刻成于寧宗慶元六年（1200），"蜀注疏"與越刻八行注疏《禮記》、《毛詩》、《左傳》，的確可說是幾乎同時刊成的。從蜀刻本《論語注疏》看，"蜀注

---

① 參見本書第六章第二節。

疏"本文本系統獨特，與八行本、十行本無關，應當是獨立發展起來的注疏合刻本。即是說，在幾乎相同的時間，四川地區與越州地區分別編刻了《禮記》、《毛詩》、《左傳》的注疏合刻本，兩者平行發展，很難說哪一個更早些。當然這是就八行本中較晚完成的《禮記》等而言。至於早至高宗紹興年間刊刻的《易》、《書》、《周禮》三經，從目前資料看，仍然是最早的注疏合刻本。關於注疏合刻本起源的認識，或許還有待更多資料的發現與更深入的研究。

第三節　越州刻八行注疏本的刊刻與修補

越州刻八行注疏本是在數十年間，由不同人主持，經歷幾個階段逐步完成的。以下在前人研究的基礎上，通過刻工等情況的考察，分述八行本諸經不同階段的刊刻情況。

一、高宗紹興後期刊刻《周易注疏》、《尚書正義》、《周禮疏》

今存八行注疏合刻本諸傳本中，以《禮記正義》卷末黃唐跋爲其刊刻時地最確鑿的記載。八行本《禮記正義》卷末黃唐跋云：

> 六經疏義自京監蜀本皆省正文及注，又篇章散亂，覽者病焉。本司舊刊《易》、《書》、《周禮》，正經注疏萃見一書，便於披繹。它經獨闕。紹熙辛亥仲冬，唐備員司庚，遂取《毛詩》、《禮記》疏義，如前三經編彙，精加讎正，用鋟諸木，庶廣前人之所未備。乃若《春秋》一經，顧力未暇，姑以貽同志云。壬子秋八月三山黃唐謹識。

黃唐任職提舉兩浙東路常平茶鹽公事的時間，在紹熙二年辛亥（1191）。在黃唐之前，兩浙東路茶鹽司曾刊刻《易》、《書》、《周禮》的注疏合刻本，將正經注疏萃於一書，彌補了六經疏義單疏本"省正文及注，又篇章散亂"的缺陷，甚便讀者閱讀。黃唐上任後，又決定仿其例，合刻《毛詩》和《禮記》二經。《毛詩》和《禮記》注疏合刻的時間，自然就是黃唐作跋的紹熙三年前後。但《易》、《書》、《周禮》三經的注疏合刻本究竟刊于何時，黃唐跋並未明確說明，諸家在三經具體刊刻時間上有不同的意見。

　　日本細川利和根據避諱字及刻工的考察，認爲《易》、《書》、《周禮》三經刻於淳熙前後，見上文。河右政司認爲三經避諱中的"慎"字爲補版所致，而刻工與《禮記正義》多同，其刊刻當在紹興末年。如關於《尚書正義》云："《尚書正義》之缺筆是至高宗爲止，故其雕板應亦屬高宗時。若觀其刻工名，《尚書正義》與《禮記正義》之刻工中，兩書均有的刻工名高達四十多名。以此推論，則《尚書正義》的刊行時期應與《禮記正義》相差不遠。《禮記正義》是紹熙三年刊行，故《尚書正義》亦無法回溯至紹興末年之前，應可將其定爲高宗紹興末年刊行。"① 而長澤規矩也則認爲："以現存本來看，越刊八行注疏本原本爲兩浙東路所刊，乾道、淳熙年間首先刊行《易》與《周禮》，其次刊行《尚書》，紹熙年間再刊行《禮》與《詩》，慶元年間，沈中賓刊刻《左傳》。在此前後，不詳其由政府或是民間出資，《論》、《孟》亦上梓。歷經宋元明三朝，持續有補修與印行。"② 這幾位日本學者根據避諱和刻工考察八行本諸經的刊刻年代，而所得結論各不相同，其共同的問題是，在考察各本刻工時，沒有將原刻刻工與修補刻工區分開來。

　　《中國版刻圖錄》於八行本《周易注疏》、《周禮疏》中，將原版刻工與修補刻工區別爲三個時期，指出原版刻工皆南宋初葉杭州地區良工，而南宋中葉杭州地區補版工人爲第二期，元時補版工人爲第三期。此後學者更進一步推測三經的刊刻時間，如阿部隆一定《周易注疏》和《尚書正義》爲高宗末至孝宗前期，即紹興、乾道間刻本；③ 李致忠定《周易注疏》、《尚書正義》的刊刻在建炎元年至紹興末年，即1127年至

---

① 河右正司《注疏分合的問題》，原載《東洋文化》1933年5月第107號，此引自《中國文哲研究通訊》第十卷第四期，鍋島亞朱華譯。
② 長澤規矩也《書志學論考》，第27頁，原文日文，筆者譯。
③ 《阿部隆一遺稿集》第一卷，第246頁、第265頁。

1162年之間；① 昌彼得認爲《周禮疏》的原版刊刻時間"最早不逾紹興末年"，② 等等。

今按八行本《周易注疏》，日本足利學校藏本爲未經修補的早期印本，其中高宗諱"構"字缺筆，而不避孝宗諱"愼"字。刻工包括孫中、陳錫、陳明、梁文、梁濟、李碩、李棠、李秀、張祥、許明、朱明、丁璋、徐茂、徐亮、毛昌、高旼、顧忠、洪先、王琮等。版心上部皆未刻字數。八行本《尚書正義》，國圖藏本爲未經修補的較早印本，其避諱情況與足利本《周易注疏》相同，"構"字缺筆，而"愼"字不避諱。刻工有李寔、李詢、陳錫、許中、陳俊、王琮、王林、陳安、丁璋、徐茂、梁文、包端、朱明、陳保、毛昌、洪乘、徐顏、徐亮、朱静、余永、李憲、洪先、徐章、毛期、孫中、陳仁、顧祐、丁章等。關於八行本《周禮疏》，現存傳本皆經修補，據昌彼得先生統計，其宋刻原版刻工，包括丁璋、毛昌、毛期、王全、王安、王仲、王琮、王璿、王琜、朱明、李寔、李憲、李詢、余勇、余坦、洪先、洪乘、洪新、卓受、徐茂、徐亮、徐顏、孫中、許明、陳安、陳保、陳俊、陳高、陳錫、黄安、黄琮、梁文、梁濟等。③

上列《周易注疏》、《尚書正義》、《周禮疏》三經刻工，《周易注疏》、《尚書正義》所取，皆未經修補之傳本，爲原版刻工無疑。《周禮疏》今存本皆經修補，但昌彼得先生對故宫所存《周禮疏》的原版、修補刻工進行了細緻的分別，故上列《周禮疏》原版刻工姓名，取昌先生之統計。從這些原版刻工情況看，三經相同刻工頗多，參加全部三經刊刻的，包括孫中、陳錫、梁文、朱明、丁璋、徐茂、徐亮、毛昌、洪先、王琮共十人；參加二經刊刻的，有梁濟、許明、李寔、李詢、陳俊、陳安、陳保、洪乘、徐顏、李憲、毛期共十一人。這説明八行本《周易注疏》、《尚書正義》、《周禮疏》三經的刊刻時間是一致的。將這些刻工與其他有明確刻書時地的宋版書中的刻工相比較，其中陳錫、徐

---

① 《宋版書敘錄》第15頁、第69頁。
② 《跋宋浙東茶鹽司本〈周禮注疏〉》，《增訂蟫庵群書題識》，第6頁。
③ 《跋宋浙東茶鹽司本〈周禮注疏〉》，《增訂蟫庵群書題識》，第6頁。

茂曾參加紹興九年紹興府刻《毛詩正義》單疏本（日本武田科學振興財團杏雨書屋藏）的刊刻；梁濟、王琛、許明、陳錫曾參加紹興十六年兩浙東路茶鹽司刻本《事類賦》（國圖藏，下同）的刊刻；徐顏、徐亮、陳俊、毛昌曾參加宋乾道間紹興府學刻本《諸史提要》的刊刻；許明、陳錫、徐茂、王琛、徐亮、毛昌、洪先、朱明、孫中等曾參加宋紹興刻本《戰國策》（此本《戰國策》有紹興十六年跋，刻書時間當在此年之後）的刊刻，等等。昌彼得先生在《跋宋浙東茶鹽司本〈周禮注疏〉》中考察宋刻原版刻工説："蓋皆南宋初葉紹興、乾道間杭州地區雕鐫之良工，是此本當亦刻於其時。惟其中之李憲於紹熙三年曾參與雕鐫《禮記正義》之工作，且其最早之雕鐫僅見於乾道本《武經龜鑒》及《廣韻》，紹興刻本中俱未見其人。乾道元年迄紹熙三年凡二十七年，古代刻工雕鐫生涯大抵以三十年計，則此帙原版之付雕，最早不逾紹興末年也。"① 綜合各方面情況看，八行本《周易注疏》、《尚書正義》、《周禮疏》三經原版葉中，避諱字皆止於高宗的"構"字，而於孝宗的"慎"字不避諱；三經原版刻工中，見於紹興早期版本中的刻工較少，而在紹興晚期和乾道時期版本中，這些刻工群體出現且人數眾多。故筆者傾向於認爲三經刊刻當在高宗紹興後期。

按南宋初年，圖書匱乏，經典遺闕，朝廷組織諸州郡重刻北宋監本，以敷使用。高宗紹興九年，依張彥實之請，詔諸郡刻舊監本。紹興十五年，太學博士王之望請群經義疏未有板者，令臨安府雕造。紹興二十一年，高宗詔令國子監訪尋五經三館舊監本刻板，其他闕書亦令次第鏤板，等等。可知紹興二十一年之前，南宋朝廷重振文化的重點，在儘可能全面地重刻北宋監本經史諸書，以滿足朝廷上下的廣泛需求。注疏合刻是經書版本的創新之舉，經注與疏文的綴合工作，需相當數量有一定水準的編輯校勘人員。只有在正經正史經典版本重刻完成滿足急需之後，才可能組織人力物力，進行創新性的注疏合刻工作。這從另一方面說明了八行注疏合刻本最初的刊刻，似當在高宗紹興後期。

---

① 《跋宋浙東茶鹽司本〈周禮注疏〉》，《增訂蟫庵群書題識》，第6頁。

二、南宋紹熙三年刊刻《禮記正義》、《毛詩注疏》

今存八行本《禮記正義》黃唐跋已見上述，此跋明確說明了《禮記正義》和《毛詩注疏》的刊刻時間在南宋紹熙三年（1192）。按黃唐，字雍父，長樂人（今屬福建）。上舍釋褐出身，淳熙十五年除著作郎，十六年出知南康軍。① 《寶慶會稽續志》卷二 "提舉題名" 有黃唐，云："紹熙二年十一月初一日以朝請郎到任，紹熙三年十月日奉聖旨與郡。"② 知黃唐任提舉兩浙東路常平茶鹽公事在紹熙二年十一月至三年十月間。此與黃跋 "紹熙二年辛亥仲冬" 及 "壬子秋八月" 時間吻合。黃唐上任後即取《禮記》、《毛詩》二經，以經注與疏文編彙一書，刻梓行世。黃唐跋後有官員銜名數行（圖八三）：

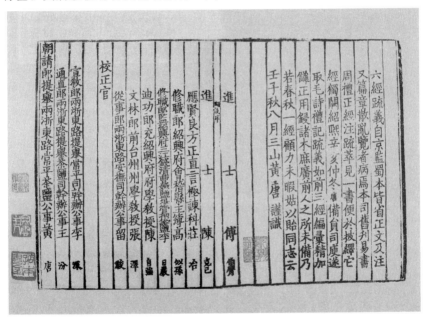

圖八三　宋紹熙三年兩浙東路茶鹽司刻八行本《禮記正義》
卷末刻書跋及銜名（《中華再造善本》影印本）　中國國家圖書館藏

---

① 事見《南宋館閣續錄》卷八。
② 《寶慶會稽續志》，《宋元方志叢刊》第 7 冊，中華書局影印本，第 7118 頁。

進士傅伯膺

進士陳克己

應賢良方正直言極諫科莊冶

修職郎紹興府會稽縣主簿高似孫

修職郎監紹興府三江錢清曹娥鹽場管押袋鹽李日嚴

迪功郎充紹興府府學教授陳自強

文林郎前台州州學教授張澤

從事郎兩浙東路安撫司幹辦公事留駿

校正官

宣教郎兩浙東路提舉常平司幹辦公事李深

通直郎兩浙東路提舉茶鹽司幹辦公事王汾

朝請郎提舉兩浙東路常平茶鹽公事黃唐

注疏合刻是前所未有的創新之舉，其事重大而工作繁瑣，既需要相當水準的編輯工作人員，亦需充裕的人力、物力、財力支持，這方面，兩浙東路茶鹽司有優厚的條件。兩浙東路茶鹽司除刊刻八行本經書外，還曾經刊刻多種重要典籍，今有傳本的包括紹興二至三年兩浙東路茶鹽司公使庫刻《資治通鑒》，紹興十六年兩浙東路茶鹽司刻《事類賦》，紹興間兩浙東路茶鹽司刻《外台秘要方》等，說明該機構有刻書傳統和刻書條件。《禮記正義》中的列銜人員，應當是在轄內官員中遴選的有水準的編輯和校正人員，總其事者即提舉兩浙東路常平茶鹽公事黃唐。

紹熙三年所刻二經，《毛詩注疏》今無宋刻本傳世。國圖藏本《禮記正義》原版葉版心上無字數，補版葉版心上有木版總字數或大小字數。可以確認的原版刻工包括：毛俊、葛昌、方伯祐、徐仁、葛異、陶彥、王佐、馬松、包端、毛端、李憲、周泉、高彥、李師正、王允、許貴、李涓、方堅、高政、王恭、趙通、陳文、馬祐、王宗、魏奇、施俊、王茂、陳顯、應俊、李仁、張樞、楊昌、王椿、王祐、吳寶、濮宣、徐宥、金彥、翁祥、阮祐、蔣伸、吳宗、吳志、蔣信、童志、張暉、金升、馬春、葛昌、高異、毛俊、李良、許才、許詠、余政、李倚、李信、李光祖、李用、姜仲、鄭復、宋瑜、章志、翁祐、周彥、徐進、陳真、宋琳、徐通、施琛、許才、許富、徐進、嚴信、陸訓、丁拱、馬升、李忠、劉昭等。這些刻工中多人曾參加八行本《周易注疏》、《尚書正義》、《周禮疏》的補版工作。

三、南宋慶元六年刊刻《春秋左傳正義》

紹興間兩浙東路茶鹽司刻《周易》、《尚書》、《周禮》三經注疏合刻本，紹熙三年黃唐又刻《毛詩》、《禮記》二經注疏合刻本。黃唐刻書跋中說："乃若《春秋》一經，顧力未暇，姑以貽同志云。"很快，八年之後的慶元六年（1200），紹興府知府沈作賓完成了《春秋左傳正義》的合刻工作。

八行本《春秋左傳正義》原有一篇慶元六年沈作賓後序，今本已失，幸有《愛日精廬藏書志》的過錄。跋云：

> 中賓（原注："中"字宋本甚模糊，或是"作"字，姑以意定）①叨蒙異恩，分閫浙左，仰體聖天子崇尚經學之意，惟恐弗稱。訪諸僚吏，則聞給事中汪公之為帥也，嘗取國子監《春秋經傳集解》、正義，參以閩、蜀諸本，俾其屬及里居之彥，相與校讎，毋敢不恪。又自取而觀之，小有訛謬，無不訂正。以故此書純全，獨冠他本，不憚廣費，鳩工集事，方殷而遽去。今檢正俞公以提點刑獄兼攝府事，亦嘗加意是書。未畢而又去。中賓竊惟《春秋》一經，褒善貶惡，正名定分，萬世之權衡也。筆削淵奧，雖未易測知，然而左氏傳、杜氏集解、孔氏義疏，發揮聖經，功亦不細。萃為一書，則得失盛衰之跡，與夫諸儒之說，是非異同，昭然具見。此前人雅志，繼其後者庸可已乎？遂卒成之。諸經正義既刊於倉臺，而此書復刊於郡治，合五為六，炳乎相輝。有補後學，有裨教化，遂為東州盛事。昔熙豐大臣疑是經非聖哲之書，不列於學官，

---

① 清代學者關於此本記述中，多將"沈作賓"誤作"沈中賓"，蓋因宋本"作"字字跡模糊而誤認。本章引述諸家之說，皆依原文，故有"沈作賓"、"沈中賓"之異稱。

識者痛之。中興以來，抑邪詖，尊聖經，乃復大顯，以至於今。世道所闕，不可以無述也，於是乎書。慶元庚申二月既望吳興沈中賓謹題。①

按沈作賓，字賓王，吳興歸安人，曾主持編纂《嘉泰會稽志》，《宋史》卷三百九十有傳。據《嘉泰會稽志》卷二"太守"記載："沈作賓，慶元五年十一月，以朝請大夫試太府卿淮東總領除直龍圖閣知。六年二月，轉朝議大夫。三月除兩浙路轉運副使。"② 沈氏任紹興知府時間在慶元五年十一月至次年三月間。據沈跋，《春秋左傳正義》注疏合刻本的編輯刊刻，始於"給事中汪公"，"取國子監《春秋經傳集解》、正義，參以閩、蜀諸本"，與僚屬及當地學者共同完成注疏合編的工作，並鳩工刊刻。沈作賓上任時，《左傳》之注疏合編工作已大部分完成。按"給事中汪公"，當即汪義端。《嘉泰會稽志》所記太守題名，沈作賓之前即爲汪氏，云："汪義端，慶元四年八月，以朝奉大夫充集英殿修撰知寧國府，除華文閣待制知。慶元五年八月職事修舉，升徽猷閣待制，是月丁母憂。"③ 汪氏慶元四年八月上任，慶元五年八月丁母憂離去，於紹興知府一年任中，組織人員彙編《左傳》經、注、正義於一書，並校訂諸本，謀劃刊刻，遽因丁母憂去而刻書事未果。沈作賓到任後訪知其事，遂卒成之。沈跋中說得很明確："諸經正義既刊於倉臺，而此書復刊於郡治，合五爲六，炳乎相輝。""倉臺"者即提舉常平茶鹽司，則此本之刻，正是繼承兩浙東路茶鹽司所刻《周易》、《尚書》、《周禮》、《毛詩》、《禮記》五經注疏合刻本，補其遺闕。由紹興後期開始全此，最爲宋人所看重的《易》、《書》、《詩》、《周禮》、《禮記》、《左傳》六經，都有了便於閱讀的注疏合刻本。所以沈跋中說"合五爲六，炳乎相輝"。

今存八行本《春秋左傳正義》僅一本，爲經元代修補的後印本。可

---

① 《愛日精廬藏書志》卷五，《續修四庫全書》影印本，第925冊，第279頁。
② 《嘉泰會稽志》卷二，《宋元方志叢刊》第7冊，中華書局影印本，第6760頁。
③ 《嘉泰會稽志》卷二，《宋元方志叢刊》第7冊，第6760頁。

以確定的原版刻工包括：宋瑜、丁拱、許詠、葛昌、蔣信、徐仁、張明、楊遷、許貴、徐宥、毛俊、李光祖、王玩、楊昌、李師正、李倚、吳志、吳宥、劉昭、馬松、李允、黃安上、高松年、顧祐、李信、蔣伸、王宗、李斌、許成之、卓定方、卓定、魏奇、楊永、方茂、方忠、李涓、張樞、葉敏、楊璿、丁之才、陳選、高松、胡良臣、沈彥、高異、江漢等。這些刻工中多人曾參加過八行本《禮記正義》的刊刻工作，也有多人曾參加八行本《周易注疏》、《尚書正義》、《周禮疏》的修補。

四、南宋嘉泰開禧間刻《論語注疏解經》、《孟子注疏解經》

今存八行本《論語注疏解經》無全本，僅三部殘本，皆無影印本。其中上海圖書館、重慶圖書館所存者，筆者無緣得見，不詳其修補印刷情形。臺北故宮博物院所藏殘本，筆者曾閱其縮微膠捲，《中國訪書志》亦有詳細著錄。此本殘破較嚴重，所存卷十一前數葉及卷二十末葉皆殘缺。從版面及刻工情況看，此本經過元明多次修補，原版寫刻精工，版心不刻字數。元代補版字體與宋刻原版明顯不同，版心上刻有大小字數。可以確認的原刻刻工有：毛俊、顧祐、李林明、符彥、沈思忠、徐仁、許詠、張亨、李斌、丁之才、李用、王祐、沈仁舉、李彥、宋瑜、金潛、洪坦、吳宥、許文等。①

臺北故宮藏本《孟子注疏解經》爲明初印本，有臺北故宮博物院影印本，《中國訪書志》亦有著錄。北京大學圖書館藏《孟子注疏解經》殘本三冊，其中卷三、四共一冊，爲未經修補的早期印本；卷十三、十四兩冊，爲經元明修補的晚期印本。綜合兩家藏本中的刻工，可以確認此本原版刻工包括：許詠、徐仁、丁拱、丁之才、顧益、許成之、許貴、李斌、李信、毛俊、沈思忠、顧祐、李林明、周泉、金潛、吳宥、李彥、張亨、楊昌、宋瑜、洪坦、許文、王祐、楊遷等。②

八行本《論語注疏解經》、《孟子注疏解經》皆無明確刊刻時間的記

---

① 刻工參據《中國訪書志》第 212 頁的著錄，惟《中國訪書志》將"徐仁"誤作"除仁"，"張亨"誤作"張享"。

② 此處參據《中國訪書志》第 214 頁的記錄。

載,《寶禮堂宋本書錄》著錄《孟子注疏解經》殘本,指出:"此爲浙東所刻,尚是最初刊本,與余所藏黃唐刊本《禮記正義》行款相合,刻工姓名同者亦多。《禮記》刻於紹熙二年,成於三年,此避擴、廓等字,必爲寧宗繼位以後所刻。然余嘗見沈作賓所刊《春秋正義》,刻工亦有相同者,則不能定其爲誰氏所刻矣。"阿部隆一《中國訪書志》通過對諱字、刻工等的考察,定八行本《論語注疏解經》、《孟子注疏解經》的刊刻時間在寧宗及理宗前期。《"國立故宮博物院"宋本圖錄》則將《論語注疏解經》定爲光宗紹熙間刻本,將《孟子注疏解經》定爲寧宗嘉泰間刻本。

按黃唐在《禮記正義》跋中説"乃若《春秋》一經,顧力未暇,姑以貽同志",沈作賓《春秋左傳正義》後序中説"合五爲六,炳乎相輝",並未提及《論語》、《孟子》等經,説明黃、沈刻書之時,仍以"六經"爲準,因爲《易》、《書》、《詩》、《周禮》、《禮記》、《左傳》六經,最爲宋人所看重,① 較其他諸經地位更爲重要。八行本《論語注疏解經》與《孟子注疏解經》二經的刊刻,當在慶元六年《春秋左傳正義》之後。比較《論語注疏解經》和《孟子注疏解經》兩本的刻工,可以看到,二者原版刻工重合頗多,《論語注疏解經》中的絶大部分刻工也同時參加了《孟子注疏解經》的工作,這説明二經的刊刻時間是前後相次的。又二經刻工中的許詠、徐仁、丁拱、丁之才、許成之、許貴、李斌、李信、毛俊、顧祐、李林明、吴宥、楊昌、宋瑜、楊暹等人,皆參加了慶元六年八行本《春秋左傳正義》的原刻工作,説明二經的刊刻時間應該距慶元六年不會太遠。此外,《孟子注疏解經》刻工中的楊昌、楊暹二人,曾在淳熙二年(1175)嚴陵郡庠刻《通鑒紀事本末》(國圖藏)刻工中同時出現過;慶元六年(1200)兩人又同時參加了八行本《春秋左傳正義》的刊刻;楊昌還參與了紹熙三年(1192)八行本《禮記正義》的刊刻工作。以刻工三十年工作壽命計,從淳熙二年(1175)後推三十年,當寧宗開禧元年(1205)。因此,推測《論語注疏解經》

---

① 參見本書緒論第二節之"宋代刻經的經數"。

和《孟子注疏解經》的刊刻時間，應當在寧宗嘉泰至開禧年間（1201—1207），似較爲合理。即便楊昌、楊暹二位工人從事刻字工作四十年甚至超過四十年，《論》、《孟》二經的刊刻時間也不當晚至理宗時期（1225 始）。二經的版刻風貌、字體風格與兩浙東路茶鹽司及紹興府所刻前六經完全一致，刻工又相通，其刊刻應當同樣亦出自兩浙東路茶鹽司或紹興府。

五、越州刻八行注疏本的修補後印

今存八行注疏合刻本諸傳本，有未經修補的早期印本，但大多是經過修補的後印本，隨印刷時間的不同，補版情況也頗有參差。不同時間修補印刷的傳本，其版式、字體、刻工、甚至文字內容都有一些不同，這也是判斷各時期修補的主要依據。

從今存八行本傳本情況看，八行本諸經書版曾經多次修補。如《周易注疏》、《尚書正義》、《周禮疏》刻成于高宗紹興時，在宋代就曾經修補。宋修補葉一般在版心上部刻有本版總字數，與原版不刻字數不同，字體也較原版方整。如《周易注疏》今存兩個傳本，日本足利學校藏本是未經修補的宋印本，而國圖藏本則經過了宋元兩代修補，是較晚的印本。將兩本相較，可以發現有許多不同之處。如卷二第二葉，足利本爲原版，刻工爲張祥，其版面較漫漶，版心上無字數；國圖本以補版替換原版，本葉刻工爲毛端，版心上刻"五、二十八"，表示本版總字數五百二十八字。卷二第五葉，足利本爲原版，刻工爲徐茂，版心上無字數；國圖本以補版替換原版，本葉刻工爲邵亨，版心上刻"五六三"，表示本版總字數爲五百六十三字。

元代補版葉的特點是，在版心上部一般刻有本版大小字數，字體已失宋版的流暢端正。元代修補葉版心下亦有刻工名，這些補版刻工如李德瑛、詹德潤、徐友山、鄭埜、陳琇、王百九等，在許多宋刻元修版本中出現過。如《周易注疏》卷二第十葉，足利本原版刻工爲陳錫，國圖本本葉爲補版，版心下刻"李德瑛"，版心上刻"大九十六小四百十七"，表示本版大字九十六字，小字四百十七字。此外，今存八行本諸經傳本中，還有部分明代印本，其中有明代修補葉，一般版心不刻字數，亦無刻工姓名。

除整版更换外，有的版面部分損壞，遂於局部加以整治。如《周易注疏》卷二第二十八葉，國圖本本葉大部分與足利本同，爲宋刻原版，版面漫漶；但下部兩排字明顯字體有異，與足利本不同，此爲局部修補之例。（圖八四）

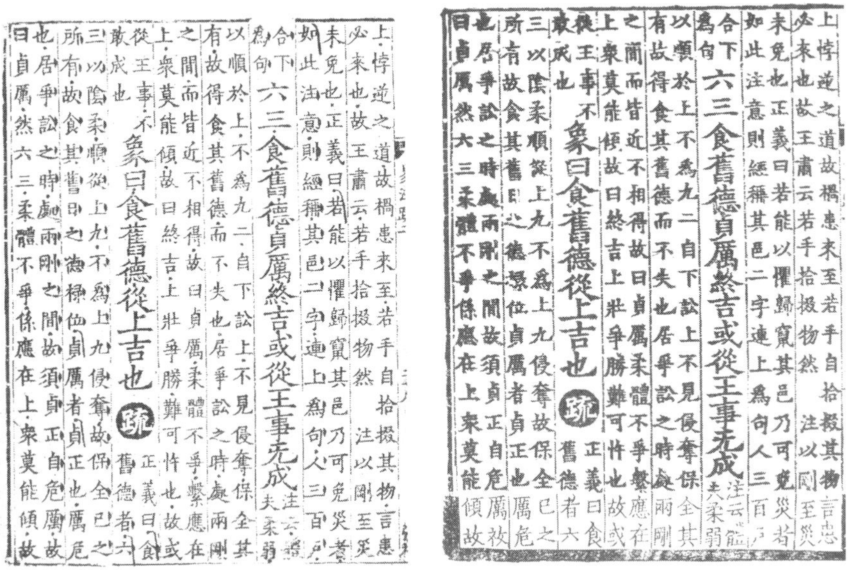
上悖逆之道故禍患來至若手自拾掇其物言患
必來也故王肅云若手拾掇物然　注以剛至災
未免也正義曰若能以懼歸竄其邑乃可免災者
如此注意則經稱其邑二字連上爲句人三百戶
合下爲句　六三食舊德貞厲終吉或從王事无成　注云體夫柔弱
以順於上不爲九二自下訟上不見侵奪保全其
有故得食其舊德而不失也居爭訟之時處兩剛
之間而皆近不相得故曰貞厲柔體不爭繫應在
上衆莫能傾故曰終吉上壯爭勝難可忤也故或
從王事不敢成也　象曰食舊德從上吉也　疏　正義曰食舊德者六
三以陰柔順從上九不爲上九侵奪故保全己之
所有故食其舊日之德祿位貞厲者貞正也厲危
也居爭訟之時處兩剛之間故須貞正自危厲故
曰貞厲然六三柔體不爭係應在上衆莫能傾故

上悖逆之道故禍患來至若手自拾掇其物言患
必來也故王肅云若手拾掇物然　注以剛至災
未免也正義曰若能以懼歸竄其邑乃可免災者
如此注意則經稱其邑二字連上爲句人三百戶
合下爲句　六三食舊德貞厲終吉或從王事无成　注云體夫柔弱
以順於上不爲九二自下訟上不見侵奪保全其
有故得食其舊德而不失也居爭訟之時處兩剛
之間而皆近不相得故曰貞厲柔體不爭繫應在
上衆莫能傾故曰終吉上壯爭勝難可忤也故或
從王事不敢成也　象曰食舊德從上吉也　疏　正義曰食舊德者六
三以陰柔順從上九不爲上九侵奪故保全己之
所有故食其舊日之德祿位貞厲者貞正也厲危
也居爭訟之時處兩剛之間故須貞正自危厲故
曰貞厲然六三柔體不爭係應在上衆莫能傾故

圖八四　宋兩浙東路茶鹽司刻八行本《周易注疏》卷二第二十八葉之比較
左爲足利學校藏本（原版，日本汲古書院影印本），右爲國圖藏本
（宋代修版，《中華再造善本》影印本）

按元有西湖書院，接收南宋國子監書板，並江南各郡所刻書板，統一收貯於西湖書院中，時有補版印行。① 元《西湖書院重整書目》列有《易注疏》、《書注疏》、《詩注疏》、《穀梁注疏》、《論語注疏》、《春秋左傳疏》、《公羊注疏》、《孝經注疏》、《孟子注疏》、《禮記注疏》、《周禮注

① 《元西湖書院重整書目》有陳袤《西湖書院重整書目記》云："西湖精舍因故宋國監爲之，凡經史子集無慮二十餘萬皆存焉。"《叢書集成續編》影印本，第 2 册，第 522 頁。

疏》、《儀禮注疏》、《爾雅注疏》諸目。這些書版明代入南京國子監，《南雍志》列當時監中尚存的書板，有《周易注疏》十三卷、《尚書注疏》二十卷、《毛詩注疏》二十卷等。關於這些書板爲八行注疏本亦或單疏本，前人有不同的意見，但其中至少《周易注疏》可以確認爲越州刻八行注疏本，因爲只有越州本的卷數是十三卷。越州刻八行注疏本經書在明代南京國子監保存、刷印，故今存八行本傳本中有宋、元、明三代遞修的情況。昌彼得先生通過對臺北故宮藏八行本《周禮疏》中修補版的分析，對元代西湖書院及明代國子監歷次修版情況，做了精闢論述，可以參看。①

從今存各本情況看，宋代修補葉文字上有與原版不同之處，有的可能是無意的訛誤，有的可能是有意而爲的改動。如《周易注疏》卷二第十八葉下半葉第六行，足利本原版（刻工徐茂）"小雅云"，誤脫"爾"字。國圖本補版（刻工徐經）增一"爾"字，"小爾雅云"後"杻謂之梏"四字擠佔三個字的空間。（圖八五）又如卷四第一葉上半葉第五行，足利本原版（刻工名殘破）"故云大元亨"五字，國圖本補版（刻工許茂）增一"有"字，作"故云大有元亨"，此處版面遂顯擠迫。卷五第二十葉上半葉第五行，足利本原版（刻工毛昌）"枯者也者"四字，明顯訛誤，國圖本補版（刻工龐汝升）改作"枯者榮者"。此爲補版時有意改字，説明宋代修補過程中，曾對原版文字進行過校對勘誤。

當然修補過程中亦有無意而致的誤字。如同樣是《周易注疏》卷四第一葉，下半葉第三行足利本原版作"是以元亨者"，國圖本補版"元"誤作"无"。又卷四第七葉末行，足利本原版"用謙與順"，國圖本補版誤作"用謙興順"。"元"與"无"，"與"與"興"，明顯是補版時因字形相近而致訛誤。至於元明時代的修補版，這種文字訛誤的情況就更爲普遍了。

---

① 《跋宋浙東茶鹽司本〈周禮注疏〉》，《增訂蟫庵群書題識》，第6頁。

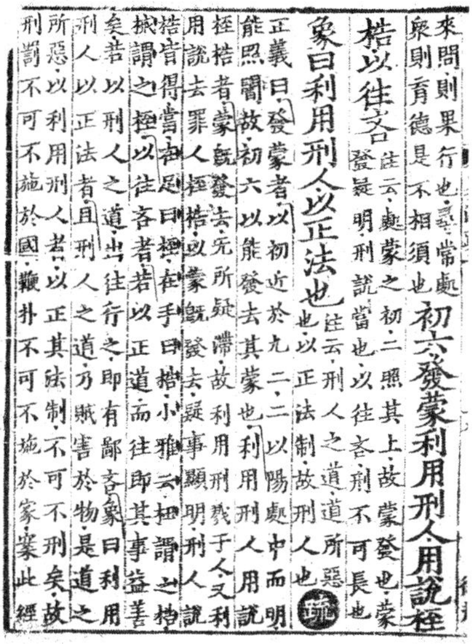

來問則果行也尋常處
衆則育德是不相須也初六發蒙利用刑人用說桎
梏以往吝注云處蒙之初二照其上故蒙發也蒙發疑明刑說當也以往吝刑不可長也
象曰利用刑人以正法也注云刑人之道道所惡也以正法制故刑人也疏
正義曰發蒙者以初近於九二二以陽處中而明
能照闇故初六以能發去其蒙也利用刑人用說
桎梏者蒙既發去无所疑滯故利用刑戮于人又利
用說去罪人桎梏以蒙既發去疑事顯明刑人說
梏皆得當在足曰桎在手曰梏小雅云杻謂之梏
械謂之桎以往吝者若以正道而往即其事益善
矣若以刑人之道出往行之即有鄙吝象曰利用
刑人以正法者且刑人之道乃賊害於物是道之
所惡以利用刑人者以正其法制不可不刑矣故
刑罰不可不施於國鞭扑不可不施於家案此經

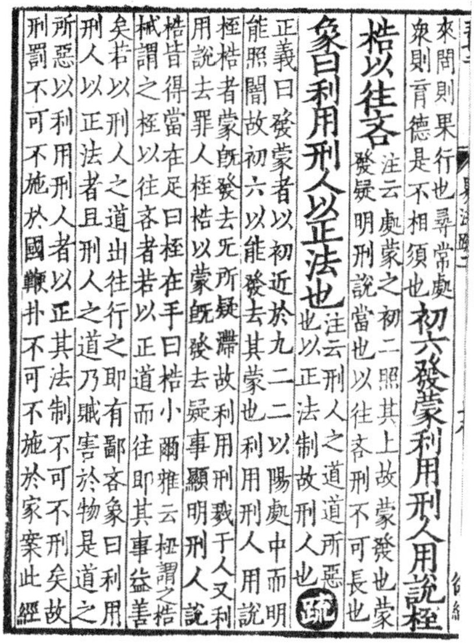

來問則果行也尋常處
衆則育德是不相須也初六發蒙利用刑人用說桎
梏以往吝注云處蒙之初二照其上故蒙發也蒙發疑明刑說當也以往吝刑不可長也
象曰利用刑人以正法也注云刑人之道道所惡也以正法制故刑人也疏
正義曰發蒙者以初近於九二二以陽處中而明
能照闇故初六以能發去其蒙也利用刑人用說
桎梏者蒙既發去无所疑滯故利用刑戮于人又利
用說去罪人桎梏以蒙既發去疑事顯明刑人說
梏皆得當在足曰桎在手曰梏小爾雅云桎謂之梏
械謂之桎以往吝者若以正道而往即其事益善
矣若以刑人之道出往行之即有鄙吝象曰利用
刑人以正法者且刑人之道乃賊害於物是道之
所惡以利用刑人者以正其法制不可不刑矣故
刑罰不可不施於國鞭扑不可不施於家案此經

圖八五　宋兩浙東路茶鹽司刻八行本《周易注疏》卷二第十八葉之比較
左爲足利學校藏本（原版，日本汲古書院影印本），右爲國圖藏本
（宋代補版，第六行增入“爾”字　《中華再造善本》影印本）

第四節　越州刻八行注疏本的體例特點與文獻價值

一、越州刻八行注疏本的體例特點

越州刻八行注疏本是經書注疏合刻本的開山之作，在經書版本中佔據極其重要的地位。在八行本之前，經書注疏文本或經注、或單疏，讀者需兩兩配合，不便閱讀理解。注疏合刻之後，以疏文配合經注，只需一本在手，經注疏全可明瞭，大大方便了讀者的使用。因此，注疏合刻本出現以後，廣受歡迎，逐漸成爲經書注疏版本的主流。

所謂注疏合刻，即將過去分別單行的經注本與單疏本合而爲一，成爲經、注、疏合一的新的内容類型，這應當説是一個前所未有的創新之舉。在編輯注疏合刻本過程中，首先遇到的問題是，經注本與單疏本的分卷有很大差異，注疏合刻中究竟以何本爲主，是以經注本爲主，將疏文綴入經注中；還是以單疏本爲主，補入經注文字；抑或拋開經注本和單疏本的分卷結構，重新劃分卷次？其次，新的注疏合刻本的題名，是沿襲經注本或單疏本的舊題名，還是選取新的題名？什麼樣的題名更合理更科學？在底本選擇和校勘方面，單疏本版本系統比較簡單，但經注本版本衆多，在底本的選擇上亦需斟酌。更重要的是，將原本的兩種書合併爲一種，經文、注文、疏文如何穿插分配，如何互相照應，既要做到經注本與單疏本的內容相互呼應配合，達到便於閱讀的目的，又需儘量保持各自文字內容的原本面貌，還要保證文從字順，減少不必要的重複拖沓，等等。這都是注疏合刻本編刻伊始需要面臨的重大問題。

(一) 八行本的卷次

從現存傳本看，八行本的卷次，基本沿襲了單疏本的卷次，同時進行了細微的調整。以下是八行本與經注本、單疏本卷數的比較（附表六）：

附表六　經注本、單疏本與八行注疏本卷數比較

	經注本	單疏本	八行注疏本
周易	十卷	十四卷	十三卷
尚書	十三卷	二十卷	二十卷
周禮	十二卷	五十卷	五十卷
禮記	二十卷	七十卷	七十卷
左傳	三十卷	三十六卷	三十六卷
論語	十卷	十卷（據著錄）	二十卷
孟子	十四卷	十四卷（據著錄）	十四卷

從上表可以看到，今存七種宋刻八行注疏本中，《尚書》、《周禮》、《禮記》、《左傳》四種八行注疏本的卷數皆與單疏本卷數相同，而與經注本卷數不同。對《孟子正義》作者有歧見，單疏本又不存，《直齋書錄解題》著錄《孟子正義》十四卷，或爲單疏本，《孟子》八行注疏本

爲十四卷,與經注本、單疏本卷數同。《論語》較爲特殊,八行本與經注本、單疏本卷數皆不同,經注本、單疏本爲十卷,八行注疏本改爲二十卷。按《論語》二十篇,經注本十卷,每卷二篇。單疏本卷數不變,分卷情況當與經注本一致。八行注疏合刻本《論語注疏解經》雖然全本已不存,但從今存後十卷情況看,其分卷即是將經注本和單疏本的兩篇一卷拆分爲一篇一卷。

《周易》八行本的卷數也比較特殊,既不同於經注本,也不同于單疏本。《周易》八行本與單疏本、經注本具體的卷次比較,見本書第四章"《周易》各本卷次比較表"。從表中可以看到,八行本《周易注疏》的卷次仍然是據單疏本分卷,只是對單疏本卷次進行了微調,即將單疏本卷一"八論"的內容移至卷首,卷二以下各卷整體前移,而成十三卷。此蓋因單疏本卷一爲孔穎達所撰"八論",爲總論之文,難以與經注相綴合,故提出置於卷首。此有意而爲之變動。

實際上,八行本注疏合刻時,對單疏本卷次進行微調的並不止《論語》和《周易》。從今存本看,至少《左傳》也有改易的情況。今存單疏抄本《春秋正義》與八行注疏本《春秋左傳正義》的卷數皆三十六卷,分卷基本一致,但在卷十、卷十一兩卷分卷中,兩本有異。單疏本卷十內容爲閔公元年至二年、僖公元年至五年,卷十一爲僖公六年至十五年。八行本則將單疏本卷十中的僖公元年至五年調整到卷十一中,使閔公二年單獨成卷。閔公二年篇幅偏少,但從內容完整的角度考慮,編輯者遂做如此變動。

從今存越刻八行本的情況看,雖然諸經在卷次分合上偶有調整,主要還是承襲了單疏本卷帙。① 也就是說,在注疏合編過程中,編輯者是以單疏本卷次內容爲主軸,依次綴入經注文字的。

(二) 八行本的題名

注疏合刻本將此前單行的經注本與單疏本彙編在一起,成爲一種全

---

① 據李霖研究,臺北故宮博物院藏日本抄本《毛詩注疏》,乃據越刻八行本抄,其分卷同於經注本而不同於單疏本。詳見《宋刊群經義疏的校刻與編印》,北京大學歷史系博士論文,2012年。

新的經書文本。它的題名究竟是依照經注本題名,還是依照單疏本題名,抑或另取新的題名,這也是注疏合刻時需要考慮的一個重要問題。從現存八行注疏本的情況看,注疏合刻本的題名問題也經過了反覆變動,同一種書中可能出現多個不同的題名。下面是今存八行本諸經題名與單疏本題名的對比(附表七):

附表七　今存八行本諸經與單疏本題名對照表

	單疏本	八行本
周易	周易正義	周易注疏
尚書	尚書正義	卷端題名:卷一、二、六、十七題"尚書正義";卷三～五、七～十六、十八～二十題"尚書注疏"。卷尾題名:卷一題"尚書";卷二、三、六～二十題"尚書注疏";卷四題"尚書注疏經義";卷五題"尚書正義"。
周禮	周禮疏	周禮疏
禮記	禮記正義	卷二六卷端、卷三九卷尾題"禮記注疏"。其他各卷卷端、卷尾均題"禮記正義"。
左傳	春秋正義	卷一卷端題"春秋左傳正義",其他各卷卷端、卷尾皆題"春秋正義"。
論語	論語正義(據著錄)	論語注疏解經
孟子	孟子正義(據著錄)	孟子注疏解經

從此表可以看到,八行注疏本的題名分爲幾種情況:一是如《周禮》,注疏合刻本完全沿襲了單疏本的題名;一是如《周易》、《論語》、《孟子》,注疏合刻本採取了既不同於經注本、又不同于單疏本的新的題名方式;還有如《尚書》、《禮記》、《左傳》,各卷題名並不統一,有的採取新的題名,有的仍沿襲單疏本題名。特別是八行本《尚書正義》的題名,既有單疏本題名(《尚書正義》),也有經注本題名(《尚書》),又有全新的題名(《尚書注疏》、《尚書注疏經義》),(圖八六)這反映了注疏合刻初始時期題名的不穩定狀態,也表現出編刻者在注疏合刻本題名

方面的新探索。從準確反映書籍內容的角度看,注疏合刻本兼有經、注、疏,使用經注本題名自然不合理,而照用單疏本題名也不適合,科學的合理的題名應該準確反映經、注、疏合刻的實際情況,並與原有的經注本、單疏本相區別。從這個角度看,《周易注疏》、《尚書注疏經義》、《論語注疏解經》這樣的題名似乎更爲合理。八行注疏合刻本在題名上的搖擺狀態,一方面說明在注疏合刻之始編刻者進行的題名上的多種嘗試,另一方面,《周禮疏》等經沿襲單疏本題名,也證明八行注疏本在經、注、疏合刻過程中,是以單疏本文本爲主軸的。

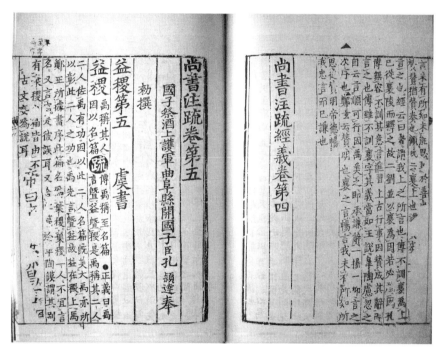

圖八六　宋兩浙東路茶鹽司刻八行本《尚書正義》的不同題名
（《中華再造善本》影印本）　中國國家圖書館藏

（三）八行本的序跋

從序跋情況看,八行本的序跋除《禮記正義》、《春秋左傳正義》增加了南宋刊書者跋語外,基本沿襲了單疏本的序跋。以下是八行注疏本與單疏本序跋的比較（附表八）:

附表八　八行本與單疏本序跋對照表

	單疏本	八行注疏本
周易	卷前有：長孫無忌等《五經正義表》，孔穎達《周易正義序》	卷前有：長孫無忌等《五經正義表》，孔穎達《周易正義序》①
尚書	卷前有：端拱元年孔維等上書表，長孫無忌等《上五經正義表》，孔穎達《尚書正義序》	卷前有：端拱元年孔維等上書表，長孫無忌等《上五經正義表》，孔穎達《尚書正義序》
周禮	卷前有：咸平六年中書門下牒，賈公彥序	卷前有：賈公彥《周禮疏序》
禮記	卷前殘缺不詳；卷末有：北宋淳化五年五月官員銜名	卷前有：孔穎達《禮記正義序》；卷末有：南宋紹熙三年黃唐刊書跋，及紹熙三年刊刻官員銜名
左傳	卷前有：孔穎達《春秋正義序》；卷末：殘缺不詳	卷前有：孔穎達《春秋正義序》；卷末有：杜氏後序及淳化元年庚寅銜名，另有慶元六年沈作賓後序，今本佚
論語	無傳本，不詳	卷前、卷後皆殘缺，不詳
孟子	無傳本，不詳	卷前：孫奭《孟子正義序》、《孟子注疏題辭解》

從上表可以看到，越刻八行注疏本的前後序跋基本沿襲了單疏本的序跋內容。其中《周易》、《尚書》的序跋，越刻八行注疏本與單疏本完全相同。特別是長孫無忌等《上五經正義表》，在單疏本《周易正義》和八行本《周易注疏》中皆題作"五經正義表"，而在單疏本《尚書正義》和八行本《尚書正義》中皆題作"上五經正義表"，說明八行本對單疏本的繼承關係。八行本《春秋左傳正義》卷末北宋淳化元年官員銜名，也明顯是繼承單疏本而來。

（四）八行本的出文及標識

出文是諸經義疏的固有體例。諸經義疏撰作之初，既是單獨成書，又需使讀者明瞭所疏釋的內容，爲適應單疏本的需要，標注經注內容，

---

① 表、序，足利學校藏《周易注疏》缺；國圖藏本有，爲抄配。

故有出文的體例。即標舉經注起訖，或標舉全句，或標舉首數字爲出文，次冠"正義曰"、"釋曰"等加以疏釋，或不加冠語，直接加以疏釋。注疏合刻後，經注原文已在，這些出文是否還有必要保留，或是否需要加以變化？注疏合刻當中，經文、注文、疏文如何加以標識和區分？這些問題，都是注疏合刻本編輯時需要考慮的。

下表是八行本各經標識及出文情況的比較（附表九）：

附表九　八行本各經標識及出文情況對照表

	周易	尚書	周禮	禮記	左傳	論語	孟子
經文	大字	大字	大字	大字	大字	大字	大字
注文	小字雙行，接經文	小字雙行，接經文	小字雙行，在經文之疏文下	小字雙行，接經文	小字雙行，接經文	小字雙行，接經文	小字雙行，接經文
注文有無標識	注文前冠以"注云"二字	注文直接經文，無標識	注文前冠以大字"注"字（若經文無疏，則以小字"注"冠注文前）	注文直接經文，無標識	注文直接經文，無標識	注文直接經文，無標識	注文直接經文，無標識
疏文標識	白文陰刻大字"疏"字	白文陰刻大字"疏"字	無標識	白文陰刻大字"疏"字	白文陰刻大字"疏"字	白文陰刻大字"疏"字	白文陰刻大字"疏"字
疏文出文	每節疏文之前的出文刪除，其他出文同單疏本	出文文字一般無刪除改易	經文疏文直接在經文下，刪除出文；注文疏文直接在注文下，刪除出文	每節疏文之前的出文刪除，其他出文同單疏本	出文文字一般無刪除改易	單疏本不存，無從比較	單疏本不存，無從比較

從上表可以看出，《尚書》、《左傳》、《論語》、《孟子》四經出文及標識體例相同，即：大字經文，小字雙行接注文，疏文前以白文陰刻大

字"疏"字標識,疏文出文、內文文字同單疏本。① (圖八七)《周易》、《禮記》與這四經的體例亦大體一致,只是《周易》和《禮記》的每節疏文冠首出文被刪除,與《尚書》等四經的保留疏首出文有異;另《周易》在注文前冠以"注云"二字,爲它經所無。以上各經體例雖有差別,但基本是大同小異,惟《周禮疏》與他經有明顯差異。

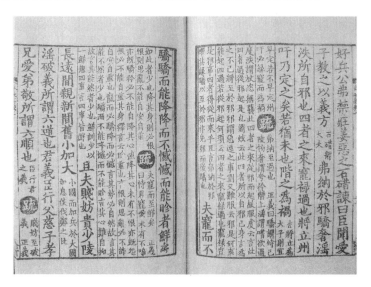

圖八七　宋慶元六年紹興府刻八行本《春秋左傳正義》的出文與標識
　　　　(《中華再造善本》影印本)　　中國國家圖書館藏

(五)《周禮疏》的獨特體例

《周易》等六經注疏綴合體例,都是經文—注文—疏文的次序,以注接經,以疏按注,唯《周禮疏》體例有異,其文本次序是:經文—經文之疏—注文—注文之疏。關於此,昌彼得先生曾加闡釋:

> 自李唐以來,群經注疏,本各自單行。注疏之合刻,蓋自浙東茶鹽司始。而越刻注疏,實以此書爲創首。據黃唐跋文,《易》、《書》、《周禮》三經雖同初刊于庾司,而《周禮》編輯之體例乃與

---

① 《論語》、《孟子》雖不存單疏本,但從其他各經八行本情況看,《論語》、《孟子》的出文情形與《尚書》、《左傳》同,似未加刪除改易。

《易》、《書》二經小異。《易》、《書》體例以注接經，以疏按注，每節之下以一陰文大"疏"字爲識，先標經之起止，以釋經之疏繫之，此下再標注之起止，以釋注之疏繫之。此經編輯之體例，釋經之疏，逕接經文，故轉列注文之前，而下以一大"注"字別之，再釋注文。倘無釋經之疏，其注逕接經文者，則冠以小"注"字別之（按：卷五十第十三葉經"今夫茭解中有變焉故校"句下，獨以注接經，釋經之疏列注文下，以圓圈隔開，不標經文起止。再引注某某至某某，最後列釋經之疏，與全書編輯體例異，而與八行本他經略近。察此葉爲宋末或元初補刊之版，版心上方除記大小字數外，並刻有"寫本"二字，殆補版時未能覓獲原書，乃依當時通行之本仿寫補入，故體例與全書獨異也。）按六朝以來撰群經義疏者，本連經注全文，未有省略，但標起止。故存世古本，省略並無定例。宋刻單疏，亦沿其式，即黃唐跋所謂"六經義疏，自京蜀監本，皆省正文及注"也。浙東茶鹽司萃刻《周禮注疏》，即依通行之單疏本而補入經注全文，而視單疏本之標明經注起止爲贅疣，乃刪略不刻，蓋欲以規復賈疏原貌，故卷數一依賈疏，且大題不著"注"字。及刻《易》、《書》二經正義，或不欲變動通行單疏之原式，乃改以注接經，以疏按注，仍存經注文之起止，其式遂爲後來刻《禮記》、《左傳正義》及《論》、《孟》注疏所存襲，日本河右正司氏所謂"周禮疏萃刻最早"，殆即依此推測，所言是也。①

所謂"釋經之疏，逕接經文，故轉列注文之前"，如卷七第五葉下，大字經文"振掌事者之餘財"下，接小字"釋曰：振者抍也"云云，此爲釋經之疏。下以大字"注"標識，接注文"振猶抍也"至"振財互之"。注文後空一格，接"釋曰：知掌事"云云，此爲釋注之疏。此種注疏綴合方式，將釋經之疏與釋注之疏分隔開來，分別綴於經文與注文之下，故有疏文轉列注文之前的情況。若經文無疏，則經文下逕接注文，注文前加小字"注"字，注文後仍空一格接疏文。如卷七第六葉上，大字經文

---

① 《跋宋浙東茶鹽司本〈周禮注疏〉》，《增訂蟫庵群書題識》，第10—11頁。

“皆辨其物”下接“注：奠，定也”云云，爲注文；空一格接“釋曰：上經”云云，爲釋注之疏。此種注疏綴合體例，與他經完全不同。（圖八八）

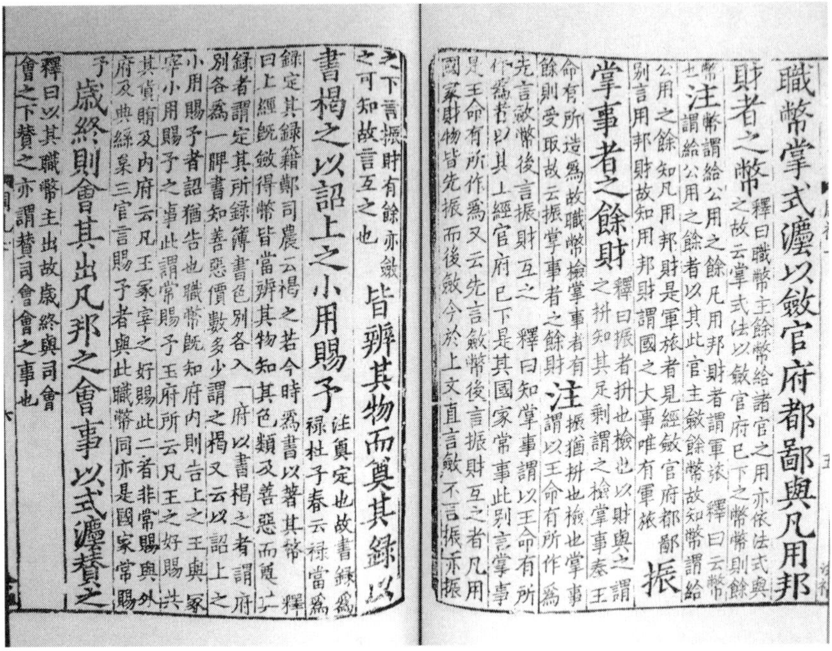
職幣掌式灋以斂官府都鄙與凡用邦
財者之幣釋曰職幣主餘幣給諸官之用亦依法式與之故云掌式法以斂官府已下之幣幣則餘
幣也注幣謂給公用之餘凡用邦財者謂軍旅釋曰云幣謂給公用之餘者以其此官主斂餘幣故知幣謂給
公用之餘知凡用邦財是軍旅者見經斂官府都鄙別言用邦財故知用邦財謂國之大事唯有軍旅振
掌事者之餘財釋曰振者拼也檢也以財與之謂之拼知其足剩謂之檢掌事奉王
命有所造爲故職幣檢掌事者有餘則受取故云振掌事者之餘財注振猶拼也檢也掌事謂以王命有所作爲
先言斂幣後言振財互之釋曰知掌事謂以王命有所作爲者以其上經官府已下是其國家常事此別言掌事
是王命有所作爲又云先言斂幣後言振財互之者凡用國家財物皆先振而後斂今於上文直言斂不言振亦振
之下言振財有餘亦斂之可知故言互之也皆辨其物而奠其錄以
書揭之以詔上之小用賜予注奠定也故書錄爲祿杜子春云祿當爲
錄定其錄籍鄭司農云揭之若今時爲書以著其幣釋曰上經既斂得幣皆當辨其物知其色類及善惡而奠之
錄者謂定其所錄簿書色別各入一府以書揭之者謂府別各爲一牌書知善惡價數多少謂之揭又云以詔上之
小用賜予者詔猶告也職幣既知府內則告上之王與冢宰小用賜予之事此謂常賜予玉府所云凡王之好賜共
其貨賄及內府云凡王冢宰之好賜此二者非常賜與外府及典絲枲三官言賜予者與此職幣同亦是國家常賜
予歲終則會其出凡邦之會事以式灋贊之
釋曰以其職幣主出故歲終與司會會之下贊之亦謂贊司會會之事也

圖八八　宋兩浙東路茶鹽司刻八行本《周禮疏》卷七第五至六葉：
注疏綴合的獨特體例（《中華再造善本》影印本）　中國國家圖書館藏

《周禮疏》的出文體例亦與他經不同，如昌彼得所説的“視單疏本之標明經注起止爲贅疣，乃删略不刻”。八行本中其他各經，或如《周易》、《禮記》那樣將每節疏文之首的出文删除，其他出文完全保留；或如《尚書》、《左傳》那樣保留單疏本出文原貌，不做删除改易。而《周禮疏》在經文之下直接疏文“釋曰”云云，注文之下亦直接疏文“釋曰”云云，删去了出文。這也是《周禮疏》“釋經之疏，逕接經文”的獨特體例形成的。因爲他經疏文皆集中在每節之下，必須保留單疏本中的出文，才能使讀者明確疏文所指。而《周禮疏》疏文直接經文或注文之下，指向明確，故可删除出文。

從現存本情況看，八行本諸經的體例有一個摸索漸變的過程。八行本諸經以《周易》、《尚書》、《周禮》三經最早付刻，這三經中，《周禮疏》的體例與其他二經有不同之處，被認爲是因其萃刻時間最早之故。① 除了經注疏文排列次序及出文的差異外，《周禮疏》的題名沒有像其他各經那樣嘗試"注疏"之類的題名，而完全沿襲了單疏本題名，也透露出《周禮疏》在三經中萃刻最早的訊息。

二、越州刻八行注疏本的文獻價值

雖然越州刻八行注疏本開創了注疏合刻的新時代，但實際上，元明以後通行的注疏合刻本並非沿襲八行本，而是沿襲了八行本之後興起的福建建陽地區所刻十行注疏合刻本。建刻十行本諸經較越州本增入了陸德明釋音的内容，爲讀者閱讀理解增加了便利，因而流行於後世。但其出自民間坊刻，經注文字頗多改易，疏文體例又多變動，乃至卷次分合不一，經注、疏、釋文文字抵牾，再經過歷次重刻過程中無意的訛誤和有意的擅改，因而造成明清通行各本的諸多問題。阮元校刻《十三經注疏》，以元刻十行注疏本爲底本，又廣搜衆本以爲參校，成爲至今通行的十三經版本，但其所用底本源自福建地區坊刻附釋音本，在卷次、體例、文字等方面，沿襲了十行本的先天不足。

清代學者充分認識到八行本的校勘價值。如惠棟以八行本《禮記正義》校毛氏汲古閣本，發現"訛字四千七百有四，脱字一千一百四十有五，闕文二千二百一十有七，文字異者二千六百二十有五，羨文九百七十有一"。② 阮元《十三經注疏校勘記》儘量利用了所能搜羅到的八行本作爲參校本，在各經校勘中皆發揮了重要作用。如《周禮》列"惠校本周禮注疏四十二卷"，其中有何焯據内府藏八行注疏本《周禮疏》所錄校語；《禮記》列"惠棟校宋本：宋刊本禮記正義七十卷，不附釋音，惠棟據以校汲古閣本"，爲惠棟校八行注疏本；《左傳》列"宋本春秋正義三十六"，即紹興府沈作賓刻八行注疏本。此外，《校勘記》還充分利用了《七

---

① ［日］河右正司《注疏分合的問題》，《東洋文化》第 107 號，1933 年。譯文見《中國文哲研究通訊》第 10 卷第 4 期，1990 年。

② 國圖藏八行本《禮記正義》書末惠棟跋。

經孟子考文補遺》所錄足利學校藏八行注疏本的異文。不過，阮元《校勘記》對各經八行注疏本的利用，多限於前人傳校，阮元及其他實際參與校勘的學者，大多並未有機會見到八行注疏本原本。因此，雖然八行本在《校勘記》中發揮了非常重要的作用，但仍有不少缺憾和漏校之處。

昌彼得以八行本《周禮疏》與阮元本相較，列舉了多處阮氏《校勘記》失校或誤校之處，茲引數例：

> 卷五：天官冢宰："酒正……以法式授酒材"，注曰："鄭司農云，授酒材，授酒人以材。"阮本脫"授酒材"三字，《校勘記》謂："余本、嘉靖本鄭司農下有授酒材三字，宋本亦無"，誤。
>
> 卷六：天官掌次："朝日祀五帝則張大次小次，設重帟重案，合諸侯亦如之"節，疏文云："諸侯合同，亦張大次已下，故云亦如之。"自十行本以下，"張大次已下"五字，改作"設重帟重案"。按孫詒讓氏《正義》考謂："明合諸侯亦於壇內外設大小次及重帟重案也"，知諸本皆非。
>
> 卷十：地官大司徒"凡造都鄙制其地域而封溝之……"節，疏引《公羊》云："祭仲者何，鄭相也；何以不名，賢也。何賢乎祭仲，以爲知權也。"與傳世宋本《公羊解詁》合，而諸本俱脫"賢也何"三字，致意義不成。
>
> 又，"以六樂防萬民之情而教之和"，疏："故大司徒以六樂防萬民之情"，傳本"以六"二字俱訛作"云云"。
>
> 卷十二：地官州長"各掌其州之教治政令之法"，疏："教謂十二教"下，阮本脫"云治政令之法者，謂十二教"。《校勘記》云："監毛本有此十一字，當由臆增。"覆校又云："監毛本是，他本誤也。"按宋八行本有之，非由臆增。
>
> 卷十六（通行本卷十五）地官遂人："凡治野，夫間有遂……"疏："凡道皆有三塗……軌廣六尺，自然徑不容車軌而容牛馬及人之步徑。"阮本"六尺"譌作"八尺"，《校勘記》引惠校本作"九尺"，云"惠校誤也，軌無容九尺者"。按惠校既據宋，則作"九尺"者，當是字之譌。考孫氏《正義》引賈《疏》正作"六尺"，

蓋若八尺則可容車軌也。

　　卷二十六（通行本卷二十三）：春官籥師"詔來瞽皋舞，及徹，帥學士而歌徹"。"及徹"二字上，阮本誤增一"詔"字。按明嘉靖覆宋單注亦無"詔"字。①

以上是昌彼得氏據臺北故宫藏越刻八行本《周禮疏》校阮元本所得校異。以下試再以《周易注疏》爲例，説明越刻八行本之校勘價值。

昔陳鱣曾指出八行本《周易注疏》文字胜處："其經文如今本《坤》象傳'應地無疆'，此作'无疆'。《大有》象傳'明辨晢也'，此作'辯晳'。《解》象傳'而百果草木皆甲拆'，此作'甲坼'。《繫辭》傳'力小而任重'，此作'力少'。'辨是與非'，此作'辯是'。《序卦》傳'傷於外者必反其家'，此作'於家'。俱與唐石經合。顧亭林《石經考》以'力少'爲誤，錢辛楣辨之甚當。考景祐本《漢書·王莽傳》'自知德薄位尊，力少任大'，《後漢書·朱馮虞鄭周傳》贊注引《易》亦作'力少'，《三國志·王修傳》注引《魏略》'力少任重'。今得宋本作'力少'，尤可證俗間傳刻之失。其注疏中可以勘今本之脱誤者更復不少。即如《咸》象傳疏一段凡一百一字，今本全脱，宋本之足寶貴如此。"② 陳氏所述皆經注文字，至疏文可正通行本脱誤者，更不胜枚舉。筆者今選取《坤》、《屯》二卦爲例，將國圖藏越刻八行本與阮元本相比勘，以考察兩本之異文。

案阮元本《周易》的校勘，經注主要利用了唐石經、影刻相臺岳氏本及《七經孟子考文補遺》所校古本、足利本異文，疏文主要利用了錢校本、盧文弨傳校錢求赤本及《七經孟子考文補遺》所校宋本。其中《七經孟子考文補遺》校宋本（《校勘記》稱"宋本"）即今足利學校所藏越刻八行注疏本，盧文弨傳校錢求赤本（《校勘記》稱"錢本"）一般認爲亦源自八行本，《校勘記》於《周易》疏文的校勘，主要得益於此二本之異文。也就是説，越刻八行本在阮元《校勘記》中已經發揮了非常重要的作用。不過，《校勘記》所資利用的只是前人傳校本，難免漏

---

① 《跋宋浙東茶鹽司本〈周禮注疏〉》，《增訂蟫庵群書題識》，第12頁。
② 國圖藏南宋兩浙東路茶鹽司刻本《周易注疏》卷末跋，《中華再造善本》影印本。

略或訛誤。而阮元本《十三經注疏附校勘記》之《周易》，摘錄者盧宣旬於《校勘記》之採用又多所刪略，許多有價值異文未予採錄。以下是《坤》、《屯》二卦中，越刻八行本與元刻明修十行本、阮元本之異文（越刻八行本卷二，元刻十行本、阮元本卷一）：①

《坤》卦"坤元亨利牝馬之貞"下疏文"當以柔順爲貞，正借柔順之象"（阮元本，下同），元刻明修十行本同。越刻八行本在卷二第一葉下，"正"作"假"。此異文文選樓本《校勘記》出校，盧宣旬未採入。

同上疏文"還借此柔順以明柔道"，元刻明修十行本同。越刻八行本在卷二第一葉下，"還"作"假"。此異文文選樓本《校勘記》出校，盧宣旬未採入。

"君子有攸往"下疏文"以其至柔，當待唱而後和"，元刻明修十行本同。越刻八行本在卷二第一葉下，"柔"作"陰"。文選樓本《校勘記》已出校，盧宣旬未採入。

同上疏文"猶人既懷陰柔之行，又向陰柔之方"，元刻明修十行本同。越刻八行本在卷二第一葉下，"方"作"所"。文選樓本《校勘記》出校，盧宣旬未採入。

同上疏文"正義曰坤位居西南"，元刻明修十行本同。越刻八行本在卷二第二葉下，"居"作"在"。文選樓本《校勘記》出校，盧宣旬未採入。

"象曰至哉坤元"下疏文"自此已上論坤元之氣也"，元刻明修十行本"氣"作"義"，文選樓本《校勘記》出校云："'論坤元之義也'，閩、監、毛本同，錢本、宋本'義'作'德'。"②説明《校勘記》底本作"義"，"氣"字蓋阮元本刊刻之誤。越刻八行本在卷二第三葉上，作"德"。此校記盧宣旬未採入。

"象曰黃裳元吉文在中也"下疏文"故云文在其中，言不用威武也"，元刻明修十行本同。越刻八行本在卷二第七葉上，無"其"字。

---

① 八行本用《中華再造善本》影印國圖藏本；十行本用《中華再造善本》影印北京市文物局藏《十三經注疏》本；阮元本用臺北藝文印書館影印清嘉慶二十年南昌府學刻《十三經注疏》本。

② 《十三經注疏校勘記》，《續修四庫全書》第180冊，第295頁。

按此疏解"文在中也",越刻八行本是。文選樓本《校勘記》已出校,盧宣旬未採入。

"直其正也方其義也"下疏文"用此恭敬以直內理",元刻明修十行本同。越刻八行本在卷二第九葉下,"理"作"心"。按上文云"君子用敬以直內,內謂心也","心"字是。文選樓本《校勘記》已出校,盧宣旬未採入。

同上疏文"故曰不疑其所行",元刻明修十行本同。越刻八行本在卷二第九葉下,"不"上有"即"字。文選樓本《校勘記》出校,盧宣旬未採入。

"陰雖有美含之以從王事"下疏文"苟或從王事,不敢爲主先成之也",元刻明修十行本同。越刻八行本在卷二第十葉上,"苟"作"若"。文選樓本《校勘記》出校,盧宣旬未採入。

《屯》卦"天地草昧"下疏文"而不得安居于事",元刻明修十行本"于"作"无",文選樓本《校勘記》未出校。按此蓋阮本誤刻,越刻八行本在卷二第十二葉上,"于"作"无"。

"六二屯如邅如"下疏文"則得其五爲婚媾矣",元刻明修十行本同。越刻八行本在卷二第十四葉上,"其"作"共"。文選樓本《校勘記》出校,阮元本正文"其"字已有校勘標記,但卷末附《校勘記》未採入。

上列越刻八行本《周易注疏》與元刻明修十行本、阮元本異文,有的爲阮元本誤刻,大多數爲十行本誤刻,《校勘記》已據宋本、錢本出校。但阮元本卷末附刻盧宣旬摘錄之《校勘記》中並未採入這些校記,正文文字亦據十行本,不加任何標記,湮沒了這些很有價值的異文,非常可惜。

由於阮元等校勘人員並未見到八行本原本,其所利用者爲他人校本,故文選樓本《校勘記》亦難免有漏校、誤校之處。誤校之異文如:

《坤》卦"柔順利貞君子攸行"下疏文"人若得靜而能正",《校勘記》於此處出校云:"閩、監本同,錢本、宋本、毛本'若'作'君'。"① 檢足利學校藏越刻八行本《周易注疏》及國圖藏遞修本卷二第三葉下此處文字,皆與阮元本同作"若",不作"君"。宋刻單疏本《周易正義》此亦作"若"。《校勘記》此條顯爲誤記。

---

① 《十三經注疏校勘記》,《續修四庫全書》第 180 册,第 295 頁。

漏校之異文如：

《屯》卦"六三即鹿無虞"下疏文"夫屯遭"，元刻明修十行本同。越刻八行本在卷二第十五葉上，"夫"作"旡"。《校勘記》未出校。

同上疏文"獵人先遣虞官商度鹿之所有"，元刻明修十行本同。越刻八行本在卷二第十五葉上，"有"作"在"。《校勘記》未出校。

同上疏文"事已顯者，故不得爲幾微之義"，元刻明修十行本同。越刻八行本在卷二第十五葉下，"者"作"著"，"幾微之義"作"幾微之幾"。《校勘記》於"幾微之義"出校云："閩、監、毛本同，宋本'義'作'幾'。"① 而於"者"字未出校。

"象曰即鹿無虞"下疏文"言即鹿當有虞官"，元刻明修十行本同。越刻八行本在卷二第十五葉上，"即"作"就"。《校勘記》未出校。

又如《坤》卦"故稱龍焉猶未離其類也"下疏文"然猶未能離其陽類，故爲陽所傷，而見成也"，元刻明修十行本同。《校勘記》出校云："'然猶未能離其陽類'，閩、監本同，毛本'陽'作'陰'。'而見成也'，閩本同，錢本、宋本'成'作'滅'，監、毛本作'血'。"② 按注云"猶未失其陰類，爲陽所滅"，"陰"、"滅"爲是。檢足利學校及國圖藏八行本《周易注疏》卷二第十一葉上，"陽類"作"陰類"，"成"作"滅"。《校勘記》於"然猶未能離其陽類"，指出毛本異文"陽"作"陰"，而未云宋本何字，錯失了强有力的版本依據。此蓋因其所據校本之漏校。於"而見成也"，《校勘記》舉錢本、宋本異文"滅"，又舉監、毛本異文"血"，而不加按斷。今核之宋刻單疏本《周易正義》，此句文字與越刻八行本全同。阮刻底本"陰"訛"陽"、"滅"訛"成"，蓋由字形相近而誤。至於監、毛本作"血"，則爲後人以意妄改了。③

---

① 《十三經注疏校勘記》，《續修四庫全書》第180冊，第297頁。
② 《十三經注疏校勘記》，《續修四庫全書》第180冊，第296頁。
③ 北大標點本將"成"字逕改爲"血"，校語云："'血'原作'成'，阮校；'監、毛本作血。'按，依文意，作'血'字爲宜，據改。"不顧阮校"滅"字異文，更未檢宋刻單疏本、越刻八行本，而遵監、毛本臆改之誤字。見《十三經注疏·周易正義》，北京大學出版社，1999年，第33頁。

（圖八九、九十、九一）

圖八九（左上）　八行本《周易注疏》卷二第十一葉上，第二、三行"然猶未能離其陰類"、"而見滅也"（日本汲古書院影印本）　日本足利學校藏

圖九十（右上）　元刻明修十行本《周易兼義》卷一第十七葉下（明代補版），第九行"然猶未能離其陽類"、"而見成也"（《中華再造善本》影印本）　北京市文物局藏

圖九一（左下）　明末汲古閣刻本《周易兼義》卷一第三十八葉下，第四行"而見血也"　北京大學圖書館藏

第六章　建陽坊刻十行注疏本及其他宋刻注疏本

　　越州刻八行注疏本之後，福建建陽地區又興起了一種新的注疏合刻本，即附有陸德明釋文的注疏合刻本。這種新的經典文本，將經、注、疏、釋文合綴一書，相互配合，讀者以疏文、釋文配合經、注，較之過去的經注本、單疏本、甚至越刻八行注疏本，閱讀理解都更爲便利實用。這種文本形式一經出現，即廣受歡迎。元代泰定前後，又以宋刻附有釋文的注疏本爲底本，再加翻刻。元代翻刻書板傳至明代，遞經修補刷印，後世頗有流傳，影響較廣。因其行款爲半葉十行，被稱作"十行本"。又因明代正德間補刻，版心多有正德年號，被稱作"正德本"。之後明嘉靖李元陽刻《十三經注疏》、明萬曆北京國子監刻《十三經注疏》、明末汲古閣刻《十三經注疏》，再到清乾隆武英殿刻《十三經注疏》、嘉慶間阮元南昌府學刻《十三經注疏》，這些明清時期重要的經書注疏版本，其源頭皆可追溯至元代翻刻宋代附有釋文的注疏本。長期以來，"十行本"一直被認作宋刻本，阮元翻刻十行本亦號稱"重刻宋本"。直至近代，學界始確認所謂"十行本"、"正德本"實際上刊於元代，而元刻十行本的刊刻底本，才是真正的宋刻附釋文注疏本。宋刻附釋文注疏本的行款亦爲半葉十行，爲與元代翻刻本區別開來，本書將前者稱爲宋刻十行注疏本（簡稱宋刻十行），後者稱爲元刻十行注疏本（簡稱元刻十行）。宋刻十行注疏本實際上是後世通行《十三經注疏》文本的最初源頭，傳世極稀，具有非常重要的研究價值。

第一節　南宋建陽坊刻十行注疏本

一、宋刻十行注疏本的傳本

南宋建陽地區坊刻十行注疏本，今存者僅《毛詩》、《左傳》、《穀梁》三種，包括：

1.《附釋音毛詩注疏》二十卷，漢毛亨傳，漢鄭玄箋，唐孔穎達疏，唐陸德明釋文，南宋建安劉叔剛刻本。日本足利學校遺跡圖書館藏。① 十行十八字，小字雙行二十三字，細黑口，左右雙邊，有書耳。版心上偶刻字數，"慎"、"敦"等字缺筆避諱。卷前有《毛詩正義序》及《詩譜序》，正義序後有方形"劉氏文府"、鐘形"叔剛"、鼎形"桂軒"、方形"一經堂"木記。有墨筆書"上杉安房守藤原憲實寄進"及"足利學校公用"等字樣。《七經孟子考文補遺》所校足利學校藏宋板《五經正義》之《毛詩》，即此本。（圖九二）

劉叔剛本《附釋音毛詩注疏》在清代藏書目錄中未見著錄，僅知王鳴盛《蛾術編》卷二中曾提道："予所藏宋板《附釋音毛詩注疏》，前有毛詩正義序，後有劉氏文府印、叔剛印、桂軒印、一經堂印，次毛詩譜序，次卷第一，有傳有箋，有陸德明音義，有正義。"② 不過，元刻十行注疏本《附釋音毛詩注疏》在翻刻宋本時，亦照刻"劉氏文府"、"叔剛"等木記，③ 故王鳴盛所藏本究屬宋版，抑或元代翻刻版，已難推測。

---

① 《阿部隆一遺稿集》第一卷，第 279 頁著錄，此本有 1974 年足利學校遺跡圖書館後援會影印本。
② 王鳴盛《蛾術編》，《續修四庫全書》影印本，第 1150 冊，第 48 頁。
③ 元刻十行注疏本《附釋音毛詩注疏》正義序末有"劉氏文府"等木記，與足利學校藏本木記文字、形制全同，明顯有翻刻關係。

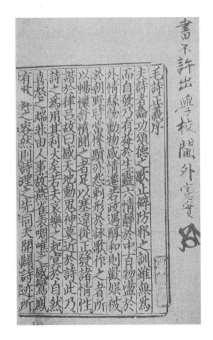

圖九二　南宋建安劉叔剛刻十行本《附釋音毛詩注疏》
（日本足利學校遺跡圖書館後援會影印本）　日本足利學校藏

2.《附釋音春秋左傳注疏》六十卷，晉杜預注，唐孔穎達疏，唐陸德明釋文。宋建安劉叔剛刻本。傳世兩部，一部藏日本足利學校遺跡圖書館，① 另一部分藏於中國國家圖書館（存卷一～二九）和臺北故宮博物院（存卷三十～六十）。② 十行十七字，小字雙行約二十三字，細黑口，左右雙邊，有書耳。版心上偶刻字數，"慎"、"敦"等字缺筆避諱，有部分補版葉。首有《春秋正義序》，序後鐫有隸書"建安劉叔剛父鋟梓"牌記及鼎形"桂軒"、"藏書"，爵形"敬齋"、琴形"高山流水"木記。（圖九三）

---

① 《阿部隆一遺稿集》第一卷，第 333 頁著錄。
② 《中國訪書志》第 206 頁著錄。

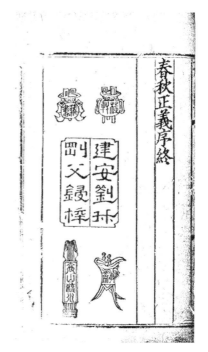

圖九三　宋建安劉叔剛刻十行本《附釋音春秋左傳注疏》
（《足利學校善本圖錄》）　日本足利學校藏

　　國圖藏本與臺北故宮藏本爲一本散出者，鈐印有"史氏家傳翰院收藏書畫圖章"、"毛襃之印"、"養正書屋珍藏"、"皇次子章"、"兼牧堂書畫記"、"謙牧堂藏書記"等。此本爲毛氏汲古閣舊藏，清初爲明珠次子揆敘藏書，後入清宮。民國間前二十九卷自宮中散出，爲袁克文收得，故國圖藏本又鈐袁氏"寒雲"、"後百宋一廛"印，後歸潘氏寶禮堂，《寶禮堂宋本書錄》著錄即此本。

　　足利學校藏本與上述《附釋音毛詩注疏》一樣，亦爲《七經孟子考文補遺》所校足利學校藏宋板《五經正義》之一。《七經孟子考文補遺》卷五十三之《春秋左傳》按語云："足利所藏《五經正義》者，上杉安房守藤原憲實所捐也。今閲《周易》、《尚書》、《禮記》，文字甚佳，宋板無疑。其《毛詩》、《左傳》，刻劣三書，二部共題曰'附釋音'《毛詩》、《春秋》，編入陸德明《經典釋文》，蓋與正德刊本略似矣，其分卷數與今之注疏諸本同，而不合於孔穎達正義序。"① 足利學校所藏《五經正義》，其《周易》、《尚書》、《禮記》爲宋兩浙東路茶鹽司所刻八行注疏本，《毛詩》、《左傳》即宋劉叔剛刻十行附釋文注疏本。五經今仍完整保存於足利學校遺跡圖書館中。

3.《監本附音春秋穀梁注疏》二十卷，晉范甯集解，唐楊士勛疏，宋刻本。今藏中國國家圖書館。十行十七字，小字雙行二十三字，細黑口，左右雙邊，有書耳，版心上偶有字數。有部分補版葉。鈐有滿漢文印"學部圖書之印"及"京師圖書館收藏之印"。（圖九四）

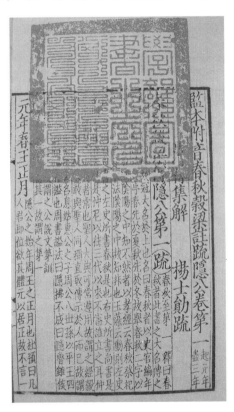

圖九四　宋刻十行本《監本附音春秋穀梁注疏》
（《中華再造善本》影印本）　中國國家圖書館藏

① 《七經孟子考文補遺》，影印文淵閣《四庫全書》本，第190冊，第317頁。

此本《中國古籍善本書目》未著錄，1987 年版《北京圖書館古籍善本書目》著錄作"宋刻元修本"。李致忠先生《宋版書敘錄》定此本爲"宋國子監刻元修本"，認爲其"字體風格類閩刻，不象浙刻。有可能是當時由國子監下福建開板雕造"。① 此本可見"慎"字缺筆避諱，"敦"字僅見卷九僖三十二年注"敦其交好"，未避諱。從行款版式、字體及刻工風格看，它與今存的南宋建陽書坊劉叔剛刻《附釋音春秋左傳注疏》、《附釋音毛詩注疏》非常相似，應當是同一時期的建陽書坊刻本。

除以上三經今存傳本外，劉叔剛刻本《附釋音禮記注疏》在清代亦有傳本，今雖不存，但有清乾隆六十年和珅翻刻本，爲我們保存了宋刻十行本《附釋音禮記注疏》的面貌。此本各卷題"附釋音禮記注疏"，十行十七字，小字雙行二十三字，細黑口，左右雙邊。卷前有《禮記正義序》，序末有隸書牌記"建安劉叔剛宅鋟梓"，牌記形制風格與今存劉叔剛本《毛詩》、《左傳》中的牌記非常相似，當即據宋本原式翻刻。"慎"字可見缺筆避諱，字體風格也與宋劉叔剛刻《毛詩》、《左傳》面貌一致，說明和珅翻刻本比較忠實地再現了劉叔剛本的原貌。關於和珅刊刻此本的來龍去脈，清陳鱣曾云："有書賈錢聽默竊以所儲十行本，重臨惠校，綴以原跋。……聽默詭言惠校宋本，且僞用故家收藏印記，鬻諸長安貴客，以獻伯相和珅，遂屬其黨復將毛本略校，影寫摹雕，後有珅跋，下用致齋、和珅小印，又大學士章，又壓角印曰'子子孫孫其永寶之'。時乾隆六十年事。嘉慶三年其家籍没，版已散亡，印本流傳甚少。"② 雖然和珅上了書賈的當，把此本誤當作惠棟校宋本來翻刻，但他翻刻的底本也是一部重要的宋刻經書版本，即劉叔剛刻十行注疏本《禮記》。今劉叔剛本《禮記》已失傳，我們只能憑藉和珅翻刻本窺其面貌，則和氏刻本自有其寶貴處。（圖九五）

---

① 《宋版書敘錄》，第 204 頁。
② 《經籍跋文》之《宋本禮記注疏跋》，《宋元版書目題跋輯刊》第 3 册，第 236 頁。

圖九五　清乾隆六十年和珅翻刻劉叔剛本
《附釋音禮記注疏》　北京大學圖書館藏

以上是今仍存世的或有明確證據可以確認的宋刻十行注疏本。《九經三傳沿革例》所說的"建本有音釋注疏"者當即此類。其共同特點是：行款皆半葉十行，行十七字左右，小字雙行，行約二十三字，細黑口，左右雙邊；版心無刻工名，只有少數葉的版心上端刻有本葉字數（總字數，不分大小字）；字體爲典型的建陽地區坊刻風格。關於《毛詩》、《禮記》、《左傳》刊刻者劉叔剛的資料有限，方彥壽《建陽劉氏刻書考》據劉氏宗譜考證云："劉叔剛，名中正，字叔剛，貞房第十世孫"，① 亦不詳其具體生卒年代。劉氏爲建陽刻書世家，劉叔剛爲其中較早且較有名的一位。他還曾刻宋曾穜《大易粹言》，其本避諱至"慎"

---

① 方彥壽《建陽劉氏刻書考》，《文獻》1988 年第 2 期。

字，今藏臺北"央圖"。① 從今存宋刻十行本傳本來看，《附釋音毛詩注疏》避諱至"廓"字；《附釋音春秋左傳注疏》可見"慎"、"敦"字缺筆避諱；《監本附音春秋穀梁注疏》不見"廓"、"擴"等字，卷九僖三十二年注"敦其交好"之"敦"字未避諱，"慎"字可見缺筆避諱。各本避諱並不謹嚴，同一字此處避諱彼處不避的情況很常見。如《附釋音毛詩注疏》，卷一之二第十葉上《卷耳》"陟彼高岡，我馬玄黃"下疏文"觥，廓也，所以著明之貌，君子有過，廓然著明"，兩"廓"皆缺筆避諱；而卷二十之四第七葉下《長發》"韋顧既伐，昆吾夏桀"下疏文"群惡既盡，天下廓清"，"廓"字並不缺筆。又如《監本附音春秋穀梁注疏》，卷二隱七年注、隱八年注"許慎曰"，卷三桓三年"謹慎從爾舅之言"、"謹慎從爾姑之言""謹慎從爾父母之言"等，"慎"字皆缺末筆避諱。而序"戒慎厥行"、卷十三注"許慎"，"慎"字又不缺筆。我們當然不能僅據避諱字判斷各本刊刻時間。不過，據劉氏宗譜，劉叔剛爲貞房十世孫，而劉氏另一有名的刻書家劉君佐爲貞房十四世孫。② 君佐約生於1250年，③ 上推四世以百年計，叔剛約生於1150年前後，其活動時期正當孝宗後期至光宗、寧宗間，與上述各本避諱字相合。從以上情況並結合各本諱字、版刻風格看，宋刻十行本各本刊刻時間，似當在南宋中期光宗、寧宗間。

二、前人對"十行本"的認識

元代泰定（1324—1328）前後，宋刻十行注疏本被翻刻行世，其書板傳至明代，遞經修補刷印，即後人所謂"十行木"、"正德木"。元刻十行注疏本長期以來被誤爲宋刻，前人書目中著錄的所謂宋刻十行本經

---

① 《藏園群書經眼錄》第一册："《大易粹言》十卷總論三卷，宋曾穜輯，宋刊本，半葉十二行，行二十二字，細黑口，左右雙闌。序後有牌子，楷書二行，文曰：建安劉叔剛宅刻梓。"中華書局，1983年，第16頁。又見《中國訪書志》第380頁著錄。

② 方彥壽《建陽劉氏刻書考》。

③ 據瞿冕良《中國古籍版刻辭典》，齊魯書社，1999年，第630頁。

書注疏，實際上大多是元代翻刻本。

將元代翻刻十行附釋文注疏本稱作"十行本"，最早出自何人，難考其實。以筆者所見，清代前期藏書諸家尚無此稱。如《天禄琳琅書目》及《後編》著録《監本附音春秋公羊注疏》、《監本附音春秋穀梁注疏》、《附釋音春秋左傳注疏》、《附釋音尚書注疏》等，皆無"十行本"之稱。孫星衍《平津館鑒藏書籍記》① 卷一著録多部十行本，各本詳記其行款版式、明代補版等情況，明顯爲元刻明修十行本，但孫氏著録中並不用"十行本"的稱呼。吴壽暘《拜經樓藏書題跋記》卷一著録《周易兼義》，云："宋本《周易兼義》十卷，末一卷爲《略例》，並附陸氏《釋文》，每半葉十行，每行大字十八，小字二十四，版心有校正、重校等銜名，蓋明時修版，古字率多改竄。"② 亦顯爲元刻明修十行本，而不用"十行本"之稱。"十行本"稱呼的廣爲流行，蓋自嘉慶間阮元《十三經注疏校勘記》以十行本爲底本校各經，又以十行本爲底本重刊《十三經注疏》。阮元集碩學名儒，廣搜衆本，而尤重十行本，十三經中除《儀禮》、《爾雅》取單疏本外，其他十一經皆取十行本爲底本。阮元本卷前《重刻宋板注疏總目録》云：

> 謹案《五代會要》，後唐長興三年始依石經文字，刻九經印板。經書之刻木板，實始於此。逮兩宋刻本浸多，有宋十行本注疏者，即南宋岳珂《九經三傳沿革例》所載建本附釋音注疏也。其書刻于宋南渡之後，由元入明，遞有修補，至明正德中，其板猶存。是以十行本爲諸本最古之册。此後有閩板，乃明嘉靖中用十行本重刻者。有明監板，乃明萬曆中用閩本重刻者。有汲古閣毛氏板，乃明崇禎中用明監本重刻者。輾轉翻刻，訛謬百出。明監板已毁，今各省書坊通行者，惟有汲古閣毛本。此本漫漶不可識讀，近人修補更多訛舛。元家所藏十行宋本有十一經，雖無《儀禮》、《爾雅》，但

---

① 約編成于嘉慶十三年，見嚴佐之《近三百年古籍目録舉要》，華東師範大學出版社，1994年，第84頁。

② 《拜經樓藏書題跋記》，《清人書目題跋叢刊》第10册，第601頁。

有蘇州北宋所刻之單疏板本，爲賈公彥、邢昺之原書。此二經更在十行本之前。元舊作《十三經注疏校勘記》，雖不專主十行本、單疏本，而大端實在此二本。①

《校勘記》於各經引據目錄中，多舉十行本爲説。如《周禮注疏校勘記》引據各本目錄列《附釋音周禮注疏》四十二卷，云："每頁二十行，經每行十七字，注疏夾行每行二十三字，因兼載釋文，故稱附釋音。因每半頁十行，故今稱十行本，以別於閩、監、毛注疏本每半頁皆九行也。內補刻者極惡劣，凡閩、監、毛本所不誤者，補刻多誤。"②《尚書注疏校勘記》引據各本目錄列"宋十行本"，云："案他本注疏，每半葉九行，此獨十行，故世謂之十行本。溯其源，蓋即岳珂《九經三傳沿革例》所謂建本有音釋注疏是也。修板至明正德間止，亦即山井鼎所謂正德本是也（原注：記中稱正德本，據《考文》而言）。其中譌字雖多，無臆改之失。"③ 等等。

阮元《校勘記》以"宋十行本"爲底本校勘群經，又以"宋十行本"爲據刻成《重刻宋本十三經注疏》，令"十行本"之稱深入人心，"十行本"遂成學界通稱，而"十行本"爲宋刻之説亦成學者共識。如對經書版本頗爲熟知的學者陳鱣云："注疏合刻起于南北宋之間。至於音義，舊皆不列本書。附刻音義，又在慶元以後，即《九經三傳沿革例》所謂建本有音釋注疏是也。以其修版至明正德間止，亦稱正德本。以其每半頁十行，又謂之十行本。"④ 洪頤煊《讀書叢錄》曾錄數種十行本，云："以上八種皆南宋閩中所刊，即世所稱十行本也，間有明正德嘉靖補刻葉，唯《孝經》殘缺最多，

---

① 《十三經注疏附校勘記》，臺北藝文印書館影印本，第2—3頁。
② 《十三經注疏校勘記》，《續修四庫全書》第181冊，第99頁。
③ 《十三經注疏校勘記》，《續修四庫全書》第180冊，第361頁。
④ 《經籍跋文》之《宋版周易注疏跋》，《宋元版書目題跋輯刊》，第3冊，第193頁。

原葉幾無一二存矣，阮尚書南昌學宮刊本即從此本翻雕。"① 皆與《校勘記》説同。

關於十行本爲宋刻之説，嘉道學者亦有爲異議者。如與黃丕烈、顧廣圻頗有過從的學者、璜川書屋後人吳志忠，曾爲《禮記注疏》跋云："附釋音俗呼之曰十行本，以自後閩監毛刻皆改九行也。……惟十行實刻於元至正間，忠曾見初印《易經注疏》，卷末有至正某年結款，後來印者則脱之已。"② 吳氏所見十行本《周易》初印本有元代年號，這是有關十行本刊刻年代的重要信息，惜其言之不詳，年號又有誤記，且無他證，故吳氏此説不爲人注意。而在吳氏之前，曾參與《十三經注疏校勘記》工作的顧廣圻也認爲十行本並非宋刻，他在嘉慶十一年代張敦仁所作《撫本禮記鄭注考異序》附記中説："南雍本世稱十行本，蓋原出宋季建附音本，而元明間所刻，正德以後遞有修補，小異大同耳。李元陽本、萬曆監本、毛晉本則以十行爲之祖，而又轉轉相承。"③ 認爲十行本爲元明間所刻。此説亦未被當時及後來學者認同。楊紹和《楹書隅錄》卷一著録"宋本《附釋音春秋左傳注疏》"云：

　　山井鼎《七經孟子考文補遺》云：《毛詩》、《春秋》編入陸德明《經典釋文》，共題曰"附釋音"，與正德本略似矣。阮文達《左傳注疏校勘記》云：《考文》所謂正德本，蓋指修板處而言，其實一也。而顧澗蘋居士則謂南雍本乃元明間從宋建附音本翻刻，正德以來遞有修補。予按南雍本，前人皆定爲宋刻。山井鼎有"憲實應

---

① （清）洪頤煊《讀書叢録》卷二四，《續修四庫全書》影印本，第1157册，第772頁。
② 見中國科學院圖書館藏明毛氏汲古閣本《禮記注疏》吳志忠跋，該跋作于道光二十年（1840）。跋中又有"元有兩至正，此爲宋理宗同時元世祖年"之語，按元有兩至元而無兩至正，此"至正某年"者或有誤記。承蒙楊成凱先生提供本條材料，深表感謝。
③ 《思適齋集》卷七《撫本禮記鄭注考異序（代張古餘）》，《續修四庫全書》影印本，第1491册，第61頁。按"南雍本"是元刻十行注疏本的又一别稱，因爲清代學者普遍認爲十行本的書板在明代入南京國子監，故稱"南雍本"。

永年間人，當明初洪武永樂之際，則二書之爲宋板，亦不爲强"云云。是亦以南雍本爲宋刻。但憲實據者尚係初板，山井鼎校時已有正德補葉，遂至疑出二本。阮説是也，顧以爲元明間刻，似未甚確，然亦絶非倦翁《九經三傳沿革例》所稱有音釋注疏之建本，特翻刻當在宋末耳。況今世傳者不止正德間刊有補葉，元明以來已屢經修改，所存原刻弗及十之一二，澗蘋之論正未始無因也。①

楊氏雖然認爲十行本必非《九經三傳沿革例》所稱有音釋注疏之建本，實際上否定了阮元所謂十行本"即南宋岳珂《九經三傳沿革例》所載建本附釋音注疏也"的説法（見上引《重刻宋板注疏總目録》）。但他又提出宋末翻刻之説，意在調和，並不同意顧廣圻"元明間刻"的意見。而楊氏同時或稍後的藏家目録，如《鐵琴銅劍樓藏書目録》、《皕宋樓藏書志》、《善本書室藏書志》等，在著録十行本各經時，皆作"宋刊本"或"宋刊十行本"，並無任何異議。王國維在《傳書堂藏善本書志》中，著録元刻十行本《周易兼義》、《附釋音尚書注疏》等，皆作"宋刊本"或"宋刊明修本"。張元濟在《涵芬樓燼餘書録》中著録十行本《監本附音春秋穀梁注疏》二十卷，據所録刻工可知其本正是元刻明修十行本，而云："此爲宋十行本諸經注疏之一，世間多有傳本。以補版屢雜，訛誤滋多，故人不之重。"② 這代表了清代以來至民國間學者對十行本的普遍看法。

阮元等將元代翻刻宋十行本誤作宋刻本，原因在於他們皆未曾見過真正的宋刻十行本。實際上，關於十行本有宋刻、元刻之别，清代大藏書家黄丕烈已有模糊認識，這源自他所藏一部真正的宋刻十行本《監本附音春秋穀梁注疏》，其記云：

此《監本附音春秋穀梁傳注疏》，首題"國子四門助教楊士勛撰，國子博士兼太子中允贈齊州刺史吴縣開國男陸德明釋文"。蓋

---

① 《楹書隅録》卷一，《清人書目題跋叢刊》第3册，第410頁。
② 《涵芬樓燼餘書録》，《張元濟古籍書目序跋彙編》，中册，第417頁。

> 世所謂十行本也。往見惠松崖手校諸經注疏,惟《公羊》、《穀梁》皆以監本附音者爲據。相傳是本爲宋刻流傳,特元明以來代有修補耳。外間行本有小字花數,而修版至正德年止,遇宋諱則以圓圈別之。今此本純是細黑口,無小字花數,亦無修版,其爲宋刻無疑。且以余所得殘本《公羊》證之,前有景祐年間牒文,與此刻正同。則是本之宜寶,不益可信耶!①

黃丕烈注意到自己所藏十行本《監本附音春秋穀梁注疏》"純是細黑口,無小字花數",而"外間行本有小字花數,而修版至正德年止"。細黑口、版心不刻字數,這正是宋刻十行本區別於元刻十行本的重要特徵,説明黃氏所藏的這部十行本《監本附音春秋穀梁傳注疏》,乃是真正的宋刻十行本。惜其未就此深作考索,後人不見原本,仍與元刻十行本混同視之。

而在阮元之前,日人山井鼎、物觀《七經孟子考文補遺》利用足利學校所藏宋板《五經正義》等進行校勘,所見到的宋板《毛詩》、《左傳》也是真正的宋刻十行本,同時他們也利用了元刻十行本(《考文》中稱"正德本"),所以對這兩個本子的關係有清楚的認識:"足利宋板《毛詩》《春秋》二經,篇題共有'附釋音'三字,與正德板《十三經》本稍同。"② "其《毛詩》、《左傳》刻劣三書,二部共題曰'附釋音'《毛詩》、《春秋》,編入陸德明《經典釋文》,蓋與正德刊本略似矣。"③ 元刻十行本是根據宋刻十行本翻刻的,兩本自是"稍同"、"略似",但兩者一爲"正德本",一爲"宋板",而不是同一版刻,這一點在山井鼎的敘述中是清楚的。只是他没有明確説明兩本的區別,導致阮元等的誤

---

① 《百宋一廛書録》,《宋元版書目題跋輯刊》第 3 册,第 12 頁。今國圖藏宋刻十行本《監本附音春秋穀梁注疏》卷前序題"監本附音春秋穀梁注疏序",黃跋題"監本附音春秋穀梁傳注疏"蓋據此。

② 《七經孟子考文補遺》卷三二,影印文淵閣《四庫全書》本,第 190 册,第 150 頁。

③ 《七經孟子考文補遺》卷五三,影印文淵閣《四庫全書》本,第 190 册,第 317 頁。

斷。因爲元刻十行本的版式風格一依宋刻，又殘留了許多宋代避諱字，又經過多次修補，在無緣見到真正的宋刻十行本的情況下，阮元等人認爲山井鼎所謂"正德本"和"宋板"《毛詩》、《左傳》本爲相同版刻，"正德"只是就補版而言。如《左傳注疏校勘記》引據各本目錄中説："《七經孟子考文補遺》云：《毛詩》、《春秋》編入陸德明《經典釋文》，共題曰'附釋音'，蓋與正德刊本略似矣。其實一也。《考文》所謂正德本，即指此本修版處而言。"①

森立之在《經籍訪古志》中著録了足利學校所藏宋劉叔剛刻十行本，也著録了數部元刻十行本。卷二著録劉叔剛本《附釋音春秋左傳注疏》云："宋槧本，足利學藏。宋建安劉叔剛父鋟梓。本學所藏《毛詩注疏》亦與此同種。"② 又有昌平學藏《論語注疏解經》二十卷，著録作"元泰定四年刊本"，云："板心上方有大小字數，下方記泰定四年，並刻工名氏，間有明正德補刊。"③ 又求古樓藏《春秋公羊傳注疏》二十八卷："元大（按：當爲泰）定四年刻十三經之一，明正德補刊，所謂十行本者。"④ 此數種版本刊刻時代的著録是正確的。而卷一著録昌平學藏《附釋音周禮注疏》、《儀禮圖》，其特徵明顯爲元刻十行本；昌平學藏《附釋音毛詩注疏》，雖亦有劉叔剛諸木記，從其中有明代補版情況看，亦爲元代翻刻十行本。森氏將此三本元刻十行本皆著録作"宋槧本"或"南宋槧本"。⑤ 可見森氏注意到元刻十行本《論語注疏解經》等版心下的泰定四年年號，將其定爲元刻本，但於一些不見元代年號的十行本，又定爲宋刻本，對十行本中宋刻、元刻的區分仍然含混不清。

古籍的翻刻、覆刻本來就是版本鑒定中的一大難點，如果不將翻

---

① 《十三經注疏校勘記》，《續修四庫全書》第 182 册，第 313 頁。
② 《經籍訪古志》，《日本藏漢籍善本書志書目集成》第 1 册，第 86 頁。
③ 同上書，第 119 頁。
④ 同上書，第 88 頁。
⑤ 《經籍訪古志》，《日本藏漢籍善本書志書目集成》第 1 册，第 67 頁、70 頁、61 頁。

刻、覆刻本與原刻相比對，則很容易將原刻與翻刻、覆刻混淆。宋刻十行本在我國鮮見流傳，根據宋刻十行本翻刻的元刻十行本一直被當作宋刻，此觀念在清代學者中根深蒂固。民國初年，傅增湘得見劉叔剛本《附釋音春秋左傳注疏》，始認識到十行本有宋刊、元刊之別。《藏園訂補郘亭知見傳本書目》錄傅增湘記云：＂十行本有宋刊，有元刊。余曾藏南宋劉叔剛刊《春秋左傳注疏》，字畫斬然挺勁，與世所傳十行本大不同。世所傳者實爲元翻元明遞修本，而咸號爲宋刊，阮氏覆刻所據皆是也。＂① 《藏園訂補郘亭知見傳本書目》爲傅氏數十年間陸續完成，1993年經傅熹年先生整理出版，此段文字不知撰作於何時。但《張元濟傅增湘論書尺牘》有1913年10月20日傅增湘致張元濟札云：＂又得宋十行本《春秋左傳注疏》半部，宋印無補。首有南宋史氏之印。至爲可寶。且劉剛父牌子亦存。後半則無從蹤跡矣。＂② 同年10月25日札云：＂文友堂購得宋十行本《春秋經傳集解》（較在申所得殘本爲佳），二十九卷，亦去九十元。則價亦不貲。然宋刊宋印，又有宋史氏藏印。劉氏牌子俱全。則亦頗難得。＂③ 說明傅氏得到宋劉叔剛刻十行注疏本《附釋音春秋左傳注疏》的時間在1913年，此即從清宮中流出的劉叔剛本《附釋音春秋左傳注疏》的前二十九卷，也即今中國國家圖書館藏殘二十九卷本。又根據袁克文日記記載，1916年元月12日，傅增湘將宋十行本《附釋音春秋左傳注疏》殘二十九卷轉讓與袁克文：＂沅叔爲購宋十行本《附釋音春秋左傳注疏》，殘存卷一之二十九，序次有木記曰'建安劉叔剛父鋟梓'。書中間有'史氏家傳翰院考藏書畫圖章'長方朱印，乃宋史守之故物。史字子仁，浩孫，彌大子。天禄琳琅所儲宋刻《三禮圖》、《通鑒考異》皆有此印。每卷首尾皆有'皇次子'、'謙牧堂'

---

① 《藏園訂補郘亭知見傳本書目》卷一，中華書局，1993年，第4頁。
② 張元濟、傅增湘著《張元濟傅增湘論書尺牘》，商務印書館，1983年，第47頁。
③ 同上書，第48頁。

藏印。卷一首葉有'毛褒之印'、'華伯氏'二印。"① 即今國圖藏殘二十九卷本。《藏園訂補郘亭知見傳本書目》傅增湘云"十行本有宋刊，有元刊，余曾藏南宋劉叔剛刊《春秋左傳注疏》"，語出追憶，自當在1916年之後。傅增湘《藏園群書經眼錄》中無宋刻十行本《附釋音春秋左傳注疏》的記載，② 但其中記錄了多部元刻十行注疏本，並詳記觀書時間，其中最早的是1915年秋季在瞿氏鐵琴銅劍樓觀其所藏十行本《監本附音春秋公羊注疏》、《監本附音春秋穀梁注疏》，前者著錄作"元刊明補本"，後者著錄作"元刊本"。③ 1922年，傅增湘自己又收得元刻十行本《附釋音尚書注疏》，認爲是"元刊本"、"元刊元印"，並詳細錄下書中的刻工姓名。④ 根據《藏園群書經眼錄》中這些記載可以推斷，傅氏應該是很早即已對十行本宋刊、元刊問題有了清晰的認識，這種認識當源自他自己收藏過的劉叔剛刻本《附釋音春秋左傳注疏》。⑤

1934年，長澤規矩也在日本昭和九年漢學大會上發表了《十行本注疏考》，此文刊載於當年十二月出版的《書志學》雜誌第三卷第六號，

---

① 王雨摘抄1915—1918年間寒雲日記中有關古籍善本的記錄，見《王子霖古籍版本學文集》附錄《寒雲日記》，上海古籍出版社，2006年，第2冊，第156頁。

② 據傅熹年《藏園群書經眼錄》整理說明："先祖逐年南北訪書時，必攜帶筆記和一部莫友芝撰《郘亭知見傳本書目》。所見善本詳記在筆記上，題名爲《藏園瞥錄》或《藏園經眼錄》。又把各書行款牌記序跋摘要記在《書目》上，以便檢索核對，題名爲《雙鑒樓主人補記郘亭知見傳本書目》。數十年來，《瞥錄》積至四十餘冊，《書目》也批注殆滿。十餘年前，《瞥錄》小有散佚，現在尚存三十八冊。"宋刻十行注疏本《附釋音春秋左傳注疏》不見於《藏園群書經眼錄》，或緣其散佚。

③ 《藏園群書經眼錄》第1冊，第74、75頁。

④ 《藏園群書經眼錄》第1冊，第28頁。

⑤ 傅熹年《藏園群書經眼錄》整理說明云："原稿前後三十餘年積累而成，先祖晚年曾準備手自裁定，統一體例，編成問世，因病未能實現。先祖病中，先父晉生先生根據先祖指授，對全稿需要訂正處做了記錄或標誌，可惜近年也已散佚。這次整理時，只能就記憶所及，參照日記、札記、題跋、識語和《補記郘亭書目》等手稿，儘可能按先祖晚年的意見加以訂正。"《藏園群書經眼錄》整理過程中參入傅氏晚年的意見，但傅氏於十行本諸經的記錄中強調"元刊明補本"、"元刊元印"及詳記刻工名，應爲當年所記。

以後又經修改，以《正德十行本注疏非宋本考》爲題，收入1937年出版的《書志學論考》書中。該文通過對元刻十行本刻工的考察，及靜嘉堂藏元刻十行本（文中稱"正德本"）與足利學校藏宋刻十行本的比較，全面論述了所謂"十行本"爲元刻而非宋刻的觀點。文中指出：

> 仔細查閱靜嘉堂所藏正德本，其刊刻大概可分爲三期，而《毛詩》、《左傳》中與劉氏一經堂刊本同版葉全不見，皆不同板。①
>
> 十行本刻工中，與他書最多共通的，當屬元胡注《通鑑》的初刻本，合計十六人（子興、天錫、文甫、文粲、以德、余中、君美、希孟、秀甫、季和、時中、善卿、善慶、德成、鄭七才、興宗）。此外，還有十行本中有名無姓的刻工，與《通鑑》所記姓名具全刻工的名一致。僅此足可以證明正德本爲元版的修補本。另外，與元覆宋刊本《唐書》（靜）共通的刻工有七人（子明、王君粹、王榮、君美、英玉、茂卿、德成），與元延祐中饒州路學刊本《文獻通考》共通刻工四人（子仁、文甫、古月、宗文）。這就更加證明了上述結論。與宋刊大德元統修本《漢書》及《後漢書》共通刻工三人（文仲、秀甫、和甫）及五人（仁甫、文仲、仲明、君祥、秀甫），皆屬修補紙葉。②
>
> 不止刻工一致可作明證，而且有刻工的原刻葉往往有年號。靜嘉堂藏本版心年號已如上述全部删去，但《論語》殘留如"泰定丁卯王英玉"（卷三第一葉）、"泰定四年程瑞卿"（卷一第一葉）。據加藤氏言，《周禮》亦有"泰定四年王英玉"（卷三十三第二十四葉）字樣。據上述《森志》記載，求古樓藏本《公羊》亦有泰定四年年號，森志所云"元泰定四年刻十三經"云云，結論是正確的，但論證中未説明紀年之葉是否原刻葉，因而難免論據薄弱之譏。③

---

① 《書志學論考》，第32頁。原文日文，筆者譯，下同。
② 《書志學論考》，第33頁。
③ 《書志學論考》，第34頁。

總括長澤氏的論點，首先，元刻十行本（正德本）與足利學校所藏宋刻十行本無任何相同的版葉，這就排除了元刻十行本爲宋刻十行本修補後印的可能。其次，元刻十行本的刻工，與今存數種元刻本中的刻工相同，且這些相同刻工是成批出現，又皆爲原版刻工。同時，元刻十行本中還可以發現數葉版心下有"泰定四年"年號，這些版葉並非後代修補版。長澤規矩也此文充分論證了長期以來被認爲是宋刻本的所謂"正德本"並非宋代所刻，而是元代刻本，其觀點明確，論據充分，堪稱定論。

傅增湘、長澤規矩也之後，汪紹楹1949年完成、1962年改寫之《阮氏重刻宋本十三經注疏考》，廣泛涉及經書版本諸問題，對十行本宋刻、元刻之説也進行了深入探討。① 日本學者阿部隆一通過對各本刻工的廣泛調查和比較，對長澤規矩也的觀點做了部分修正和深化，認爲元刻十行本的刊刻時間當在泰定前後。②

關於十行本有宋刻、元刻之別，今存十行本絕大多數爲元代刻本，此說已爲前輩學者普遍認同，《中國古籍善本書目》即對十行本宋刻、元刻有嚴格的區分。不過，阮元"重刻宋本"《十三經注疏》影響巨大，至今仍是最爲通行的《十三經注疏》版本，十行本爲宋本之說深入人心，仍有衆多目錄及研究著作將十行本歸入宋本之列。③ 長澤規矩也等對宋元十行本的比較，依據的是足利學校所藏兩部真正的宋刻十行本《附釋音毛詩注疏》與《附釋音春秋左傳注疏》，對於這兩個版本，我國學者難以寓目。又日本學者的文章在我國流傳不廣，而《藏園訂補郘亭知見傳本書目》和《藏園群書經眼錄》也遲至上世紀八九十年代始公開出版，對國圖所藏二十九卷殘本《附釋音春秋左傳注疏》缺乏

---

① 汪紹楹《阮氏重刻宋本十三經注疏考》，《文史》第三輯，中華書局，1963年。

② 《日本國見在宋元版本志經部》之《孟子注疏解經》條，《阿部隆一遺稿集》第一卷，第349頁。此文首先發表於1982年出版的《斯道文庫論集》第18輯。

③ 如1999年出版的《北京大學圖書館藏古籍善本書目》即將館藏數種元刻十行本著錄作宋刻本。

深入研究。至於國圖所藏宋刻十行本《監本附音春秋穀梁注疏》，此本只鈐有"學部圖書之印"和"京師圖書館收藏之印"，它應當是京師圖書館（中國國家圖書館的前身）創建之初由學部撥交的。此本久不被人所知，傅增湘、長澤規矩也等皆未寓目，《中國古籍善本書目》亦未收入。直至李致忠先生《宋版書敘錄》收入此本，方廣爲人所知。元刻十行本歷經修補，各印本間原版、補版情況各異，即使元刻十行本中的刻工明確爲元代刻字工人，仍有觀點認爲不排除元代利用宋刻舊板修補的可能性，元刻十行本中可能保存了部分宋刻版葉。如2008年國務院公佈的《第一批國家珍貴古籍名錄》第00189號、00190號北京市文物局及軍事科學院軍事圖書資料館藏《十三經注疏》，著錄作"元刻明修本"；而2009年公佈的《第二批國家珍貴古籍名錄》02548號國家博物館藏《十三經注疏》，則著錄作"宋元明刻元明遞修匯印本"。實際上，根據《第二批國家珍貴古籍名錄圖錄》收錄的國博藏《十三經注疏》之《附釋音毛詩注疏》卷一之二首葉書影（此葉爲原版葉），① 可以發現國博藏本與北京市文物局藏本爲相同版本，即元刻十行本；而與足利學校所藏宋劉叔剛本爲不同的版刻。（參見圖九七）關於元刻十行本的刊刻年代，學界仍有許多模糊認識，故不避瑣碎，述前人有關十行本的討論如上。

三、宋刻十行本與元刻十行本版刻之比較

長澤規矩也等人有關宋、元刻十行本的研究，主要依靠刻工的考證和辨別，於宋、元刻十行本之間形式與內容的差別，著意不多。筆者今試以現存宋刻十行本與元刻十行本相比較，考察兩本之間外在形式與文字內容上的差異。

元代刊刻十行注疏本，包括：《周易兼義》九卷《音義》一卷《略例》一卷；《附釋音尚書注疏》二十卷；《附釋音毛詩注疏》二十卷；

---

① 《第二批國家珍貴古籍名錄圖錄》第2冊，國家圖書館出版社，2010年，第197頁。

《附釋音周禮注疏》四十二卷；《儀禮》十七卷《儀禮圖》十七卷《旁通圖》一卷；《附釋音禮記注疏》六十三卷；《附釋音春秋左傳注疏》六十卷；《監本附音春秋公羊注疏》二十八卷；《監本附音春秋穀梁注疏》二十卷；《孝經注疏》九卷；《論語注疏解經》二十卷；《孟子注疏解經》十四卷；《爾雅注疏》十一卷。其書板一直保存到明代，遞經修補，今存傳本之間有印刷先後的差別，早期未經修補的印本頗為難得。而十三經完整保存的亦不多，所知者僅北京市文物局、國家博物館、軍事科學院及日本靜嘉堂藏有完整的《十三經注疏》，均為元刻明代修補印本，其中北京市文物局藏本有《中華再造善本》影印本。

宋刻十行注疏本，如上所述，今存日本足利學校所藏宋劉叔剛刻本《附釋音毛詩注疏》、《附釋音春秋左傳注疏》，中國國家圖書館藏宋刻本《監本附音春秋穀梁注疏》。以此三本與《中華再造善本》影印元刻明修十行本《十三經注疏》三經相比較，[①] 可以發現宋刻十行本與元刻十行本之間，內容體式、版刻行款、字體風格、甚至某些字的特殊寫法等等，非常相似，有很明顯的翻刻關係。尤其現存元刻十行本《附釋音毛詩注疏》的孔穎達正義序末，照刻宋刻十行本中的"劉氏文府"、"叔剛"等木記，雖然圖案不似原刻細緻，但形制、字樣完全仿照原刻，說明兩本有直接的繼承關係。（圖九六）另如宋刻十行本《監本附音春秋穀梁注疏》各卷卷端及尾題題名，除"監本附音春秋穀梁注疏"外，卷五～十四、十七～二十卷端題名，卷一、七～九、十二、十七～二十尾題題名作"監本春秋穀梁注疏"，卷十一尾題作"春秋穀梁注疏"，並不規範統一。而元刻十行本《監本附音春秋穀梁注疏》卷端及卷尾題名的情況，與宋刻十行本完全吻合。這也說明了《監本附音春秋穀梁注疏》元刻十行本與宋刻十行本之間明顯的繼承關係。

[①] 《中華再造善本》影印元刻明修十行本多明代補版，此處皆就原版而言。

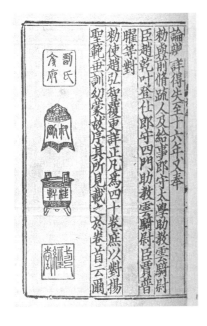 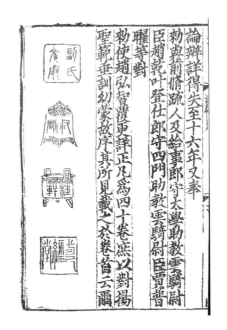

圖九六　宋劉叔剛刻十行本與元刻十行本《附釋音毛詩注疏》牌記之比較
左爲宋劉叔剛刻本（日本足利學校遺跡圖書館後援會影印本），足利學校藏；
右爲元刻明修十行本（《中華再造善本》影印本），北京市文物局藏

但是，雖然元刻十行本與宋刻十行本之間關係緊密，版刻面貌非常相似，但宋刻十行本與元刻十行本又的確爲不同時期的刻本，無論外在版刻形式與内在文字内容上，兩者都有一定差別。從外在形式上看，宋刻十行本與元刻十行本的區别主要有如下幾點：

首先，最明顯的是宋刻十行注疏本《附釋音毛詩注疏》、《附釋音春秋左傳注疏》、《監本附音春秋穀梁注疏》三種，版心皆爲細黑口；版心上大多不刻字數，只有極少量葉版心鐫本版字數（總字數，不分大小字）；版心下無任何刻工姓名。而元刻十行注疏本的原刻葉版心絶大多數爲白口，版心上大多鐫有本版大小字數，版心下亦大多鐫有刻工姓名。元刻十行本中明代修補版葉也有黑口者，但黑口較粗，與宋刻十行本的細黑口不同。細黑口、無刻工、無大小字數，這是宋刻十行本區别於元刻十行本的重要特徵。

其次，宋刻十行注疏本《附釋音毛詩注疏》、《附釋音春秋左傳注疏》、《監本附音春秋穀梁注疏》在注文與釋文之間、疏文各段之間以小圓圈作爲間隔標識，而疏文出文與疏文正文之間，則只空一格，無任何符號作標識。元刻十行注疏本爲使讀者閱讀時更爲清晰悦目，除了在注文與釋文之間，及疏文各段之間以小圓圈標識外，在疏文出文與疏文正文之間，一般也加一小圓圈標識。《附釋音毛詩注疏》、《附釋音春秋左傳注疏》疏文正文一般冠以"正義曰"起始，其宋刻十行本"正義曰"之前皆爲空格，元刻十行本"正義曰"之前則皆爲一小圓圈。《監本附音春秋穀梁注疏》疏文正文一般冠以"釋曰"起始，其宋刻十行本"釋曰"前皆爲空格，而元刻十行本"釋曰"前則爲一小圓圈。又和珅翻刻劉叔剛本《附釋音禮記注疏》中，疏文出文與疏文正文之間亦空一格，當爲宋刻十行本原貌；而元刻十行本《附釋音禮記注疏》疏文出文與疏文正文之間則爲一小圓圈。疏文出文與疏文正文之間爲空格而非小圓圈標識，這是宋刻十行本區別於元刻十行本的又一重要特徵。

再次，雖然元刻十行本承襲了宋刻十行本的行款版式、字體風格和書寫特點，但亦難免因寫刻者殆惰而致的改動。最常見的就是將宋刻本中的繁體字改爲簡體字。如宋刻十行本中的繁體字"國"、"無"、"後"、"禮"、"爾"、"實"、"稱"、"齊"等，在元刻十行本中常常改爲簡體字"国"、"无"、"后"、"礼"、"尔"、"实"、"称"、"齐"等。這種將宋刻底本中規範的繁體字改爲簡體字的現象，在三經中皆常見，這是翻刻過程中寫工、刻工趨簡所致。另一個可簡省的地方是各卷末葉空白處，元刻十行本在翻刻時常將卷尾題名前移，這樣空白處的界格版框即可省略。如宋劉叔剛刻本《附釋音毛詩注疏》卷一之一末葉，正文至上半葉第四行結束，尾題在下半葉第三行，上下半葉無字處界格完整。而元刻十行本尾題移至上半葉第八行，下半葉僅刻二行界格。宋刻十行本《監本附音春秋穀梁注疏》，卷七末葉正文結束于上半葉第五行，尾題在下半葉末行。而元刻十行本此葉，尾題移至上半葉末行。又卷八、十七、十八、十九也有尾題前移的情況。將尾題前移，尾題之後即可不刻版框界格，自然是簡省人力之法。

元刻十行本與宋刻十行本還有一個明顯的差異，即宋刻十行本中有許多缺筆避諱字，元刻十行本在翻刻時都不再避諱。如《附釋音毛詩注疏》卷前正義序末葉上半葉第二行、第五行兩"炫"字，下半葉第五行"弘"字，足利學校藏劉叔剛本皆缺末筆避諱，而元刻十行本中不缺筆。卷二十之二第三葉上半葉第二行"《釋詁》云愍神溢慎也，俱訓爲慎"，足利學校藏劉叔剛本二"慎"字缺末筆避諱，而元刻十行本二字皆不缺筆。這種情況在《附釋音春秋左傳注疏》、《監本附音春秋穀梁注疏》中也頗爲常見。當然元刻十行本中也可見少量宋諱字缺筆的情況，但這只是翻刻中的部分沿襲，較之宋刻十行本中的避諱字少很多了。

從以上比較可知，宋刻十行本區別於元刻十行本最明顯的特徵是：書口爲細黑口而非白口；版心下不刻刻工姓名；版心上不刻大小字數；疏文出文與疏文正文之間無小圓圈標識；多用簡體字等。以《附釋音毛詩注疏》卷一之二首葉爲例（圖九七），元刻十行本與宋刻十行本版刻面貌非常相似，可見兩本之間密切的關係。但元刻十行本本葉版心上刻大小字數，下有刻工名，而宋刻十行本版心無字數和刻工名。第七行大字"疏"下"正義曰"之前，元刻十行本有小圓圈標識，而宋刻十行本此處爲空格。第七行小字"貞"字，宋刻十行本缺末筆避諱，元刻十行本不缺筆。第九行小字"婦禮"，宋刻十行本之"禮"字爲繁體，元刻十行本改爲簡體。又首行下部"二"字，宋刻十行本爲陽刻，元刻十行本爲白文陰刻。又如《監本附音春秋穀梁注疏》卷十六第七葉（參見圖九八、九九），元刻十行本版心白口、有大小字數和刻工，宋刻十行本則爲細黑口，無字數、無刻工。第四行大字"疏"下"釋曰"之前，元刻十行本爲小圓圈標識，宋刻十行本爲空格。第四行"國"、第五行"舉"、"禮"，第七行"無"等字，宋刻十行本爲繁體，元刻十行本爲簡體。可見宋、元刻十行本版刻上的區別是很明顯的。

第六章　建陽坊刻十行注疏本及其他宋刻注疏本　/ 377

圖九七　宋劉叔剛刻十行本與元刻十行本《附釋音毛詩注疏》卷一之二首葉比較
左爲宋劉叔剛刻本（日本足利學校遺跡圖書館後援會影印本），足利學校藏；
右爲元刻明修十行本（《第二批國家珍貴古籍名錄圖錄》），中國國家博物館藏

　　既然元刻十行本曾經多次補版重印，那麼宋刻十行本與元刻十行本之間的諸多差別，是否可能因元刻十行本歷次補版所致呢？換句話說，元刻十行本是否利用了部分宋刻十行本的板片，而其他部分板片經過重刻，導致上述不同呢？從《附釋音毛詩注疏》、《附釋音春秋左傳注疏》、《監本附音春秋穀梁注疏》三經比較來看，這種情況並不存在。一般來說，利用前代舊板，總會保留部分舊有版葉，重刻版葉與舊有版葉之間可見明顯的區別。上文提到長澤規矩也曾仔細查閱靜嘉堂所藏正德本（即元刻明修十行本）《毛詩》、《左傳》，其中與宋劉叔剛刻本相同版葉一葉未見，皆不同版。筆者亦曾以宋劉叔剛本複製件與元刻十行本《毛

詩》、《左傳》中的數卷比對，亦未見一葉同版。①

　　此外，國圖藏宋刻十行本《監本附音春秋穀梁注疏》，前人未曾論及，亦未加比對。筆者今以《中華再造善本》影印宋刻十行本《監本附音春秋穀梁注疏》與北大所藏元刻明修十行本《監本附音春秋穀梁注疏》逐葉比對，兩本亦未見一葉同版。按北大所藏元刻明修十行本《監本附音春秋穀梁注疏》爲李盛鐸舊藏，其刷印時間較早，補板葉較北京市文物局藏《十三經注疏》本爲少，僅卷五第九至十葉、卷十五末二葉爲補版。其他版面新舊程度一致，版刻風格一致，版心上皆刻大小字數，版心下有刻工姓名，刻工包括君美、英玉、住郎、以德、壽甫、善卿、伯壽、應祥等，皆元代刻工，證明其爲元代刊刻。② 北大藏較早刷印的元刻十行本《監本附音春秋穀梁注疏》與國圖藏宋刻十行本無一葉相同版葉，說明兩者是完全不同的兩個刻本，元刻十行本並無利用宋刻舊板修補的情況。

　　需要說明的是，今存三部宋刻十行本中，從版面情況、刻工刀法看，《左傳》及《穀梁》似有部分補刻葉。但這些補刻葉仍爲細黑口、無刻工、無字數，與元刻十行本的版心白口、上刻大小字數、下有刻工的情況不同，更與元刻十行本中的明代修補葉版式、字體有明顯差異。其修補後印的時間，當在元刻十行本出現之前，或在宋末，或在元初。

四、宋刻十行本與元刻十行本文字之比較

　　元刻十行本據宋刻十行本翻刻，兩本在文字異同方面保持高度一致。以《監本附音春秋穀梁注疏》爲例，阮元《校勘記》所指出的元刻

---

① 筆者比對之宋刻十行本，爲影印足利學校藏劉叔剛本《附釋音毛詩注疏》卷一之一至卷一之五、卷二十之一至卷二十之四；臺北故宮藏劉叔剛本《附釋音春秋左傳注疏》卷五十八至五十九。元刻十行本所據者爲《中華再造善本》影印《十三經注疏》本。

② 關於這些刻工時代的論證，詳見長澤規矩也《正德十行本注疏非宋本考》及阿部隆一《日本國見在宋元版本志經部》之《孟子注疏解經》條。

十行本中諸多文字訛誤處，宋刻十行本多與之同，顯示出兩本之間的繼承關係。如：

宋刻十行本卷十四第六葉成公十四年疏文"案宣元年春王正月，公即云，公子遂如齊逆女"，元刻十行本、阮元本同。《校勘記》云："閩、監、毛本'云'作'位'，單疏本'公即云'三字作'公即位下文即云'七字，蓋十行本誤脫。"①檢北大藏單疏抄本《春秋穀梁疏》，此處正作"案宣元年春王正月，公即位，下文即云公子遂如齊逆女"。宋刻十行本將兩"即"字相混，遂誤脫第一個"即"下的"位下文即"四字，元刻十行本沿襲此誤。

宋刻十行本卷十六第十三葉襄公三十年疏文"姬能守尖在之貞"，北大藏元刻十行本較早印本同。《中華再造善本》影印北京市文物局藏元刻明修十行爲較晚印本，"尖在"剜改爲"災死"。阮元本亦作"災死"。《校勘記》云："閩、監、毛本同，何校本'災死'作'夫在'"。②檢北大藏單疏抄本《春秋穀梁疏》，"災死"正作"夫在"，"姬能守夫在之貞"文意通暢。很明顯，宋刻十行本乃因字形相近誤"夫"爲"尖"，遂致文義不通，元刻十行本沿襲此誤。（參見本書第四章圖版七二、七三、七四、七五）

以上二例，宋刻十行本以字形相近或涉上下文而誤，元刻十行本同誤。其訛誤之跡明顯可循。而後來的修版者或翻刻者爲求文義可通，遂爲臆改。如第一例閩、監、毛本改"云"作"位"，"公即位，公子遂如齊逆女"便可讀通。③第二例明代修版者改"尖在"爲"災死"，"姬能守災死之貞"文義遂通，閩、監、毛本沿襲。盧文弨曾說："書所以貴舊本者，非謂其概無一譌也。近世本有經校讎者，頗賢於舊本，然專輒

---

① 《十三經注疏校勘記》，《續修四庫全書》第183册，第174頁。
② 《十三經注疏校勘記》，《續修四庫全書》第183册，第180頁。
③ 北大標點本即從閩、監、毛本改爲"公即位，公子遂如齊逆女"，見《十三經注疏·春秋穀梁傳注疏》，北京大學出版社，1999年，第232頁。

妄改者，亦復不少。"① 顧廣圻云："宋槧之誤由乎未嘗校改，故誤之跡往往可尋也。"② 舊本可貴，非在其全無訛誤，而在其訛誤有跡可尋。上述二例，正可爲前人注腳。

雖然元刻十行本在文字上與宋刻十行本高度一致，但是在翻刻過程中，元刻十行本也出現了一些與宋刻十行本不同的文字上的差異。其中有少量對宋刻底本明顯訛誤之處的改訂，更多的則是在翻刻過程中因字形相似或其他原因造成的誤刻。下面仍以《監本附音春秋穀梁注疏》的局部校勘爲例，來説明元刻十行本與宋刻十行本之間的文字差異。③

《監本附音春秋穀梁注疏》中，有元刻十行本對宋刻十行本加以改訂的例子，如：

國圖藏宋刻十行本卷十六第五葉襄公二十二年經文，"秋七月辛，叔老卒"，皆大字，其"辛"後脱一"酉"字。元刻十行本此處作"秋七月辛酉，叔老卒"，但"辛酉"二字作雙行小字，形同注文。阮元《校勘記》此處出校云："十行本'辛酉'二字誤作注，閩、監、毛本不誤。"④ 實際上，元刻十行本並非將"辛酉"二字作注文，而是在翻刻宋本時，發現此處脱文，需要補入"酉"字，又不能影響本來的行格字數，故在原本的大字"辛"的位置改刻小字"辛酉"二字，正好位置相當，以保持原有的版面形式。結果就造成了"辛酉"二字混同注文的情況。案北大圖書館所藏元刻十行本的較早印本與北京市文物局藏較晚印本，此處皆作小字"辛酉"，説明其與宋刻十行本的

---

① 盧文弨《抱經堂文集》卷十二《書吳葵里所藏宋本白虎通後》，《續修四庫全書》影印本，第1432册，第653頁。

② 顧廣圻《思適齋集》卷九《韓非子識誤序》，《續修四庫全書》影印本，第1491册，第75頁。

③ 元刻十行本取《中華再造善本》影印北京市文物局藏本（較晚印本）及北京大學藏本（較早印本）爲比勘。兩本文字一致者，統稱元刻十行本；兩本文字有異者，則以"北大藏元刻十行本"及"《中華再造善本》影印元刻明修十行本"分別稱之。

④ 《十三經注疏校勘記》，《續修四庫全書》第183册，第178頁。

差異並非出自明代補版時的改訂，而是元刻十行本翻刻時所做的變動。

元刻十行本在翻刻過程中形成誤刻的例子較多，如：

元刻十行本卷六第六葉莊公二十三年十二月注文"公怠棄國政，此行犯禮"，阮元《校勘記》此處出校云："'此行犯禮'，閩、監、毛本同，何校本'此'作'比'。"① 檢國圖藏宋刻十行本，此處正作"比行犯禮"，與何校同。此蓋元刻十行本因字形相近而致訛，閩、監、毛本亦沿襲其誤。

元刻十行本卷六第十三葉莊公二十八年疏文"則禾之死未必田大水"，阮元《校勘記》出校云："'未必田大水'，'田'當作'由'，閩、監本'田大'作'由夫'，毛本作'繇夫'，並非。"② 檢國圖藏宋刻十行本，此處正作"未必由大水"，可爲《校勘記》之證。此亦元刻十行本因字形相近而誤，閩、監、毛本又加擅改。

元刻十行本卷七第三葉僖公元年疏文"況傳文不知，江生何以爲非乎"，阮元《校勘記》此處出校云："'況傳文不知'，閩、監、毛本同，何校本'知'作'失'。"③ 檢國圖藏宋刻十行本，此處正作"況傳文不失"，與何校本異文同。此亦元刻十行本誤刻，閩、監、毛本沿襲其誤。

元刻十行本卷七第十葉僖公四年疏文"曰桓師也"，阮元《校勘記》此處出校云："'曰桓師也'，段玉裁校本'曰'作'内'。"④ 檢國圖藏宋刻十行本，此處正作"内桓師也"，可爲段玉裁校字提供版本佐證。

元刻十行本卷十六第二葉襄公十九年注文"此與盟後後伐無異"，阮元本同，《校勘記》未出校。北京大學出版社標點本改下"後"爲

---

① 《十三經注疏校勘記》，《續修四庫全書》第183册，第156頁。
② 《十三經注疏校勘記》，《續修四庫全書》第183册，第157頁。
③ 《十三經注疏校勘記》，《續修四庫全書》第183册，第158頁。
④ 《十三經注疏校勘記》，《續修四庫全書》第183册，第159頁。

"復",校語云:"《補注》作'復',下疏文亦作'復',據改。"① 按元刻十行本"後後",爲明顯誤刻,國圖藏宋刻十行本此處不誤,正作"此與盟後復伐無異"。

元刻十行本卷十三第三葉成公二年疏文"但傳以此戰不許",阮元本同,《校勘記》未出校。《愛日精廬藏書志》校單疏抄本"許"作"詐",云:"案上云'豈使詐戰',則'詐'字較長。"② 檢國圖藏宋刻十行本,此處正作"但傳以此戰不詐",爲《愛日精廬藏書志》之論提供了有力證據。"許"字很可能是元刻十行本在翻刻時因字形相近而造成的訛字。

北大藏元刻十行本(較早印本)卷十六第七葉襄公二十四年注:"塗,聖飾。"其下釋文作:"聖,烏路反,又烏路反。""聖"字反切並非"烏路反",且兩"烏路反"重出,明顯有誤。《中華再造善本》影印元刻明修十行本此葉與北大藏本爲相同版葉,但此處剜改作"塗,塗飾。"其下釋文作:"塗,烏路反,又烏路反。"將注文和釋文中的"聖"字皆挖改爲"塗"字。"聖"字文義不通,挖改爲"塗"字,文義較順,但"塗"字反切亦非"烏路反",且仍重出"烏路反",亦明顯有誤。阮元本(藝文印書館影印南昌府學本)此處文字與《中華再造善本》影印元刻十行本同,作"塗,塗飾"、"塗,烏路反,又烏路反",説明其底本爲元刻十行本的較晚印本。《校勘記》於此出校云:"閩、監、毛本同。何校本下'塗'作'塈',《釋文》出'塈飾'。"③ 未判孰是,亦未指出底本釋文之誤。檢國圖藏宋刻十行本此處,注文作"塗,塈飾",其下釋文作"塈,烏路反,又烏洛反"。"塈"字正與何校單疏本異文同,而"塈,烏路反,又烏洛反"之釋音與《經典釋文》合,顯然宋刻十行本文字爲正,元刻十行本的兩個印本及阮元本皆誤。(圖九八、九九、一〇〇)

---

① 《春秋穀梁傳注疏》,《十三經注疏》標點本,第261頁。
② 張金吾《愛日精廬藏書志》卷五,《續修四庫全書》影印本,第925冊,第281頁。
③ 《十三經注疏校勘記》,《續修四庫全書》第183冊,第179頁。

第六章 建陽坊刻十行注疏本及其他宋刻注疏本 / 383

　　明嘉靖李元陽刻《十三經注疏》本《春秋穀梁注疏》中，此處訛誤又有新的發展。（圖一〇一）其注文作"塗，塗飾"，沿襲了經剜改後的元刻明修十行本；釋文作"塗，烏路反，又同都反"，與元刻十行本的兩個印本及阮元本皆不同，更不同于宋刻十行本。按李元陽本出自元刻十行本，此蓋因元刻十行本"塗，烏路反，又烏路反"明顯訛誤，遂改後一"烏路反"爲"同都反"。"同都反"爲"塗"字反切，與"塗"字相應，似乎文義較爲通順。中華書局1980年影印世界書局縮印本《十三經注疏附校勘記》，就繼承了李元陽本的這處改動，作"塗，烏路反，又同都反"。

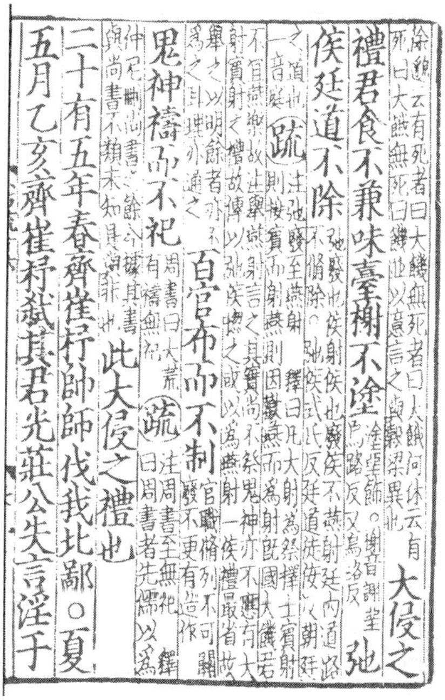

圖九八　宋刻十行注疏本《監本附音春秋穀梁注疏》卷十六第七葉上，第二行"塗，㽵飾"、"㽵，烏路反，又烏洛反"（《中華再造善本》影印本）中國國家圖書館藏

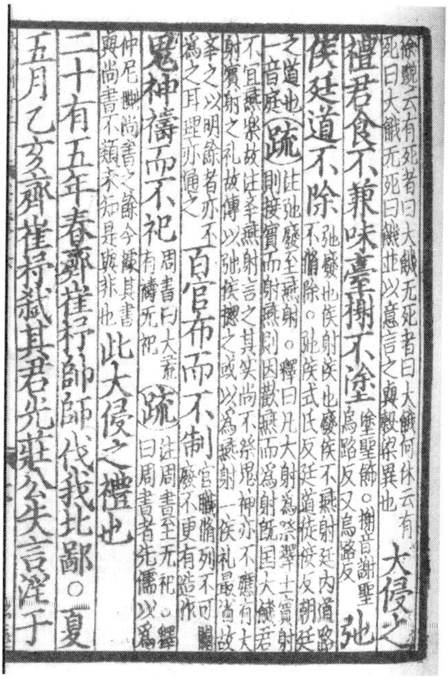

圖九九　元刻十行本（較早印本）《監本附音春秋穀梁注疏》卷十六第七葉上，第二行兩"㽵"字誤爲"聖"，"烏洛反"誤爲"烏路反"　北京大學圖書館藏

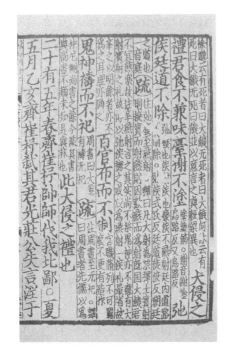 

圖一〇〇　元刻明修十行本《監本附音春秋穀梁傳注疏》卷十六第七葉上，第二行兩"聖"字剜改爲"塗"（《中華再造善本》影印本）北京市文物局藏

圖一〇一　明嘉靖李元陽刻本《春秋穀梁注疏》卷十六第十葉上，第八行改"烏路反"爲"同都反"北京大學圖書館藏

　　上述最後一例非常典型地反映出今本誤字形成之軌跡。此例中，宋刻十行本無誤；元刻十行本在翻刻時誤"垩"爲"聖"、誤"洛"爲"路"，因字形相近而訛，尚屬有跡可循；元刻明修十行本在後印修版時又將原版誤字"聖"改爲另一誤字"塗"，文義雖通却非原貌，此爲妄改；李元陽本又彌縫其間，將已有訛誤的反切"烏路反"改爲"同都反"，以與訛誤的"塗"字相配合，此爲又一次妄改。今本訛誤之跡於此清晰可見。刊本每經一次翻刻，則多一層訛誤。宋刻十行本經過元代翻刻，元代翻刻十行本又經明代多次修補，阮元本據經修補的元刻十行本重加翻刻，本身又有不同版印的差別。在這多次翻刻、修補、印刷過程中，往往會因各種原因而形成文字上的訛誤，其中有無意的誤刻，亦

有主觀的妄改。宋刻十行本爲元刻十行本的底本，同時也是明以後通行的《十三經注疏》版本，包括明嘉靖李元陽刻本、明萬曆北京國子監刻本、明末汲古閣刻本、清乾隆武英殿本、乃至今日仍最爲通用的阮刻《十三經注疏》的最初源頭，其重要的校勘價值由此例可見一斑。

五、其他各經情況

以上《毛詩》、《左傳》、《穀梁》三經宋刻十行本與元刻十行本的比較，可以得出如下兩點認識：一、宋刻十行本與元刻十行本之間有直接的繼承關係，後者是根據前者翻刻的。二、宋刻十行本與元刻十行本確爲兩個不同時期的刻本，兩者不可混爲一談。

除《毛詩》、《左傳》、《穀梁》三經有宋刻十行本存世，《禮記》有清和珅翻刻宋劉叔剛刻本外，其他各經是否同樣在宋代刻行過十行注疏本呢？關於此，阿部隆一曾加以討論：

> 如前所述，本版的字體爲建安體，《詩》、《左傳》二經明顯爲宋建安劉叔剛刊本的覆刻本。但其他八經，作爲其底本的宋刊本已不存。劉氏在二經以外是否刊刻了其他的注疏本、或者劉氏未刊而由他人仿照劉氏二經刊刻了其他八經、或者是元代十三經開版之際，模仿二經的版式字體統一書寫新版並付梓，目前沒有資料可資判斷。此元刊注疏本中避諱雖不謹嚴，但可見很多缺筆。宋版中的宋後期版本、特別是建安本，缺筆避諱極粗疏。元刊麻沙本即使並非覆宋，也往往於匡、桓等字缺末筆，不過這已失避諱的意味，只是一種趨簡化，其惰性在明代的麻沙本中還可見痕跡。本版的缺筆却不能看成是單純的惰性或趨簡化，其中如《論》《孟》中"敦"字往往缺筆，不缺末筆的話就在其字上加墨圍或括弧。這種情況如果不是覆刻，而是元代新寫版的話，很難想像。因此，推定本版十經爲宋刻閩版的覆刻，應該是妥當的。①

---

① 《日本國見在宋元版本志經部》之《孟子注疏解經》條，《阿部隆一遺稿集》第一卷，第349頁，原文日文。阿部隆一所說的"十經"，未包括《儀禮》、《爾雅》和《孝經》。

所論甚是。從今存元刻十行本各經情況看，諸本於宋代帝諱缺筆雖不謹嚴，但亦隨處可見，特別是《孟子》、《論語》、《孝經》等，於宋諱字不僅缺筆，且皆以墨圍標識，當以宋刻本爲底本翻刻而成。在元刻明修後印本《十三經注疏》中，《孝經》全部爲明代補版，《爾雅》爲半葉九行，而《儀禮》並非注疏合刻本。因此，阿部隆一所論，僅就"十經"而言。按《儀禮》宋元無注疏合刻本，元刻明修十行本《十三經注疏》中的《儀禮》以楊復《儀禮圖》充之；《爾雅注疏》行款爲半葉九行，與其他各經半葉十行的行款不同，其刊刻底本爲何尚待研究。但《孝經注疏》有元刊元印本存世，藏中國國家圖書館，《中華再造善本》亦加以影印，其行款、版式、字體等與"十經"全同，其中亦有"慎"、"敦"字避諱之處，說明其底本源自宋刻。因此，阿部隆一的觀點還可以擴充至"十一經"。也就是說，除《儀禮》、《爾雅》外，十三經中至少有十一經，宋代當皆刻有十行注疏本。

上文已論《毛詩》、《左傳》、《穀梁》三經之元刻十行本與宋刻十行本爲兩種不同版刻，元刻十行本中並未摻有宋刻版葉。其他各經宋刻十行本無傳本，無從比較，但從今存元刻十行本情況看，其中並無宋刻版葉混雜其中。綜觀《中華再造善本》影印元刻明修十行本《十三經注疏》及今存各經零種，除明代補版葉外，大多數原刻版葉皆版心白口，版心上刻大小字數，版心下有刻工姓名。各經在疏文出文與疏文正文之間，大多有小圓圈標識。刻工名各經有重合，皆爲元代刻工。以北大圖書館所藏元刻十行本《附釋音尚書注疏》爲例，此本刻印精良，無一補版，爲元刻元印無疑。檢其版心，絕大多數爲白口，版心上刻大小字數，下有刻工。僅見四葉版心爲黑口（卷五第1、2葉，卷十三第21、22葉，其刻工亦元代刻工），三葉版心下無刻工（卷七末葉、卷十六末葉、卷二十末葉），全部版心上刻有大小字數。國圖藏元刻元印本《孝經注疏》，版心亦大多爲白口，絕大多數刻大小字數及刻工名，非常整齊。這說明版心白口、刻有大小字數及刻工名，是元刻十行本普遍的特徵。元刻元印《孝經注疏》中，《孝經正義序》第二葉版心下刻"泰定丙寅英玉"；《孝經序》第一葉版心下刻"泰定二年程瑞卿"。元刻明修

《論語注疏解經》卷一第一葉版心下刻"泰定四年程瑞卿"；卷三第一葉版心中刻"泰定丁卯"，版心下刻"王英玉"。這些葉的版心上皆刻有大小字數。《中華再造善本》影印《十三經注疏》本《附釋音周禮注疏》原版葉存量很少，但很幸運僅存的數葉原版葉之一，卷三十三末葉，雖版面已漫漶，版心字跡尚可辨別，爲白口，版心上刻大小字數"大一十二字小九十六"，上魚尾下刻有"泰定四年"，版心下爲刻工"王英玉"。王英玉、程瑞卿這兩個刻工在其他元刻十行本各經中曾多次出現，且皆原版刻工，以上這些版葉中的泰定年號，是判斷元刻十行本刊刻時代的確證。

目前爲止，在現存元刻十行本《十三經注疏》及其零本中，筆者迄未見到具有宋刻十行本特徵，即版心細黑口、無刻工、無字數、且疏文出文與疏文正文之間無小圓圈標識的版葉。除明顯的後代補版葉外，大多數原版版葉皆具有元刻十行本的共同特徵，即白口、有大小字數、有刻工、疏文出文與疏文正文之間有小圓圈標識。因此，筆者認爲，除《毛詩》、《左傳》、《穀梁》三經可以確認無宋刻版葉外，元刻十行本其他各經亦皆元代重刻，並不包含宋刻版葉。也就是說，元刻十行本是元代重新刻行的版本，它並非利用宋刻舊版補修而成，而是依據宋刻十行本爲底本重新刊刻。元刻十行本與宋刻十行本，兩者確爲不同版刻。

將元代刊刻十行注疏本稱爲"十行本"、"附釋文注疏本"，乃就其總體而言，實際上從元刻十行本各經具體情況看，各經版刻、體例頗有不統一之處。如《爾雅》爲半葉九行，並非十行本。《儀禮》代以宋楊復《儀禮圖》附《儀禮》白文，並非注疏合刻本。各經以釋文散入經注文句之下，唯《周易》之釋文整體附刻在全書之後。《爾雅》散入釋音，但主要爲直音，當爲宋人所爲，其内容與陸德明《經典釋文》不同。而《孝經》、《論語》、《孟子》，不僅文句之中無釋文，卷末亦無整體附刻釋文。按陸德明《釋文》無《孟子》，自無可附入，但《孝經》、《論語》、《爾雅》並有陸德明《釋文》，此三經《釋文》十行注疏本却未附入，與他經附釋文體例全不相同。從題名上看，各經或題"附釋音"，或題"監本附音"，或題"兼義"、"解經"，亦可謂五花八門。既然元刻十行本爲同時同地所刻，它們的體例却五花八門頗不統一，這説明它們的底本本身可能就是體例不一的。也就是說,元刻十行本反映出的應該是宋刻十行本的實況,即宋代建陽地區刊刻的十行注疏本,可能並未遵循同樣的體例。如汪紹楹先生指出的:

> 夫十行本之原出宋建附音本,已無異論。惟初僅係坊賈翻刻,是以有名《兼義》者,有名《監本附音》者,有名《附釋音某注疏》者,有名《注疏解經》者,紛紛立異。誠所謂"南宋時建陽各坊刻書,每刻一書,必倩顧不知誰何之人,任意增刪換易,標立新奇名目,冀自炫鬻者。"(原注:見顧千里《重刻古今說海序》)故刻非一肆,成非一時,後人乃薈萃爲《十三經注疏》。①

將經注、疏、釋文合綴一書,使其文句互相照應配合,此工作頗爲繁雜,需要相當有能力的編輯人員,也需充分的人力財力。以一家書坊之力,恐難以完成十幾部經書的注疏釋文合綴工作。從各經體例不一的情況看,宋刻諸經十行注疏本可能並非同時同家所刻,而是以劉叔剛爲代表的建陽地區數家書坊分別完成的,這也就可以解釋爲什麼今存宋刻十行本中,《毛詩》、《左傳》爲劉叔剛所刻,而《穀梁》則無劉叔剛刻書牌記。在注疏合刻的潮流中,很可能數家書坊分任其事,實際進行中各有體例,遂形成各經名目不一、體例不一的情況。

關於十行注疏本的文本來源,前人多從八行本與十行本刊刻時間先後出發,認爲八行注疏本早出,十行附釋文注疏本晚出,十行附釋文注疏本是在八行注疏本文本基礎上增入釋文而成。從文本比較來看,情況並非如此。如本書第三章第二節所述,喬秀岩先生曾比較十行注疏本與余仁仲本及其他各本,指出"十行本經注文本的底本是余仁仲本或類似余仁仲本的別本,十行本與撫本、八行本之間沒有直接的繼承關係";"先有八行經注、疏彙本,後有十行經注、音、疏彙本,事實如此。然十行本編輯之實況,乃非據經注、疏彙本附入《釋文》,而用經注附

---

① 汪紹楹《阮氏重刻宋本十三經注疏考》,《文史》第三輯,第37頁。

《釋文》之本附以疏而成。"① 又刁小龍比較《公羊》各本異文，指出十行本之誤文、衍文、脫文等例，多與余仁仲本同。② 我們也曾比較《左傳》撫州本、余仁仲本、越刻八行本、十行注疏本之異文，發現其中十行注疏本多同余仁仲本，而越刻八行本多同撫州本，形成明顯的兩個陣營；又十行注疏本《附釋音春秋左傳注疏》與余仁仲本《春秋經傳集解》的附釋文文字完全相同，其對《經典釋文》的刪節、改造如出一手，亦可説明十行注疏本與余仁仲本的密切關係。③ 從《禮記》、《公羊》、《左傳》三經的情況看，十行注疏本綴合之初，很可能使用了余仁仲本（或同一系他本）這樣的經注附釋文本爲底本，將單疏本文字穿插綴合其中。當然這只是就十行本主體而言。十行本各經體例頗有不統一之處，各經文本來源可能並不一致。如《周易兼義》正文中不附釋音，而在書末附刻《釋文》；《爾雅注疏》所附釋音爲宋人所爲，多爲直音，並非陸德明《釋文》；《孝經注疏》不附釋音。此三經的文本來源或與《禮記》等有所差別。而十行本《論語注疏解經》與《孟子注疏解經》的體例文字與八行本《論語注疏解經》、《孟子注疏解經》相近，它們與八行本之間當有淵源關係。

第二節　其他宋刻注疏本

一、蜀刻本《論語注疏》

《九經三傳沿革例》中提到了三種注疏合刻本："越中舊本注疏、建本有音釋注疏、蜀注疏"。"越中舊本注疏"即越州刻八行注疏合刻本；"建本有音釋注疏"當即劉叔剛等建陽地區書坊刻十行注疏本；"蜀注

---

① 喬秀岩《〈禮記〉版本雜識》，《北京大學學報（哲學社會科學版）》2006年第5期。
② 刁小龍《〈春秋公羊經傳解詁〉版本小識》，《國學學刊》2010年第4期。
③ 參見本書第二章第二、三節。

"疏"在我國没有傳本，歷代藏家亦不見著錄，不過在東瀛日本傳藏一部宋代蜀刻本《論語注疏》，很可能就是"蜀注疏"唯一傳世版本。

《論語注疏》十卷，魏何晏集解，宋邢昺疏，唐陸德明釋文，宋蜀刻本。藏日本宫内廳書陵部。八行十六字，小字雙行、行約二十五字，白口，左右雙邊。"慎"、"敦"等字可見缺筆，而卷三第二十六葉"子曰觚不觚"下疏文"廓也"、"廓然著名"，二"廓"字皆不缺筆，推測其刊刻時間當在南宋光宗紹熙時期。有"金澤文庫"墨印及"顧氏定齋藏書"、"定齋"、"檇李顧然雍叔"、"辛丑"印。有1929年上海中華學藝社影印本、1930年日本影印本及2001年綫裝書局影印本。（圖一〇二）

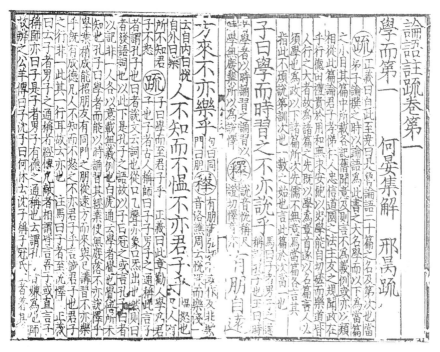

圖一〇二　宋蜀刻本《論語注疏》（日本影印本）　　日本宫内廳書陵部藏

從此本《論語注疏》看，蜀刻注疏本是與越刻八行注疏本及建刻十行注疏本完全不同的另一系統的注疏合刻本。在卷數上，《崇文總目》、《郡齋讀書志》皆著錄邢昺等撰《論語正義》十卷，而今存越刻八行注疏本、元代翻刻十行注疏本皆爲二十卷，已非邢昺著作舊貌。此本《論語注疏》與八行本、十行本分卷不同，爲十卷，保存了《論語正義》單疏本的本來卷次。從題名上看，越刻八行注疏本與建刻十行注疏本皆名《論語注疏解經》，此本則各卷皆題"論語注疏"。從内容上看，越州刻八行本不附釋音，十行本亦不附釋音，而此本《論語注疏》附入陸德明《釋文》，與兩本不同。

按越州刻八行注疏本各經皆不附釋音，而十行注疏本諸經則大多附有釋文，惟《論語》等數經與他經體例不同，是不附釋文的。十行注疏本附入釋文的體例，是在各句下散入《經典釋文》相應內容，大體形成"經文—注文—釋文—疏文"的格局。此蜀刻《論語注疏》與十行注疏本在附入《釋文》的體例上有一些差異。它在每句下散入"釋文"，保持經文—注文—釋文的順序，這是與十行注疏本相同的；但在每節末句綴入疏文之處，則是先疏文，後釋文，形成"經文—注文—疏文—釋文"的格局，與十行注疏本各經的綴合方式不同。此外，十行本在疏文前以墨圍大字"疏"字標識，釋文前以小圓圈標識；蜀刻《論語注疏》疏文前亦標墨圍大字"疏"字，而在釋文前冠以墨圍大字"釋"字，形式非常獨特。

關於蜀刻本《論語注疏》的異文，沙志利曾比對蜀刻本與阮元本，發現蜀刻本大量有價值的異文，可補阮本脱文，正其訛誤。又兩本疏文中有幾處大段異文，義可兩通，蜀本更接近單疏原貌。① 兹引卷十（阮本卷二十）《堯曰》"子張問于孔子"章一例，以見蜀刻本獨特之處：

（阮本）"子張曰：何謂四惡"者，子張未聞四惡之義，故復問之。"子曰：不教而殺謂之虐"者，此下孔子歷答四惡也。爲政之法，當先施教令於民，猶復寧申敕之，教令既治而民不從，後乃誅也。若未嘗教告而即殺之，謂之殘虐。"不戒視成謂之暴"者，謂不宿戒而責目前成，謂之卒暴。"慢令致期謂之賊"者，謂與民無信而虛刻期，期不至則罪罰之，謂之賊害。"猶之與人也，出納之

---

① 沙志利《略論蜀大字本〈論語注疏〉的校勘價值》，《中國典籍與文化》2006年第1期。

吝,謂之有司"者,謂財物俱當與人,而人君吝嗇於出納而惜難之,此有司之任耳,非人君之道。

（蜀本）"子張曰:何謂四惡"者,子張復問四惡之義也。"子曰:不教而殺謂之虐"者,此下孔子歷答四惡也。爲政之法,當先施教令於民,猶復丁寧申敕之,教令既治而民不從,後乃誅也。若未嘗教告而即殺之,謂之殘虐,一惡也。"不戒視成謂之暴"者,謂不宿戒而責目前,謂之卒暴,二惡也。"慢令致期謂之賊"者,謂與民無信而虛刻期,期而不至則罪罰之,謂之賊害,三惡也。"猶之與人也,出納之吝,謂之有司"者,君與人物,必不得止,故云"猶之與人也"。曾應與人物而吝惜於出納,則與主吏典物無異。有司謂主典物人也,猶庫吏之屬,雖有官物而不得容易擅與人。君若與人,又有吝惜,則與主吏同也,又非人君之道,是四惡也。

此段疏文之下,蜀刻本又有如下一段文字:"正義曰:此已上五美四惡是子張所問從政矣。《篇序》云:分《堯曰》下章子張問以爲一篇,有兩《子張》。一是子張問士見危致命,二是子張問政,故有此兩《子張》序也。"此段疏文阮本無。

顧永新《元貞本〈論語注疏解經〉綴合及相關問題研究》以影刻元元貞二年平陽府梁宅本《論語注疏解經》部分內容與各本相比較,列舉元貞本《論語注疏解經》與蜀刻本《論語注疏》及阮元本異文三十四條,並分析其異同云:"元貞本與蜀大字本同而與阮本不同者約有二十處,元貞本與阮本同而與蜀大字本不同者約有十處。著眼其同者,固然可以説明元貞本與蜀大字本兩個注疏合刻本都比較接近經注本和單疏本的祖本,所以二者有更多的共同之處;剖析其異者,則二者之分屬兩個系統,判然不同。""元貞本與蜀大字本及阮本的異文表現出比較明顯的特點——那就是蜀大字本顯誤的情況下,元貞本與阮本同;阮本顯誤的情況下,則與蜀大字本同。"對於兩本疏文中的幾處大段異文(包括上引之例),顧文指出:"《子張問于孔子章》蜀大字本有一段詳盡地歷數'四惡'的疏,逐條辨析,論證充分,字數亦多,而元貞本、阮本則是概括性的論述；蜀大字本章末還有疏總結整章內容，並引《篇序》，論及《子張》分篇的問題，而元貞本、阮本已脱。《不知命章》蜀大字本疏較元貞本、阮本多出六七十字，論述合乎疏的體例，或即疏的原貌，元貞本和十行本系列各本已經改造，明顯不同。"從而得出結論："從整體上看，阮本與元貞本大體屬於一個系統，而蜀大字本屬於另外一個系統"。① 在《金元平水注疏合刻本研究——兼論注疏合刻的時間問題》中，顧氏又進一步比對了八行本《論語注疏解經》的異文，指出元貞本、八行本、十行本《論語注疏解經》是一個系統，蜀大字本《論語注疏》則是另外一個系統。②

蜀刻本《論語注疏》可見"慎"、"敦"缺筆，而"廓"字不避諱，推測其刊刻時間在南宋光宗時期。則其刊刻與越州刻八行本《禮記》、《毛詩》時間相當，而早於八行本《論語注疏解經》。它的文本系統具有獨特性，應當是蜀地獨立發展起來的注疏合刻本，與八行、十行注疏本無關。作爲"蜀注疏"唯一傳存之本，《論語注疏》反映了宋代越刻八行本、建刻十行本之外，另一種類型的注疏合刻本的面貌，其文字有别於衆本的獨特性，具有極其重要的版本價值與校勘價值。

二、宋魏縣尉宅刻本《附釋文尚書注疏》

《附釋文尚書注疏》二十卷，舊題孔安國傳，唐孔穎達疏，唐陸德明音義。宋魏縣尉宅刻本，後四卷配元刊明修十行本。今藏臺北故宫博物院。半葉九行，行十六字，小字雙行，行二十二字，細黑口，左右雙邊，有書耳記篇名。"慎"、"敦"等字缺筆避諱，卷前有《尚書正義序》。卷端題"附釋文尚書注疏"，亦有部分卷端題"附釋音尚書注疏"，卷十五尾題"尚書注疏"。卷一題下署"國子祭酒上護軍曲阜縣開國子

---

① 《元貞本〈論語注疏解經〉綴合及相關問題研究》，《版本目錄學研究》第二輯，國家圖書館出版社，2010年。
② 《金元平水注疏合刻本研究——兼論注疏合刻的時間問題》，《文史》2011年第3期。

臣孔穎達奉敕撰/唐國子博士兼太子中允贈齊州刺史吳縣開國男陸德明釋文附"二行。卷一後有一行刊記"魏縣尉宅校正無誤大字善本"。有1989年臺北故宮博物院影印本。（圖一〇三）

圖一〇三　宋魏縣尉宅刻本《附釋文尚書注疏》
（《大觀——宋版圖書特展》）　臺北故宮博物院藏

　　此本內容體例與十行本相似，爲經、注、疏、釋文合刻，釋文散入正文句下。全書具有典型的宋代建刻字體風格，刻工精湛，紙潔墨瑩。原爲清宮摛藻堂舊藏，長期以來深藏秘府，明清公私書目皆不見著錄，學者皆不知有此本。1927年7月，傅增湘先生整理故宮藏書，得見此本，記云："宋刊本，十行十五字，注雙行二十二字，卷一後有：'魏縣尉宅校正無誤大字善本'正書一行。字體方整峭厲，紙墨均勝，是閩中精刻初印本，與世行十行本絕異。十七卷以後用明印本配入，板心已有'閩何校'字樣。"① 其後，傅增湘先生作《校金刊本尚書注疏跋》中追

---

① 《藏園群書經眼錄》第1冊，第28頁。按：此本爲半葉九行，傅文誤作"十行"。

記此書："嗣於故宮見宋建安魏縣尉宅九行本，寫刻俱精，附陸氏釋文，當爲十行本所從出，惜未得傳校。"①

以此本與元刻十行本《附釋音尚書注疏》相比較，可以發現兩本的確有密切的關係。除同爲附釋文本之外，此本與元刻十行本《附釋音尚書注疏》的分卷完全相同，而與單疏本、八行注疏本分卷有異。按單疏本《尚書正義》爲二十卷，越刻八行本卷數與具體卷次皆依單疏本。元刻十行本亦二十卷，但其具體卷次與單疏本、越刻八行本不同，其中卷一至八分卷同單疏本、八行本，卷九至十九分卷則與單疏本、八行本不同，卷二十又相同。魏縣尉宅刻本《附釋文尚書注疏》雖然僅存前十六卷，但這十六卷的分卷情況與十行本《附釋音尚書注疏》的分卷完全一致，而與單疏本、越刻八行本不同，説明它與十行本之間有淵源關係。（詳見本節末附表十）

因魏宅本《附釋文尚書注疏》與元刻十行本《附釋音尚書注疏》在卷次、附釋文體例上的一致性，傅增湘先生推測魏宅本《附釋文尚書注疏》爲十行本所從出。但兩本也有很明顯的區别。首先是行款不同，元刻十行本《附釋音尚書注疏》爲半葉十行，行十七字，小字雙行，行二十三字；魏宅本《附釋文尚書注疏》半葉九行，行十六字，小字雙行，行二十二字。在本章第一節中我們比較了今存宋刻十行本《毛詩》、《左傳》、《穀梁》與元刻十行本，它們之間内容體式、版刻行款、字體風格、甚至某些字的特殊寫法等等，都非常相似，有很明顯的翻刻關係。其行格字數和版面安排基本相同，即使遇到宋刻十行本脱字，元刻十行本需補入的時候，也只是在行間擠入，絶不破壞底本原有版面安排。反觀元刻十行本《附釋音尚書注疏》與魏宅本《附釋文尚書注疏》，兩本一爲十行，一爲九行，行格字數、版面安排完全不符。那麽元刻十行本是否有可能以魏宅本爲底本，翻刻時將原半葉九行改爲十行呢？我們知道元刻十行本雖是統一刊行的一套叢書，但各經刊刻體例、題名形式等並不統一；雖統稱"十行本"，實際上其中的《爾雅注疏》爲半葉九行。

---

① 《藏園群書題記》，第11頁。

這説明元刻十行本只是按照最簡便的方式，照原樣翻刻宋刻底本，宋刻底本的刊刻體例、題名形式、包括半葉行數，本不統一。若元刻十行本以魏宅本爲底本，完全可以像《爾雅注疏》一樣刻成半葉九行，不必費力改變行款。因此，我們認爲元刻十行本《附釋音尚書注疏》之底本並非半葉九行的魏宅本《附釋文尚書注疏》，而是另有底本，即今已不存的宋刻十行本《附釋音尚書注疏》。

從書名、體例上看，魏宅本與元刻十行本差異也很明顯。魏宅本大部分卷端題名（包括卷一）與尾題皆"附釋文尚書注疏"，部分卷端與尾題爲"附釋音尚書注疏"；元刻十行本則除卷十二尾題作"附釋文尚書注疏"外，其他各卷首尾皆題作"附釋音尚書注疏"。尤爲突出的差異是兩本卷一釋文附入的體例。魏宅本卷一釋文分出於各句之下，釋文出字以墨圍標識；元刻十行本釋文則總出於一節之下，釋文出字不加標識。如"至於夏商周之書，雖設教不倫，雅誥奧義，其歸一揆"下釋文，元刻十行本總於"其歸一揆"下出釋文："夏禹天下號也，以金德王，三王之最先。商湯天下號，亦號殷，以水德王，三王之二也。周文王武王有天下號也，以木德王，三王之三也。誥，故報反，告也，示也。奧，烏報反，深也。揆，葵癸反，度也。"（圖一〇四）而魏宅本此段釋文被分作三部分："夏禹天下號也……三王之三"（後"三"下無"也"字）置於"至於夏商周之書"句下；"誥，故報反，告也，示也。奧，烏報反，深也"置於"雖設教不倫，雅誥奧義"句下；"揆，葵癸反，度也"置於"其歸一揆"句下。（圖一〇五）按卷二以下兩本散入釋文的體例基本一致，釋文附於每句之下；唯卷一散入釋文體例兩本區別極大。此蓋因卷二以下經注混排，注文在每句之下，釋文自然散入每句注文之下。卷一内容爲"尚書序"，並無注文，故釋文散入方式可能因編輯者不同而有所不同。①

---

① 今臺北"央圖"藏宋建安王朋甫刻本《尚書》、《四部叢刊》影印宋刻本《監本纂圖重言重意互注點校尚書》，此處釋文之散入方式，與魏宅本及元刻十行本亦皆不同。

第六章　建陽坊刻十行注疏本及其他宋刻注疏本　/ 397

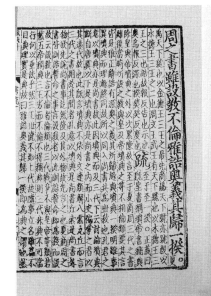

圖一〇四　元刻明修十行本《附釋音尚書注疏》卷一第五至六葉，釋文總出於"其歸一揆"下（《中華再造善本》影印本）　北京市文物局藏

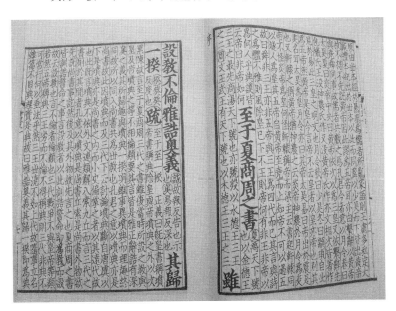

圖一〇五　宋魏縣尉宅刻本《附釋文尚書注疏》卷一第六至七葉，釋文散在句下，與十行本不同（臺北故宮博物院影印本）　臺北故宮博物院藏

從所附釋文文字看，魏宅本與元刻十行本也有明顯差異，兩本對《經典釋文》原文的刪落、改造多有不一致之處，兩本此有彼無或此無彼有的釋文頗多。僅以卷四《大禹謨》及卷十四《康誥》爲例，如《大禹謨》篇前，十行本有"釋文：徐云本虞書摠爲一卷，凡十二卷，今依七志、七録爲十三卷"，魏宅本無此段釋文。"汝作士明於五刑"下，十行本有"治，音稚"，魏宅本無。"皋陶曰帝德罔愆"下，十行本有"愆，音牽"，魏宅本無。《康誥》"我西土惟時怙冒"下，十行本有"怙，音户。冒，莫報反，覆也。聞，如字，徐又音問"，魏宅本無。"王曰封予惟不可不監"下，十行本有"説，如字，徐始鋭反"，魏宅本無。此十行本有、魏宅本無之釋文。其中"治，音稚"一音，宋刻《經典釋文》作"治，直吏反，注下同"；"愆，音牽"一音，宋刻《經典釋文》作"愆，起虔反"，十行本對《經典釋文》音進行了改造。① 也有十行本無、魏宅本有之釋文。如《大禹謨》"禹曰於帝念哉"下，魏宅本有"於，音烏"，十行本無此音。《康誥》"侯甸男邦采衛"下，魏宅本有"見，賢遍反"，十行本無。"汝亦罔不克敬典"下，魏宅本有"忌，其記反"，十行本無。"我時其惟殷先德"下，魏宅本有"爲，于僞反"，十行本無。

　　兩本皆有之釋文，文字亦有差異。如《大禹謨》"罔咈百姓以從己之欲"下，十行本有"咈，連弟反"，魏宅本作"咈，連至反"（宋刻《經典釋文》同十行本作"連弟反"）。"帝曰格汝禹"下，十行本有"倦，其卷反"、"厭，於豔反"、"解，于賣反"，魏宅本分別爲"倦，其眷反"、"厭，於儉反"、"解，工賣反"（宋刻《經典釋文》"其眷反"、"工賣反"同魏宅本，"於豔反"同十行本）。"禹曰朕德罔克"下，十行本有"降，江巷反"，魏宅本作"降，工巷反"（宋刻《經典釋文》同十行本作"江巷反"）。"正月朔旦受命于神宗"下，十行本有"正，音政，徐音征"，魏宅本"徐"作"又"（宋刻《經典釋文》同十行本作

---

① 《經典釋文》，上海古籍出版社影印北京圖書館藏宋刻宋元遞修本，1984年。下同。

"徐")。"負罪引慝"下,十行本有"齋,音測皆反",魏宅本作"齋,側皆反"(宋刻《經典釋文》同魏宅本作"側皆反")。卷七《五子之歌》"乃盤遊無度"下,元刻十行本有"樂,如字",魏宅本作"樂音洛"(宋刻《經典釋文》同魏宅本)。以上諸例,有的爲手民之誤,如十行本將"工賣反"誤爲"于賣反",乃因字形相近而誤。有的則可兩通,如"江巷反"與"工巷反","江"與"工"皆見母字,作爲反切上字可通。這些異文或源自其所據底本之差異。

顧永新比較魏宅本與今存注疏合刻本《尚書》各本,列卷二、卷三主要異文三十四處,指出"九行本、瞿本(按:即金刻十三行本《尚書注疏》)、十行本三者更加接近,而與八行本分屬不同系統"。同時,九行本不同於十行本,而與其他各本同者有十一處,與十行本同而不同於其他各本者僅有一處,說明"十行本並不出自九行本"。[①] 結論可信,此不贅述。

從卷次相同、皆附釋文、異文較爲接近等方面來看,十行本《附釋音尚書注疏》與魏宅本《附釋文尚書注疏》之間的關係,較之越刻八行本,顯然更爲接近,它們或許有一定的淵源。但它們沒有直接的繼承關係,這從上述十行本與魏宅本行款、題名、附釋文體例、附釋文文字、經注疏文字上的諸多差異,可以概見。也就是說,元刻十行本《附釋音尚書注疏》的底本,並非魏宅本《附釋文尚書注疏》,宋代建陽地區應另有十行本《附釋音尚書注疏》的刊刻。魏宅本《附釋文尚書注疏》可見"慎"、"敦"字缺筆避諱,其版式、字體、刀法具有典型的建陽地區坊刻風格,刻印精湛。它與元刻十行本的底本——宋刻十行本《附釋音尚書注疏》的先後關係如何、是偶然的單經單刻亦或某種成套刊行的注疏合刻本中的一種,[②] 資料有限,尚待進一步研究。但魏宅本《附釋文尚書注疏》的存在提示我們,早期注疏合刻本並不只是過去所熟知的越刻八行本與建刻十行本,除了四川地區有另一系統的注疏合刻本之外,

---

[①] 《金元平水注疏合刻本研究——兼論注疏合刻的時間問題》,《文史》2011年第3期。

[②] 元刻明修十行本《十三經注疏》中的《爾雅注疏》行款亦爲半葉九行。

建陽地區的注疏合刻本也不止一種，其間可能存在著我們所未知的複雜性與多樣性。

今存早期注疏合刻本，還有金元刻十三行注疏本及明初刻八行注疏本。金元刻十三行本包括金刻（或蒙古刻）《尚書注疏》、①《毛詩注疏》殘葉②與影刻元元貞二年平陽府梁宅刻本《論語注疏解經》，③皆半葉十三行，不散入釋文。顧永新研究指出，元貞本《論語注疏解經》源自宋刻《論語注疏解經》十卷本，其本較八行本、十行本《論語注疏解經》早出；《尚書注疏》與八行本差異較大，而比較接近十行本，兩者或有相同的祖本。明初刻八行本包括明永樂二年刻《周易兼義》、明刻《尚書注疏》、陳鱣《經籍跋文》著錄之"元刻大字本"《毛詩注疏》，皆半葉八行，疏文前以大字墨圍"正義"標識。就《周易兼義》及《尚書注疏》的分卷、異文等情況看，明初刻八行本與十行本較爲接近。這些距宋不遠的注疏合刻本的傳存，爲我們深入探討注疏合刻本起源、瞭解宋代注疏合刻本的多樣性與複雜性，提供了更多的訊息。

附表十　《尚書》經注本、單疏本、八行本、十行本、魏縣尉宅本分卷比較表

卷次	經注本	單疏本 越州刻八行注疏本	元刻明修十行本 魏縣尉宅本（存卷一～十六）
一	堯典、舜典	尚書序	尚書序
二	大禹謨、皋陶謨、益稷	堯典	堯典
三	禹貢、甘誓、五子之歌、胤征	舜典	舜典
四	湯誓、仲虺之誥、湯誥、伊訓、太甲上、太甲中、太甲下、咸有一德	大禹謨、皋陶謨	大禹謨、皋陶謨

---

① 中國國家圖書館藏，有《中華再造善本》影印本。
② 見《藏園訂補邵亭知見傳本書目》卷二之著錄。
③ 元貞二年平陽府梁宅刻本《論語注疏解經》原本已佚，有光緒三十三年貴池劉氏影刻本。

第六章　建陽坊刻十行注疏本及其他宋刻注疏本　/ 401

續表

卷次	經注本	單疏本 越州刻八行注疏本	元刻明修十行本 魏縣尉宅本（存卷一～十六）
五	盤庚上、盤庚中、盤庚下、說命上、說命中、說命下、高宗肜日、西伯戡黎、微子	益稷	益稷
六	泰誓上、泰誓中、泰誓下、牧誓、武成	禹貢	禹貢
七	洪範、旅獒、金縢、大誥、微子之命	甘誓、五子之歌、胤征	甘誓、五子之歌、胤征
八	康誥、酒誥、梓材、召誥	湯誓、仲虺之誥、湯誥、伊訓、太甲上、太甲中、太甲下、咸有一德	湯誓、仲虺之誥、湯誥、伊訓、太甲上、太甲中、太甲下、咸有一德
九	洛誥、多士、無逸	盤庚上、盤庚中、盤庚下、說命上、說命中、說命下、高宗肜日、西伯戡黎、微子	盤庚上、盤庚中、盤庚下
十	君奭、蔡仲之命、多方、立政	泰誓上、泰誓中、泰誓下、牧誓、武成	說命上、說命中、說命下、高宗肜日、西伯戡黎、微子
十一	周官、君陳、顧命、康王之誥	洪範	泰誓上、泰誓中、泰誓下、牧誓、武成
十二	畢命、君牙、冏命、呂刑	旅獒、金縢、大誥、微子之命	洪範
十三	文侯之命、費誓、秦誓	康誥、酒誥、梓材	旅獒、金縢、大誥、微子之命
十四		召誥、洛誥	康誥、酒誥、梓材
十五		多士、無逸	召誥、洛誥

續表

卷次	經注本	單疏本 越州刻八行注疏本	元刻明修十行本 魏縣尉宅本（存卷一～十六）
十六		君奭、蔡仲之命、多方	多士、無逸、君奭
十七		立政、周官、君陳	蔡仲之命、多方、立政
十八		顧命、康王之誥、畢命	周官、君陳、顧命
十九		君牙、冏命、呂刑	康王之誥、畢命、君牙、冏命、呂刑
二十		文侯之命、費誓、秦誓	文侯之命、費誓、秦誓

第七章 白 文 本

　　白文本，即不附注釋之經書正文文本。漢以後儒家經書衍生出注釋之作，經注本也逐漸代替白文本成爲儒家經書文本的主流。今存敦煌卷子中的儒家經書文本，絕大多數是經注本；最早的雕版印刷儒家經典五代國子監本《九經》也是經注本；宋代儒家經典的刊刻，亦以經注本爲主流。今存宋刻白文本數量不多，正反映其實况，故本書將白文本列於全書之末。但白文本歷來有其讀者群，有宋一代白文本亦多有刊刻。如《直齋書録解題》卷三著録《春秋經》兩種，各一卷。① 其一云："每事爲一行，廣德軍所刊古監本也。"可知北宋國子監有白文《春秋經》的刊刻，而廣德軍又有依據舊監本翻刻之白文本。一云："朱熹所刻於臨漳四經之一。其於《春秋》獨無所論著，惟以左氏經文刻之。"這是南宋學者朱熹所刻《左傳》白文本。《景定建康志》卷三三著録兩學見管書籍，其中《周易》有"監本正文、建本正文"；《尚書》有"監本正文、建本正文、婺本正文"；《毛詩》有"監本正文、建本正文"；《周禮》、《禮記》有"監本正文、建本正文、婺本正文"；《春秋》有"監本正經"、"監本《公羊》正文、監本《穀梁》正文"；《孝經》有"監本正文"；《論語》有"監本正文、川本正文"等。② 從建康府學所儲書籍之目，可知宋代經書白文本有監本、建本、婺本、川本。《景定嚴州續志》卷四著録"郡有經史詩文方書凡八十種"，其中有"六經正文、語孟正文"，此爲嚴州所刻白文經書版本。③

---

　　① 《直齋書録解題》，上海古籍出版社，1987年，第51頁。
　　② 《景定建康志》，《宋元方志叢刊》影印本，第2册，第1885頁。
　　③ （宋）鄭瑶等撰《景定嚴州續志》，《宋元方志叢刊》影印本，中華書局，1990年，第5册，第4382頁。

以上是文獻記載中的宋刻經書白文本。今宋刻白文本存世不多,其中是否有所謂監本、建本、婺本、川本、嚴州本等,前人多有猜測,亦難遽下論斷。今僅述現存傳本情況,從中見宋代白文本刊刻之一斑。

(一) 宋刻遞修本白文《八經》

宋刻遞修本《八經》,藏中國國家圖書館。爲諸經白文,共八種,包括《周易》一卷,《尚書》一卷,《毛詩》一卷,《周禮》一卷,《禮記》二卷,《孝經》一卷,《論語》二卷,《孟子》一卷。有1926年武進陶氏涉園影印本。(圖一〇六)

圖一〇六　宋刻白文本《八經》(《冀淑英古籍善本十五講》)

中國國家圖書館藏

此本行款爲二十行二十七字，細黑口，雙黑魚尾，左右雙邊。"慎"、"惇"皆缺末筆避諱。版心下記刻工名，包括：蔡全、子敬、元德、翁進等，有的版葉還鑴有"系刊換劉才板"、"系刊換子萬板"、"子刊換元德板"、"德刊換"、"刊換元章板"、"德刊換子萬板"、"元刊換子萬板"、"敬刊換元章板"字樣，知此本經過修補。補版刻工在補刻版葉時同時記録了原版刻工的姓名，這在宋版書中頗不多見。鈐"季振宜讀書"印，爲季振宜舊藏。

關於此本刊刻時地，傅增湘《藏園群書題記》卷一《宋刊巾箱本八經書後》云："考《景定建康志·書籍門》載五經正文有四：曰監本、曰建本、曰蜀本、曰婺本。歸安陸氏剛甫得世行小帙，即斷爲婺州刊本，謂與婺本重意《尚書》、《周禮》相似。今此本結體方峭，筆鋒犀鋭，是閩工本色，决爲建本無疑。""宋諱貞、恒、桓、慎、惇皆缺末筆，廓字不缺，寧宗以前刻板也。"①

（二）宋刻白文本《公羊春秋》、《穀梁春秋》

《公羊春秋》不分卷《穀梁春秋》不分卷，藏中國國家圖書館。二十行二十七字，細黑口，左右雙邊。書眉上有眉欄，鑴釋音，大體依陸德明《釋文》而約略之，亦有少量不出於《釋文》者。版心上記字數，偶見刻工名：余、郭、世、世昌、王。鈐有"子壽珍藏"、"戴經堂藏書"、"周暹"等藏書印。有《中華再造善本》影印本。

卷末有勞健跋，云："宋刊巾箱本《公羊》、《穀梁》二傳，每半葉廿行，每行廿七字，版心上記字數，下記刻工姓名，字體峭麗，與延令季氏所藏《八經》如出一手。惟此本簡端加闌注音爲微異。藏書家每以明刻小字《九經》從季氏本出，其注音爲翻雕時所加，證以此書，迺知宋時固有兩刻。加闌注音之本傳世更希，遂爲諸家所不著録。而《公》《穀》二傳，明代且無覆刻，尤稱罕秘。不僅行密如櫛，字細如髮，極雕槧之能事，爲可寶貴也。"

---

① 《藏園群書題記》，第1—2頁。

(三) 宋刻白文本《春秋經傳》

《春秋經傳》三十卷,宋刻白文本。無全本存世,中國國家圖書館藏卷十六~十九,二四~三十,共十一卷。另卷五~十二共八卷,1999年中國嘉德國際拍賣有限公司春季拍賣會拍品,今藏者不詳。①

八行十七字,白口,左右雙邊。版心下有刻工名:吳孚、劉文、詹週等。《中國版刻圖録》著録此本云:"刻工劉文、詹週又刻《分門纂類唐歌詩》,吳孚又補刻耿秉本《史記》。耿本《史記》刻於廣德郡齋,而刻版皆出杭工,因推知此書當亦杭州地區刻本。前有'東宮書府'朱文方印,當爲元時官書,明太祖滅元得之,以貽懿文太子者。開版弘朗,刀法嚴謹,可稱宋末浙本代表作。"(圖一〇七)②

此本爲元、明、清三代宮廷秘藏,鈐有"東宮書府"、"乾隆御覽之寶"、"天禄繼鑒"等印,《天禄琳琅書目後編》卷三著録即此本。全書三十卷,後從清宮散出,輾轉歸中國國家圖書館者共十一卷。1999年中國嘉德國際拍賣有限公司春季拍賣會拍品中,出現此本的卷五~十二,共八卷,與國圖藏本相同,並鈐清宮"天禄繼鑒"等印,明顯爲一書散出者。

(四) 宋刻白文本《京本春秋左傳》

《京本春秋左傳》三十卷,宋刻本。存卷六、七、十二、十六、二九共五卷,藏中國國家圖書館。七行十二字,白口,左右雙邊,有書耳,版心上有字數,下有刻工。有句讀圈發,行間字旁有少量音義,如

---

① 見《中國拍賣古籍文獻目録》,世紀出版集團上海書店出版社,2001年,第387頁及卷前書影。據劉薔《天禄琳琅研究》一書,知此本除國圖所藏十一卷外,目録曾見於1996年嘉德春拍;卷五至八今藏北京市文物公司;卷九至十見於翰海2004年秋拍;卷十一、十二今藏中國印刷博物館;卷十三至十五見於嘉德1999年秋拍;卷十四、十五、二十至二十三芷蘭齋經眼。則此本除卷一至四存佚不詳外,他卷今皆幸存於世。《天禄琳琅研究》,北京大學出版社,2012年,第120頁。

② 《中國版刻圖録》第1冊,第15頁。

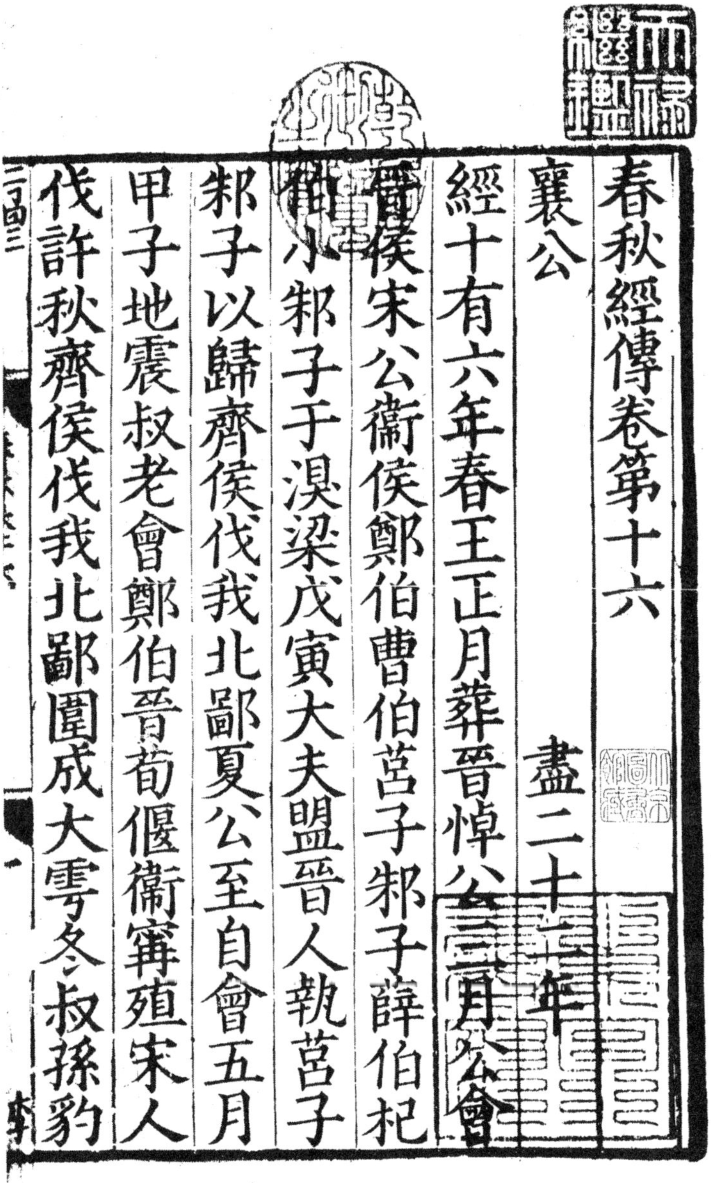

春秋經傳卷第十六 盡二十三年

襄公

經十有六年春王正月葬晉悼公三月公會晉侯宋公衛侯鄭伯曹伯莒子邾子薛伯杞伯小邾子于溴梁戊寅大夫盟晉人執莒子邾子以歸齊侯伐我北鄙夏公至自會五月甲子地震叔老會鄭伯晉荀偃衛甯殖宋人伐許秋齊侯伐我北鄙圍成大雩冬叔孫豹

圖一〇七　宋刻白文本《春秋經傳》（《中國版刻圖錄》　中國國家圖書館藏

卷六僖公十六年經文"隕石于宋五","隕"旁小字注云:"落"。"六鶂退飛","鶂"旁小字注云:"迎入聲,水鳥也。"(圖一〇八)

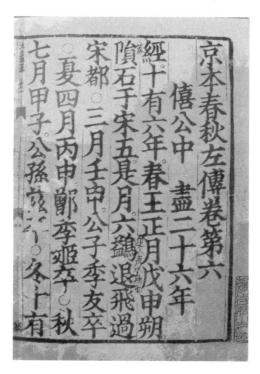

圖一〇八　宋刻白文本《京本春秋左傳》(《舊京書影》)中國國家圖書館藏

此本爲清內閣大庫書,《舊京書影》錄其書影,云:"宋刻殘本,宋諱皆不避,然紙墨極精。刊工姓名有與宋刻《東坡和陶詩》相同者,疑即岳氏《經傳沿革例》所謂建大字本也。"①

(五) 宋刻白文本《伊川先生點校附音周易》

《伊川先生點校附音周易》二卷,宋刻本,藏臺北"央圖"。十二行二十二字,白口,左右雙邊。版心上有字數,"慎"、"敦"等字可見缺筆,眉端鐫刻釋音,有句讀。卷末有木記:"今將伊川先生點校古本逐卦附入陸德明釋音,寫作大字刊行,刻畫精緻,並無差誤,收書賢士伏

---

① 〔日〕橋川時雄編《舊京書影》卷前所附提要,民國間照片本。

幸詳鑒。"鈐有"倪氏汝敬之章"、"怡親王寶"、"安樂堂藏書記"、"明善堂覽書畫印記"等印。

　　王國維曾指出："考六朝以後行世者，只有經注本，無單經本。唐石經雖單刊經文，其所據亦經注本。如《周易》前題王弼注，《尚書》題孔氏傳，《毛詩》題鄭氏箋，《周禮》、《儀禮》、《禮記》均題鄭氏注，《左傳》上題春秋經傳集解，下題杜氏；《公羊》上題春秋公羊經傳解詁，下題何休學；《穀梁》題范甯集解；《孝經》題御製序及注；《論語》題何晏集解；《爾雅》題郭璞注。又注家略例序文無不載入。是石經祖本本有注文，但刊時病其文繁，故存其序例，刊落其注耳。監本反是，雖兼經注，非徑以經注本上板，乃用石經經文，而取經注本之注以加之。"① 正如王國維所說，六朝以後，經注本即逐漸代替白文本，成爲儒家經書文本的主流，唐石經雖爲白文，其文字實際上亦出自經注本。今存敦煌卷子中的儒家經書文本，亦絕大多數是經注本。白文本在宋代經書刊刻中處於末流，其傳本稀少也就不足爲怪了。從文本上看，宋刻白文本《八經》中的《尚書》前有孔安國序，《論語》前有何晏序等；宋刻白文本《公羊春秋》前有何休序，卷端題"何休學"；宋刻白文本《穀梁春秋》前有范甯序，卷端題"范甯集解"。從文字內容來看，宋刻白文本文字與今存宋刻經注本中的文字基本無異。這些情況透露出宋刻白文本的文本亦源自經注本。從體例上看，《八經》與《春秋經傳》爲單純的白文本，而《公羊春秋》、《穀梁春秋》在書眉鑴刻音釋，《京本春秋左傳》在行間鑴刻音釋，《伊川先生點校附音周易》不僅刻音釋，還標榜爲伊川先生點校本，這類白文本與南宋建陽地區流行的經注附釋文本一樣，也是爲適應民間文化普及需求而產生的變化。

---

　　① 《五代兩宋監本考》卷上，《宋元版書目題跋輯刊》，北京圖書館出版社影印《海寧王靜安先生遺書》本，第3冊，第525頁。

結　語

　　以上我們以現存版本爲主，結合文獻記載與書目著錄，初步考察了宋代經書注疏刊刻的情況。據本書附錄《今存宋刻經書注疏版本簡目》統計，現存宋刻經書注疏版本 104 種，其中包括兩種有近世影印本，而今存佚不詳者。① 這一數字較之宋代經書注疏的實際刊刻數量，當然只是非常小的一部分。以《九經三傳沿革例》所舉二十三本而言，可以確定或有明確指向爲今存傳世版本的，包括"監中見行本"、② "蜀學重刊大字本"、③ 蜀刻"中字有句讀附音本"、④ "撫州舊本"、⑤ "婺本注"本、⑥ "興國于氏"本、⑦ "建安余仁仲"本、⑧ "越中舊本注疏"、⑨ "建

---

①　此處統計不計複本，不計後世影刻傳抄本。劉氏嘉業堂舊藏宋本《監本纂圖重言重意互注點校尚書》及清内府舊藏蜀刻大字本《孟子》，皆有《四部叢刊》影印本，今不見諸藏家著錄。

②　臺北故宮博物院藏宋監本《爾雅》，見本書第一章第一節。

③　日本静嘉堂文庫藏蜀刻大字本《周禮》等，見本書第一章第四節。

④　拍賣市場曾出現之蜀刻中字本《春秋經傳集解》，見本書第二章第四節。

⑤　國圖藏撫州公使庫刻本《禮記》等，見本書第一章第二節。

⑥　今存明確爲婺州刻本者，一爲國圖藏宋婺州市門巷唐宅刻本《周禮》，一爲國圖藏宋婺州義烏酥溪蔣宅崇知齋刻本《禮記》，或即《沿革例》所云"婺本注"。見本書第一章第五節。

⑦　國圖藏宋鶴林于氏家塾棲雲閣刻本《春秋經傳集解》，體例特徵與《沿革例》所述"興國于氏"本吻合，或即其本。見本書第二章第一節。

⑧　國圖藏余仁仲萬卷堂刻本《禮記》等，見本書第二章第二節。

⑨　國圖藏宋兩浙東路茶鹽司刻本《周易注疏》等，見本書第五章。

本有音釋注疏"、①"蜀注疏"② 等十餘種。其他如"潭州舊本"、"俞紹卿家本"等，因無傳本及其他記載，我們已難知其詳。不過在今存傳本中，亦有多種版本《沿革例》不曾著錄，或有的傳本無法確定其是否爲《沿革例》著錄本。總起來看，雖然傳世版本數量不是很多，但以現存宋刻經書注疏版本爲據，結合文獻記載與前人著錄，仍可大體窺見宋代經書注疏刊刻的面貌。

在傳世宋刻經書注疏版本104種中，《左傳》傳存數量最多，共27種，其次爲《禮記》18種、《周禮》14種，《尚書》10種，《周易》8種，《毛詩》8種，其他《公羊》、《穀梁》、《孝經》、《論語》、《孟子》、《爾雅》各經傳存版本爲2至4種，《儀禮》則已無宋本存世。雖然古書流傳有一定偶然性，但今存各經宋本傳存的數量，大體反映了各經在宋代特別是在南宋時期流行及受重視程度的不同。我們在《緒論》第三節中曾論宋代通行之"六經"、"九經"，有王應麟《玉海》之說："國朝方以三傳合爲一，又舍《儀禮》，而以《易》、《詩》、《書》、《周禮》、《禮記》、《春秋》爲六經，又以《孟子》升經，《論語》、《孝經》爲三小經，今所謂九經也。"③《宋史·選舉志》記載神宗時從王安石議，改革科舉考試科目："罷詩賦、帖經、墨義，士各占治《易》、《詩》、《書》、《周禮》、《禮記》一經，兼《論語》、《孟子》。"④元祐中又改制："四年，乃立經義、詩賦兩科，罷試律義。凡詩賦進士，於《易》、《詩》、《書》、《周禮》、《禮記》、《春秋左傳》內聽習一經。"⑤ 朝廷科舉取士中，以《易》、《詩》、《書》、《周禮》、《禮記》、《春秋》六經最重，官府及民間出版事業，當然以科舉考試科目爲風向標。如高宗紹興間兩浙東路茶鹽司刻注疏合刻本《尚書》、《周易》、《周禮》，光宗紹熙間黃唐增刻《毛

---

① 日本足利學校遺跡圖書館藏宋建安劉叔剛刻本《附釋音毛詩注疏》等，見本書第六章第一節。
② 日本宮內廳書陵部藏宋蜀刻本《論語注疏》，見本書第六章第二節。
③ 《玉海》，第783頁。
④ 《宋史》卷一五五，第3618頁。
⑤ 同上書，第3620頁。

詩》、《禮記》，寧宗慶元間沈作賓又增刻《左傳》，合五爲六；高宗紹興間興國軍學刻《五經》，寧宗嘉定間聞人模增刻《左傳》，合爲六經；孝宗淳熙間撫州公使庫刻《六經三傳》，度宗咸淳間黃震增刻《論語》、《孟子》、《孝經》，爲《九經三傳》。這幾次有名的官府刻經，主要以《易》、《詩》、《書》、《周禮》、《禮記》、《春秋》六經爲主。而民間刻經中傳世數量較多的重言重意本經書，也主要以此六經爲主。蓋朝廷取士之所重，士人學子之所趨，對《易》、《詩》、《書》、《周禮》、《禮記》、《春秋》六經的需求自然較他經爲廣，其刊刻量及傳存量自然排在前列。

從內容類型上看，今存宋刻經書注疏版本 104 種中，以經注附釋文本（包括纂圖互注重言重意本）傳存數量最多，共 53 種；其次爲單經注本 20 種，白文本 13 種，注疏合刻本 12 種，單疏本 6 種。這種格局可以反映出宋代主要是南宋時期經書注疏刊刻的實際狀況，即以經注本爲主流，各類型版本呈現多樣化發展。北宋時期及南宋初期，經書版本以單經注本、單疏本爲主，間以白文本；南宋中期開始，經注附釋文本佔據絕對優勢，其中附有重言、重意等內容的經注附釋文本爲數最衆，成爲民間流傳最廣的經書文本。同時，南宋初期紹興地區首次編刻注疏合刻本，南宋中期以後，建陽書坊刊刻的附有釋文的注疏合刻本開始流行，四川也刊刻了注疏合刻本。不過直至宋末，注疏合刻本並未取代經注本的主流地位，經書版本的刊刻仍以經注附釋文本最爲通行。經注附釋文本，特別是附有重言、重意等內容的通俗版本，加入了句讀、釋音、圖表以及便於理解記憶的重言、重意等內容，順應民間士子學習應試的需求，因而廣受歡迎。注疏合刻本薈萃注疏，並及釋文，極大方便了讀者的閱讀使用，亦影響漸廣。宋代經書注疏版本多類型的發展趨勢，反映出宋代民間文化的普及與教育文化繁榮的現實。

從出版者和出版地來看，傳世宋刻經書注疏版本中，出自官刻的，包括國子監刻本、撫州公使庫刻本、興國軍學刻本、江陰郡刻本、兩浙東路茶鹽司刻本、紹興府刻本等，所佔比例不大，所刻類型除單疏本及八行注疏合刻本外，皆爲單經注本。官刻本雖然比不上書坊刻書數量龐大、行銷廣泛，但其校勘審慎、刊印精良的特點，在今存宋刻經書版本中有充分的表現。尤其兩浙東路茶鹽司及紹興府所刻八行注疏合刻本，開創了注疏合刻的新潮流，而編刻精良，文字優勝，最爲學者所重。民間刻書中，則以建陽地區書坊刻書傳存最多，在現存傳本中佔到一半以上。除了有名目的劉叔剛、余仁仲萬卷堂、建安王朋甫等外，傳存量最大的各種附有重言、重意内容的經注附釋文本，雖未標書坊名，從版刻風格看，實際上皆爲建陽地區書坊所刻。這些建陽地區書坊刊刻的通俗版本在傳世版本中佔有如此大的比例，可見當時此類經書版本的數量必相當龐大。在宋代教育發展及文化傳播中，建陽書坊發揮的作用不可小視。較之官刻本來說，以售賣牟利爲目的的書坊本在文字校勘上稍遜一籌，但也不乏如余仁仲本這樣文字優良的版本。

宋刻經書注疏版本在後代產生了巨大深遠的影響，在經書文本演進過程中，佔據十分突出的地位。五代以前，我國經書注疏的傳播主要依賴於手抄石刻，輾轉傳抄中多錯訛歧異，石刻經典則費時費力又難以流傳普及。五代時期首次以雕版印刷技術刊刻儒家經書。進入北宋，朝廷通過校訂翻刻五代監本經書及新刻諸經義疏，使儒家經書注疏文本逐漸走向規範統一。有宋一代，十三經作爲儒家經典核心文本得到確立，同時又有内容和形式上品種多樣的變化。除了前代的單經注本、單疏本、白文本而外，出現了附有釋文的經注本、附有重言重意等内容的經注本、注疏合刻本、附有釋文的注疏合刻本以及附有音義的白文本、標點句讀本、插圖本等等，我國經書注疏的主要文本類型，在宋代已大體齊備。這些文本類型中，有的在後代不再流行，甚至絶跡，如宋代大量的纂圖互注重言重意本，後代幾乎不再翻刻；單疏本和不附釋音的注疏合刻本，後代亦無翻刻流通。而建陽書坊編輯刊刻的附有釋文的注疏合刻本，則成爲元明以後儒家經書文本的主流。宋刻十行注疏本經元代翻刻以後，明嘉靖李元陽刻本、明萬曆北監刻本、明末汲古閣刻本，這三種明代影響較大的十三經文本，都承襲自元刻十行注疏本。清乾隆武英殿本《十三經注疏》經過校訂改易，但其文本仍主要源自十行注疏本。清嘉慶南昌府學刻本（阮元本）更是直接根據元刻十行本翻刻（《儀禮》、《爾雅》除外），成爲迄今爲止影響最爲廣泛的《十三經注疏》版本。

清代乾嘉以後，宋刻經書注疏版本漸爲學者所重，惠棟、盧文弨、顧廣圻等人皆利用宋刻經書版本，進行了卓有成效的校勘工作。阮元《十三經注疏校勘記》更是廣泛蒐集宋刻版本，成爲經書校勘集大成者。一些久已湮没的宋刻經書版本，亦漸次得到影刻、翻刻，如嘉慶中張敦仁影刻撫州本《禮記》、道光中汪氏問禮堂影刻余仁仲本《公羊》、道光中汪士鐘影刻單疏本《儀禮疏》，又顧廣圻以黃丕烈士禮居所藏《儀禮》單疏本與宋嚴州刻經注本合編，助張敦仁刻成《儀禮注疏》等等，這些影刻、翻刻本的問世，令孤本罕存的宋刻經書版本化一爲百，在乾嘉以降的經學、小學研究中發揮了重要作用。而圍繞宋刻經書注疏版本，乾嘉學者中以段玉裁、顧廣圻爲代表，進行了一場有關版本學、校勘學、並涉及古文獻學各方面問題的學術論爭，影響深遠。

宋代經書注疏版本不僅在經書版本源流、出版史、學術史研究中佔據重要地位，在今天的古籍整理工作中，也同樣佔據非常重要的地位。前人在經書整理校勘過程中，已經儘量利用了所能搜集到的宋刻經書版本，這些版本在他們的校勘整理工作中也發揮了非常重要的作用。但是，前輩學者所能見到的宋刻經書版本畢竟有限，許多珍貴的具有極高校勘價值的經書版本尚未得到充分的利用。如今存單疏本中，除《儀禮》、《爾雅》、《穀梁》爲清代學者較爲熟知外，其他各經，特別是日本傳存的各經單疏本，清代學者罕知其傳，更別説利用了。以搜集版本最得力的阮元來説，當時他所能搜集到的宋刻經書版本，和今天我們所能見到的宋刻版本相比，亦可謂相差甚遠。許多重要的版本阮元無緣見到，也無從知曉，有的版本《校勘記》雖然也曾利用，却只能利用前人的校本，尚有不少漏校誤校。今天經書注疏的校勘整理工作，若能在前人校勘工作的基礎上，充分利用這些傳世宋刻版本，將會使儒家經書注疏的校勘整理工作，達到新的高度。

附録　今存宋刻經書注疏版本簡目[①]

一、《周易》

單經注本

1. 周易九卷略例一卷　魏王弼、晉韓康伯注，略例魏王弼撰，唐邢璹注

宋淳熙撫州公使庫刻遞修本（卷七～十配清影宋抄本），中國國家圖書館藏（7255號）。[②] 10行16字，小字雙行24字，白口，四周雙邊。季振宜舊藏。有《四部叢刊》影印本。

2. 周易九卷略例一卷　魏王弼、晉韓康伯注，略例魏王弼撰，唐邢璹注

宋刻本，中國國家圖書館藏（5428號）。12行24字，小字雙行同，白口，左右雙邊。天禄琳琅舊藏本。

經注附釋文本[③]

3. 周易九卷略例一卷　魏王弼、晉韓康伯注，唐陸德明釋文，略例魏王弼撰，唐邢璹注

宋刻本，中國國家圖書館藏（3337號）。12行21字，小字雙行28字，白口，左右雙邊。明董其昌、文嘉、文震孟、文從簡、清秦蕙田跋。鐵琴銅劍樓舊藏。有《中華再造善本》影印本。

---

① 本目錄的編製，除特別注明者外，主要依據《中國古籍善本書目》、阿部隆一《日本訪書志》、《阿部隆一遺稿集》第一卷《日本國見在宋元版本志經部》、各館藏書目錄及圖錄等，並筆者調查所得。今無傳本或今本殘缺的宋刻經書注疏重要版本，著錄其後代影刻、翻刻、傳抄本，並及部分金元刻本，附於各類之末。

② 括號内爲中國國家圖書館藏本館藏號，下同。

③ 包括纂圖互注重言重意本，下同。

4. 纂圖互注周易十卷　魏王弼、晉韓康伯注，唐陸德明釋文，略例魏王弼撰，唐邢璹注

宋刻本，臺北"央圖"藏。11 行 21 字，小字雙行 25 字，細黑口，左右雙邊。有重言、重意、互注。

附：

周易九卷略例一卷　魏王弼、晉韓康伯注，唐陸德明釋文，略例魏王弼撰，唐邢璹注

元相臺岳氏荆谿家塾刻本。國家圖書館藏（7256 號）。8 行 17 字，小字雙行同，白口，四周雙邊。有《中華再造善本》影印本。

單疏本

5. 周易正義十四卷　唐孔穎達撰

宋刻遞修本，中國國家圖書館藏（9581 號）。15 行 26 字，白口，左右雙邊。清翁方綱跋，傅增湘跋。有 1935 年北平人文科學研究所影印本、《中華再造善本》影印本。

注疏合刻本

6. 周易注疏十三卷　魏王弼、晉韓康伯注，唐孔穎達疏

宋兩浙東路茶鹽司刻本。8 行 19 字，小字雙行同，白口，左右雙邊。中國國家圖書館藏一部（4194 號），經宋元遞修，序、表、卷一配清陳氏士鄉堂抄本，有清陳鱣跋，《古逸叢書三編》、《中華再造善本》影印；日本足利學校遺跡圖書館藏一部，有宋陸子遹識語，1973 年日本汲古書院影印。

附：

周易兼義九卷音義一卷略例一卷　魏王弼、晉韓康伯注，唐孔穎達疏，音義陸德明撰

元刻十行本。美國伯克萊加州大學東亞圖書館藏一較早印本，未經明代修補；[①] 中國國家圖書館等藏有元刻明修本。10 行 18 字，小字雙

[①] 此據《伯克萊加州大學東亞圖書館中文古籍善本書志》，上海古籍出版社，2005 年，第 3 頁。

行 24 字，白口，左右雙邊。《中華再造善本》據北京市文物局藏《十三經注疏》本影印。

白文本

7. 伊川先生點校附音周易二卷　題宋程頤點校

宋刻本，臺北"央圖"藏。12 行 22 字，白口，左右雙邊。眉欄有音釋。

8. 周易一卷

宋刻遞修本《八經》之一，中國國家圖書館藏（8633 號）。20 行 27 字，細黑口，左右雙邊。有 1926 年武進陶氏涉園影印本。

二、《尚書》

單經注本

1. 尚書十三卷　題漢孔安國傳

宋刻本，北京大學圖書館藏。10 行 20 字，小字雙行同，白口，左右雙邊。有《中華再造善本》影印本。

經注附釋文本

2. 尚書十三卷　題漢孔安國傳，唐陸德明釋文

宋建安王朋甫刻本，臺北"央圖"藏。10 行 19 字，小字雙行 25 字，細黑口，左右雙邊。卷前有圖。有 1991 年臺北"央圖"影印本。

3. 纂圖互注尚書十三卷　題漢孔安國傳，唐陸德明釋文

宋刻本，芷蘭齋藏卷一、二，① 哈爾濱圖書館藏卷五、六，中國國家圖書館藏卷七～十三（12339 號）。11 行 21 字，小字雙行 25 字，細黑口，左右雙邊。有重言、重意、互注。天祿琳琅舊藏本。

4. 纂圖互注尚書十三卷　題漢孔安國傳，唐陸德明釋文

宋建安宗氏刻本，日本京都市藏。11 行 21 字，小字雙行 25 字，細黑口，左右雙邊。有重言、重意、互注。

---

① 《中國古籍善本書目》著錄哈爾濱圖書館藏本及國圖藏本，芷蘭齋藏本據《第二批國家珍貴古籍名錄圖錄》第 2 冊，第 201 頁。

5. 婺本點校重言重意互注尚書　題漢孔安國傳，唐陸德明釋文

宋刻巾箱本，臺北故宮博物院藏。10 行 20 字，小字雙行同，細黑口，左右雙邊。有重言、重意、互注。鐵琴銅劍樓舊藏。①

6. 監本纂圖重言重意互注點校尚書　題漢孔安國傳，唐陸德明釋文

宋刻本。10 行 18 字，小字雙行 24 字，細黑口，四周雙邊。有重言、重意、互注。劉氏嘉業堂舊藏，現藏處不詳。有《四部叢刊》影印本。

單疏本

7. 尚書正義二十卷　唐孔穎達撰

宋刻本，日本宮內廳書陵部藏。15 行 24 字，白口，左右雙邊。有 1929 年日本大阪每日新聞社影印本及《四部叢刊三編》影印本。

注疏合刻本

8. 尚書正義二十卷　題漢孔安國傳，唐孔穎達疏

宋兩浙東路茶鹽司刻本。中國國家圖書館藏一部（4523 號），卷七、八、十九、二十配日本影抄本，有楊守敬跋；日本足利學校遺跡圖書館藏一部，經宋元遞修。8 行 19 字，小字雙行同，白口，左右雙邊。國圖藏本有《古逸叢書三編》及《中華再造善本》影印本。

9. 附釋文尚書注疏二十卷　題漢孔安國傳，唐孔穎達疏，唐陸德明釋文

宋魏縣尉宅刻本（卷十七～二十配補元刻明修十行本），臺北故宮博物院藏。9 行 16 字，小字雙行 22 字，細黑口，左右雙邊。有 1989 年臺北故宮博物院影印本。

附：

尚書注疏二十卷新雕尚書纂圖一卷　題漢孔安國傳，唐孔穎達疏，唐陸德明釋文

蒙古刻本（或著錄作金刻本）。中國國家圖書館存兩部，一部

---

① 此本爲臺北故宮博物院 2003 年收得，故《國立故宮博物院善本舊籍總目》未收入。此據《大觀——宋版圖書特展》，臺北故宮博物院，2006 年，第 184 頁。

（9583號）卷三~六配清影抄本；一部（013號）存卷六~十，十六~二十。13行26至29字，小字雙行35字，白口，四周雙邊。每卷後附刻《釋文》。前者有《中華再造善本》影印本。

尚書注疏二十卷　題漢孔安國傳，唐孔穎達疏，唐陸德明釋文

金刻本。存卷十八，二十零卷，日本天理圖書館藏。13行25至29字，小字雙行35字，白口，左右雙邊。與上本版式稍有差別。[①]

附釋音尚書注疏二十卷　題漢孔安國傳，唐孔穎達疏，唐陸德明釋文

元刻十行本。北京大學圖書館藏一部較早印本，未經明代修補；中國國家圖書館等藏元刻明修本。10行17字，小字雙行23字，白口，左右雙邊。《中華再造善本》據北京市文物局藏《十三經注疏》本影印。

白文本

10. 尚書一卷

宋刻遞修本《八經》之一，中國國家圖書館藏（8633號）。20行27字，細黑口，左右雙邊。有1926年武進陶氏涉園影印本。

三、《毛詩》

經注附釋文本

1. **毛詩二十卷**　漢毛亨傳，漢鄭玄箋，唐陸德明釋文

宋刻本，中國國家圖書館藏（9585號）。10行17字，小字雙行22字，白口，左右雙邊或四周雙邊。巾箱本，鐵琴銅劍樓舊藏。有《四部叢刊》、《中華再造善本》影印本。

2. **毛詩二十卷**　漢毛亨傳，漢鄭玄箋，唐陸德明釋文

宋刻本（存三卷，十八~二十），中國國家圖書館藏（840號）。清查慎行、顧廣圻跋，吳榮光題款。13行24字，小字雙行同，細黑口，四周雙邊。有重言、重意、互注。楊氏海源閣舊藏。

[①] 此據顧永新《金元平水注疏合刻本研究——兼論注疏合刻的時間問題》，《文史》2011年第3期。

3. 纂圖互注毛詩二十卷舉要圖一卷　　漢毛亨傳，漢鄭玄箋，唐陸德明釋文

宋刻本，臺北故宮博物院藏。12行21字，小字雙行25字，細黑口，左右雙邊。有重言、重意、互注。有1995年臺北故宮博物院影印本。

4. 監本纂圖重言重意互注點校毛詩二十卷圖譜一卷　　漢毛亨傳，漢鄭玄箋，唐陸德明釋文

宋刻本，卷五~七配清黃氏士禮居影宋抄本，中國國家圖書館藏（7916號）。有清黃丕烈跋，勞健、周叔弢跋。10行18字，小字雙行24字，細黑口，左右雙邊。有重言、重意、互注等內容。有《中華再造善本》影印本。

5. 監本纂圖重言重意互注點校毛詩二十卷圖譜一卷　　漢毛亨傳，漢鄭玄箋，唐陸德明釋文

宋刻本，存十二卷（一~十一、圖譜）。中國國家圖書館藏（7917號）。10行18字，小字雙行24字，細黑口，左右雙邊。有重言、重意、互注等內容。與上本有翻刻關係。楊氏海源閣舊藏。

單疏本

6. 毛詩正義四十卷　　唐孔穎達撰

宋紹興九年（1139）紹興府刻本，日本武田科學振興財團杏雨書屋藏。15行26至30字，白口，左右雙邊。有1936年日本東方文化學院影印本及2012年人民文學出版社影印本。

注疏合刻本

7. 附釋音毛詩注疏二十卷　　漢毛亨傳，漢鄭玄箋，唐孔穎達疏，唐陸德明釋文

宋建安劉叔剛刻本，日本足利學校遺跡圖書館藏。10行18字，小字雙行23字，細黑口，左右雙邊。有1974年足利學校遺跡圖書館後援會影印本。

附：

毛詩注疏二十卷　　漢毛亨傳，漢鄭玄箋，唐孔穎達疏

日本抄本，據宋越州刻八行本抄。存卷一上、卷四上下、卷五、卷

六上下、卷十二上下，臺北故宮博物院藏。8行16字，小字雙行22字左右。①

附釋音毛詩注疏二十卷　漢毛亨傳，漢鄭玄箋，唐孔穎達疏，唐陸德明釋文

元刻明修十行本。中國國家圖書館等有藏。10行18字，小字雙行23字，白口，左右雙邊。《中華再造善本》據北京市文物局藏《十三經注疏》本影印。

白文本

8. 毛詩一卷

宋刻遞修本《八經》之一，中國國家圖書館藏（8633號）。20行27字，細黑口，左右雙邊。有1926年武進陶氏涉園影印本。

四、《周禮》

單經注本

1. 周禮十二卷　漢鄭玄注

宋蜀刻大字本（存卷九、十），日本靜嘉堂文庫藏。8行16字，小字雙行21至22字，白口，左右雙邊。黃丕烈舊藏。

2. 周禮十二卷　漢鄭玄注

宋婺州市門巷唐宅刻本。中國國家圖書館藏兩部，一部（7922號）有勞健抄補並跋；一部（8634號）卷七～十二配另一宋刻附釋文本（11行21至23字，小字雙行同，四周雙邊），楊守敬、李盛鐸跋。13行25字，小字雙行35字，白口，左右雙邊。前一部有《古逸叢書三編》及《中華再造善本》影印本。

附：

周禮十二卷釋音一卷　漢鄭玄注，釋音唐陸德明撰

金刻本。中國國家圖書館藏（12341號）。11行20至22字，小字

---

① 此據李霖《宋刊群經義疏的校刻與編印》，北京大學歷史系博士論文，2012年。

雙行 26 至 30 字，白口，左右雙邊。天祿琳琅舊藏，有《中華再造善本》影印本。

經注附釋文本

3. **周禮十二卷**　漢鄭玄注，唐陸德明釋文

宋刻本，中國國家圖書館藏（8635 號），清費念慈跋。10 行 19 字，小字雙行 23 字，細黑口，四周雙邊。有 1934 年文祿堂影印本。

4. **周禮十二卷**　漢鄭玄注，唐陸德明釋文

宋刻本，北京大學圖書館藏。11 行 20 字，小字雙行 27 字，細黑口，四周雙邊，有重言、重意。有《中華再造善本》影印本。

5. **周禮十二卷**　漢鄭玄注，唐陸德明釋文

宋刻巾箱本（存卷七～九），日本靜嘉堂文庫藏。12 行 23 字，小字雙行同，細黑口，左右雙邊。有重言、重意、互注。

6. **周禮十二卷**　漢鄭玄注，唐陸德明釋文

宋刻本（存五卷，七～十一），中國國家圖書館藏（014 號）。9 行 17 字，小字雙行 18 字，細黑口，四周雙邊。有重言。天祿琳琅舊藏。

7. **周禮十二卷**　漢鄭玄注，唐陸德明釋文

宋刻本（卷二、四、七～九、十二配影宋抄本），中國國家圖書館藏（6579 號）。9 行 17 字，小字雙行 18 字，細黑口，四周雙邊。有重言。鐵琴銅劍樓舊藏。

8. **周禮十二卷**　漢鄭玄注，唐陸德明釋文

宋刻本，足利學校遺跡圖書館藏。9 行 17 字，小字雙行 18 字，細黑口，四周雙邊。有重言。

9. **纂圖互注周禮十二卷圖一卷**　漢鄭玄注，唐陸德明釋文

宋刻本，中國國家圖書館藏（6689 號）。12 行 21 字，小字雙行 25 字，細黑口，左右雙邊。有重言、重意、互注。鐵琴銅劍樓舊藏，有《中華再造善本》影印本。

10. **纂圖互注周禮十二卷圖一卷**　漢鄭玄注，唐陸德明釋文

宋刻本，中國國家圖書館藏。12 行 21 字，小字雙行 25 字，細黑

口，左右雙邊。有重言、重意、互注。袁克文舊藏本。①

11. 纂圖互注周禮十二卷圖一卷　漢鄭玄注，唐陸德明釋文

宋刻本，日本静嘉堂文庫藏。12 行 21 字，小字雙行 25 字，細黑口，左右雙邊。有重言、重意、互注。

12. 京本點校附音重言重意互注周禮十二卷　漢鄭玄注，唐陸德明釋文

宋刻本，北京大學圖書館藏卷二，四～六；上海圖書館藏卷一、三，七～十二。11 行 19 字，小字雙行 20 字，細黑口，四周雙邊。有重言、重意、互注。有《中華再造善本》影印本。

附：

周禮十二卷　漢鄭玄注，唐陸德明釋文

元相臺岳氏荆谿家塾刻本。存一卷（卷三），原北平圖書館藏書，現存臺北故宫博物院。8 行 17 字，小字雙行同，細黑口，左右雙邊。

周禮十二卷　漢鄭玄注，唐陸德明釋文

元刻本。存四卷（卷三～六），中國國家圖書館藏（7923 號）。8 行 17 字，小字雙行同，細黑口，左右雙邊。與上本版式行款同，字體相近，但非相同版本。疑爲盱郡重刊廖氏《九經》之一，或爲又一種元代翻刻廖氏本。

單疏本

附：

周禮疏五十卷　唐賈公彦撰

舊抄本，據宋刻單疏本抄，存三十一卷，闕卷四～六，九、十，十五～十七，四一～五十。日本京都大學藏。②

---

① 此本爲祁陽陳澄中藏書，近年入藏中國國家圖書館，故《北京圖書館古籍善本書目》及《中國古籍善本書目》未收入。此據《祁陽陳澄中藏書——海外遺珍》，中國嘉德國際拍賣有限公司，2004 年；《册府擷英——國家珍貴古籍特展圖録（2009）》，國家圖書館出版社，2009 年，第 43 頁。

② 此據李霖《宋刊群經義疏的校刻與編印》，北京大學歷史系 2012 年博士論文；加藤虎之亮《周禮經注疏音義校勘記》，日本無窮會，1957 年。

注疏合刻本

13. 周禮疏五十卷　漢鄭玄注，唐賈公彥疏

宋兩浙東路茶鹽司刻宋元明遞修本。今存兩部全本，一藏中國國家圖書館（4921號），一藏臺北故宮博物院。又北京大學圖書館藏一部殘本，存二十七卷（卷一、二、十三、十四、二七～四七、四九、五十），爲較早印本；日本無窮會天淵文庫藏殘本，存二卷（卷四七、四八）。8行19字，小字雙行22字，白口，左右雙邊。中國國家圖書館藏本有《中華再造善本》影印本；臺北故宮博物院藏本有1976年臺北故宮博物院影印本；北大藏本有1929年董氏誦芬室影印本。

附：

附釋音周禮注疏四十二卷　漢鄭玄注，唐賈公彥疏，唐陸德明釋文

元刻明修十行本。中國國家圖書館等有藏。10行17字，小字雙行23字，白口，左右雙邊。《中華再造善本》據北京市文物局藏《十三經注疏》本影印。

白文本

14. 周禮一卷

宋刻遞修本《八經》之一，中國國家圖書館藏（8633號）。20行27字，細黑口，左右雙邊。有1926年武進陶氏涉園影印本。

五、《儀禮》

單經注本

附：

儀禮十七卷　漢鄭玄注

清嘉慶二十年黃氏讀未見書齋刻本，據宋嚴州本影刻。14行24至25字，小字雙行32字左右，白口，左右雙邊。

單疏本

附：

儀禮疏五十卷　唐賈公彥等撰

清黃氏士禮居影抄宋單疏本，中國國家圖書館藏（2407號）。又有

清道光十年汪氏藝芸書舍影刻宋單疏本。皆存四十四卷（卷一～三一，三八～五十）。又日本宮內廳書陵部藏舊抄單疏殘卷《儀禮疏》，存卷十五、十六。①

六、《禮記》

單經注本

1. 禮記二十卷　漢鄭玄注

宋蜀刻大字本，遼寧圖書館存卷一～五，中國國家圖書館（12343號）存卷六～二十。8行16字，小字雙行21字，白口，左右雙邊。

2. 禮記二十卷　漢鄭玄注

宋刻遞修本，存九卷（卷五～八，十一～十五），中國國家圖書館藏（8637號）。清黃丕烈、韓應陛、張爾耆跋。10行16至18字，小字雙行27至29字，白口，左右雙邊。黃氏士禮居舊藏。

3. 禮記二十卷　漢鄭玄注

宋婺州義烏酥溪蔣宅崇知齋刻本，存五卷（卷一～五），中國國家圖書館藏（6580號）。10行20字，小字雙行28字，白口，四周雙邊。鐵琴銅劍樓舊藏。有《中華再造善本》影印本。

4. 禮記二十卷釋文四卷　漢鄭玄注，唐陸德明撰釋文

宋淳熙四年撫州公使庫刻本。中國國家圖書館藏一部（843號），有清顧廣圻跋。臺北"央圖"藏一部，存卷三～五，十六～二十。另東京大學東洋文化研究所存《禮記釋文》四卷。10行16字，小字雙行24字，白口，四周雙邊。國圖藏本有《古逸叢書三編》、《中華再造善本》影印本。

經注附釋文本

5. 禮記二十卷　漢鄭玄注，唐陸德明釋文

宋余仁仲萬卷堂家塾刻本，中國國家圖書館藏兩部，一部（7926號）全本，有周叔弢跋；一部（12342號）存十一卷（卷十～二十）。

---

① 此據喬秀岩《〈儀禮〉單疏版本説》，《文史》2000年第1輯，總第50輯。

上海圖書館藏兩部，一部全本（卷一～三以《纂圖互注禮記》本配補）；一部殘本，存九卷（卷一～九）。11行19字，小字雙行27字，細黑口，左右雙邊。國圖藏周叔弢跋本有民國26年來青閣影印本及《中華再造善本》影印本。

  6. 禮記二十卷　漢鄭玄注，唐陸德明釋文

  宋刻本，存十六卷（卷五～二十），中國國家圖書館藏（6581號）。11行20字，小字雙行26字，白口，左右雙邊。鐵琴銅劍樓舊藏。

  7. 禮記二十卷　漢鄭玄注，唐陸德明釋文

  宋刻本，存十六卷（卷一～十六），中國國家圖書館藏（4925號），有清翁同書跋。10行19字，小字雙行23字，細黑口，四周雙邊。

  8. 禮記二十卷　漢鄭玄注，唐陸德明釋文

  宋刻本，北京大學圖書館藏。又臺北"央圖"藏一部，從卷一首葉書影看，與北大藏本爲相同版本。11行19字，小字雙行25字，細黑口，左右雙邊。有重言、重意。

  9. 禮記二十卷　漢鄭玄注，唐陸德明釋文

  宋刻巾箱本，北京市文物局存卷一～九，瀋陽故宮博物院存卷十四，中國國家圖書館存卷二十（5429號）。① 10行19字，小字雙行同，黑口，左右雙邊。有重言、重意、互注。天禄琳琅舊藏。

  10. 禮記二十卷　漢鄭玄注，唐陸德明釋文

  宋刻巾箱本，缺卷十五，日本國立國會圖書館藏。9行17字，小字雙行18字，黑口，四周雙邊。有重言。

  11. 纂圖互注禮記二十卷舉要圖一卷　漢鄭玄注，唐陸德明釋文

  宋刻本，中國國家圖書館藏（7273號）。清錢天樹、孫鎜、楊希鈺、李兆洛、陳鑾、吳憲瀓、張爾旦、季錫疇、吳輔仁、張蓉鏡跋。12行21字，小字雙行25字，細黑口，左右雙邊。有重言、重意、互注。有《四部叢刊》、《中華再造善本》影印本。

---

  ① 《中國古籍善本書目》僅著錄國圖藏一卷，此據《第三批國家珍貴古籍名錄圖錄》第1册，國家圖書館出版社，2012年，第6、103頁。另《歷代珍稀版本經眼圖錄》著錄此本卷第十九。

12. **纂圖互注禮記二十卷舉要圖一卷　漢鄭玄注，唐陸德明釋文**

宋刻本，日本静嘉堂文庫藏。11行21字，小字雙行25字，細黑口，左右雙邊。有重言、重意、互注。

13. **監本纂圖重言重意互注禮記二十卷　漢鄭玄注，唐陸德明釋文**

宋刻本，上海圖書公司藏全本，有楊守敬跋；①南京圖書館藏殘本，存二卷（卷九、十），有清丁丙跋。10行18字，十五卷以後19字，小字雙行24字，細黑口，四周雙邊或左右雙邊。有重言、重意、互注。

14. **附音重言互注禮記二十卷　漢鄭玄注，唐陸德明釋文**

宋刻本，存二卷（卷十六、十九），中國國家圖書館藏（8638號）。8行16字，小字雙行同，白口，左右雙邊。

15. **京本點校附音重言重意互注禮記二十卷　漢鄭玄注，唐陸德明釋文**

宋刻本，一部存一卷（卷八），中國國家圖書館藏（8639號），有李盛鐸跋；一部存二卷（卷六、七），上海圖書館藏。11行19字，小字雙行20字，細黑口，四周雙邊。有重言、重意、互注。

單疏本

16. **禮記正義七十卷　唐孔穎達撰**

宋刻本，存卷六三～七十。今藏日本身延山久遠寺。15行26字，白口，左右雙邊。有1930年日本東方文化學院影印本及《四部叢刊三編》影印本。

注疏合刻本

17. **禮記正義七十卷　漢鄭玄注，唐孔穎達疏**

宋紹熙三年（1192）兩浙東路茶鹽司刻本。中國國家圖書館藏兩部，一部（8640號）全，有清惠棟跋、李盛鐸、袁克文跋；一部（7274號）存二十八卷，有張元濟跋。日本足利學校遺跡圖書館藏一部，卷三三～四十爲室町時期補寫。北京大學圖書館藏殘本，存卷一、二。東京大學東洋文化研究所藏殘本，存卷六三。京都大學附屬

---

① 《中國古籍善本書目》著錄爲上海圖書館藏，據《第一批國家珍貴古籍名錄圖錄》，此本今歸上海圖書公司。

圖書館谷村文庫藏殘本，存卷六四。國圖藏全本有《中華再造善本》影印本。

附：

附釋音禮記注疏六十三卷　漢鄭玄注，唐孔穎達疏，唐陸德明釋文

清乾隆六十年和珅影刻宋劉叔剛本。中國國家圖書館、北大等有藏。10行17字，小字雙行23字，細黑口，左右雙邊。

附釋音禮記注疏六十三卷　漢鄭玄注，唐孔穎達疏，唐陸德明釋文

元刻明修十行本。浙江圖書館、臺北"央圖"等有藏。10行17字，小字雙行23字，白口，左右雙邊。《中華再造善本》據北京市文物局藏《十三經注疏》本影印。

白文本

18. **禮記二卷**

宋刻遞修本《八經》之一，中國國家圖書館藏（8633號）。20行27字，細黑口，左右雙邊。有1926年武進陶氏涉園影印本。

七、《左傳》

單經注本

1. **春秋經傳集解三十卷**　晉杜預撰

宋紹興間江陰郡刻遞修本。日本陽明文庫存全本（卷一、二配日本南北朝刊本）；臺北故宮博物院存卷十七、二五～二八、三十，凡六卷。10行16至19字，注小字雙行，行25至26字，白口，左右雙邊。

2. **春秋經傳集解三十卷**　晉杜預撰

南宋淳熙間撫州公使庫刻遞修本。臺北故宮博物院存二十卷（卷三～十六，十八，二十～二四）；中國國家圖書館（12345號）存三卷（卷一、二、十九）。10行16字，小字23至24字，白口，四周雙邊。天禄琳琅舊藏。

3. **春秋經傳集解三十卷經傳識異一卷春秋左氏音義五卷**　晉杜預撰

宋嘉定九年（1216）興國軍學刻本。日本宮內廳書陵部藏一部（卷三、四、二十、二一、二六～二八配抄本，《春秋左氏音義》藏日本尊

經閣文庫）；靜嘉堂文庫藏一部殘本，存十五卷（卷十，十五～二十，二三～三十）；中國國家圖書館（7932號）藏一卷殘本（存卷二二）。8行17字，注小字雙行，白口，左右雙邊。

4. 春秋經傳集解三十卷　　晉杜預撰

宋蜀刻大字本。存卷九、十，上海圖書館藏。8行16字，小字雙行21字。白口，左右雙邊。

5. 春秋經傳集解三十卷　　晉杜預撰

南宋刻元明遞修本，日本靜嘉堂文庫藏。8行16字，小字雙行約24字不等。白口，左右雙邊。

6. 春秋經傳集解三十卷　　晉杜預撰

宋刻巾箱本，存二十三卷（卷一～十三，十九～二四，二七～三十），中國國家圖書館藏（6582號）。14行23字，小字雙行同，白口，四周單邊。鐵琴銅劍樓舊藏。

經注附釋文本

7. 春秋經傳集解三十卷　　晉杜預撰，唐陸德明釋文

宋鶴林于氏家塾棲雲閣刻元修本，存二十九卷（卷一～九，十一～三十），中國國家圖書館藏（7933號）。有李盛鐸、周叔弢跋。10行16至17字，小字雙行32字，白口，左右雙邊。

8. 春秋經傳集解三十卷　　晉杜預撰，唐陸德明釋文

南宋余仁仲萬卷堂刻本。存六卷（卷八、九、十二、十三、十六、二九），臺北"央圖"藏。11行18至19字，小字雙行27字，細黑口，左右雙邊。

9. 春秋經傳集解三十卷　　晉杜預撰，唐陸德明釋文

南宋建安坊刻本。臺北故宮博物院藏。11行20字，小字雙行26字，白口，間有黑口，左右雙邊，間有單邊。沈氏研易樓舊藏。

10. 春秋經傳集解三十卷　　晉杜預撰，唐陸德明釋文

宋刻本。上海圖書館藏。13行24字，小字雙行同，白口，四周雙邊。有《四部叢刊》、《中華再造善本》影印本。

11. 春秋經傳集解三十卷春秋總要一卷　　晉杜預撰，唐陸德明釋文春秋總要，宋李厚撰

宋刻本，中國國家圖書館藏（8641號）。8行15至16字，小字雙行21字，白口，四周雙邊。

12. 春秋經傳集解三十卷　　晉杜預撰，唐陸德明釋文

宋蜀刻本，存卷不詳，藏者不詳。① 11行20字，小字雙行約24字，白口，左右雙邊。毛晉汲古閣舊藏。

13. 春秋經傳集解三十卷春秋名號歸一圖二卷　　晉杜預撰，唐陸德明釋文

宋潛府劉氏家塾刻本。臺北"央圖"藏一部全本（卷十二、十三、十九配纂圖互注春秋經傳集解本），一部存五卷（卷六、七，十七~二十）。11行20字，小字雙行27字，細黑口，四周雙邊。有重言、似句等內容。

14. 春秋經傳集解三十卷　　晉杜預撰，唐陸德明釋文

宋刻巾箱本，存二十二卷（卷一~十五，二四~三十），上海圖書館藏。10行19字，小字雙行19字，細黑口，左右雙邊。有《中華再造善本》影印本。

15. 春秋經傳集解三十卷　　晉杜預撰，唐陸德明釋文

宋刻本，中國國家圖書館藏（1045號），存十五卷（卷一~十五，其中卷十一~十三配宋刻監本纂圖春秋經傳集解本）。10行19字，小字雙行23字，細黑口，四周雙邊。

16. 春秋經傳集解三十卷　　晉杜預撰，唐陸德明釋文

宋刻巾箱本（卷九、十，十九~二四抄配），日本國立國會圖書館藏。9行17字，小字雙行18字，細黑口，四周雙邊。有重言。

17. 纂圖互注春秋經傳集解三十卷春秋名號歸一圖二卷　　晉杜預撰，唐陸德明釋文

宋龍山書院刻本。中國國家圖書館藏（8642號）。12行21字，小字雙

---

① 據韋力《2005年春季全國古籍大拍述評（二）》，此本見於拍賣市場者約五六冊，《藝術市場》2005年第10期。《中國嘉德2005春季拍賣會圖錄》第1432號拍品爲此本卷六，一冊。

行25字,細黑口,左右雙邊。有重言、似句、互注。有《中華再造善本》影印本。另臺北"央圖"藏余仁仲萬卷堂本等配補本《春秋經傳集解》中的三卷,即卷十四、十五、二七,經與此本比對,知其爲相同版本。

18. 纂圖互注春秋經傳集解三十卷　晉杜預撰,唐陸德明釋文

宋刻本,臺北"央圖"藏,存卷十二、十三、十九共三卷及他卷殘葉(配補潛府劉氏家塾本)。12行21字,小字雙行26字,細黑口,左右雙邊。有重言、似句、互注。此本與龍山書院本有覆刻關係。

19. 監本纂圖春秋經傳集解三十卷　晉杜預撰,唐陸德明釋文

宋刻本,南京圖書館藏一部,中國國家圖書館(6062號)藏三卷殘本(卷二、二二、二三)。10行18字,小字雙行24字,細黑口,四周雙邊。有重言、似句等內容。

20. 婺本附音重言重意春秋經傳集解三十卷　晉杜預撰,唐陸德明釋文

宋刻本,存十五卷(卷二~七,十五~十九,二三、二五、二六、二九),上海圖書館藏。① 10行19字,小字雙行20字,細黑口,間有白口,左右雙邊。有重言、似句、互注等內容。

21. 東萊先生吕成公點句春秋經傳集解三十卷　晉杜預撰,唐陸德明釋文

宋刻本,上海圖書館藏。13行21字,小字雙行同,黑口,四周雙邊。

22. 京本點校重言重意春秋經傳集解三十卷　晉杜預撰,唐陸德明釋文

宋刻本,存十五卷(卷十六~三十),湖南省圖書館藏。11行20字,小字雙行21字,白口,四周雙邊。

23. 京本點校附音春秋經傳集解三十卷　晉杜預撰,唐陸德明釋文

宋刻本,存一卷(卷二九),吉林大學圖書館藏。② 11行20字,小

---

① 此本《中國古籍善本書目》著錄爲兩種,卷二十九單列。今據《上海圖書館藏宋本圖錄》合爲一種。

② 此本《中國古籍善本書目》未著錄,《第三批國家珍貴古籍名錄》收入,見《楮墨芸香——國家珍貴古籍特展圖錄(2010)》,國家圖書館出版社,2010年,第26頁。

字雙行 21 字，細黑口，四周雙邊。

附：

春秋經傳集解三十卷春秋名號歸一圖二卷年表一卷　晉杜預撰，唐陸德明釋文

元岳氏荊谿家塾刻本（卷十九、二十配明刻本），中國國家圖書館藏（7934 號）。周叔弢跋。又日本靜嘉堂文庫藏殘本，存十五卷（卷十六～三十，有配補）。8 行 17 字，細黑口，四周雙邊。國圖藏本有《中華再造善本》影印本。

單疏本

附：

春秋正義三十六卷　唐孔穎達撰

日本抄本，據宋刻單疏本抄。日本宮內廳書陵部藏。15 行 25 字，無格。有 1931 年日本東方文化學院影印本及《四部叢刊續編》影印本。

注疏合刻本

24. **春秋左傳正義三十六卷　晉杜預注，唐孔穎達疏**

宋慶元六年（1200）紹興府刻宋元遞修本，中國國家圖書館藏（7283 號）。8 行 16 字，小字雙行 22 字，白口，左右雙邊。有《中華再造善本》影印本。

25. **附釋音春秋左傳注疏六十卷　晉杜預注，唐孔穎達疏，唐陸德明釋文**

宋建安劉叔剛刻本。傳世兩部，日本足利學校遺跡圖書館藏一部；另一部分藏於中國國家圖書館（8643 號，存卷一～二九）和臺北故宮博物院（存卷三十～六十）。10 行 17 字，小字雙行約 23 字，白口，左右雙邊。

附：

附釋音春秋左傳注疏六十卷　晉杜預注，唐孔穎達疏，唐陸德明釋文

元刻明修十行本。中國國家圖書館等有藏。10 行 17 字，小字雙行約23字,白口,左右雙邊。《中華再造善本》據北京市文物局藏《十三經注疏》本影印。

白文本

26. 春秋經傳三十卷

宋刻本。中國國家圖書館藏卷十六～十九、二四～三十,共十一卷(989號)。另卷五～十二共八卷,1999年中國嘉德國際拍賣有限公司春季拍賣會拍品。① 8行17字,白口,左右雙邊。天禄琳琅舊藏。

27. 京本春秋左傳三十卷

宋刻本,中國國家圖書館藏(022號)。存卷六、七、十二、十六、二九共五卷。7行12字,白口,左右雙邊。行間有少量音義。

八、《公羊》

單經注本

1. 春秋公羊經傳解詁十二卷釋文一卷　漢何休撰,唐陸德明撰釋文

南宋淳熙間撫州公使庫刻紹熙四年重修本,中國國家圖書館藏(7284號)。10行16字,小字雙行23至24字,白口,四周雙邊。有《古逸叢書三編》及《中華再造善本》影印本。

經注附釋文本

2. 春秋公羊經傳解詁十二卷　漢何休撰,唐陸德明釋文

宋紹熙二年余仁仲萬卷堂刻本。中國國家圖書館藏一部(8645號),清黃彭年跋、李盛鐸、袁克文跋,有《中華再造善本》影印本;臺北故宫博物院藏一部,有《四部叢刊》影印本。11行19字,小字雙行27字,細黑口,左右雙邊。

單疏本

3. 春秋公羊疏三十卷　唐徐彦撰

宋刻遞修本,存卷一～七,藏中國國家圖書館(8646號)。15行

---

① 此據《中國拍賣古籍文獻目録》,世紀出版集團、上海書店出版社,2001年,第387頁及卷前書影。各卷存藏情况,見劉薔《天禄琳琅研究》,第120頁。

23 至 25 字，白口，左右雙邊。有《續古逸叢書》、《中華再造善本》影印本。

附：

春秋公羊疏三十卷　　唐徐彥撰

日本抄本，據宋刻單疏本抄。日本蓬左文庫藏。12 行 20 至 24 字，無格。①

注疏合刻本

附：

監本附音春秋公羊注疏二十八卷　　漢何休注，唐徐彥疏，唐陸德明釋文

元刻十行本，南京圖書館藏，存十卷；② 又元刻明修本，中國國家圖書館等有藏。10 行 17 字，小字雙行約 23 字，白口，左右雙邊。《中華再造善本》據北京市文物局藏《十三經注疏》本影印。

白文本

4. 公羊春秋不分卷

宋刻本，藏中國國家圖書館（7936 號）。20 行 27 字，細黑口，左右雙邊，眉欄記音。有《中華再造善本》影印本。

九、《穀梁》

經注附釋文本

1. 春秋穀梁傳十二卷　　晉范甯集解，唐陸德明釋文

南宋余仁仲萬卷堂刻本。無全本存世，臺北故宮博物院藏有殘本，存卷七～十二，共六卷。11 行 18 至 19 字，小字雙行 27 字，細黑口，左右雙邊。有《四部叢刊》影印本。

附：

春秋穀梁傳十二卷　　晉范甯集解，唐陸德明釋文

清光緒刻《古逸叢書》本，據宋余仁仲萬卷堂本影刻。行款同上。

---

① 參見《名古屋市蓬左文庫善本解題圖錄》第二輯，日本名古屋市教育委員會，1968 年。

② 《第三批國家珍貴古籍名錄圖錄》第 1 冊，第 109 頁有書影。

單疏本

附：

春秋穀梁疏十二卷　　唐楊士勛撰

清陳鱣家抄本，據宋刻單疏本抄。北京大學圖書館藏。又清咸豐七年瞿氏恬裕齋抄本，中國國家圖書館藏（3363號）。皆存七卷（卷六～十二）。12行21至22字，無格。

注疏合刻本

2. 監本附音春秋穀梁注疏二十卷　　晉范甯集解，唐楊士勛疏，唐陸德明釋文

宋刻本，中國國家圖書館藏一部全本（021號）及一部殘本（存卷十一～二十，05419號）。10行17字，小字雙行23字，細黑口，左右雙邊。有《中華再造善本》影印本。

附：

監本附音春秋穀梁注疏二十卷　　晉范甯集解，唐楊士勛疏，唐陸德明釋文

元刻十行本，南京圖書館藏，存二卷；又元刻明修本，北京大學圖書館等有藏。10行17字，小字雙行約23字，白口，左右雙邊。《中華再造善本》據北京市文物局藏《十三經注疏》本影印。

白文本

3. 穀梁春秋不分卷

宋刻本，藏中國國家圖書館（7936號）。20行27字，細黑口，左右雙邊，眉欄記音。有《中華再造善本》影印本。

十、《孝經》

單經注本

1. 孝經一卷　　唐玄宗李隆基注

北宋刻本，藏日本宮內廳書陵部。15行約24字，小字雙行約33字，白口，左右雙邊。有1932年日本書志學會影印本。

附：

孝經一卷　唐玄宗李隆基注，唐陸德明釋文

元岳氏荊谿家塾刻本。中國國家圖書館藏（7942 號）。8 行 17 字，小字雙行同，細黑口，四周雙邊。有《四部叢刊》、《中華再造善本》影印本。

注疏合刻本

附：

孝經注疏九卷　唐玄宗李隆基注，宋邢昺疏

元泰定三年刻本。中國國家圖書館藏（5499 號）。10 行 17 字，小字雙行 23 字，白口，左右雙邊。有《中華再造善本》影印本。又元泰定三年刻明修本，《中華再造善本》據北京市文物局藏《十三經注疏》本影印。

白文本

2. **孝經一卷**

宋刻遞修本《八經》之一，中國國家圖書館藏（8633 號）。20 行 27 字，細黑口，左右雙邊。有 1926 年武進陶氏涉園影印本。

十一、《論語》

經注附釋文本

1. **監本纂圖重言重意互注論語二卷　魏何晏集解，唐陸德明釋文**

宋劉氏天香書院刻本，北京大學圖書館藏，有楊守敬、袁克文跋。10 行 18 字，小字雙行 24 字，細黑口，四周雙邊。有重言、重意、互注。有《中華再造善本》影印本。

附：

論語集解十卷　魏何晏集解，唐陸德明釋文

元玗郡刻本，據宋廖氏世綵堂本刻。臺北故宮博物院藏。8 行 17 字，小字雙行同，細黑口，四周雙邊。有 1932 年故宮博物院《天祿琳琅叢書》影印本及 1985 年臺北故宮博物院影印本。

論語集解十卷　魏何晏集解，唐陸德明釋文

元岳氏荊谿家塾刻本。中國國家圖書館藏（12350 號）。8 行 17 字，小字雙行同，細黑口，四周雙邊。有《中華再造善本》影印本。

注疏合刻本

2. 論語注疏十卷　魏何晏集解，宋邢昺疏，唐陸德明釋文

宋蜀刻本。藏日本宮內廳書陵部。8行16字，小字雙行約25字，白口，左右雙邊。有1929年上海中華學藝社影印本、1930年日本影印本及2001年綫裝書局影印本。

3. 論語注疏解經二十卷　魏何晏集解，宋邢昺疏

宋刻元明遞修本。今無全本存世，臺北故宮博物院藏一部，存卷十一～二十；重慶市圖書館藏一部，亦存卷十一～二十；另上海圖書館藏殘本存卷十一、十二。8行16字，小字雙行22字，白口，左右雙邊。

附：

論語注疏解經十卷　魏何晏集解，宋邢昺疏

清光緒三十三年貴池劉氏影元刻本，據元元貞二年平陽府梁宅本刻。13行20字，小字雙行32字，白口，四周雙邊。又日本蓬左文庫藏《論語纂圖》和《論語釋文》，有"元貞丙申平水梁宅印"、"平陽府梁宅印行"牌記，當爲同時所刻。[①]

論語注疏解經二十卷　魏何晏集解，宋邢昺疏

元刻明修十行本，中國國家圖書館、臺北"央圖"等有藏。10行18字，小字雙行23字，白口，左右雙邊。《中華再造善本》據北京市文物局藏《十三經注疏》本影印。

白文本

4. 論語二卷

宋刻遞修本《八經》之一，中國國家圖書館藏（8633號）。20行27字，細黑口，左右雙邊。有1926年武進陶氏涉園影印本。

---

① 此據顧永新《元貞本〈論語注疏解經〉綴合及相關問題研究》，《版本目錄學研究》第二輯，國家圖書館出版社，2010年。

十二、《孟子》

單經注本

1. 孟子十四卷　漢趙岐注

南宋蜀刻本。存佚不詳。8 行 16 字，小字雙行 21 字，白口，左右雙邊。清内府舊藏，有《續古逸叢書》及《四部叢刊》影印本。

經注附釋文本

附：

孟子十四卷　漢趙岐注，宋孫奭音義

元旴郡刻本，據宋廖氏世綵堂本刻。臺北故宫博物院藏。8 行 17 字，小字雙行同，細黑口，四周雙邊。有 1932 年故宫博物院《天禄琳琅叢書》影印本及 1985 年臺北故宫博物院影印本。

孟子十四卷　漢趙岐注，宋孫奭音義

元岳氏荆谿家塾刻本。中國國家圖書館藏（12351 號）。8 行 17 字，小字雙行同，細黑口，四周雙邊。

注疏合刻本

2. 孟子注疏解經十四卷　漢趙岐注，題宋孫奭疏

宋刻元明遞修本。臺北故宫博物院藏一部全本；中國國家圖書館藏殘本（8649 號），存卷三、四、十三、十四，共四卷，有繆荃孫跋；北大藏殘本，亦存卷三、四、十三、十四，共四卷；南京博物館存卷一～六，十一～十四，共十卷。8 行 16 字，小字雙行 22 字，白口，左右雙邊。臺北故宫博物院藏本有 1986 年臺北故宫博物院影印本。

附：

孟子注疏解經十四卷　漢趙岐注，題宋孫奭疏

元刻明修十行本，中國國家圖書館等有藏。10 行 18 字，小字雙行 23 字，白口，左右雙邊。《中華再造善本》據北京市文物局藏《十三經注疏》本影印。

白文本

3. 孟子一卷

宋刻遞修本《八經》之一，中國國家圖書館藏（8633 號）。20 行

27字，細黑口，左右雙邊。有1926年武進陶氏涉園影印本。

十三、《爾雅》

單經注本

1. 爾雅三卷　晉郭璞注

宋刻本，藏臺北故宮博物院。8行16字，小字雙行21字，白口，左右雙邊。有1932年《天禄琳琅叢書》影印本、1971年臺北故宮博物院影印本。

2. 爾雅三卷音釋三卷　晉郭璞注

宋刻本，藏中國國家圖書館（3372號），有清顧廣圻跋。10行20字，小字雙行30字，白口，左右雙邊。鐵琴銅劍樓舊藏。有《四部叢刊》、《中華再造善本》影印本。

單疏本

3. 爾雅疏十卷　宋邢昺撰

宋刻遞修本。今存兩部，一藏中國國家圖書館（7309號）；一藏日本靜嘉堂文庫。15行30字左右，白口，左右雙邊。國圖藏本有《四部叢刊續編》、《續古逸叢書》、《中華再造善本》影印本。

注疏合刻本

附：

爾雅注疏十一卷　晉郭璞注，宋邢昺疏

元刻本，日本宮內廳書陵部藏。又元刻明修本，中國國家圖書館等藏。9行20字，小字雙行20字左右，細黑口，左右雙邊。《中華再造善本》據北京市文物局藏《十三經注疏》本影印。

主要參考文獻

一、古籍文獻（按著者年代排列）

（一）經學文獻

1. （唐）陸德明撰《經典釋文》，影印北京圖書館藏宋刻宋元遞修本，上海古籍出版社，1984 年。
2. （宋）張淳撰《儀禮識誤》，影印文淵閣《四庫全書》本，臺北商務印書館，1986 年。
3. （宋）毛居正撰《六經正誤》，影印文淵閣《四庫全書》本，臺北商務印書館，1986 年。
4. 《九經三傳沿革例》，影印文淵閣《四庫全書》本，臺北商務印書館，1986 年。
5. （清）阮元撰《十三經注疏校勘記》，《續修四庫全書》第 180—183 冊，影印清嘉慶阮氏文選樓刻本，上海古籍出版社，2002 年。
6. 《十三經注疏》，《中華再造善本》，影印元刻明修本，國家圖書館出版社，2003 年。
7. 《十三經注疏》，明嘉靖李元陽刻本。
8. 《十三經注疏》，明萬曆北京國子監刻本。
9. 《十三經注疏》，明崇禎毛氏汲古閣刻本。
10. 《十三經注疏》，清乾隆武英殿刻本。
11. 《十三經注疏附校勘記》，影印清嘉慶二十年南昌府學刻本，臺北藝文印書館，2007 年。
12. 《十三經注疏附校勘記》，影印世界書局印本，中華書局，

1980年。

13.《十三經注疏》（標點本），北京大學出版社，1999年。

（二）書目題跋

14.（宋）王堯臣等撰，清錢東垣等輯釋《崇文總目輯釋》，《續修四庫全書》第916冊，影印清嘉慶刻《汗筠齋叢書》本，上海古籍出版社，2002年。

15.（宋）晁公武撰，孫猛校證《郡齋讀書志校證》，上海古籍出版社，1990年。

16.（宋）尤袤撰《遂初堂書目》，《中國著名藏書家書目匯刊》（明清卷）第1冊，影印民國間《尤氏叢刊甲集》本，商務印書館，2005年。

17.（宋）陳振孫撰《直齋書錄解題》，上海古籍出版社，1987年。

18.（元）胡師安等撰《元西湖書院重整書目》，《叢書集成續編》第2冊，臺北新文豐出版公司，1988年。

19.（明）楊士奇撰《文淵閣書目》，影印文淵閣《四庫全書》本，臺北商務印書館，1986年。

20.（明）晁瑮撰《晁氏寶文堂書目》，《續修四庫全書》第919冊，影印北圖藏明抄本，上海古籍出版社，2002年。

21.（明）陳第撰《世善堂藏書目錄》，《續修四庫全書》第919冊，影印清乾隆六十年鮑氏刻《知不足齋叢書》本，上海古籍出版社，2002年。

22.（明）張萱、孫能傳等撰《內閣藏書目錄》，《續修四庫全書》第917冊，影印清遲雲樓抄本，上海古籍出版社，2002年。

23.（明）黃虞稷撰《千頃堂書目》，上海古籍出版社，2001年。

24.（清）錢謙益撰《絳雲樓書目》，《續修四庫全書》第920冊，影印清嘉慶二十五年劉氏味經書屋抄本，上海古籍出版社，2002年。

25.（清）錢曾撰，管庭芬、章鈺校證《錢遵王讀書敏求記校證》，《清人書目題跋叢刊》第4冊，中華書局影印本，1990年。

26.（清）錢曾撰《述古堂宋板書目》，《宋元版書目題跋輯刊》第1冊，北京圖書館出版社影印清道光《粵雅堂叢書》本，2003年。

27. （清）朱彝尊撰《經義考》，中華書局影印本，1998年。

28. （清）季振宜撰《季滄葦藏書目》，《中國著名藏書家書目匯刊》（明清卷）第20冊，影印清嘉慶十年黃氏士禮居刻本，商務印書館，2005年。

29. （清）徐乾學撰《傳是樓宋元板書目》，《宋元版書目題跋輯刊》第1冊，影印清光緒十一年《傳硯樓叢書》本，北京圖書館出版社，2003年。

30. （清）徐乾學撰《傳是樓書目》，《續修四庫全書》第920冊，影印清道光八年劉氏味經書屋抄本，上海古籍出版社，2002年。

31. （清）毛扆撰《汲古閣珍藏秘本書目》，《續修四庫全書》第920冊，影印清嘉慶五年黃氏士禮居刻本，上海古籍出版社，2002年。

32. （清）曹寅編《棟亭書目》，《中國著名藏書家書目匯刊》（明清卷）第15冊，影印中國國家圖書館藏抄本，商務印書館，2005年。

33. （清）允祥編《怡府書目》，《中國著名藏書家書目匯刊》（明清卷）第22冊，影印民國抄本，商務印書館，2005年。

34. （清）于敏中等撰《天祿琳琅書目》《天祿琳琅書目後編》，《清人書目題跋叢刊》第10冊，中華書局影印本，1995年。

35. （清）紀昀等撰《四庫全書總目》，中華書局影印本，1965年。

36. （清）吳騫撰，吳壽暘編《拜經樓藏書題跋記》，《清人書目題跋叢刊》第10冊，中華書局影印本，1995年。

37. （清）孫星衍撰《廉石居藏書記內編》，《叢書集成新編》第2冊，臺北新文豐出版公司，1988年。

38. （清）孫星衍撰《平津館鑒藏書籍記》，《續修四庫全書》第923冊，影印清道光二十年陳宗彝獨抱廬刻本，上海古籍出版社，2002年。

39. （清）孫星衍撰《孫氏祠堂書目》，《中國著名藏書家書目匯刊》（明清卷）第24冊，影印清光緒九年李氏木犀軒刻本，商務印書館，2005年。

40. （清）陳鱣撰《經籍跋文》，《宋元版書目題跋輯刊》第3冊，影印清道光十七年蔣光煦刻本，北京圖書館出版社，2003年。

41.（清）黃丕烈撰《黃丕烈書目題跋》，《清人書目題跋叢刊》第6冊，中華書局影印本，1993年。

42.（清）黃丕烈撰《百宋一廛書錄》，《宋元版書目題跋輯刊》第3冊，影印民國二年刻《適園叢書》本，北京圖書館出版社，2003年。

43.（清）黃丕烈撰《求古居宋本書目》，《宋元版書目題跋輯刊》第1冊，影印民國七年葉氏《觀古堂書目叢刻》本，北京圖書館出版社，2003年。

44.（清）顧廣圻撰《顧廣圻書目題跋》，《清人書目題跋叢刊》第6冊，中華書局影印本，1993年。

45.（清）汪士鐘撰《藝芸書舍宋元本書目》，《中國著名藏書家書目匯刊》（明清卷）第29冊，影印清同治十二年潘氏滂喜齋刻本，商務印書館，2005年。

46.（清）張金吾撰《愛日精廬藏書志》，《續修四庫全書》第925冊，影印清光緒十三年刻本，上海古籍出版社，2002年。

47.（清）錢泰吉撰《曝書雜記》，《續修四庫全書》第926冊，影印清道光十九年《別下齋叢書》本，上海古籍出版社，2002年。

48.（清）瞿鏞撰《鐵琴銅劍樓藏書目錄》，《清人書目題跋叢刊》第3冊，中華書局影印本，1990年。

49.（清）瞿鏞撰《鐵琴銅劍樓藏宋元本書目》，《宋元版書目題跋輯刊》第2冊，影印清光緒二十三年江標刻本，北京圖書館出版社，2003年。

50.（清）邵懿辰撰，邵章續錄《增訂四庫簡明目錄標注》，上海古籍出版社，1979年。

51.（清）莫友芝撰《宋元舊本書經眼錄》，《續修四庫全書》第926冊，影印清同治刻本，上海古籍出版社，2002年。

52.（清）莫友芝撰，傅增湘訂補《藏園訂補邵亭知見傳本書目》，中華書局，1993年。

53.（清）朱學勤撰《結一廬書目》，《宋元版書目題跋輯刊》第1

冊，影印清光緒間葉氏刻《觀古樓書目叢刻》本，北京圖書館出版社，2003年。

54.（清）楊紹和撰《楹書隅錄》，《清人書目題跋叢刊》第3冊，中華書局影印本，1990年。

55.（清）楊紹和撰《宋存書室宋元秘本書目》，《續修四庫全書》第927冊，影印清楊氏海源閣抄本，上海古籍出版社，2002年。

56.（清）丁丙撰《善本書室藏書志》，《清人書目題跋叢刊》第2冊，中華書局影印本，1990年。

57.（清）陸心源撰《皕宋樓藏書志》《皕宋樓藏書續志》，《清人書目題跋叢刊》第1冊，中華書局影印本，1990年。

58.（清）陸心源撰《儀顧堂題跋》、《續跋》，《清人書目題跋叢刊》第2冊，中華書局影印本，1990年。

59.（清）楊守敬撰《日本訪書志》，《日本藏漢籍善本書志書目集成》第9—10冊，影印清光緒二十三年楊氏鄰蘇園刻本，北京圖書館出版社，2003年。

60.（清）楊守敬編《留真譜初編》、《留真譜二編》，清光緒二十七年及民國六年刻本。

61.（清）繆荃孫編《宋元書景》，清末江陰繆氏刻本。

62.（清）繆荃孫、吳昌綬、董康撰，吳格整理點校《嘉業堂藏書志》，復旦大學出版社，1997年。

63.（清）葉昌熾撰《藏書紀事詩（附補正）》，上海古籍出版社，1999年。

64.（清）江標撰《宋元本行格表》，《宋元版書目題跋輯刊》第2冊，影印清光緒二十三年江標刻本，北京圖書館出版社，2003年。

65.（清）葉德輝撰《書林清話》，清宣統二年長沙葉氏觀古堂刻本。

（三）子史文集

66.（唐）徐堅撰《初學記》，中華書局，1962年。

67.（宋）王溥撰《五代會要》，上海古籍出版社，1978年。

68.（宋）王欽若撰《册府元龜》，中華書局影印本，1960 年。

69.（宋）李燾撰《續資治通鑑長編》，上海古籍出版社，1986 年。

70.（宋）洪邁撰《容齋隨筆》，上海古籍出版社，1978 年。

71.（宋）王明清撰《揮麈錄》，中華書局，1961 年。

72.（宋）朱熹撰《朱子語類》，影印文淵閣《四庫全書》本，臺北商務印書館，1986 年。

73.（宋）吕祖謙撰《東萊集》，影印文淵閣《四庫全書》本，臺北商務印書館，1986 年。

74.（宋）蔡戡撰《定齋集》，影印文淵閣《四庫全書》本，臺北商務印書館，1986 年。

75.（宋）李心傳撰《建炎以來朝野雜記》，《叢書集成新編》第 29 册，臺北新文豐出版公司，1985 年。

76.（宋）李心傳撰《建炎以來繫年要錄》，《叢書集成新編》第 115—116 册，臺北新文豐出版公司，1985 年。

77.（宋）沈作賓、施宿等纂修《嘉泰會稽志》，《宋元方志叢刊》第 7 册，影印清嘉慶十三年刻本，中華書局，1990 年。

78.（宋）張淏纂修《寶慶會稽續志》，《宋元方志叢刊》第 7 册，影印清嘉慶十三年刻本，中華書局，1990 年。

79.（宋）馬光祖等撰《景定建康志》，《宋元方志叢刊》第 2 册，影印清嘉慶六年刻本，中華書局，1990 年。

80.（宋）鄭瑶等撰《景定嚴州續志》，《宋元方志叢刊》第 5 册，影印清光緒二十二年刻本，中華書局，1990 年。

81.（宋）黄震撰《慈溪黄氏日抄分類》，《中華再造善本》影印元後至元三年刻本。

82.（宋）王應麟撰《玉海》，江蘇古籍出版社、上海書店影印本，1987 年。

83.（宋）周密撰《癸辛雜識》，中華書局，1988 年。

84.（宋）周密撰《志雅堂雜抄》，《四庫全書存目叢書》子部第 101 册，影印清道光十一年印《學海類編》本，齊魯書社，1995 年。

85. （元）馬端臨撰《文獻通考》，商務印書館影印本，1936年。

86. （元）脫脫撰《宋史》，中華書局點校本，1977年。

87. （明）黃佐《南雍志》，《四庫全書存目叢書》史部第257冊，影印明嘉靖刻增修本，齊魯書社，1995年。

88. （明）徐良傅等纂《［嘉靖］撫州府志》，《中國方志叢書》，臺北成文出版社，1989年。

89. （明）田汝成《西湖遊覽志餘》，影印文淵閣《四庫全書》本，臺北商務印書館，1986年。

90. （清）錢謙益《初學集》，《四部叢刊初編》，影印明崇禎刻本，上海涵芬樓，民國間。

91. （清）顧炎武撰《日知錄》，影印文淵閣《四庫全書》本，臺北商務印書館，1986年。

92. （清）惠棟撰《松崖筆記》，《叢書集成新編》第20冊，臺北新文豐出版公司，1985年。

93. （清）沈嘉轍《南宋雜事詩》，影印文淵閣《四庫全書》本，臺北商務印書館，1986年。

94. （清）盧文弨撰《群書拾補》，《續修四庫全書》第1149冊，影印清《抱經堂叢書》本，上海古籍出版社，2002年。

95. （清）盧文弨《抱經堂文集》，《續修四庫全書》第1432－1433冊，影印清乾隆六十年刻本，上海古籍出版社，2002年。

96. （清）王鳴盛撰《蛾術編》，《續修四庫全書》第1150冊，影印清道光二十一年世楷堂刻本，上海古籍出版社，2002年。

97. （清）錢大昕撰《十駕齋養新錄》、《十駕齋養新餘錄》，《續修四庫全書》第1151冊，影印清嘉慶刻本，上海古籍出版社，2002年。

98. （清）錢大昕《潛研堂文集》，《續修四庫全書》第1438－1439冊，影印清嘉慶十一年刻本，上海古籍出版社，2002年。

99. （清）段玉裁《經韻樓集》，《續修四庫全書》第1434－1435冊，影印清嘉慶十九年刻本，上海古籍出版社，2002年。

100. （清）洪頤煊撰《讀書叢錄》，《續修四庫全書》第1157冊，影印清道光二年富文齋刻本，上海古籍出版社，2002年。

101.（清）臧庸《拜經堂文集》，《續修四庫全書》第1491冊，影印民國十九年宗氏石印本，上海古籍出版社，2002年。

102.（清）顧廣圻《思適齋集》，《續修四庫全書》第1491冊，影印清道光二十九年刻本，上海古籍出版社，2002年。

103.（清）徐松輯《宋會要輯稿》，中華書局影印本，1957年。

104.（清）程恩澤《程侍郎遺集》卷五，《續修四庫全書》第1511冊，影印清咸豐五年伍氏刻《粵雅堂叢書二編》本，上海古籍出版社，2002年。

二、近人論著（按著者姓名音序排列）

（一）書目書影

105. 北京圖書館編《中國版刻圖錄》，文物出版社，1960年。

106. 北京圖書館編《北京圖書館古籍善本書目》，書目文獻出版社，1987年。

107. 北京圖書館善本組編《一九一一——一九八四影印善本書序跋集錄》，中華書局，1995年。

108.《北京文物精粹大系》編委會、北京市文物局編《北京文物精粹大系·古籍善本卷》，北京出版社，2001年。

109. 陳先行主編《柏克萊加州大學東亞圖書館中文古籍善本書志》，世紀出版集團上海古籍出版社，2005年。

110. 董康撰《書舶庸譚》，《日本藏漢籍善本書志書目集成》第2冊，北京圖書館出版社影印民國二十八年刻本，2003年。

111. 傅增湘撰《藏園群書經眼錄》，中華書局，1983年。

112. 傅增湘撰《藏園群書題記》，上海古籍出版社，1989年。

113. 故宮博物院圖書館編《故宮善本書影初編》，《珍稀古籍書影叢刊》第4冊，據1929年故宮博物院圖書館影印本影印，北京圖書館出版社，2003年。

114. 故宮博物院文獻館編《重整內閣大庫殘本書影》，故宮博物院文獻館影印本,1933年。

115. 顧廷龍主編《中國古籍善本總目(徵求意見稿)》,油印本。

116. 顧廷龍主編《中國古籍善本書目》,上海古籍出版社,1985年。

117. "國家圖書館"特藏組撰《"國家圖書館"善本書志初稿》,臺北"國家圖書館",1996年。

118. "國立故宮博物院"編《故宮圖書文獻選萃》,臺北故宮博物院,1973年。

119. "國立故宮博物院"編《"國立故宮博物院"宋本圖錄》,臺北故宮博物院,1977年。

120. "國立故宮博物院"編《"國立故宮博物院"善本舊籍總目》,臺北故宮博物院,1983年。

121. "國立故宮博物院"編《"國立故宮博物院"藏沈氏研易樓善本圖錄》,臺北故宮博物院,1986年。

122. "國立中央圖書館"編《"國立中央圖書館"善本序跋集錄》,臺北"中央圖書館",1992年。

123. "國立中央圖書館"編《滿目琳琅:"國立中央圖書館"善本特藏》,臺北"中央圖書館",1993年。

124. "國立中央圖書館"特藏組編《"國立中央圖書館"善本題跋真跡》,臺北"中央圖書館",1982年。

125. "國立中央圖書館"特藏組編《"國立中央圖書館"特藏選錄》,臺北"中央圖書館",1986年。

126. "國立中央圖書館"特藏組編《"國立中央圖書館"善本書目》,臺北"中央圖書館",1986年。

127. 冀淑英編《自莊嚴堪善本書目》,天津古籍出版社,1985年。

128. 姜尋編《中國拍賣古籍文獻目錄》,世紀出版集團上海書店出版社,2001年。

129. 李國慶編著、周景良校定《弢翁藏書題跋》,紫禁城出版社,2007年。

130. 李盛鐸撰，張玉範整理《木樨軒藏書題記及書錄》，北京大學出版社，1985年。

131. 林柏亭主編《大觀——宋版圖書特展》，臺北故宮博物院，2006年。

132. 劉承幹編《嘉業堂善本書影》，《珍稀古籍書影叢刊》第4冊，據1929年吳興劉氏嘉業堂影印本影印，北京圖書館出版社，2003年。

133. 南京國學圖書館編《盋山書影》，《珍稀古籍書影叢刊》第2冊，據1928年南京國學圖書館影印本影印，北京圖書館出版社，2003年。

134. 潘宗周編《寶禮堂宋本書錄》，民國二十八年南海潘氏刻本。

135. 瞿良士輯《鐵琴銅劍樓藏書題跋集錄》，上海古籍出版社，2005年。

136. 瞿啟甲編《鐵琴銅劍樓宋金元本書影》，《珍稀古籍書影叢刊》第1冊，據1922年常熟瞿氏鐵琴銅劍樓影印本影印，北京圖書館出版社，2003年。

137. 任繼愈主編《中國國家圖書館古籍珍品圖錄》，北京圖書館出版社，1999年。

138. 上海圖書館、上海科學技術情報研究所編《館藏精選》，上海科學技術文獻出版社，1996年。

139. 上海圖書館編《上海圖書館藏宋本圖錄》，上海古籍出版社，2010年。

140. 沈津撰《美國哈佛大學哈佛燕京圖書館中文善本書志》，上海辭書出版社，1999年。

141. 陶湘編《涉園所見宋版書影》，《珍稀古籍書影叢刊》第3冊，據1937年武進陶氏涉園影印本影印，北京圖書館出版社，2003年。

142. 天津圖書館編《天津圖書館古籍善本圖錄》，天津古籍出版社，2009年。

143. 王鍔撰《三禮研究論著提要》（增訂本），甘肅教育出版社，

2007年。

144. 王國維撰《傳書堂藏善本書志》,《王國維先生全集續編》第 7 冊,臺北大通書局影印本,1976 年。

145. 王榮國主編《遼寧省圖書館藏古籍精品圖錄》,瀋陽出版社,2008 年。

146. 王文進編《文禄堂書影》,《珍稀古籍書影叢刊》第 3 冊,據 1937 年北平文禄堂影印本影印,北京圖書館出版社,2003 年。

147. 王文進撰,柳向春標點《文禄堂訪書記》,上海古籍出版社,2007 年。

148. 王重民撰《中國善本書提要》,上海古籍出版社,1983 年。

149. 吴希賢輯《歷代珍稀版本經眼圖錄》,中國書店,2003 年。

150. 嚴紹璗撰《日藏漢籍善本書錄》,中華書局,2007 年。

151. 袁克文撰《寒雲手寫所藏宋本提要二十九種》,《國家圖書館藏古籍題跋叢刊》,北京圖書館出版社,2002 年。

152. 張玉範、沈乃文主編《北京大學圖書館藏善本書錄》,北京大學出版社,1998 年。

153. 張玉範主編《北京大學圖書館藏古籍善本書目》,北京大學出版社,1999 年。

154. 張元濟撰《涉園序跋集錄》,古典文學出版社,1957 年。

155. 張元濟撰《涵芬樓燼餘書錄》,《張元濟古籍書目序跋彙編》,商務印書館,2003 年。

156. 張元濟撰,張人鳳編《張元濟古籍書目序跋彙編》,商務印書館,2003 年。

157. 張允亮編《故宮善本書目》,故宮博物院鉛印本,1934 年。

158. 中國國家圖書館、中國國家古籍保護中心編《第一批國家珍貴古籍名錄圖錄》,國家圖書館出版社,2008 年。

159. 中國國家圖書館、中國國家古籍保護中心編《册府擷英——國家珍貴古籍特展圖錄(2009)》,國家圖書館出版社,2009 年。

160. 中國國家圖書館、中國國家古籍保護中心編《楮墨芸香——

國家珍貴古籍特展圖錄（2010）》，國家圖書館出版社，2010年。

161. 中國國家圖書館、中國國家古籍保護中心編《第二批國家珍貴古籍名錄圖錄》，國家圖書館出版社，2010年。

162. 中國國家圖書館、中國國家古籍保護中心編《第三批國家珍貴古籍名錄圖錄》，國家圖書館出版社，2012年。

163. 中國國家圖書館、中國國家古籍保護中心編《書香人淡自莊嚴——周叔弢自莊嚴堪善本古籍展圖錄》，國家圖書館出版社，2012年。

164. 中國國家圖書館編《文明的守望——古籍保護的歷史與探索》，北京圖書館出版社，2006年。

165. 中國國家圖書館等編《祁陽陳澄中舊藏善本古籍圖錄》，上海古籍出版社，2006年。

166. 中國國家圖書館善本特藏部等編《中國國家圖書館藏敦煌遺書精品選》，內部出版物，2000年。

167. 中國嘉德國際拍賣有限公司編《祁陽陳澄中藏書——海外遺珍》，中國嘉德國際拍賣有限公司，2004年。

168. 中國嘉德國際拍賣有限公司編《中國嘉德2005春季拍賣會圖錄》，中國嘉德國際拍賣有限公司，2005年。

169. 周一良主編，周景良、程有慶副主編《自莊嚴堪善本書影》，國家圖書館出版社，2010年。

（二）其他專著

170. 昌彼得撰《版本目錄學論叢》，臺北學海出版社，1977年。

171. 昌彼得撰《增訂蟫庵群書題識》，臺北商務印書館，1997年。

172. 陳紅彥撰《元本》，江蘇古籍出版社，2002年。

173. 陳先行撰《打開金匱石室之門——古籍善本》，上海文藝出版社，2003年。

174. 程千帆、徐有富撰《校讎廣義·版本編》，齊魯書社，1991年。

175. 董洪利撰《孟子研究》，江蘇古籍出版社，1997年。

176. 杜澤遜撰《文獻學概要》，中華書局，2001年。

177. 甘肅省博物館、中國科學院考古研究所編《武威漢簡》，文物出版社，1964年。

178. 龔延明編著《宋代官制辭典》，中華書局，1997年。

179. 顧廷龍撰《顧廷龍文集》，上海科學技術文獻出版社，2002年。

180. 韓自強撰《阜陽漢簡周易研究》，上海古籍出版社，2004年。

181. 河北省文物研究所、定州漢墓竹簡整理小組編《定州漢墓竹簡——論語》，文物出版社，1997年。

182. 胡平生、韓自強撰《阜陽漢簡詩經研究》，上海古籍出版社，1988年。

183. 黄永年撰《古籍版本學》，江蘇教育出版社，2005年。

184. 黄永年撰《黄永年古籍序跋述論集》，中華書局，2007年。

185. 冀淑英撰《冀淑英文集》，北京圖書館出版社，2004年。

186. 冀淑英撰，李文潔插圖《冀淑英古籍善本十五講》，國家圖書館出版社，2009年。

187. 蔣伯潛撰《十三經概論》，上海古籍出版社，1983年。

188. 李國慶編《荑翁藏書年譜》，黄山書社，2000年。

189. 李弘祺撰《宋代官學教育與科舉》，臺北聯經出版事業公司，1994年。

190. 李霖撰《宋刊群經義疏的校刻與編印》，北京大學歷史系博士論文，2012年。

191. 李清志撰《古書版本鑒定研究》，臺北文史哲出版社，1986年。

192. 李索撰《敦煌寫卷〈春秋經傳集解〉校證》，中國社會科學出版社，2005年。

193. 李萬健撰《中國著名目錄學家傳略》，書目文獻出版社，1993年。

194. 李致忠撰《宋版書敘錄》，書目文獻出版社，1994年。

195. 李致忠撰《肩樸集》，北京圖書館出版社，1998年。

196. 林慶彰編《中國經學史論文選集》，臺北文史哲出版社，1992年。

197. 林慶彰主編《五十年來的經學研究》，臺北學生書局，2003年。

198. 劉起釪、王鍾翰等撰《經史說略》，北京燕山出版社，2002年。

199. 潘美月、沈津編著《中國大陸古籍存藏概況》，臺北"國立編譯館"，2002年。

200. 潘美月撰《宋代藏書家考》，臺北學海出版社，1980年。

201. 潘重規撰《敦煌詩經卷子研究論文集》，香港，新亞研究所，1960年。

202. 漆永祥撰《乾嘉考據學研究》，中國社會科學出版社，1998年。

203. 瞿冕良撰《中國古籍版刻辭典》，齊魯書社，1999年。

204. 屈萬里撰《屈萬里先生全集》，臺北聯經出版事業公司，1984年。

205. 沈津撰《書韻悠悠一脈香——沈津書目文獻論集》，廣西師範大學出版社，2006年。

206. 沈玉成、劉寧撰《春秋左傳學史稿》，江蘇古籍出版社，1992年。

207. 宿白撰《唐宋時期的雕版印刷》，文物出版社，1999年。

208. 孫欽善撰《中國古文獻學史》，中華書局，1994年。

209. 孫欽善撰《中國古文獻學》，北京大學出版社，2006年。

210. 王國維撰《觀堂集林》，中華書局影印本，1984年。

211. 王國維撰《兩浙古刊本考》，《宋元版書目題跋輯刊》第4冊，影印1940年商務印書館《海寧王靜安先生遺書》本，北京圖書館出版社，2003年。

212. 王國維撰《五代兩宋監本考》，《宋元版書目題跋輯刊》第3

册，影印1940年商務印書館《海寧王靜安先生遺書》本，北京圖書館出版社，2003年。

213. 王欣夫撰《王欣夫説文獻學》，上海古籍出版社，2000年。

214. 王雨撰，王書燕編《王子霖古籍版本學文集》，上海古籍出版社，2006年。

215. 王章濤撰《阮元年譜》，黄山書社，2003年。

216. 王肇文編《古籍宋元刊工姓名索引》，上海古籍出版社，1990年。

217. 王重民原編、黄永武新編《敦煌古籍敍録新編》，臺北新文豐出版公司，1986年。

218. 韋力撰《中國古籍拍賣述評》，紫禁城出版社，2011年。

219.《文史知識》編輯部編《經書淺談》，中華書局，2005年。

220. 許建平撰《敦煌經籍敍録》，中華書局，2006年。

221. 嚴紹璗撰《日本藏漢籍珍本追蹤紀實——嚴紹璗海外訪書志》，世紀出版集團上海古籍出版社，2005年。

222. 嚴佐之撰《古籍版本學概論》，華東師範大學出版社，2008年。

223. 嚴佐之撰《近三百年古籍目録舉要》，華東師範大學出版社，1994年。

224. 楊立誠、金步瀛合編，俞運之校補《中國藏書家考略》，上海古籍出版社，1987年。

225. 虞萬里撰《榆枋齋學術論集》，江蘇古籍出版社，2001年。

226. 曾棗莊、劉琳主編《全宋文》，上海辭書出版社、安徽教育出版社，2006年。

227. 張寶三撰《五經正義研究》，華東師範大學出版社，2010年。

228. 張國淦撰《歷代石經考》，燕京大學國學研究所鉛印本，1930年。

229. 張麗娟、程有慶撰《宋本》，江蘇古籍出版社，2002年。

230. 張秀民撰《中國印刷史》，上海人民出版社，1989年。

231. 張元濟、傅增湘撰《張元濟傅增湘論書尺牘》，商務印書館，1983年。

232. 鄭偉章撰《文獻家通考》，中華書局，1999年。

233. 中國社會科學院歷史研究所等編《英藏敦煌文獻》，四川人民出版社，1990年。

234. 周予同撰《周予同經學史論著選集》，上海人民出版社，1983年。

235. 周祖謨撰《爾雅校箋》，江蘇教育出版社，1984年。

（三）論文

236. 陳先行、郭立暄整理《上海圖書館善本題跋選輯（經部）》，《歷史文獻》第一輯，上海社會科學出版社，1999年。

237. 程蘇東《再論"十三經"的形成與〈十三經注疏〉的結集》，《國學研究》第二十五卷，北京大學出版社，2010年。

238. 刁小龍《〈春秋公羊經傳解詁〉版本小識》，《國學學刊》2010年第4期。

239. 杜澤遜《〈孟子〉入經和〈十三經〉彙刊》，《文獻學研究的回顧與展望——第二屆中國文獻學學術研討會論文集》，臺北學生書局，2002年。

240. 方彥壽《建陽劉氏刻書考》，《文獻》1988年第2期。

241. 顧永新《〈論語〉版本考》，《北京大學中國古文獻研究中心集刊》第四輯，北京大學出版社，2004年。

242. 顧永新《元貞本〈論語注疏解經〉綴合及相關問題研究》，《版本目錄學研究》第二輯，國家圖書館出版社，2010年。

243. 顧永新《金元平水注疏合刻本研究——兼論注疏合刻的時間問題》，《文史》2011年第3期。

244. 郭立暄《元刻〈孝經注疏〉及其翻刻本》，《版本目錄學研究》第二輯，國家圖書館出版社，2010年。

245. 華喆《趙燁行實與撫本〈禮記釋文〉簡介》，《版本目錄學研究》第二輯，國家圖書館出版社，2010年。

246. 李霖《影印南宋刊單疏本〈毛詩正義〉敘說》,《版本目錄學研究》第三輯,國家圖書館出版社,2011年。

247. 李清志《修訂本館善本書目芻說（一）——經部》,《"國立中央圖書館"館刊》新十六卷第2期,1983年。

248. 林慶彰《張金吾編〈詒經堂續經解〉的內容及其學術價值》,《清代學術研究論集》,臺北中研院文哲所,2002年。

249. 林夕《初印和後印——古書版本知識》,《藏書家》第九輯,齊魯書社,2004年。

250. 劉奉文《錢牧齋、錢孫保、毛子晉及其他》,《古籍整理研究學刊》2003年第1期

251. 孟森《宋槧大字本孟子校記》,《國立北平圖書館館刊》第九卷第四、五號連載,1935年。

252. 孟森《相臺本周易校記》,《國立北平圖書館館刊》第十卷第三號,1936年。

253. 潘美月《宋刻九經三傳（上、中、下）》,《故宮文物月刊》第一卷11期、12期,第二卷第1期連載,1984年。

254. 喬秀岩《〈儀禮〉單疏版本說》,《文史》2000年第一輯,總第50輯,中華書局。

255. 喬秀岩《〈禮記〉版本雜識》,《北京大學學報（哲學社會科學版）》2006年第5期。

256. 沙志利《略論蜀大字本〈論語注疏〉的校勘價值》,《中國典籍與文化》2006年第1期。

257. 舒大剛《"蜀石經"與〈十三經〉的結集》,《周易研究》2007年第6期。

258. 蘇瑩輝《略論五經正義的原本格式及其標記經、傳、注文起訖情形》,載《書目季刊》第六卷第3、4期合刊,1972年。

259. 拓曉堂、傅敏《破解七百年的謎局——宋蜀刻中字本〈春秋經傳集解〉介紹》,《中國商報》,2005年7月14日。

260. 汪紹楹《阮氏重刻宋本十三經注疏考》,《文史》第三輯,中

華書局，1963年。

261. 王鍔《八行本〈禮記正義〉傳本考》，《古籍整理研究學刊》，2001年第6期。

262. 王鍔《字大如錢，墨光似漆——八行本〈禮記正義〉的刊刻、流傳和價值》，《圖書與情報》2006年第5期。

263. 王鍔《宋本〈纂圖互注禮記〉二十卷的流傳和文獻學價值》，《傳統中國研究集刊》第七輯，上海人民出版社，2010年。

264. 王鍔《南宋婺州本〈禮記注〉研究》，《齊魯文化研究》第十輯，泰山出版社，2011年。

265. 王國維《觀堂題跋選錄（經史部分）》，《文獻》第九輯，1981年。

266. 王國維《經學概論》，《經學研究論叢》第二輯，臺北聖環圖書公司，1994年。

267. 韋力《2005年春季全國古籍大拍述評（二）》，《藝術市場》，2005年第10期。

268. 吳璧雍《寶笈來歸——記故宮新藏宋本〈婺本點校重言重意互注尚書〉》，《故宮文物月刊》第二十三卷第5期，2005年。

269. 吳璧雍《衆裏尋它——談南宋建安余仁仲刊〈春秋公羊經傳解詁〉》，《故宮文物月刊》第二十三卷第9期，2005年。

270. 吳哲夫《天祿琳琅書目續編著錄之宋版書籍探究》，《"國立中央圖書館"館刊》新十一卷第1期，1978年。

271. 吳哲夫《宋版畫—元龜》，《故宮文物月刊》第四卷第10期，1987年。

272. 吳哲夫《中日孝經書緣》，《故宮文物月刊》第六卷第9期，1988年。

273. 吳哲夫《稀世珍本宋版〈周禮疏〉》，《故宮文物月刊》第七卷第12期，1990年。

274. 肖東發《建陽余氏刻書考略》，《歷代刻書概況》，印刷工業出版社，1991年。

275. 張春曉《廖氏世綵堂與廖瑩中考》,《古典文獻研究》第八輯,鳳凰出版社,2006年。

276. 張國風《十三經單疏本概述》,《中華文史論叢》第五十一輯,上海古籍出版社,1993年。

277. 張麗娟《〈穀梁〉單疏本與注疏合刻本考》,《儒家典籍與思想研究》第一輯,北京大學出版社,2009年。

278. 張麗娟《南宋建安余仁仲刻〈春秋穀梁傳〉考》,《版本目錄學研究》第一輯,北京圖書館出版社,2009年。

279. 張麗娟《关于宋、元刻十行注疏本》,《文獻》2011年第4期。

280. 張麗娟《〈周易〉注疏合刻本的卷次與體例》,《儒家典籍與思想研究》第四輯,北京大學出版社,2012年。

281. 張衍田《從經、傳、記釋義説到"十三經"組合》,《北大史學》第十輯,北京大學出版社,2004年。

282. 張允亮《故宮善本書志》,《圖書館學季刊》第四卷第3、4期合刊,1930年。

283. 張允亮《故宮善本書志(續)》,《圖書館學季刊》第五卷第3、4期合刊,1931年。

284. 張政烺《讀〈相臺書塾刊正九經三傳沿革例〉》,《張政烺文史論集》,中華書局,2004年。

285. 趙萬里《芸盦群書題記》,《國立北平圖書館館刊》第八卷第三號,1935年。

三、日本文獻(按著者姓名音序排列)

(一)专著

286. 阿部隆一撰,斯道文庫編《阿部隆一遺稿集》,東京,汲古書院,1993年。

287. 阿部隆一撰《中國訪書志》(增訂本),東京,汲古書院,1983年。

288. 長澤規矩也編《宋本書影》,日本書志學會,1933年。

289. 長澤規矩也編《十三經影譜》，日本書志學會，1934 年。

290. 長澤規矩也撰《書志學論考》，東京，松雲堂書店、關書院，1937 年。

291. 長澤規矩也編《足利學校善本圖錄》，东京，汲古書院，1973 年。

292. 長澤規矩也編《神宮文庫漢籍善本解題》，东京，汲古書院，1973 年。

293. 長澤規矩也撰《長澤規矩也著作集》，東京，汲古書院，1982 年。

294. 常盤井賢十撰《宋本禮記疏校記》，日本東方文化學院京都研究所，1937 年。

295. 川瀨一馬編《新修成簣堂文庫善本書目》，石川文化事業財團、御茶之水圖書館，1992 年。

296. 大阪府立圖書館編《論語善本書影》，京都，貴重圖書影本刊行會，1931 年。

297. 大阪府立圖書館編《近畿善本圖錄》，京都，貴重圖書影本刊行會，1933 年。

298. 大阪府立圖書館編《恭仁山莊善本書影》，小林寫真製版所出版部，1935 年。

299. 大阪府立圖書館編《富岡文庫善本書影》，小林寫真製版所出版部，1936 年。

300. 大屋德城編《金澤遺文》，京都，便利堂，1934 年。

301. 島田翰撰《古文舊書考》，《日本藏漢籍善本書志書目集成》第 3 册，北京圖書館出版社影印日本明治三十七年排印本，2003 年。

302. 關靖編《金澤文庫本圖錄》，幽學社，1935—1936 年。

303. 關靖、熊原政男撰《金澤文庫本之研究》，東京，青裳堂書店，1981 年。

304. 河田羆編《靜嘉堂秘籍志》，《日本藏漢籍善本書志書目集成》第四至八册，北京圖書館出版社影印日本大正六年印本，2003 年。

305. 加藤虎之亮撰《周禮經注疏音義校勘記》，無窮會，1957 年。

306. 静嘉堂文庫編《静嘉堂文庫宋元版圖錄》，東京，汲古書院，1992 年。

307. 名古屋市博物館編《蓬左文庫名品展》，名古屋，一誠社，1980 年。

308. 名古屋市蓬左文庫編《名古屋市蓬左文庫善本解題圖錄》，名古屋市教育委員會，1968 年。

309. 橘川時雄編《舊京書影》，民國間照片本。

310. 日本書志學會編《圖書寮宋本書影》，日本書志學會，1936 年。

311. 澀江全善、森立之撰《經籍訪古志》，《日本藏漢籍善本書志書目集成》第 1 册，北京圖書館出版社影印清光緒十一年排印本，2003 年。

312. 山井鼎、物觀撰《七經孟子考文補遺》，影印文淵閣《四庫全書》本，臺北商務印書館，1986 年。

313. 田中千壽撰《〈春秋公羊疏〉研究》，北京大學中文系博士論文，2002 年。

314. 圖書寮編《圖書寮典籍解題》（漢籍篇），大藏省印刷局，1960 年。

315. 尾崎康撰《正史宋元版の研究》，東京，汲古書院，1989 年。

316. 尾崎康撰，陳捷譯《以正史爲中心的宋元版本研究》，北京大學出版社，1993 年。

317. 文化廳監修《日本國寶》，日本每日新聞社，1984 年。

318. 文化廳監修《重要文化財》，日本每日新聞社，1984 年。

319. 文求堂書店編《文求堂善本書目》（附書影），東京，文求堂書店，1939 年。

320. 野間文史撰《廣島大學藏舊抄本〈周易正義〉考附校勘記》，廣島大學文學部，1995 年。

321. 野間文史撰《五經正義の研究：その成立と展開》，東京，研文出版社，1998年。

322. 諸橋轍次編《靜嘉堂宋本書影》，日本影印本，1933年。

（二）論文

323. 阿部隆一撰，陳捷譯《關於金澤文庫舊藏鎌倉抄本〈周易正義〉與宋槧單疏本》，《中國文哲研究通訊》第十卷第4期，2000年。

324. 河右正司撰，鍋島亞朱華譯《注疏分合的問題》，《中國文哲研究通訊》第十卷第四期，2000年。

325. 桑瀨明子《附釋音尚書注疏の版種鑒定の問題について》，《大東文化大學漢學會志》第三十九號，2000年。

326. 山口謠司、桑瀨明子《越刊八行本尚書正義の遞修について》，《大東文化大學漢學會志》第三十八號，1999年。

327. 尾崎康撰，吳璧雍譯《宋代雕版印刷的發展》，《故宮學術季刊》第二十卷第4期，2003年。

328. 野間文史《讀五經正義札記（七）——宋慶元刊〈春秋正義〉管見》，《東洋古典學研究》第十五集，東洋古典學研究會，2003年。

329. 野間文史《讀五經正義札記（八）——景抄正宗寺本〈春秋正義〉について》，《東洋古典學研究》第十七集，東洋古典學研究會，2004年。

330. 野間文史《讀五經正義札記（九）——足利學校遺跡圖書館藏〈附釋音春秋左傳注疏〉について》，《東洋古典學研究》第十八集，東洋古典學研究會，2004年。

331. 野間文史撰，金培懿譯《〈五經正義〉之研究》，《中國文哲研究通訊》第十五卷第2期，2005年。

圖 版 目 錄①

圖一　敦煌唐寫本《尚書》　中國國家圖書館藏

圖二　宋元拓本蜀石經《春秋穀梁傳》　中國國家圖書館藏

圖三　宋婺州市門巷唐宅刻本《周禮》　中國國家圖書館藏

圖四　宋刻本《纂圖互注禮記》卷前插圖　日本靜嘉堂文庫藏

圖五　日本翻刻本《爾雅》卷末題記　日本神宮文庫藏

圖六　宋刻本《爾雅》與日本翻刻本之比較　臺北故宮博物院、日本神宮文庫藏

圖七　宋淳熙撫州公使庫刻遞修本《周易》　中國國家圖書館藏

圖八　宋淳熙四年撫州公使庫刻本《禮記》　中國國家圖書館藏

圖九　宋淳熙間撫州公使庫刻遞修本《春秋經傳集解》　臺北故宮博物院藏

圖十　宋淳熙間撫州公使庫刻重修本《春秋公羊經傳解詁》　中國國家圖書館藏

圖十一　宋淳熙四年撫州公使庫刻本《禮記》刊書銜名　中國國家

---

① 本書所附圖版，除北京大學圖書館藏本外，主要採自海內外出版之各類版刻圖錄、珍本圖錄、拍賣圖錄等，包括《中國版刻圖錄》、《第一批國家珍貴古籍名錄圖錄》、《第二批國家珍貴古籍名錄圖錄》、《中國國家圖書館古籍珍品圖錄》、《上海圖書館藏宋本圖錄》、《國立故宮博物院宋本圖錄》、《大觀——宋版圖書特展》、《舊京書影》、《圖書寮宋本書影》、《靜嘉堂宋本書影》、《靜嘉堂文庫宋元版圖錄》、《金澤文庫本圖錄》、《神宮文庫漢籍善本解題》、《中國嘉德 2005 春季拍賣會圖錄》等，部分採自各館藏複製件、各館官方網站發佈之書影及影印本（《中華再造善本》等），圖版下皆注明出處及藏館。謹向各藏書機構，各圖錄、影印本編者及出版者表示敬意與感謝。

圖書館藏

　　圖十二　宋淳熙四年撫州公使庫刻本《禮記》顧廣圻跋　中國國家圖書館藏

　　圖十三　撫州本《禮記》卷十七第十二葉（版心鐫"癸丑重刊"）　臺北"央圖"藏

　　圖十四　撫州本《禮記》卷十七第十七葉（版心鐫"戊申刀"）　臺北"央圖"藏

　　圖十五　撫州本《禮記》卷三第十葉（版心鐫"丁巳刊"）　臺北"央圖"藏

　　圖十六　撫州本《禮記》卷十九第七葉下之比較　中國國家圖書館、臺北"央圖"藏

　　圖十七　南宋嘉定九年興國軍學刻《春秋經傳集解》　日本宮內廳書陵部藏

　　圖十八　南宋嘉定九年興國軍學本《春秋經傳集解》附刻之《春秋左氏音義》　日本尊經閣文庫藏

　　圖十九　南宋嘉定九年興國軍學刻《春秋經傳集解》殘卷　中國國家圖書館、日本靜嘉堂文庫藏

　　圖二十　宋嘉定九年興國軍學刻《春秋經傳集解》卷末銜名及聞人模跋　日本宮內廳書陵部藏

　　圖二一　南宋蜀刻大字本《周禮》　日本靜嘉堂文庫藏

　　圖二二　南宋蜀刻大字本《禮記》　遼寧省圖書館藏

　　圖二三　南宋蜀刻大字本《春秋經傳集解》　上海圖書館藏

　　圖二四　《續古逸叢書》影印南宋蜀刻大字本《孟子》卷二首葉　原本今存佚不詳

　　圖二五　《續古逸叢書》影印南宋蜀刻大字本《孟子》卷一首葉　原本今存佚不詳

　　圖二六　宋刻本《尚書》　北京大學圖書館藏

　　圖二七　宋紹興間江陰郡刻遞修本《春秋經傳集解》　臺北故宮博物院藏

圖二八　南宋刻元明遞修本《春秋經傳集解》　日本靜嘉堂文庫藏

圖二九　宋鶴林于氏家塾棲雲閣刻元修本《春秋經傳集解》　中國國家圖書館藏

圖三十　南宋余仁仲萬卷堂刻本《禮記》（周叔弢跋本）　中國國家圖書館藏

圖三一　南宋余仁仲萬卷堂刻本《春秋經傳集解》卷九末葉　臺北"央圖"藏

圖三二　余仁仲本《春秋公羊經傳解詁》卷末刊記　臺北故宮博物院藏

圖三三　南宋余仁仲萬卷堂刻本《春秋穀梁傳》　臺北故宮博物院藏

圖三四　金澤文庫舊藏南宋余仁仲萬卷堂刻本《春秋穀梁傳》　今已不存

圖三五　宋余仁仲萬卷堂刻本《春秋公羊經傳解詁》刊書識語　中國國家圖書館藏

圖三六　南宋余仁仲本《春秋公羊經傳解詁》卷六第十五葉上半葉之比較　中國國家圖書館、臺北故宮博物院藏

圖三七　臺北故宮藏余仁仲本《春秋穀梁傳》卷末與《古逸叢書》影刻本之比較

圖三八　宋咸淳廖氏世綵堂刻《昌黎先生集》與《河東先生集》牌記　中國國家圖書館藏

圖三九　元旴郡重刊廖氏本《孟子》牌記　臺北故宮博物院藏

圖四十　元初岳氏相臺家塾刻本《論語》牌記　中國國家圖書館藏

圖四一　廖氏刻本《論語》兩種翻刻本之比較：岳本與旴郡本　中國國家圖書館、臺北故宮博物院藏

圖四二　元旴郡重刊廖氏本《孟子》卷一第三葉，第六、第十三行增入"文公音"　臺北故宮博物院藏

圖四三　南宋蜀刻中字本《春秋經傳集解》　藏家不詳

圖四四　宋刻本《周易》　中國國家圖書館藏

圖四五　宋刻巾箱本《春秋經傳集解》　上海圖書館藏
圖四六　宋建安王朋甫刻本《尚書》　臺北"央圖"藏
圖四七　宋刻本《纂圖互注尚書》　芷蘭齋藏
圖四八　宋刻十一行本《纂圖互注禮記》　日本静嘉堂文庫藏
圖四九　宋刻十二行本《纂圖互注周禮》之一（鐵琴銅劍樓舊藏本）　中國國家圖書館藏
圖五十　宋刻十二行本《纂圖互注周禮》之二（袁克文舊藏本）　中國國家圖書館藏
圖五一　宋刻十二行本《纂圖互注周禮》之三　日本静嘉堂文庫藏
圖五二　宋刻十二行本《纂圖互注春秋經傳集解》兩種　臺北"央圖"藏宋刻本、中國國家圖書館藏龍山書院刻本
圖五三　宋刻九行十七字巾箱本《禮記》與《春秋經傳集解》　日本國立國會圖書館藏
圖五四　宋刻本《監本纂圖重言重意互注點校毛詩》　中國國家圖書館藏
圖五五　宋劉氏天香書院刻本《監本纂圖重言重意互注論語》　北京大學圖書館藏
圖五六　宋刻本《京本點校附音重言重意互注周禮》　上海圖書館、北京大學圖書館藏
圖五七　宋刻本《京本點校附音春秋經傳集解》　吉林大學圖書館藏
圖五八　宋刻本《婺本點校重言重意互注尚書》　臺北故宫博物院藏
圖五九　宋刻本《婺本附音重言重意春秋經傳集解》　上海圖書館藏
圖六十　宋刻本《纂圖互注毛詩》卷前插圖　臺北故宫博物院藏
圖六一　中國國家圖書館藏《纂圖互注周禮》與北京大學圖書館藏《周禮》卷前纂圖之比較
圖六二　宋刻單疏本《周易正義》　中國國家圖書館藏

圖六三　宋刻單疏本《尚書正義》　日本宮內廳書陵部藏

圖六四　宋紹興九年紹興府刻單疏本《毛詩正義》　日本武田科學振興財團杏雨書屋藏

圖六五　宋刻單疏本《禮記正義》　日本身延山久遠寺藏

圖六六　宋刻單疏本《春秋公羊疏》　中國國家圖書館藏

圖六七　宋刻單疏本《爾雅疏》　中國國家圖書館藏

圖六八　清道光汪氏影宋刻單疏本《儀禮疏》　北京大學圖書館藏

圖六九　清抄單疏本《春秋穀梁疏》　北京大學圖書館藏

圖七十　宋刻單疏本《尚書正義》卷前校勘官員銜名　日本宮內廳書陵部藏

圖七一　宋紹興九年紹興府刻單疏本《毛詩正義》卷末銜名　日本武田科學振興財團杏雨書屋藏

圖七二　清陳鱣家抄本《春秋穀梁疏》卷九第十四葉下，"夫在"　北京大學圖書館藏

圖七三　宋刻十行注疏本《監本附音春秋穀梁注疏》卷十六第十三葉下，"夫在"誤爲"尖在"　中國國家圖書館藏

圖七四　元刻十行注疏本《監本附音春秋穀梁注疏》卷十六第十三葉下（較早印本），"夫在"仍誤爲"尖在"　臺北"央圖"藏

圖七五　元刻明修十行注疏本《監本附音春秋穀梁注疏》卷十六第十三葉下（補版後印），"尖在"剜改爲"災死"　北京市文物局藏

圖七六　宋兩浙東路茶鹽司刻八行本《周易注疏》　日本足利學校藏

圖七七　南宋兩浙東路茶鹽司刻八行本《尚書正義》　中國國家圖書館藏

圖七八　南宋兩浙東路茶鹽司刻八行本《周禮疏》　北京大學圖書館藏

圖七九　宋紹熙三年兩浙東路茶鹽司刻八行本《禮記正義》　中國國家圖書館藏

圖八十　宋慶元六年紹興府刻八行本《春秋左傳正義》　中國國家

圖書館藏

  圖八一 南宋刻八行本《論語注疏解經》 臺北故宮博物院藏

  圖八二 南宋刻八行本《孟子注疏解經》 北京大學圖書館藏

  圖八三 宋紹熙三年兩浙東路茶鹽司刻八行本《禮記正義》卷末刻書跋及銜名 中國國家圖書館藏

  圖八四 宋兩浙東路茶鹽司刻八行本《周易注疏》卷二第二十八葉之比較 日本足利學校藏本（原版）、中國國家圖書館藏本（宋代修版）

  圖八五 宋兩浙東路茶鹽司刻八行本《周易注疏》卷二第十八葉之比較 足利學校藏本（原版）、中國國家圖書館藏本（宋代補版）

  圖八六 宋兩浙東路茶鹽司刻八行本《尚書正義》的不同題名 中國國家圖書館藏

  圖八七 宋慶元六年紹興府刻八行本《春秋左傳正義》的出文與標識 中國國家圖書館藏

  圖八八 宋兩浙東路茶鹽司刻八行本《周禮疏》卷七第五至六葉：注疏綴合的獨特體例 中國國家圖書館藏

  圖八九 宋兩浙東路茶鹽司刻八行本《周易注疏》卷二第十一葉上 日本足利學校藏

  圖九十 元刻明修十行本《周易兼義》卷一第十七葉下（明代補版），第九行"然猶未能離其陽類"、"而見成也" 北京市文物局藏

  圖九一 明末汲古閣刻本《周易兼義》卷一第三十八葉下，第四行"而見血也" 北京大學圖書館藏

  圖九二 南宋建安劉叔剛刻十行本《附釋音毛詩注疏》 日本足利學校藏

  圖九三 宋建安劉叔剛刻十行本《附釋音春秋左傳注疏》 日本足利學校藏

  圖九四 宋刻十行本《監本附音春秋穀梁注疏》 中國國家圖書館藏

  圖九五 清乾隆六十年和珅翻刻劉叔剛本《附釋音禮記注疏》 北京大學圖書館藏

圖九六　宋劉叔剛刻十行本與元刻十行本《附釋音毛詩注疏》牌記之比較　日本足利學校、北京市文物局藏

圖九七　宋劉叔剛刻十行本與元刻十行本《附釋音毛詩注疏》卷一之二首葉比較　日本足利學校、中國國家博物館藏

圖九八　宋刻十行注疏本《監本附音春秋穀梁注疏》卷十六第七葉上，第二行"塗，堊飾"、"堊，烏路反，又烏洛反"　中國國家圖書館藏

圖九九　元刻十行本（較早印本）《監本附音春秋穀梁注疏》卷十六第七葉上，第二行"堊"誤爲"聖"，"烏洛反"誤爲"烏路反"　北京大學圖書館藏

圖一〇〇　元刻明修十行本《監本附音春秋穀梁傳注疏》卷十六第七葉上，第二行兩"聖"字剜改爲"塗"　北京市文物局藏

圖一〇一　明嘉靖李元陽刻本《春秋穀梁注疏》卷十六第十葉上，第八行改"烏路反"爲"同都反"　北京大學圖書館藏

圖一〇二　宋蜀刻本《論語注疏》　日本宮内廳書陵部藏

圖一〇三　宋魏縣尉宅刻本《附釋文尚書注疏》　臺北故宫博物院藏

圖一〇四　元刻明修十行本《附釋音尚書注疏》卷一第五至六葉，釋文總出於"其歸一揆"下　北京市文物局藏

圖一〇五　宋魏縣尉宅刻本《附釋文尚書注疏》卷一第六至七葉，釋文散在句下，與十行本不同　臺北故宫博物院藏

圖一〇六　宋刻白文本《八經》　中國國家圖書館藏

圖一〇七　宋刻白文本《春秋經傳》　中國國家圖書館藏

圖一〇八　宋刻白文本《京本春秋左傳》　中國國家圖書館藏

後　　記

　　1991年，我從北京大學中文系古典文獻專業碩士畢業，分配到中國國家圖書館（當時名北京圖書館）善本部善本組工作。適逢館藏宋元版機讀目錄項目啓動，組內幾位年輕人在王玉良、陳杏珍先生帶領下，每天泡在戰備庫（國圖善本書庫中專藏宋元版及其他珍貴版本的庫中庫）中，對國圖所藏一千六百多種宋元本一一著錄信息，查考文獻，確認版本。兩位先生耳提面命，數位同事相互切磋，遇有疑難，可隨時向善本組老前輩、著名版本學家冀淑英先生、丁瑜先生，及當時長駐北圖從事《中國古籍善本書目》定稿工作的南圖沈燮元先生請教，從此開始了我對古籍善本特別是宋元版書的認識之旅。1999年我調到北京大學圖書館古籍部，這是我國古籍善本的又一收藏重鎮，日常工作中與珍貴古籍朝夕相伴，對它們既有如家人、朋友般的熟悉和親切，也滿懷珍愛、敬畏之情。從1991年始到2011年止，二十年間浸淫於兩大館藏珍貴古籍之中，對古籍版本學有了濃厚的研究興趣，也積累了寶貴的版本實踐經驗。

　　2001年及2002年，我應邀前往香港大學馮平山圖書館，協助進行該館善本書志的撰寫工作，業餘時間爲與程有慶合作的《宋本》一書搜集資料。在這裏接觸到日本學者長澤規矩也、阿部隆一、尾崎康等的原版著作，及大量日藏、中國臺灣藏古籍善本圖錄、書影、書志等資料，深感自己在版本學研究上的粗淺與不足。2005年我開始邊工作邊攻讀博士學位，希望爲自己的版本研究尋找一個突破口和深入探索的領域。選擇宋代經書注疏版本作爲主攻方向，首先是因爲我從碩士研究生開始，即跟隨導師孫欽善先生從事《全宋詩》的整理，對宋代文獻及宋代歷史文化比較熟悉；在國圖和北大圖書館有機會接觸大量珍貴的宋元版古籍，堪稱人生難得的機緣；自己在宋代版本與宋代刻書方面也有一定的研究基礎。此外在參與《中國古籍總目·經部》及《儒藏總目》編纂過程中，對經書版本有了總體的認識，並深刻體會到歷代經書注疏版本的紛繁複雜。在紛繁複雜的經書注疏版本中，宋代版本可說是承上啟下的關鍵環節，經書注疏版本的主要文本類型，在宋代已大體齊備。抓住宋代版本，也就抓住了歷代經書注疏版本源流的根本。因此入學之前，我就與導師商定好以宋代經書注疏版本爲論文題目，並就此題目廣泛搜集資料。

本書就是在我的博士論文基礎上修訂而成的。從 2004 年構想並準備材料，2005 年開始邊工作邊寫作，其間 2006 年赴臺北輔仁大學中文系訪問，有機會在臺北故宮博物院及"央圖"訪書數月，搜集臺灣藏經籍善本資料；2007 年至 2008 年，在美國哈佛大學哈佛燕京圖書館，跟隨善本室主任沈津先生從事該館善本書志撰寫工作，並繼續搜集海外藏中國古籍善本文獻及相關研究成果。2010 年完成博士論文初稿，經過兩年半時間的修改，終於將要面世了。這本書可以說是我二十多年學術研究與工作實踐的總結，同時也凝聚了衆多師友的心血，問世之際，心中充滿感慨、感激之情。

我在這裏深深感謝我的導師、北京大學中文系教授孫欽善先生。從跟隨先生攻讀碩士學位，到國圖、北大工作期間，再到重新跟隨先生攻讀博士學位，二十多年來，先生在學習、工作、生活等各方面，都給予我悉心關懷和無私的幫助。在論文寫作上，先生始終充分信任和支持我，關鍵時刻的點撥，更令我受益終生。記得在論文題目確立之初，先生即多次強調，要我寫作當中一定要重視校勘工作，要以小學爲根基，深入到版本的文字比勘和版本源流的考察中去。起初我並未深刻領會，在論文寫作逐漸深化過程中，我越來越體會到先生此語的重要性。先生長期致力於古文獻研究和古籍整理實踐，對前代學者在古文獻學、包括版本學研究領域中的經驗教訓洞察深悉。先生所強調的，正是自清代盧文弨、顧廣圻以至近代王國維、傅增湘等學者一脈相承的研究傳統，也是現今版本學研究中有所薄弱之處。如今我在北京大學《儒藏》編纂與研究中心從事古籍校點整理工作，更深地體會到版本研究在古籍整理中的重要作用，也更深地體會到校勘工作與版本研究相輔相成的密切關係。本書在版本校勘方面做了一些努力，但限於自己的功力和精力，做得還很不夠。在今後的研究和工作中，我會牢記先生的教導，沿着這個方向繼續努力。

我還要感謝中國社會科學院語言所研究員楊成凱先生一直以來對我的關心和鼓勵。先生於古籍版本爛熟於心，於經書版本亦素所留意，有極深入的見解。還記得十幾年前一次閒談中，先生言及張政烺與汪紹楹二位前輩對相臺岳氏本的研究，當時我對此茫然無知，却留下深刻印象，由此啓發了我對經書版本最早的認識。本書寫作過程中，往往有所請益，先生信手拈來，必有精到的見解。今又抱病勉力爲序，多方鼓勵，殷殷獎掖期待之心，令我既覺慚愧，又深受感動。

我也要感謝我所工作的北京大學《儒藏》編纂與研究中心各位先生和各位同事，尤其要感謝湯一介先生對我工作與生活的關懷幫助；感謝北京大學圖書館及古籍部的領導和同事，特別是張玉範先生及湯燕女士長期以來對我的愛護和幫助；感謝我在國圖善本部的老朋友們，他們的情誼常常讓我感到溫暖和力量；感謝各位圖書館界前輩和同道，我在各館訪書時多得他們的關照。我還要感謝輔仁大學中文系李添富教授、郭士綸女士在我訪學臺灣期間的悉心照顧；感謝臺北故宮博物院吳哲夫先生、許媛婷女士爲我閱書提供的幫助；感謝哈佛燕京圖書館鄭炯文館長、沈津先生及所有燕京同事，哈佛一年給我留下了太多美好的回憶。在論文答辯、修改過程中，陳鐵民、魏常海、張玉範、黃愛平、董洪利、王嵐、漆永祥、顧永新、王鍔、橋本秀美等先生都曾提出寶貴意見；顧永新先生在本書出版之際審閱書稿，提出中肯的修改意見；責任編輯武芳女士認真負責的工作，爲本書增色不少。在此謹向諸位先生表示我深深的謝意。

當然也要感謝我的家人。父母年逾古稀，我不能給他們照顧，却需他們惦念，幫我做這做那。丈夫張渭毅全力負擔家庭重任，自始至終給我支持和鼓勵，沒有他的督促我不可能走到今天。還有我的孩子，這些年我們共同成長，共同經歷，這本書伴隨了他從小學到高三的人生初程，有低谷、有彷徨，更有奮發和努力，他的點滴進步，都是我前進的動力。

　　感謝所有關心、幫助我的師長、朋友，我在這裏無法一一列出他們的名字，只有把感謝記在心裏。

張麗娟

2013 年 1 月 16 日初稿

2013 年 6 月 5 日修訂